KLAUS DOUGLASS
FABIAN VOGT

Expedition zur Freiheit

In 40 Tagen durch die Reformation

1. Auflage 2016

Gestaltung und Produktion: Johannes Kunkel
Druck: GGP Media GmbH, Pößneck

Bildnachweis:
© Nicole Kohlhepp, Gemeinnützige MEDIENHAUS GmbH (S. 389 und SU)
© Klaus Douglass (S. 388 und SU)

Bibeltexte: Lutherbibel, revidiert 2017
(c) 2016 Deutsche Bibelgesellschaft, Stuttgart

C & P Verlagsgesellschaft mbH 978-3-86770-281-2
Deutsche Bibelgesellschaft 978-3-438-06085-3

VORWORT

Herzlich willkommen zur „Expedition zur FREIHEIT" – einer 40tägigen Entdeckungsreise in die Welt Martin Luthers und der Reformation. Wir möchten mit Ihnen eine großartige Bewegung erkunden, die vor 500 Jahren angefangen hat, die Welt zu verändern – und deren Ideale, davon sind wir überzeugt, bis heute die Kraft besitzen, Menschen aus einengenden Strukturen zu befreien. Sie ahnen schon: Das kann ein echtes Abenteuer werden.

Im Werk Luthers gibt es zum Glück einige zentrale Begriffe, in denen sich die Ideen der Reformation quasi bündeln. Sie heißen: „Gnade", „Glaube", „Christus" und „Schrift" (gemeint ist die Bibel). Und weil der wilde Reformator Luther vor jedes dieser Schlagworte ein „allein" (lateinisch: sola, bzw. solus) gesetzt hat, also etwa: „Allein durch die Gnade", werden sie gerne als „Die Solae" bezeichnet. Was damit genau gemeint ist, werden wir Ihnen natürlich noch anschaulich erläutern. Zudem hatte alles, was sich hinter diesen markanten Begriffen verbirgt, das hehre Ziel, den Menschen freier zu machen. Und es führte schon bald dazu, dass sich auch die äußere Gestalt des Christentums radikal veränderte. Darum ergänzen wir in diesem Buch die vier Solae durch „Kirche" und „Freiheit" – und bekommen so sechs große reformatorische Themen, denen wir mit Ihnen nun sechs Wochen lang nachspüren wollen.

Sie können sicher sein: Am Ende Ihrer Lektüre werden Sie wissen, warum die Reformation im 16. Jahrhundert eine solche Sprengkraft hatte, was sie für unser Leben im 21. Jahrhundert bedeuten kann und warum sie letztlich die Neuzeit einläutete – mit all ihren kostbaren Werten wie Gedankenfreiheit, Meinungsfreiheit, Forscherdrang, Selbstbewusstsein, Hochachtung vor dem Individuum, Toleranz und vielem mehr.

Bei unserer Expedition wählen wir dabei einen ungewöhnlichen Weg. Wir nehmen nämlich weder Luthers Schriften, noch irgendwelche biblischen Freiheitsverse als Grundlage unserer Entdeckungsreise, sondern theologische Texte, die der große Erneurer Luther selbst als Herzstück des Christentums sah: das Glaubensbekenntnis, das Vaterunser und die Zehn Gebote. Dazu kommen drei bekannte biblische Texte, die in besonderer Weise die Anliegen der Reformation widerspiegeln: das Gleichnis vom Verlorenen Sohn, der Psalm 23 und ein Kapitel aus dem Epheserbrief, in dem es vor allem um die Gestaltung der Gemeinde geht. Sie werden entdecken, wie intensiv diese Quellen die Ideen Luthers bestimmt haben – und wie sie uns heute helfen, die Kraft der Freiheit neu zu erfahren.

Und weil die Reformation untrennbar mit der Biographie des Wittenberger Querdenkers verbunden ist, wird jede Woche der Expedition mit einem „fiktiven" Brief Luthers eröffnet, in dem dieser literarisch und unterhaltsam von einem der großen Wendepunkte in seinem Leben erzählt – von zutiefst bewegenden Erfahrungen, die einerseits äußerst dramatisch waren und andererseits zeigen, dass viele existentielle Befindlichkeiten des Menschen eben doch zeitlos sind. So tauchen Sie bei unserer gemeinsamen „Reise" auch narrativ in die Welt des 16. Jahrhunderts ein.

Natürlich dürfen Sie dieses Buch gerne in einem Rutsch durchlesen – und es wird Ihnen dabei manche Inspiration mitgeben. Gedacht ist es aber anders: Lesen Sie jeden Tag ein Kapitel, lassen Sie die Anregungen in sich wirken, probieren Sie die dazugehörigen Übungen aus und erleben Sie so Schritt für Schritt eine ganz persönliche „Expedition". Am intensivsten ist die Lektüre übrigens dann, wenn Sie sich mit anderen zusammen tun und sich regelmäßig über das Gelesene austauschen.

Zu Beginn jedes Kapitels gibt es einen „KreAperitiv", eine inspirierende Einstimmung, die hoffentlich Ihre Phantasie anregt und Ihnen Lust macht, die Reise mit allen Sinnen zu genießen: Meditationen, Bilder, Überblicke oder eigens komponierte Lieder, die Sie auf der beiliegenden CD finden. In diesem Zusammenhang legen wir Ihnen eine Erfahrung ans Herz, die Menschen über Generationen gut getan hat: nämlich einzelne Bibelverse auswendig zu lernen und dadurch ihre Bedeutungsvielfalt besonders eindrücklich zu erleben. Am Ende jedes „Tages" finden Sie einen Vers zum Lernen. Außerdem möchten wir Sie ermutigen, von Anfang an den direkten Kontakt mit diesem Gott, von dem Luther so leidenschaftlich schwärmte, zu suchen. Dazu finden Sie Anregungen, die schnell deutlich machen, dass Beten viel mehr ist als Händefalten oder fertige Sätze nachsprechen. Vielleicht probieren Sie es ja einfach aus.

Sie sehen: Dieses Buch hat etwas von einem Aktivurlaub. Aber mal ehrlich: Expeditionen haben es doch so an sich, dass man seine „Wohlfühlzone" verlässt und Neues ausprobiert. Und wenn dieses „Neue" Türen zu echter Freiheit öffnet, ist es das auch wert.

So! Und jetzt geht es los: Wir wünschen Ihnen eine erfolgreiche „Expedition", viel Spaß beim „Reisen durch die Reformation" – und dass Sie positiv „verändert" zurückkommen.

Herzlich
Klaus Douglass & Fabian Vogt

INHALT

GNADE – Das Fundament protestantischer Spiritualität

11 Intro / Zur Freiheit befreit
An Hans Luder zu Mansfeld, 16. Juli 1505

15 Tag 1 / Luthers Frage nach einem gnädigen Gott
Lukas 15, 11-16

25 Tag 2 / Das Gebet des verlorenen Sohnes
Lukas 15, 17-20

35 Tag 3 / Das schönste Wort der Bibel
Lukas 15, 20

43 Tag 4 / Das Ziel der Gnade
Lukas 15, 21-24

51 Tag 5 / Die Kirche der älteren Brüder
Lukas 15, 25-30

59 Tag 6 / Evangelisch – das muss gefeiert werden!
Lukas 15, 31-32

GLAUBE – Vertrauen ist alles

71 Tag 7 / Zur Freiheit befreit
An Johann von Staupitz, 8. September 1515

75 Tag 8 / Glaube als Lebenshaltung
Psalm 23, 1

87 Tag 9 / Beschützt, versorgt, geleitet?
Psalm 23, 2

97 Tag 10 / Evangelium sticht Gesetz
Psalm 23, 3

107 Tag 11 / Glaube und Angst
Psalm 23, 4

115 Tag 12 / Kraftvoller Glaube
Psalm 23, 5

125 Tag 13 / Alles wird gut!
Psalm 23, 6

CHRISTUS – Das Zentrum des christlichen Glaubens

135 Tag 14 / Zur Freiheit befreit
An Claus, den Hofnarren von Friedrich dem Weisen, 31. Oktober 1517

139 Tag 15 / Alles von Christus her denken
EG 804 – Zeile 1-3

151 Tag 16 / Glauben Christinnen und Christen an drei Götter?
EG 804 – Zeile 1, 4, 17

161 Tag 17 / Was heißt: Jesus ist der „Sohn Gottes“?
EG 804 – Zeile 4-7

169 Tag 18 / Warum musste Jesus sterben?
EG 804 – Zeile 8-10

179 Tag 19 / Der Auferstandene
EG 804 – Zeile 11-16

189 Tag 20 / Der Geist Christi
EG 804 – Zeile 17-22

BIBEL – Das Vaterunser

201 Tag 21 / Zur Freiheit befreit
An Philipp Melanchthon, 24. April 1521

205 Tag 22 / Gotteswort und Menschenwort
Matthäus 6, 9

217 Tag 23 / Der große Horizont unseres Lebens
Matthäus 6, 9b.10a

227 Tag 24 / Die Frage nach dem Willen Gottes
Matthäus 6, 10b

237 Tag 25 / Warten auf Gottes Versorgung
Matthäus 6, 11

247 Tag 26 / Gottes Versuchung
Matthäus 6, 12.13a

257 Tag 27 / Die Welt ist nicht genug
Matthäus 6, 13b

KIRCHE – Zwischen Geist und Leitung

269 Tag 28 / Zur Freiheit befreit
An Georg Spalatin, 15. Mai 1521

273 Tag 29 / Geist der Einheit
Epheser 4, 1-6

285 Tag 30 / Das allgemeine Priestertum
Epheser 4, 7

295 Tag 31 / Charisma und Gemeindeleitung
Epheser 4, 11-12

305 Tag 32 / Das persönliche Ziel: Geistliche Reife und Mündigkeit
Epheser 4, 13-14

315 Tag 33 / Das gemeindliche Ziel: Wachstum nach innen
Epheser 4, 15-16

325 Tag 34 / Das globale Ziel: Wachstum nach außen
Epheser 4, 16

FREIHEIT – Angebot und Verpflichtung

337 Tag 35 / Zur Freiheit befreit
An Lucas Cranach, 14. Juni 1525

341 Tag 36 / Der Gott der Freiheit
2. Mose 20, 1-2

353 Tag 37 / Religiöse Gebote
2. Mose 20, 4-7

363 Tag 38 / Der Sabbat – Die Freiheit gönn‘ ich mir!
2. Mose 20, 8-11

373 Tag 39 / Das Ende des Gesetzes
2. Mose 20, 12-17

383 Tag 40 / Die Freiheit der Kinder Gottes
Lukas 10, 27

393 Abschluss / Zur Freiheit befreit
An Katharina von Bora, die Lutherin, 16. Februar 1546

Anhang

Woche 1 / **Gnade**

Das Fundament protestantischer Spiritualität

Intro / **Zur Freiheit befreit**

Erfurt, 16. Juli 1505

An
Hans Luder zu Mansfeld

Lieber Vater!

Heute habe ich gefeiert. Mit einigen Kommilitonen. Lang und ausgiebig. Mit Lautenmusik und launigem Gesang. Und wenn meine Schrift ein wenig krakelig aussieht, dann liegt das vermutlich am Wein. Am roten Wein, der immer wieder in unseren Bechern gefunkelt hat.

Oder aber … es liegt an meiner Angst. Meiner unbändigen Angst, die mich zittern lässt. Ich werde dir mit diesem Brief nämlich weh tun. Sehr weh so gar. Aber ich denke, es ist besser, du erfährst die Wahrheit von mir, als dass sich demnächst die Gerüchte zu dir aufmachen. Denn du weißt ja: Die sind ebenso schnell wie die Post.

Ich bin mir bewusst, dass du dir alles so schön ausgedacht hattest … mein Leben. Wie ich Jura studiere und anschließend ins Familiengeschäft einsteige. Schließlich bin ich als Sohn eines Hüttenmeisters großgeworden. Zwischen Schmelzöfen und Asche-Schuppen, Erzwaschanlagen und Kupferschiefer-Halden.

Das war dein Traum: Dass ich – wie du – die von den Mansfelder Grafen gepachteten „Herrenfeuer" betreibe und zugleich souverän als Rechtsgelehrter das Unternehmen führe: Lehnsverhältnisse klären, Schürfrechte aushandeln, Verhandlungen führen, Prozesse gewinnen. Vielleicht eines Tages ein Sitz im Magistrat.

Aber nicht nur das. Du hast sogar schon eine Ehefrau für mich ausgesucht. Aus wohlhabendem Haus. Als du mich vor zwei Wochen nach Hause bestellt hast, da war mir sofort klar, welche Absichten du verfolgst. Das Gan-

ze war nichts anderes als eine Brautzusammenführung. „Hier ist sie: deine zukünftige Gattin!"

Und ja, sie ist liebreizend. Gewiss eine freundliche und gute Gefährtin. Aber kannst du dir vorstellen, dass ich auch einmal selbst etwas entscheiden möchte? Nur einmal? Nein, das kannst du wohl nicht. Darum hast du mich ja auch immer gezüchtigt, wenn ich ein falsches Wort von mir gegeben habe. Jede Woche bekam ich die Rute zu spüren. Wegen irgendwelcher belangloser Kleinigkeiten.

Kein Wunder, dass ich immer Angst hatte, alles falsch zu machen. Und weißt du noch, was Mutter regelmäßig an meinem Bett gesungen hat? „Mir und dir ist keiner hold / das ist unser beider Schuld." Grausam. Und so bedrückend, dass ich bis heute glaube, der Teufel selbst habe es auf mich abgesehen. Er hat mich ja auch von der Wand der Mansfelder Georgskirche jeden Sonntag mit seinen bohrenden Blicken angestarrt.

Doch nun hat Gott selbst eingegriffen. Wahrhaftig, das hat er. Ob du es glaubst oder nicht. Stell dir vor, Vater: Auf dem langen Rückweg von meinem Besuch bei euch zog ein schreckliches Unwetter auf. Ich sage dir: So etwas Gewaltiges habe ich noch nie erlebt. Ein verheerendes Gewitter. Ein Orkan. Ein Sturm sondergleichen.

Ich war gerade in der Nähe von Stotternheim, kurz vor dem dortigen Galgenhügel, als sich direkt über mir die Hölle öffnete. Und wie! Der Wind raste, der Regen prasselte auf mich herab und dann ... dann schlug ein Blitz neben mir ein. Ein Feuerpfeil. Direkt neben mir. So nah, dass mir die Haare zu Berge standen.

Der Blitz warf mich einfach um. Ja, ich fand mich plötzlich im Morast wieder und konnte nicht mehr sagen, wie ich dahin geraten war. Mehr noch: Einen Moment war ich wie gelähmt. Dafür bewegten sich meine Gedanken umso schneller: „Wenn ich jetzt sterbe, was habe ich dann vorzuweisen. Beim Jüngsten Gericht? Mit meinen 21 Jahren? Darf ich dann überhaupt auf einen Platz im Himmel hoffen – oder warten die finstersten Abgründe des Teufels auf mich?"

Und auf einmal war mir, als wäre ich innerlich ausgetrocknet. Denn da war nichts, was ich Gott hätte zeigen können. Nur Schwärze. Nur Furcht. Nur Verzweiflung. Warum hätte Gott mich verderbten Sünder bei sich aufnehmen sollen? Ich selbst hätte mich gewisslich an der Himmelspforte, ohne zu zögern, abgewiesen.

Vermutlich denkst du jetzt, das wäre schlicht die Panik des Augenblicks gewesen. Aber vergiss nicht, dass zwei meiner Brüder an der Pest gestorben sind, vor wenigen Wochen erst habe ich hier in Erfurt einen guten Freund verloren – und denk nur an den letzten Stolleneinsturz in Mansfeld, bei dem mehrere junge Männer ihr Leben lassen mussten. Nein, Vater, meine Angst vor dem Tod ist berechtigt. Und nun sag mir: Wie kann ich sicher sein, dass ich nicht heute oder morgen in der Hölle lande?

Ehe ich wusste, was ich tat, schrie ich gellend in die zuckende Finsternis hinein: „Hilf du, Heilige Anna. Ich will ein Mönch werden!" Es war ein Stoßgebet. Ein Reflex. Ein instinktiver Bittruf. An unsere Heilige, Vater, die Heilige der Bergmänner, die Mutter von Maria, die Heilige, von der unser Kurfürst Friedrich vor nicht all zu langer Zeit einen Daumen als Reliquie mitgebracht hat und die sogar auf den Silbermünzen angerufen wird: „Hilf, Sancta Anna!"

Als ich mich wieder bewegen konnte, legte ich beide Arme über den Kopf, rollte mich zusammen und kauerte hilflos am Boden. Und mitten in diesem Elend überkam mich ein warmes Glücksgefühl. Denn ich wusste: Jetzt wird alles anders. Entweder riss mich der nächste Blitz direkt hinab ins Totenreich – und dann wäre mein irdisches Elend vorüber – oder aber ich würde, wie eben geschworen, ein Mönch werden.

War das nicht die Gelegenheit, fortan ein Dasein zu führen, mit dem ich das Wohlwollen Gottes erlangen konnte? Vielleicht würde es wieder so werden wie in meiner Zeit in Magdeburg, als mich die „Brüder vom gemeinsamen Leben" an der Domschule unterrichteten. Dort habe ich ja als Dreizehnjähriger zum ersten Mal erlebt, dass es noch ein anderes Glück gibt als den Betrieb einer Erzhütte. Nun, deshalb hast du mich vermutlich schon nach einem Jahr wieder nach Mansfeld geholt: Weil ich mich unter diesen sanften, demütigen und freundlichen Männern so wohl fühlte. Zu wohl.

Vater, du siehst: Ich kann dir diesen Brief schreiben. Das heißt: Ich habe das Inferno überlebt. Die Heilige Anna hat geholfen. Und nun muss ich meinen Teil der Vereinbarung halten. Mein Sturm-Gelübde. Das heißt: Ich werde Mönch. Ich gehe ins Kloster.

Während ich hier an meinem Pult sitze, bilde ich mir ein, deine erboste Stimme zu hören, die mir erklärt, dass dieser Blitz ebenso gut eine Botschaft des Teufels gewesen sein könnte. Aber du warst nicht dabei. Ich dagegen wusste sofort: Dieser Blitz ist ein Gottesgeschenk. Selbst wenn er all deine Pläne für mich zunichte macht.

Du brauchst übrigens gar nicht erst zu versuchen, mich umzustimmen. Ich habe meine teuren juristischen Bücher schon verkauft und meine wenigen Habseligkeiten an bedürftige Freunde verschenkt. Das Fest heute Abend ... das war mein Abschiedsfest. Von dieser Welt. Von deiner Welt. Morgen früh werde ich im Augustiner-Eremiten-Kloster zu Erfurt aufgenommen.

Natürlich gehe ich davon aus, dass du mir in deiner Wut sofort jeglichen Unterhalt streichen wirst. Mit zornesrotem Gesicht. Aber Vater! Ein Mönch in einem Bettelorden braucht keinen Unterhalt mehr. Ich bin jetzt frei.

Wenn ich noch einen Wunsch äußern dürfte: Verstoßt mich nicht, Mutter und du. Bitte! Ich bin und bleibe euer Sohn. Versteht doch, dass ich nicht anders konnte. Dass Gott es so wollte. Und dass man sich seinem Willen nicht widersetzen darf.

Grüß dein Frau Margarete, meine Mutter, recht herzlich und halte deinen Unwillen im Zaum. Freue dich an meiner Freiheit.

Dein Sohn Martin

Tag 1 / **Luthers Frage nach einem gnädigen Gott**

WOCHENÜBERBLICK

WOCHE 1

WOCHENÜBERBLICK

Was Martin Luther bewegte, versteht man nur, wenn man dessen tiefgreifendes Ringen um die Zuwendung Gottes kennt: Verzweifelt versucht der junge Student alles Menschenmögliche, um sich das Wohlwollen des Himmels irgendwie zu verdienen. Nur um immer wieder zu scheitern – sowohl an seinen eigenen Ansprüchen, als auch an denen der biblischen Gebote.

Nach und nach durchlief der spätere Reformator bei seinem Haschen nach dem Heil alle spirituellen „Angebote“, die es damals in der Kirche gab, und hatte doch den Eindruck, dass nichts davon genügte. Bis ihm eines Tages klar wurde, dass es gar nicht auf das Tun des Menschen ankommt, ja, dass da offensichtlich die Geistlichkeit etwas Entscheidendes vergessen hatte: nämlich die Gnade.

Was die protestantische Theologie meint, wenn sie ihr absolutes Lieblingswort „Gnade“ benutzt, das wollen wir in der ersten Woche ergründen. Und zwar mit Hilfe einer der schönsten Gnaden-Geschichten überhaupt, nämlich dem „Gleichnis vom Verlorenen Sohn“. So wie Martin Luther erkennt dieser Sohn eines Tages, dass er den Ansprüchen seines „Vaters“ nicht genügt. Und die Reaktion des Familienoberhauptes führt uns spielerisch und höchst anschaulich die Bedeutung und die lebensverändernde Kraft der Gnade vor Augen.

So schauen wir uns in den kommenden Tagen die einzelnen Phasen dieser ungewöhnlichen Heimkehr eines scheinbar „Verlorenen“ an und fragen dabei natürlich immer auch, welche „Verlorenheiten“ in der Postmoderne durch das Phänomen der Gnade aufgehoben werden können. Denn eines ist klar: Wenn ein Mensch begreift, dass Gnade bei Gott ein Ausdruck grenzenloser Zuneigung ist, dann kann ihm so manche Herausforderung unserer Zeit nicht mehr so bedrängen.

Für die Reformation führte die Neu-Entdeckung der „Gnade“ zu einem absoluten Perspektivenwechsel. Gab es vorher das Verständnis, dass der Mensch für Gott dazu sein hat, so wurde auf einmal klar: Nein, es ist genau andersherum. Gott möchte für den Menschen da sein. Und das hatte verständlicherweise großen Einfluss auf die gesamte Arbeit der Kirche, auf die Rolle der Glaubenden und auf den Umgang mit der Bibel.

Darum sind wir eingeladen, heute neu zu fragen, was Gnade wirklich ist, und was es für unser Leben bedeutet, dass Gott jedem Menschen seine Gnade schenken möchte. Eine unfassbar wichtige Auseinandersetzung mit dem, was Heil wirklich bedeutet, weil sie das Potential der Freiheit in sich trägt.

DIE GESCHICHTE VOM VERLORENEN SOHN (LUKAS 15, 11-32)

Ein Mensch hatte zwei Söhne. Und der jüngere von ihnen sprach zu dem Vater: Gib mir, Vater, das Erbteil, das mir zusteht. Und er teilte Hab und Gut unter sie. Und nicht lange danach sammelte der jüngere Sohn alles zusammen und zog in ein fernes Land; und dort brachte er sein Erbteil durch mit Prassen. Als er aber alles verbraucht hatte, kam eine große Hungersnot über jenes Land und er fing an zu darben und ging hin und hängte sich an einen Bürger jenes Landes; der schickte ihn auf seinen Acker, die Säue zu hüten. Und er begehrte, seinen Bauch zu füllen mit den Schoten, die die Säue fraßen; und niemand gab sie ihm. Da ging er in sich und sprach: Wie viele Tagelöhner hat mein Vater, die Brot in Fülle haben, und ich verderbe hier im Hunger! Ich will mich aufmachen und zu meinem Vater gehen und zu ihm sagen: Vater, ich habe gesündigt gegen den Himmel und vor dir. Ich bin hinfort nicht mehr wert, dass ich dein Sohn heiße; mache mich einem deiner Tagelöhner gleich! Und er machte sich auf und kam zu seinem Vater. Als er aber noch weit entfernt war, sah ihn sein Vater und es jammerte ihn, und er lief und fiel ihm um den Hals und küsste ihn. Der Sohn aber sprach zu ihm: Vater, ich habe gesündigt gegen den Himmel und vor dir; ich bin hinfort nicht mehr wert, dass ich dein Sohn heiße. Aber der Vater sprach zu seinen Knechten: Bringt schnell das beste Gewand her und zieht es ihm an und gebt ihm einen Ring an seine Hand und Schuhe an seine Füße und bringt das gemästete Kalb und schlachtet's; lasst uns essen und fröhlich sein! Denn dieser mein Sohn war tot und ist wieder lebendig geworden; er war verloren und ist gefunden worden. Und sie fingen an, fröhlich zu sein.

Aber der ältere Sohn war auf dem Feld. Und als er nahe zum Hause kam, hörte er Singen und Tanzen und rief zu sich einen der Knechte und fragte, was das wäre. Der aber sagte ihm: Dein Bruder ist gekommen, und dein Vater hat das gemästete Kalb geschlachtet, weil er ihn gesund wiederhat. Da wurde er zornig und wollte nicht hineingehen. Da ging sein Vater heraus und bat ihn. Er antwortete aber und sprach zu seinem Vater: Siehe, so viele Jahre diene ich dir und habe dein Gebot nie übertreten, und du hast mir nie einen Bock gegeben, dass ich mit meinen Freunden fröhlich wäre. Nun aber, da dieser dein Sohn gekommen ist, der dein Hab und Gut mit Huren verprasst hat, hast du ihm das gemästete Kalb geschlachtet. Er aber sprach zu ihm: Mein Sohn, du bist allezeit bei mir und alles, was mein ist, das ist dein. Du solltest aber fröhlich und guten Mutes sein; denn dieser dein Bruder war tot und ist wieder lebendig geworden, er war verloren und ist wiedergefunden.

LUKAS 15, 11-16

Ein Mensch hatte zwei Söhne. Und der jüngere von ihnen sprach zu dem Vater: Gib mir, Vater, das Erbteil, das mir zusteht. Und er teilte Hab und Gut unter sie.

Und nicht lange danach sammelte der jüngere Sohn alles zusammen und zog in ein fernes Land; und dort brachte er sein Erbteil durch mit Prassen. Als er aber alles verbraucht hatte, kam eine große Hungersnot über jenes Land und er fing an zu darben und ging hin und hängte sich an einen Bürger jenes Landes; der schickte ihn auf seinen Acker, die Säue zu hüten. Und er begehrte, seinen Bauch zu füllen mit den Schoten, die die Säue fraßen; und niemand gab sie ihm.

LUTHERS FRAGE NACH DEM GNÄDIGEN GOTT

Ein Gewitter bringt das Fass zum Überlaufen

Tief in Gedanken versunken war der 21-jährige Student Martin Luder (so lautete damals noch sein Name), als er sich am 2. Juli 1505 auf der Reise von seinem Elternhaus im sächsischen Mansfeld ins knapp hundert Kilometer entfernte Erfurt befand. Dort hatte er kurz zuvor seine Magisterprüfung abgelegt, die ihn für Höheres qualifizierte. Er hatte seine Eltern besucht und mit ihnen gefeiert. Sein Vater, in einfachen Verhältnissen geboren, hatte sich zu einigem Wohlstand emporgearbeitet und war ziemlich stolz auf seinen studierten Sohn. Der sollte nun auch noch Jura studieren und dann ins Familiengeschäft einsteigen sollte.

Was Martin zuhause nicht hatte durchblicken lassen, waren die schweren inneren Kämpfe, in denen er sich befand. Irgendwie schienen sich alle Kräfte des Himmels gegen ihn verschworen zu haben. Zwei Jahre zuvor hatte er sich so schwer mit dem Degen verletzt, dass er fast verblutet wäre. Dann starben binnen kürzester Zeit mehrere seiner Kommilitonen und Lehrer an der Pest. Einer unbewiesenen Theorie zufolge soll Luder außerdem kurz zuvor im Rausch oder Affekt den Tod eines Mitstudenten verursacht haben. In der Tat gibt es späte Andeutungen Martin Luthers, die man in diese Richtung interpretieren kann.

Auf jeden Fall waren Martins Gedanken düster, als er kurz vor Erfurt bei dem kleinen Dorf Stotternheim in ein schweres Gewitter geriet. In unmittelbarer Nähe schlug ein Blitz ein, und der Student, seelisch ohnehin schon schwer aufgewühlt, brach völlig zusammen. Er schrie voller Panik: „Hilf du, heilige Anna, ich will ein Mönch werden!" und warf mit diesem Gelübde sowohl seine eigenen als auch die elterlichen Zukunftspläne völlig über den Haufen. Dazu muss man wissen: Mönche waren damals nicht sonderlich angesehen. Und als der Vater von dem Gelübde seines Sohnes erfuhr, sah er das ganze Geld, das er in dessen Ausbildung investiert hatte, in Rauch aufgehen. Doch der junge Mann ließ sich nicht von seinem Entschluss abbringen, und das Verhältnis zwischen Vater und Sohn wurde fortan ziemlich frostig. Erst viele Jahre später kam es zur Versöhnung: nämlich als Martin erst Priester, dann Professor wurde und sein Vater meinte, doch wieder stolz auf seinen „verlorenen Sohn" sein zu können.

Es ist oft darüber gerätselt worden, wie ein so robuster, lebenslustiger Bergmannssohn wie Martin Luder sich durch ein Gewitter zu einem derartigen Schwur hatte hinreißen lassen können. Aber das Gewitter bei Stotternheim war nur das letzte Glied einer ganzen Kette von Unfällen und Tragödien. Es war sozusagen der Tropfen, der das Fass zum Überlaufen brachte. Im Sommer 1505 war Martin Luder nämlich völlig überzeugt, dass er den Zorn Gottes auf sich geladen hatte. Gott wollte ihn strafen. Er war hinter ihm her und hatte ihn bislang nur noch nicht erwischt. Als jetzt auch noch der Blitz danebentraf, wollte Martin sein Glück nicht weiter strapazieren. Nur: Wie kann man einen zornigen Gott besänftigen? Das erste, was ihm einfiel, war, eine starke, einflussreiche Frau – die heilige Anna war immerhin die Großmutter Jesu – als Puffer zwischen sich und Gott zu schieben. Und dann musste er natürlich auch selbst etwas tun, um den zornigen Gott zu besänftigen. Sich in den Staub werfen. Um Gnade betteln. Als „Tagelöhner" arbeiten. Mönch werden. – Erschütternd viel unserer Religiosität ist aus Angst geboren.

Muss ein Mensch Angst vor Gott haben?

Die meisten Menschen hierzulande würden diese Frage heute vermutlich verneinen. In gewisser Weise können wir das als einen Erfolg der Reformation verbuchen. Martin Luther hat den Menschen die Angst vor Gott genommen. Allerdings musste er sie dafür zuvor durchleben wie kaum ein anderer.

Und das will etwas heißen. Denn im 16. Jahrhundert hatten die Menschen gewaltige Angst vor Gott. Es war ohnehin eine angstgeschwängerte Zeit: Die Furcht vor der Pest und anderen Krankheiten und Seuchen war ebenso allgegenwärtig wie die Angst vor kriegerischen Auseinandersetzungen, Hunger und drohender Armut. Die Kirche predigte über alledem einen unerbittlichen, zürnenden Gott, der damit drohte, Fegefeuer und Höllenstrafen über die Menschen auszugießen, wenn sie sich nicht den strengen Anweisungen und Regeln der Pfarrer und Bischöfe fügten.

Ein Skandal: Statt den Menschen wie Jesus die Angst vor Gott zu nehmen, hat die Kirche über lange Zeit aus dem puren Kalkül der eigenen Machtsicherung heraus mit einem Gott gedroht, der alles sieht und alles straft, was nicht ihren (!) Ansichten entsprach. Allerdings wäre es unfair, alle Angst vor Gott auf unlautere Motive einer machtbesessenen Kirche zurückzuführen. Genau betrachtet ist Angst vor Gott eine ziemlich normale Reaktion. Wenn mir zum Beispiel ein Löwe oder ein Bär begegnen würde, hätte ich auch Angst. Ich habe Angst vor allem, was größer bzw. stärker ist als ich und von dem ich nicht einschätzen kann, ob es mir Gutes oder Böses will. Wenn wir also an Gott glauben (was doch die meisten Menschen irgendwie tun) und die gute Nachricht nicht kennen, die wir „Evangelium“ nennen – nämlich dass Gott uns unendlich liebt –, ist im Grunde genommen nichts natürlicher, als dass wir in irgendeiner Weise Angst vor ihm haben. Immerhin reden wir von einem Wesen, dessen Macht so groß ist, dass es sich all unserer Vorstellungskraft entzieht.

Entsprechend verbreitet ist die Angst vor Gott durch nahezu alle Religionen hindurch. Auch in der Bibel findet sie sich immer wieder. „Ich fürchtete mich vor dir, denn ich bin nackt“, erklärt Adam bereits im Paradies (das in diesem Moment allerdings gerade aufgehört hat, eins zu sein). „Weh mir, ich vergehe“, ruft Jesaja aus, als er Gott in der Mitte seines Hofstaates begegnet. Und selbst die Hirten der Weihnachtsgeschichte, beinharte Gesellen, die – anders als ich – gewohnt waren, Löwen und Bären mit einem bloßen Knüppel entgegenzutreten, brachen vor Angst in die Knie, als sie den Engeln Gottes begegneten. Dass Gott uns nichts Böses will, sondern uns positiv gesonnen ist, dieses befreiende „Evangelium“ musste ihnen und muss uns allererst gesagt werden. Darum müssen Engel, wann immer sie in der Bibel auftauchen, die Menschen erst einmal beruhigen: „Fürchtet euch nicht.“ Weil nichts natürlicher ist, als dass Menschen in Furcht geraten, wenn Gott auf den Plan tritt. Und nichts ist wunderbarer, als wenn jemand ihnen glaubhaft zusagen kann: „Ihr braucht euch nicht zu fürchten. Gott ist nicht gegen euch. Er ist für euch.“

Wie bekomme ich einen gnädigen Gott?

Das war die berühmte Frage, die Martin Luder ins Kloster führte. Es ist im Grunde die gleiche Frage, die den verlorenen Sohn umtrieb, als er sich auf den Weg zurück zu seinem Vater machte: Wie kann man Gott milde stimmen angesichts eines Lebens, das nicht nur hinter Gottes, sondern oft genug auch hinter den eigenen Erwartungen zurückgeblieben ist? Die „Strategie“ der beiden war übrigens ziemlich ähnlich: „Bück dich, so tief du kannst. Friss ordentlich Kreide. Gelobe, in Zukunft alles besser zu machen. Und stell dich ganz weit hinten an.“ – Wir werden in den nächsten Tagen darüber nachdenken, ob das eine sinnvolle Methode ist. Jedenfalls hat sie sowohl im Fall Luthers als auch des verlorenen Sohnes nicht funktioniert.

Heutzutage kommt uns die Frage nach einem gnädigen Gott ziemlich überholt vor. Sehr viel eher stellen wir die Frage, ob es überhaupt einen Gott gibt, und sind als Kirche schon zufrieden, wenn die Leute wenigstens das glauben. Doch wer die Reformation verstehen will, muss begreifen, was Gnade ist: Kein anderer Begriff steht so im Mittelpunkt protestantischen Glaubens und

Denkens wie dieser. Und er lässt sich auch nicht ersetzen, ohne das spezifisch Evangelische aus dem Blick zu verlieren.

Der Gedanke der Gnade war für Luther der alles entscheidende Schlüssel für sein Gottes- und Menschenbild. Alles musste sich daran messen lassen. Der Glaube. Auch die Liebe. Sogar Jesus Christus. Denn Glaube ohne Gnade ist substanzlos. Und Liebe ohne Gnade wird schnell zur moralischen (Über-) Forderung – zum „Gesetzeswerk", wie Luther das nannte. Ja, sogar die Person Jesus Christus kann man ohne Gnade nicht wirklich verstehen. Im Mittelalter glaubte man schließlich auch an Christus. Aber man sah ihn vor allem als einen Rächer an, der bald zum Jüngsten Gericht herabsteigen werde, um alle Sünder ins ewige Feuer zu stoßen. Heutzutage tun wir das nicht mehr. Wir sehen Jesus eher als Vorbild eines moralisch guten Lebens. Das ist zweifellos sympathischer, aber letztlich auch ein Beispiel, wie man Jesus Christus missdeuten kann, wenn man ihn nicht von der Gnade her versteht.

Ich behaupte: Die Frage nach einem gnädigen Gott ist gar nicht so überholt, wie man im ersten Augenblick meinen möchte. Immer noch glauben viel zu viele Menschen, dass sie vor Gott Angst haben müssen. Dass sie so, wie sie sind, nicht gut genug sind. Dass sie sich anstrengen, Leistung bringen und Opfer und Schmerz auf sich nehmen müssen, um Gott zu gefallen. Zwar glauben heute weniger Menschen an Gott als zur Zeit der Reformation. Aber die Erkenntnis Martin Luthers, dass es nicht nur darum geht, an *Gott* zu glauben, sondern dass es wesentlich ist, die Botschaft von der *Gnade* dieses Gottes in den Mittelpunkt zu rücken, hat nichts von ihrer Aktualität verloren. Wenn wir an Gott glauben wollen, ist es wichtig zu wissen: Er ist uns nicht feindlich gesonnen. Und wir sind ihm auch nicht egal. Wir müssen uns weder selbst entsagen noch irgendwelche religiösen oder moralischen Klimmzüge veranstalten, um sein Wohlwollen zu erlangen.

Doch auch bei Menschen, die nicht mehr an Gott glauben, bleibt die Frage nach der Gnade aktuell. Bei ihnen ist die Angst vor Gott anderen Ängsten gewichen. Der Angst vor anderen, auf deren Gnade wir uns angewiesen fühlen. Der Angst vor der Verurteilung durch unsere Mitmenschen. Der Angst vor dem Sterben. Und wenn man genau hinschaut, oft auch einer Angst vor dem Leben. Nur ein Beispiel: Wie oft passiert es, dass ein Mensch krank wird und die erste Frage, die er stellt, lautet: „Warum? Womit habe ich das verdient?" Um dann sofort die zweite Frage hinterher zu schieben: „Was muss sich alles ändern, damit ich hier rauskomme?" – So weit fern sind uns die Ängste also nicht, die Martin Luther ins Kloster trieben. Manchmal genügt ein einziger

Blitzschlag in unserer Nähe, damit das fragile Konstrukt unseres Lebens in tausend Scherben zerspringt. Selbst wenn wir nicht an Gott glauben, hoffen und bangen wir doch, dass das Leben oder das Schicksal uns gnädig sei. Und würden fast alles dafür tun, um uns diese Gnade zu sichern. Ob wir also an Gott glauben oder nicht: Die Frage nach der Gnade ist heute noch genauso aktuell wie zur Zeit der Reformation. Grund genug, uns in den nächsten Tagen eingehender mit ihr zu beschäftigen.

NACH-DENKEN

Wer die Reformation verstehen will, muss begreifen, was Gnade ist. Kein anderer Begriff steht so im Mittelpunkt protestantischen Glaubens und Denkens wie dieser. Und er lässt sich auch nicht ersetzen, ohne das spezifisch Evangelische aus dem Blick zu verlieren.

FRAGEN

» Haben Sie selbst schon einmal Angst vor Gott gehabt?
» Wieso begrüßen die Engel in der Bibel die Menschen regelmäßig mit den Worten „Fürchtet euch nicht!"?
» Wieso ordnete Luther die Gnade dem Glauben, der Liebe und sogar Jesus Christus über?
» Wieso ist die Frage nach der Gnade auch heute noch aktuell?
» Was meinen Sie: Welche Folgen hätte es, wenn die Menschen keine Angst mehr vor Gott zu haben bräuchten?

ANREGUNG ZUM GEBET

Gott. Gnade. Alles.
Atmen Sie tief ein und aus. Wiederholen Sie dabei fünf Minuten lang halblaut die folgenden drei Sätze:
„Gott, du bist bei mir. Gnade umgibt mich. Alles wird gut."

MERKVERS

Darum wollen wir mit Zuversicht vor den Thron unseres gnädigen Gottes treten. Dort werden wir, wenn wir Hilfe brauchen, stets Liebe und Erbarmen finden.
Hebräer 4, 16

Tag 2 / **Das Gebet des verlorenen Sohnes**

MARTIN LUTHER

LUKAS 15, 17-20

Da ging er in sich und sprach: Wie viele Tagelöhner hat mein Vater, die Brot in Fülle haben, und ich verderbe hier im Hunger! Ich will mich aufmachen und zu meinem Vater gehen und zu ihm sagen: Vater, ich habe gesündigt gegen den Himmel und vor dir. Ich bin hinfort nicht mehr wert, dass ich dein Sohn heiße; mache mich einem deiner Tagelöhner gleich! Und er machte sich auf und kam zu seinem Vater. Als er aber noch weit entfernt war, sah ihn sein Vater und es jammerte ihn, und er lief und fiel ihm um den Hals und küsste ihn.

DAS GEBET DES VERLORENEN SOHNES

Eine Jugenderinnerung

Ich bin in einem christlichen Umfeld groß geworden, in dem das Reden von Schuld und Vergebung eine große Rolle gespielt hat. Das eingangs zitierte Gebet des verlorenen Sohnes galt dort geradezu als Blaupause, wie ein Mensch zu Gott finden kann: „Erstens: Kehre um zu Gott. Zweitens: Bekenne deine Sünden. Und drittens: Zeig, dass du bereit bist, ein neues Leben zu führen." So und nur so öffne sich einem das Tor zum Herzen Gottes.

Lassen Sie mich gleich sagen, dass ich es für gut und völlig richtig halte, wenn ein Mensch, der sich bislang in Gottesferne aufgehalten hat, sich auf diese Weise an Gott wendet. Das „Gebet des verlorenen Sohnes" ist wahrscheinlich für die meisten von uns durchaus angebracht. Ich gestehe, dass ich selbst immer wieder in ähnlicher Weise zu Gott bete. Nämlich immer dann, wenn ich mich mal wieder verrannt und entdeckt habe, wie sehr ich mit meinem Leben mir selbst und anderen Menschen schade und darum auch Gott betrübe. Und das ist leider ziemlich oft.

Aber: Es sind mindestens zwei biblische Beobachtungen, die mich zögern lassen, das Gebet des verlorenen Sohnes als *einzigen* Weg anzusehen, wie ein Mensch einen Neuanfang mit Gott machen kann. Der erste Grund findet sich in der Geschichte selbst. Der junge Mann kommt ja gar nicht dazu, sein Sprüchlein aufzusagen, sondern der Vater, der ihn von ferne sieht, rennt ihm entgegen, fällt ihm um den Hals und küsst ihn: ohne dass der Sohn auch nur ein einziges Wort gesagt hätte. Das heißt nicht, dass das, was der Sohn vorher sagen wollte (und später dann auch sagt), deswegen hinfällig oder gar falsch wäre. Aber es ist nicht der Weg zum Herzen seines Vaters. Es ist gerade *nicht* so, dass der Sohn um Vergebung bittet, und dann nimmt ihn der Vater in den Arm. Das genaue Gegenteil ist der Fall.

Und eine zweite biblische Betrachtung möchte ich hinzufügen. Der Weg, der hier beim verlorenen Sohn beschrieben wird, ist keineswegs der einzige, der im Neuen Testament beschrieben wird. Immer wieder wird uns berichtet, dass Menschen zu Jesus kommen, weil sie krank oder anderweitig mühselig und beladen sind. Und dann legt er ihnen die Hände auf, vergibt ihnen die Sünde oder heilt sie – ohne dass sie auch nur annähernd ein Bußgebet gesprochen hätten. Es ist geradezu auffällig, wie wenig Jesus davon redet, dass ein Mensch seine Schuld bekennen müsse. Viel öfter wird uns das Umgekehrte berichtet, dass Menschen – etwa Petrus, die Frau am Brunnen oder auch

Zachäus – in der Gegenwart Jesu erkennen, dass ihr Leben irgendwie schief liegt. Aber in all diesen Fällen ist das die *Folge* davon, dass Menschen bereits Gemeinschaft mit Jesus bzw. mit Gott haben, und nicht die „Eintrittskarte" dazu. Das Bekenntnis der eigenen Sündhaftigkeit und das Versprechen, ein neues Leben zu führen, ist also keineswegs die Bedingung dafür, um in Gemeinschaft mit Gott zu kommen. Schon gar nicht ist es der Schlüssel zum Herzen Gottes. Dieses Herz schlägt auch so ganz und gar für uns.

Humpelwerk und Puppensünden

Was muss eigentlich passieren, damit ein Mensch den Eindruck bekommt, er habe vor Gott gesündigt? Beim verlorenen Sohn ist das offensichtlich. Er hatte sich in seiner Gottesferne total verrannt und war bei den Schweinen gelandet. Aber ist das wirklich die Pointe, dass die Loslösung von Gott immer dazu führt, dass ein Mensch in seinem Leben mehr oder minder grandios scheitert? Die Psalmen erzählen gerade vom Gegenteil: dass es Gottlosen oft erstaunlich gut geht. Umgekehrt berichtet uns die Bibel vielfach gerade vom „Scheitern der Gerechten": von Propheten, die verfolgt werden; von Hiob, der nichts falsch macht und doch von einem Unglück ins nächste fällt; und vor allem von Jesus, der in und wahrscheinlich gerade wegen seiner Sündlosigkeit ans Kreuz geschlagen wird.

Gestern haben wir nach den Motiven gefragt, warum der junge Martin Luder ins Kloster gegangen ist. Wir wissen nicht viel von seinem Vorleben und was ihn dazu trieb, nach einem gnädigen Gott zu suchen. Es ist aber spannend, dass seine Lebensführung im Kloster definitiv mehr der des älteren als des jüngeren Bruders aus unserem Gleichnis ähnelt. Doch ausgerechnet hier erlebte sich Luder mehr denn je als Sünder. Er nahm sein Mönchtum ernst wie kaum ein anderer und hielt sich genau an die dortigen Vorschriften. Wir wissen von seinen ersten Jahren im Kloster, dass er unglaublich skrupulös gewesen ist. Ständig entdeckte er an sich neue Sünden und trieb damit seine Mitbrüder in den Wahnsinn.

Luders Beichtvater Staupitz sagte einmal, Bruder Martinus wolle offensichtlich mit aller Gewalt ein Sünder sein. Er käme mit lauter „Humpelwerk und Puppensünden" zu ihm und mache aus jedem Furz gleich eine Todsünde. In der Tat: Luder zerrte jeden geheimen Gedanken und jede Nachlässigkeit in seinem Leben unbarmherzig ans Licht. Es gibt eine nette Anekdote aus dieser Zeit: Bruder Martinus steht am Waschbecken an. Vor ihm wäscht und wäscht sich ein anderer Mönch endlos die Hände. Und Martinus sagt: „So ist das, lieber Bruder: Je länger man sich die Hände wäscht, desto schmutziger werden sie."

Luther schreibt später über seine Zeit im Kloster: *„Es ist wahr, ich bin ein frommer Mönch gewesen und habe meinen Orden so streng gehalten, dass ich sagen darf: Ist je ein Mönch in den Himmel gekommen durch Möncherei, so wollte ich auch hineingekommen sein. Das werden mir alle meine Klostergesellen, die mich gekannt haben, bezeugen. Denn ich hätte mich, wenn es länger gewährt hätte, zu Tod gemartert mit Wachen, Beten, Lesen und anderer Arbeit."*

Luder muss in diesen Jahren durch geradezu dämonische Selbstzweifel gegangen sein. Selbst wenn es eine uns heute nicht mehr bekannte Schuld gegeben hat, die Luther ins Kloster trieb: Dort sah er sich mit der Tatsache konfrontiert, wie abgründig jene Gottesferne in unserem Inneren ist, die die Bibel „Sünde" nennt. Diese besteht eben nicht nur aus groben Übertretungen wie Lüge, Diebstahl oder Mord. Martin Luder erlebte vielmehr, wie sehr nahezu jede Faser in ihm Gottes Willen und Wesen widerstrebte. Er erkannte, wie sich selbst in seine besten Taten ausgesprochen fragwürdige Motive und Nebenabsichten einschlichen. Unter dieser Perspektive erschienen ihm sogar sein äußerer Gehorsam und sein vorbildliches Handeln von Selbstsucht und Schielen auf Belohnung durchsetzt. Gnadenlos holte er alles Verborgene, Fadenscheinige und Verlogene ans Licht und stand auf diese Weise Tag für Tag zitternd vor seinem Beichtvater.

Uns erscheint das heute fast psychopathologisch. Aber hier musste einer offensichtlich ein ganz dickes Tor aufstoßen. Stellvertretend für viele nach ihm, die eine solche Gottesangst – Gott sei Dank – nie durchleben mussten, spürte Luther in der Tiefe seines Herzens, was es heißt, „Sünder" zu sein. Er erkannte, dass der Mensch dem Maßstab der Güte, Reinheit und Gerechtigkeit Gottes niemals gerecht wird. Je mehr er sich an die Gebote hielt, desto ferner rückte ihm Gott. Äußerlich befolgte er die Vorgaben seines Klosters, aber innerlich war er so weit weg von Gott, wie man nur von ihm entfernt sein kann: *„Wiewohl ich als ein untadeliger Mönch lebte, verspürte ich doch unruhigen Gewissens, dass ich vor Gott ein Sünder sei. Ich liebte nicht nur nicht – nein, ich hasste den gerechten Gott, der die Sünder straft. Nicht gerade mit stummer Lästerung, sicherlich aber mit unermesslichem Murren entrüstete ich mich über Gott."*

Wenn man bei den Schweinen gelandet ist, ist es offensichtlich. Aber es gilt sogar im Kloster, und wenn wir uns aufrichtig bemühen, das heiligste Leben zu führen: Wir sind Sünderinnen und Sünder. Wir sind in allem, was wir tun und lassen, Gott unfassbar fern. Und daran ändern wir nichts durch fromme Worte, gute Vorsätze oder vorbildliche Taten. Irgendetwas ist in uns, das Gott widerstrebt. Und das kann weder durch gute Werke noch durch irgendwelche Rituale beseitigt werden, sondern nur durch Gnade und Vergebung.

Evangelisch von Sünde reden

Es ist nicht einfach, evangelisch von Schuld und Sünde zu sprechen. Die einen neigen – wie wir gesehen haben – dazu, die menschliche Sünde in den Mittelpunkt ihrer Theologie zu stellen, was sich so in der Bibel nicht wiederfindet. Andere hingegen bagatellisieren sie und finden, dass man darüber nicht groß reden sollte. Damit aber geben sie einen wesentlichen Schlüssel zum Verständnis des Evangeliums aus der Hand. Wir werden nie verstehen, warum Gott Jesus auf diese Erde schickte und warum Jesus sterben musste, wenn wir das Phänomen „Sünde" ausblenden. Damit werden wir uns in der dritten Woche beschäftigen. Stellen Sie sich vor, Jesus hätte die Geschichte wie folgt erzählt: „Ein Mann hatte zwei Söhne. Der jüngere sagte: „Vater, gib mir den Teil der Erbschaft, der mir zusteht!" Da teilte der Vater seinen Besitz unter die beiden auf. Nach ein paar Tagen machte der jüngere Sohn seinen ganzen Anteil zu Geld und zog weit weg in die Fremde. Dort lebte er in Saus und Braus und verjubelte alles. Als er nichts mehr hatte, ging er wieder nach Hause. Das war für den Vater auch okay."

Sie merken vielleicht: Irgendetwas stimmt nicht an dieser Version. Sie ist einfach zu banal. Sie bietet eine „Lösung" an, die keine ist, weil das Problem übersprungen wurde. Da fehlt alle Leidenschaft. Nahezu selbstverständlich kehrt der Sohn wieder nach Hause zurück. Und ungerührt, ja geradezu gleichgültig, nimmt der Vater die Rückkehr seines Sohnes zur Kenntnis. Es gibt keine Umarmung und keinen Kuss. Es gibt auch kein neues Gewand, weil das alte noch völlig in Ordnung ist. Und es gibt keinen Ring, kein Kalb und kein rauschendes Fest. Wozu auch? Es braucht kein Happyend, weil es nie ein Drama gab. Es braucht keine große Liebe, weil es keinen Abstand gibt, den es zu überwinden gilt. Und es braucht auch keine Reue und keine Korrektur, weil der Vater ohnehin alles okay findet.

Das ist die Herausforderung, wenn wir evangelisch von Sünde reden wollen. Einerseits darf man vor lauter Reden über die menschliche Sünde nicht die Gnade und Liebe Gottes verdunkeln oder gar zudecken. Auf der anderen Seite wird die Liebe Gottes nirgends so deutlich offenbar wie dort, wo offensichtlich wird, dass und in welchem Ausmaß wir Sünderinnen und Sünder sind.

Darum wird man sagen müssen: Natürlich ist es sinnvoll und angemessen, dass ein Mensch Gott für seine Sünde um Vergebung bittet. Nicht nur *einmal* im Leben. Wir sind und bleiben unser Leben lang Sünderinnen und Sünder: voller Misstrauen, Undankbarkeit und Gier. Das verlässt uns nicht einmal, wenn wir zu Gott umkehren und Reue zeigen. Auch unser Bitten um Vergebung ist niemals völlig „rein". Natürlich hat der verlorene Sohn bei seiner Bitte um Vergebung nicht nur an den armen Vater zuhause, sondern in starkem Maße auch an sich selbst und seinen eigenen Vorteil gedacht! Wir sind nie völlig selbstlos und kommen auch in unseren besten Momenten nicht aus unserer Selbstbezogenheit heraus.

Aber – und genau hier setzt die „gute Nachricht" an, jenes Evangelium, nach dem sich unsere Kirche „evangelisch" nennt: Es ist auch gar nicht notwendig. Gott liebt uns über alle Abgründe unserer Sünde und Schuld hinweg. Und auch über unsere alles andere als reine „Unterströmung", die selbst unsere besten und frommsten Taten noch durchzieht. Ganz gleich, was wir getan und wie viel Schmerz wir Gott bereitet haben: Er hört nicht auf, uns zu lieben. Gottes Herz steht uns jederzeit offen. Und das müssen wir uns weder verdienen noch erarbeiten. Mal abgesehen davon, dass wir es auch gar nicht können. Es ist zwar gut und wichtig, dass wir ihn um Verzeihung bitten. Aber nicht, weil das eine Voraussetzung für seine Liebe wäre. Sondern eher, weil es eine Art „innere Voraussetzung" für uns ist, dass seine Liebe uns auch erreicht. Dazu kommen wir übermorgen noch einmal.

In den Jahrhunderten nach Luther hat sich eine Einstellung in den Protestantismus eingeschlichen, die die Liebe Gottes für so selbstverständlich nahm, dass sie meinte, nicht mehr von der Sünde reden zu müssen. Die Frage allerdings ist, ob man die Größe dieser Liebe auch nur halbwegs ermessen kann, wenn man nie in den Abgrund der eigenen Sünde geblickt hat. „Gott liebt uns", das ist schnell gesagt. Und dass diese Liebe uns nichts kostet, auch. Aber – und das ist der entscheidende Punkt: *Gott* kostet sie etwas. Gnade ist für den, der sie empfängt, umsonst, sonst wäre sie keine Gnade. Aber der, der sie gewährt, zahlt einen Preis. Um den verlorenen Sohn wieder zuhause aufzunehmen, muss der Vater viel opfern: Er macht sich zum Gespött der Leute, er muss seinen Besitz neu aufteilen, er muss seinen Stolz herunterschlucken, er legt sich mit seinem älteren Sohn an, usw.

Die Gnade kostet Gott einen hohen Preis. Nach christlicher Tradition kulminiert dieser Preis in dem Opfer, das Jesus Christus am Kreuz vollbringt. Darüber sollte man nicht einfach mit einem lapidaren „Piep, piep, piep – Gott hat uns alle lieb", zur Tagesordnung übergehen. Evangelisch sein heißt nicht, die Sünde zu bagatellisieren. Sondern es heißt, die Sünde ernst, aber die Gnade noch ernster zu nehmen. Von Gottes Licht reden, heißt auch, von dem Schatten zu reden, den unser Leben wirft. Bei den einen – etwa beim verlorenen Sohn – ist dieser Schatten so offensichtlich, dass sie von sich aus Zuflucht in Gottes Licht suchen. Andere stellen sich „einfach so" in das Licht der Gnade und merken relativ bald, dass sie einen ziemlich großen Schatten werfen. Aber der Fokus bei evangelischem Denken wird nie auf dem Schatten, sondern immer auf dem Licht liegen.

NACH-DENKEN

Evangelisch sein bedeutet, die Sünde ernst, aber die Gnade noch ernster zu nehmen.

FRAGEN

» Würden Sie sich selbst als „Sünder / Sünderin" sehen?
» Wie erklären Sie sich, dass Luther ausgerechnet im Kloster entdeckte, was es heißt, Sünder zu sein?
» Können Sie Luthers Selbstbild, dass auch unsere besten Absichten von einer selbstsüchtigen, gottfernen „Motivation" durchsetzt sind, teilen?
» Wieso sollte man das „Gebet des verlorenen Sohnes" - so sinnvoll es in vielen Fällen sein mag – nicht zum allgemeinen Gesetz für alle machen?
» Was würden Sie jemandem empfehlen, der den Weg zurück zu Gott sucht?

ANREGUNG ZUM GEBET

Das „Gebet des verlorenen Sohnes"
Versuchen Sie, ob und inwieweit Sie das „Gebet des verlorenen Sohnes" für sich übernehmen können, indem Sie jeden der drei Sätze ein bis drei Minuten lang meditieren: das heißt, ihn wiederholen, in eigenen Worten wiedergeben, ihm nachspüren, ihm gerne auch widersprechen oder ihn umschreiben. Wichtig ist nicht, dass Sie das Gleiche sagen wie der verlorene Sohn, sondern dass Sie mit Gott ins Gespräch kommen:

Vater, ich habe gesündigt gegen den Himmel und vor dir.
Ich bin hinfort nicht mehr wert, dass ich dein Kind heiße.
Mache mich zu einem deiner Tagelöhner.

MERKVERS

Gedenke, Herr, an deine Barmherzigkeit und an deine Güte,
die von Ewigkeit her gewesen sind.
Gedenke nicht der Sünden meiner Jugend
und meiner Übertretungen,
gedenke aber meiner nach deiner Barmherzigkeit,
Herr, um deiner Güte willen!

Psalm 25,6–7

Tag 3 / **Das schönste Wort der Bibel**

MEDITATION

Wenn einer sich zu uns herunterbeugt,
weil wir zu klein sind,
um zu ihm hinauf zu gelangen –
das ist Gnade.

Wenn eine uns sagt: „Du schaffst es!“,
obwohl wir so oft glauben,
wir seien einfach nicht gut genug –
das ist Gnade.

Wenn einer uns ein Lächeln schenkt,
während die anderen uns verlachen,
weil wir am Boden liegen –
das ist Gnade.

Wenn eine uns zuflüstert: „Ich liebe dich!“,
obwohl wir uns gerade selbst
nicht mehr lieben können –
das ist Gnade.

Wenn einer ruft: „Die Welt ist schon gerettet“,
in Momenten, in denen wir glauben,
wir müssten sie retten –
das ist Gnade.

Wenn eine mit uns singt,
nachdem die Musik unseres Herzens
aufgehört hat zu klingen –
das ist Gnade.

Wenn einer uns schön findet,
trotz all der Macken,
die wir an uns entdecken –
das ist Gnade.

Unverdient
Unverhofft
Unerwartet
Unglaublich heilsam.

Gnade

LUKAS 15, 20

Und er machte sich auf und kam zu seinem Vater. Als er aber noch weit entfernt war, sah ihn sein Vater und es jammerte ihn, und er lief und fiel ihm um den Hals und küsste ihn.

Schönheit statt Herablassung

Das Wort „Gnade" hat ein massives Imageproblem in Deutschland. Es passt irgendwie nicht in unsere Kultur, sondern scheint aus einer Zeit zu stammen, in der es noch Könige, Herrscher und Despoten gab, auf deren Gunst und Gnade man auf Gedeih und Verderb angewiesen war. Da diese Strukturen bei uns heute kaum noch existieren, ist der Begriff weitgehend aus unserem Wortschatz verschwunden. Wir benutzen ihn höchstens noch im negativen Sinn, wenn wir sagen, jemand sei in seiner Vorgehensweise „gnadenlos". Und das ist nicht selten sogar als Kompliment gemeint.

Das Problem, das wir mit dem Begriff „Gnade" haben, ist ein Doppeltes. Für die einen klingt er zu sehr nach Rangordnung und Herablassung. Andere hingegen (vor allem jene, die Gnadenlosigkeit für eine Tugend halten) sehen Gnade eher als eine Schwäche an. Dass sich beide Argumente widersprechen, ist kein Hindernis. Es zeigt nur, wie sehr der Begriff Gnade zwischen die Fronten höchst unterschiedlicher Wertvorstellungen geraten ist. Fest scheint dabei nur zu stehen, dass die Gnade offensichtlich irgendetwas verkehrt macht.

Wenn wir in die Bibel schauen, stellen wir fest, dass es bei dem Wort „Gnade" eigentlich um etwas ganz anderes geht. Es geht weder um Schwäche noch um Herablassung, sondern um – Schönheit. Diesen Gedanken habe ich von der in der Schweiz lehrenden deutschen Theologin Magdalene Frettlöh. Für sie bezeichnet das Wort Gnade nicht so sehr etwas, was Gott *tut*, sondern vielmehr etwas, was Gott *ist*. „Gnade" ist eine Wesenseigenschaft Gottes, und das fangen wir mit unserem deutschen Begriff nicht wirklich ein. Das griechische Wort „Charis", das im Neuen Testament für Gnade verwendet wird, hat als Urbedeutung „Anmut" oder auch „Glanz". Daher stammt übrigens auch das Wort „Charisma" (Ausstrahlung). Auch unser Wort „Charme" ist damit verwandt. „Charis" bezeichnet daher so etwas wie die Schönheit und Anmut Gottes, den Glanz, der ihn umgibt und der von ihm ausgeht. Gnade ist buchstäblich eines der schönsten – vielleicht sogar *das* schönste und glanzvollste Wort der Bibel!

Und weil dies so ist, ist der Begriff Gnade „das Urwort protestantischer Spiritualität", wie der evangelische Theologe Fulbert Steffensky es einmal ausgedrückt hat. Alles wahrhaft Evangelische dreht sich um Gnade. Dieser Tatsache können wir uns aber nicht annähern, solange dieser Begriff in unseren Köpfen irgendwo zwischen Gnadenerlass, Gnadenersuch und Gnadenfrist angesiedelt ist. Wir müssen lernen, in dem Begriff „Gnade“ nicht einen Akt herrschaftlicher Herablassung zu sehen, sondern vor allem Gottes Schönheit, die uns in Bann zieht und deren Glanz sich über uns legen will. Dieser Gedanke könnte selbst heute, 500 Jahre nach der Reformation Martin Luthers, eine kleine Revolution hervorrufen. Wie würde es sich auf unser Glauben und Denken, aber auch auf unser Gebet, unsere Gottesdienste und auf unsere Aktivitäten auswirken, wenn wir bei dem Wort „Gott“ unwillkürlich auch die Begriffe „glanzvoll“, „anmutig“ und „schön“ mitdächten!

Gott sucht unsere Nähe

Gnade ist also zunächst einmal eine Wesenseigenschaft Gottes: Gott ist von großer Anmut und Schönheit. Erst von dieser Grundbedeutung des Wortes her kommt dann das andere ins Spiel: was nämlich Gott für uns *tut*. Das deutsche Wort Gnade stammt von dem althochdeutschen Verb „genahen“ und bedeutet so viel wie: nahe kommen, sich zu jemandem stellen, seine Nähe suchen. Auch das ist etwas anderes als „gnädige Herablassung“. Ein mittelalterlicher Herrscher, selbst wenn er sich „gnädig“ herablässt, sucht nicht wirklich Nähe. Der Gott der Bibel aber tut das. Und das ist eine der großartigsten Aussagen, die jemals über Gott gemacht wurde: Gott sucht unsere Nähe. Und zwar mit aller Leidenschaft. So sehr, dass er in Jesus Christus selbst Mensch wird. Er möchte uns berühren, Zeit mit uns verbringen, uns aufrichten, zu uns sprechen, auf uns hören, für uns sorgen. Und zwar ohne irgendeine Vorleistung. Ohne, dass wir ganz anders sein müssten. So etwas wie liebende Zuwendung kann man sich ohnehin nicht verdienen. Sie ist einfach ein Geschenk. Weil Gott uns so leidenschaftlich liebt. Das ist nahezu unglaublich. Martin Luther hat fast zehn Jahre gebraucht, bevor er im Kloster, in das er aus Angst vor Gott gegangen war, zum Glauben an die Gnade fand. Wir haben ja schon am ersten Tag unserer Expedition gesehen: An *Gott* glauben ist verhältnismäßig einfach. An die *Gnade* glauben ist sehr viel schwerer.

In dem kurzen Bibeltext, den wir über den heutigen Tag gesetzt haben, kommt das Wort „Gnade“ nicht vor. Und doch gibt es nur wenige biblische Geschichten, die so grandios verdeutlichen, was Gnade ist, wie diese. Ich male das mal ein bisschen aus: Da ist ein alter Mann, der sehnsüchtig am Fenster sitzt und wartet. Offensichtlich tut er das schon seit langer Zeit. Finanziell hat er ausgesorgt, aber einer seiner Söhne hat ihn vor Jahren verlassen. Es hatte eine ziemlich unschöne Szene gegeben, und der Junge war im Streit von zuhause fortgegangen. Er hatte seinem Vater gesagt: „Ich wünschte, du wärst bereits gestorben! Dann müsste ich nicht weiter auf mein Erbe warten." – Worauf sein Vater ihm das ganze Erbe ausgezahlt hatte. Ein Drittel des Besitzes stand dem jüngeren von zwei Söhnen im Fall des Todes seines Vaters zu (vgl. 5. Mose 21,17). Dass dieser Anteil bereits zu Lebzeiten ausgezahlt wurde, war ungewöhnlich, aber nicht ausgeschlossen. Es ist aber nicht das Recht des Sohnes, sondern Freigiebigkeit des Vaters.

Es kam, wie es kommen musste: Der Junge gibt zuerst das Geld mit vollen Händen aus und gerät dann völlig unter die Räder. Als er so ziemlich den tiefsten Punkt erreicht hat, den man erreichen kann, erinnert er sich seines Vaters. Frei nach dem Motto der Bremer Stadtmusikanten „Etwas besseres als den Tod findest du überall", kehrt er reumütig und völlig abgerissen nach Hause zurück. Noch auf dem Weg legt er sich die Worte und Demutsbezeugungen zurecht, die er bei seiner Ankunft sagen will: Er habe alles falsch gemacht. Er sei es nicht wert, weiter als Kind angesehen zu werden. Er erhebe keinerlei Anspruch. Und so weiter.

Doch bevor er seine sorgsam zurechtgelegten Worte aussprechen kann, passieren gleich mehrere unvorhersehbare Dinge. Dass der Vater ihn schon von ferne sieht, ist schon einmal bemerkenswert. So, als hätte er die ganzen Jahre nichts anderes gemacht, als sehnsüchtig nach ihm Ausschau zu halten. Dann die Tatsache, dass er ihm entgegenläuft. Allein diese Vorstellung hatte für damalige Zuhörer etwas Slapstickartiges. So etwas macht ein Patriarch im Orient einfach nicht. Der geht bestenfalls gemessenen Schrittes. Noch eher lässt er die Leute zu sich kommen und streicht auf diese Weise seine hervorgehobene Stellung heraus. Doch dieser Vater vergisst alle patriarchalische Würde und rennt. Und er fällt seinem zerlumpten, schmutzigen und nach Schwein riechenden Sohn auch noch um den Hals und küsst ihn. Als hätte sich dieser nie von ihm losgesagt. Als hätte er nicht alles verprasst, was der Vater ihm mitgegeben hatte. Als wäre nie etwas geschehen, was die Beziehung der beiden belastet hätte.

Ich sehe das Gesicht des Alten vor mir: die Freude in seinen Augen, das strahlende Lachen um seinen Mund, das Glück, das der Vater empfindet angesichts der Tatsache, dass er seinen Sohn wieder sehen, fühlen und – ja – auch riechen kann. Und bekomme ein Bild für das, was der Begriff „Gnade" bedeutet.

Was Jesus mit diesem Gleichnis sagen will, ist bis heute revolutionär. Gott ist in seinen Augen nicht „absolut" und auch nicht der „unbewegte Beweger", für den Aristoteles ihn hielt. Gott kümmert das, was wir tun, und wie es uns und anderen dabei ergeht. Er hält sehnsüchtig nach uns Ausschau und sucht unsere Nähe. Gott ist nicht nur *bereit*, alles zu vergeben und zu vergessen, sondern er *hat* bereits vergeben und vergessen und er wartet sehnsüchtig auf eine Gelegenheit, uns das begreifbar zu machen und uns zu küssen und zu umarmen. Ein Gebet kann deshalb nie die Funktion haben, diese Liebe und abgrundtiefe Zuneigung Gottes zu uns herzustellen. Die ist bereits in überströmendem Maße da. Was ein Sündenbekenntnis freilich bewirken kann, ist, dass es uns selbst öffnet und achtsam für die Tatsache macht, dass Gott bereits vergeben *hat*: nicht wegen unserer Reue und Buße, sondern weil Gnade und Liebe sein Wesen sind.

In alledem, was der Vater in unserem Gleichnis tut, ist nichts, aber auch gar nichts „Herablassendes". Statt sein Kind zu beschämen, tut er selbst lieber Dinge, die ihn vor den Augen anderer herabsetzen: Er vergisst alle patriarchalische Würde und rennt seinem völlig abgerissen daherkommenden Sohn voller Liebe und Sehnsucht entgegen. Selbst heute noch erscheint „Gnade" vielen Menschen als ein Ausweis von Schwäche. In gewisser Weise stimmt das sogar. Wenn die Bibel von „Gnade" redet, spricht sie in der Tat davon, dass Gott eine besondere Schwäche für uns Menschen hat. Und dass Gott um dieser Schwäche willen bewusst darauf verzichtet, seine Macht oder sein „gutes Recht" uns gegenüber durchzusetzen. Aber ist das tatsächlich Schwäche? Oder nicht vielmehr eine ganz besondere Stärke Gottes? Eine paradoxe Frage: Wenn Gott bewusst auf seine Stärke verzichtet, ist er dann wirklich schwach? Oder ist das nicht „Allmacht" im allerhöchsten Sinne: dass Gott sogar Macht über die eigene Macht hat und ausübt?

Gnade ist mehr als Vergebung

Bei meinen Studien der Schriften Luthers ist mir aufgefallen, dass dieser zwar immer wieder von der Vergebung Gottes redet, dass das bei ihm aber nie den Zungenschlag bekommt, den ich aus meiner Jugendzeit her kenne, wo es hieß: „Bitte um Vergebung wie der verlorene Sohn es tat, sonst bleibst du auf deiner Lebensschuld sitzen." Wir hatten bereits gesehen, dass unser Gleichnis für diese Auffassung gerade *nicht* als Beispiel herhalten kann. Hier hat der verlorene Sohn die Umarmung des Vaters und den versöhnenden Kuss längst empfangen, als er sein Gebet spricht. Ähnlich erlebe ich das in den Schriften Martin Luthers: Bei ihm ist die Vergebung wirklich eine *Zusage* und keine gesetzliche Forderung.

Irgendwann ist mir aufgefallen, warum Luther einerseits völlig selbstverständlich, andererseits aber doch fast wie nebenbei von der Vergebung Gottes spricht. Warum er die Beichte zwar sein Leben lang in Ehren hielt, gleichzeitig aber den Beicht*zwang* abschaffte. Sein großes Thema ist nicht die Vergebung, sondern die Gnade. Und Gnade ist sehr viel mehr als Vergebung. Gnade ist sozusagen der „Kuss", den der Vater seinem verlorenen Sohn gibt: voller Schönheit und Anmut. Dieser Kuss beinhaltet zweifellos Vergebung, aber gleichzeitig doch so viel mehr: etwa Liebe, Wertschätzung, Zuwendung, Fürsorge, Trost, Verbundenheit, Nähe, Freude, Innigkeit, Zärtlichkeit, Versöhnung, Neubeginn und vieles andere. Es wäre schade, das auf den bloßen Aspekt der Vergebung zu reduzieren.

Halten wir für heute fest: Gnade – Charis – ist eins der schönsten Worte der Bibel. Es erzählt uns von einem Gott voller Anmut und Huld. Es erzählt von der geradezu betörenden Bewegung Gottes auf uns Menschen zu: Er, der bei unserer Erschaffung sein Bild in uns hinein gelegt hat, lässt sich nicht davon abschrecken, dass wir dieses Bild oft derart verzerren, dass man das göttliche Urbild darin kaum wiedererkennt. Nein, vielmehr eilt er uns in den Worten der Bibel entgegen. Er umarmt und küsst uns in Christus. Er erfüllt und umhüllt uns mit seinem Heiligen Geist, um uns so nahe wie möglich zu sein. Und so erzählt das Wort Gnade schließlich davon, wie sich die Schönheit Gottes noch einmal ganz neu über uns Menschen legen will: segnend, heilend, vergebend, tröstend, stärkend, aufrichtend und neu ausrichtend. Davon morgen mehr.

NACH-DENKEN

Das ist „Allmacht" im allerhöchsten Sinne: dass Gott sogar Macht über die eigene Macht hat und ausübt.

FRAGEN

» Was haben Sie bislang mit dem Wort „Gnade" verbunden?
» Glauben Sie das, dass Gott sehnsüchtig nach uns Ausschau hält und unsere Nähe sucht?
» Ist ein Gott, der eine derartige Schwäche für uns hat, in Ihren Augen schwach oder stark?
» Würden Sie Ihr persönliches Gottesbild als „schön" bezeichnen? (Würden andere es tun?)
» Gibt es Ihrer Meinung nach Voraussetzungen, damit Gott einem Menschen den „Kuss der Gnade" gibt?

ANREGUNG ZUM GEBET

Gottes Anmut und Schönheit
Gehen Sie heute ganz bewusst durch den Tag. Wenn immer Sie etwas Schönes, Anmutiges, positiv Ausstrahlendes sehen, beten Sie: „Gott, das erinnert mich an deine Gnade. Dank sei dir dafür."

MERKVERS

Gnädig und barmherzig ist der Herr,
geduldig und von großer Güte.
Psalm 145, 8

Tag 4 / **Das Ziel der Gnade**

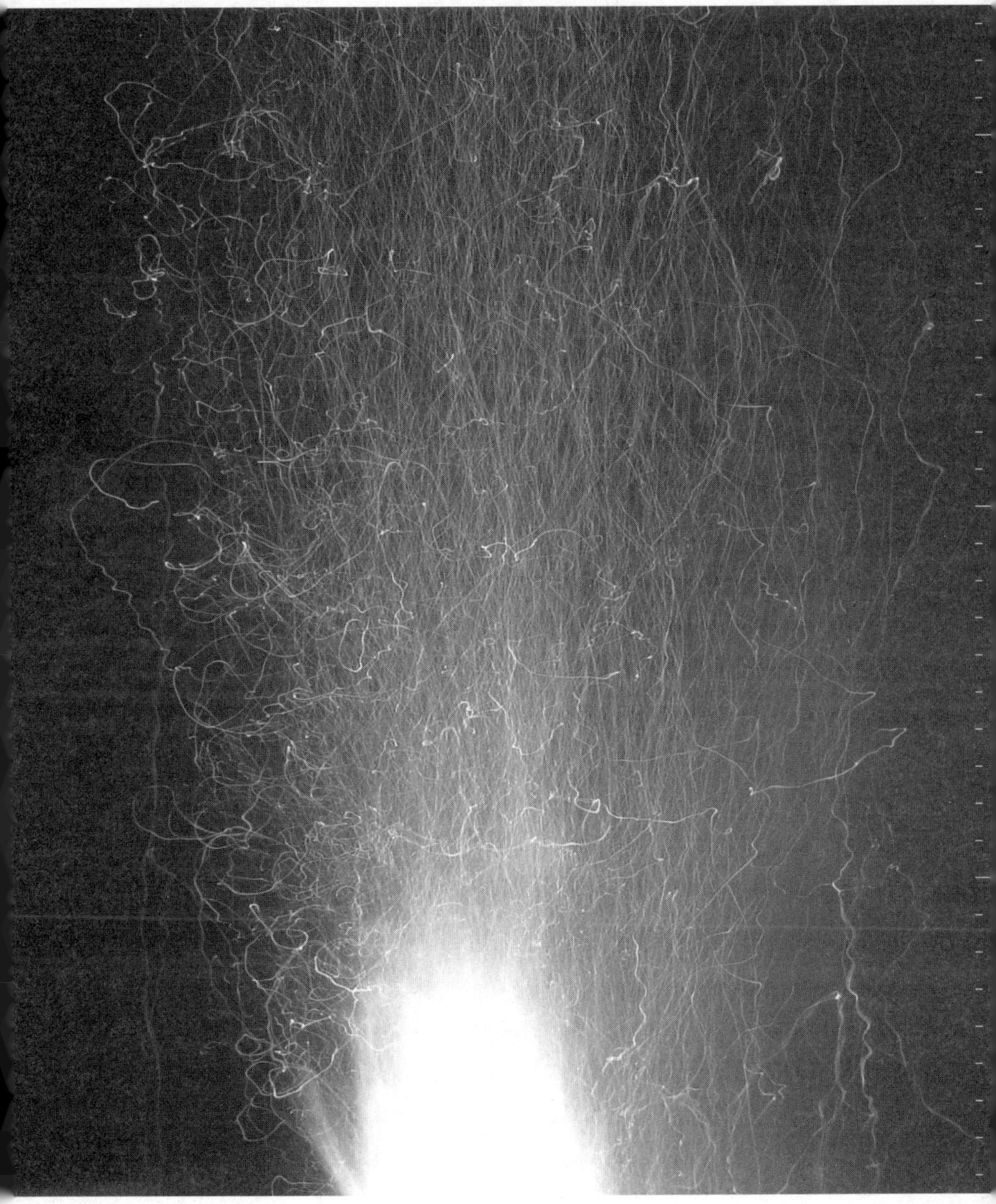

LUKAS 15, 21-24

Der Sohn aber sprach zu ihm: Vater, ich habe gesündigt gegen den Himmel und vor dir; ich bin hinfort nicht mehr wert, dass ich dein Sohn heiße. Aber der Vater sprach zu seinen Knechten: Bringt schnell das beste Gewand her und zieht es ihm an und gebt ihm einen Ring an seine Hand und Schuhe an seine Füße und bringt das gemästete Kalb und schlachtet‘s; lasst uns essen und fröhlich sein! Denn dieser mein Sohn war tot und ist wieder lebendig geworden; er war verloren und ist gefunden worden. Und sie fingen an, fröhlich zu sein.

DAS ZIEL DER GNADE

Noch einmal: Das Bekenntnis des verlorenen Sohnes

Nun spricht er es also doch aus. Obwohl wir lang und breit erörtert haben, dass das Sündenbekenntnis eines Menschen *nicht* der Schlüssel zum Herzen Gottes ist. Dennoch – und daran möchte ich keinen Zweifel aufkommen lassen – hat das Bekenntnis von Sünde und Schuld einen wichtigen Platz im christlichen Leben. In jedem Gottesdienst kommt es schon früh am Anfang. Der ehemalige Pfarrer und Fernsehmoderator Jürgen Fliege ließ sich deswegen zu der Formulierung hinreißen: „Kaum kommst du in den Gottesdienst, sagt man dir, dass du ein Arschloch bist." Damit hat er freilich die entscheidende Pointe des Sündenbekenntnisses verfehlt. Beichte und Bekenntnis haben nämlich vor allem einen freimachenden und freisetzenden – um nicht zu sagen: therapeutischen Charakter. Sie sind nicht Voraussetzung für die Gnade Gottes. Aber sie sind in vielen Fällen die Voraussetzung, dass diese Gnade uns überhaupt erreicht. Dass sie an unsere Seele herankommt. Nicht selten ist es aber umgekehrt gerade so, dass wir erst den „Kuss der Gnade" erlebt haben müssen, dass wir frei werden, uns endlich mal alles von der Seele reden zu können. Wir sollten Menschen weder auf den einen noch auf den anderen Weg festlegen.

Ein Beispiel aus meinem Bekanntenkreis: Der sechsjährige Sohn hatte den Eltern etwas aus dem Portemonnaie genommen. Das Geld lag notdürftig versteckt in seinem Zimmer, es war unzweifelhaft, dass er es gestohlen hatte. Die Eltern stellten ihn zur Rede. Der Junge verlegte sich erst hartnäckig aufs Leugnen, dann beschuldigte er seinen Bruder. Schließlich tobte er und schrie seine Eltern an: Sie würden sich irren, hätten das Geld wahrscheinlich selbst ausgegeben und würden jetzt ihn beschuldigen, ohnehin seien sie total knauserig usw. – das volle Programm. Die Eltern waren verzweifelt. Es ging ihnen natürlich nicht ums Geld. Aber die Distanz zwischen ihnen und ihrem Sohn wurde von Minute zu Minute größer, je mehr er sich aufs Leugnen und Beschuldigen verstieg. Schließlich nahm die Mutter ihren halb widerstrebenden Sohn auf den Schoß, küsste ihn und sagte: „Samuel *(Name geändert)*, hör mir mal bitte zu. Ich liebe dich über alles. Und ich wünsche mir nichts mehr, als dass wir in Liebe und Vertrauen miteinander leben. Das Geld, das uns fehlt, können wir verschmerzen. Und wenn du einen Fehler gemacht hast, wird das nichts an unserer Liebe ändern. Aber wenn wir hier zukünftig mit Misstrauen, Scham und Heimlichkeiten miteinander umgehen müssten, das wäre super schade." Da fing der Junge an zu weinen, und es brach aus ihm heraus: „Ja, ich war's – und es tut mir so leid."

Auch in dieser (realen) Geschichte war das Schuldbekenntnis nicht der Schlüssel des Kindes zum Herzen der Mutter, sondern eher umgekehrt: Es war der Schlüssel der Mutter zum Herzen ihres Kindes. Samuel machte jene Tür auf, die sich nur von innen öffnen lässt – das eigene Herz –, und ließ durch seine „Beichte" die Liebe seiner Mutter an sich heran, und Offenheit und Vertrauen konnten neu in ihre Beziehung strömen.

Es ist eine alte therapeutische Erkenntnis, dass nur das geheilt werden kann, was auch benannt wird. Wenn Buße und Sündenbekenntnis in der evangelischen Praxis eine so große Rolle spielen – angefangen vom Gottesdienst über die Seelsorge bis hin in die persönliche Spiritualität –, dann geschieht das nicht, um Menschen klein zu machen oder klein zu halten. Schon gar nicht hat es die Funktion, Menschen mit einem gesunden Selbstbewusstsein zu knicken und ihnen ein künstliches Schuldbewusstsein einzureden. Das erste, was über uns Menschen auszusagen ist, ist daher nicht, dass wir Sünderinnen und Sünder sind. Sondern wir sind geliebte und mit vielerlei Gaben ausgestattete Töchter und Söhne Gottes. Wir alle sind berufen, als Bilder und Kinder Gottes in dieser Welt zu leben und diese Welt zu gestalten.

Als „Sünde" könnte man vor allem das bezeichnen, was in unserem Leben Macht hat, uns unterhalb dieses Potenzials zu halten. Dazu gehören nicht nur manche Taten und Unterlassungen (woran die meisten Menschen bei dem Begriff „Sünde" denken), sondern auch Misstrauen, Sorgen, Gleichgültigkeit, falsche Prioritäten, manche Affekte und Haltungen, negatives Denken, falsche Selbstbilder, zerstörerische Einflüsse, denen wir Raum geben usw. Sich von Zeit zu Zeit darauf zu besinnen, ohne sich darin zu suhlen, bringt uns in wieder in Berührung damit, wofür wir eigentlich geschaffen wurden. Und es öffnet die Tür von innen, unsere wunderbare Berufung, als Sohn oder Tochter Gottes zu leben, neu zu ergreifen.

Gewand, Schuhe und Ring

Aus der Fülle von „Erste-Hilfe-Maßnahmen", die der Vater ergreift, um seinen heimgekehrten Sohn wieder aufzupäppeln, greift unser Gleichnis nur drei heraus. Zweifellos wird er ihm ein heißes Bad zubereitet, seine Wunden gepflegt und Salben aufgetragen haben. All das überspringt unsere Erzählung aber und richtet den Fokus stattdessen auf drei Dinge: das beste Gewand, die Schuhe und den Ring.

Wenn Sie mit der Josefsgeschichte im Alten Testament vertraut sind, wissen Sie, dass das „beste Gewand“ ein Neidfaktor für die anderen Geschwister ist. Das wird uns in den nächsten Tagen noch näher beschäftigen. Wörtlich übersetzt heißt es: das „erste Gewand“. Das kann bedeuten: das Beste im Haus. Das für besondere Feierlichkeiten reservierte. Es kann aber auch heißen: das Gewand, das der Junge abgelegt hatte, als er das Vaterhaus verließ. Nun wird ihm dieses „erste Gewand“ wieder geschenkt – das Gewand des Sohnes. Wie auch immer wir es deuten wollen: Auf jeden Fall steht das Kleid, das dem verlorenen Sohn angezogen wird, für die auch nach außen hin offensichtliche Wiederaufnahme in den Familienverbund, für die Neueinsetzung als Sohn. Die Nachbarn und das Hofgesinde mögen sich vorher über den jungen Mann empört und das Maul zerrissen haben: „Wie kann man nur ...? Bei den Schweinen soll er gelandet sein! Das hat er nun davon. Geschieht ihm ganz recht!“ Das erste Kleid macht deutlich: Eben dieser junge Mann ist als geliebter Sohn des Vaters zu ehren und zu achten, ja, wie dieser selbst zu behandeln.

Der Ring unterstreicht das noch einmal und führt sogar einen Schritt weiter. Wir dürfen hier nicht in erster Linie an ein Schmuckstück denken, wobei er das sicherlich auch gewesen ist. Vor allem geht es aber um einen Siegelring, mit dem der junge Mann als vollgültiges Mitglied der Familie Verträge unterzeichnen darf. Auch hier gibt es eine Parallele zur Josefsgeschichte, als dieser aus dem Gefängnis geholt wird und ihm der Pharao einen Ring ansteckt und auf diese Weise „über ganz Ägyptenland setzt“ (1. Mose 41,42). Mit dem Ring werden dem jungen Mann aus unserem Gleichnis also alle Rechte und alle Befehlsgewalten neu zuerkannt, die er mit seinem Weggang von zuhause verloren hatte. Ihm wird sozusagen Prokura eingeräumt: die umfassende Handlungsvollmacht als wieder eingesetzter „Sohn des Hauses“.

Die Schuhe schließlich waren seinerzeit das Zeichen eines freien Mannes. Diener und Sklaven gingen barfuß. Das Gebet „Mach‘ mich zu einem deiner Tagelöhner“, wird damit freundlich abgewiesen. Gott möchte uns nicht als Dienerinnen und Knechte, sondern als Töchter und Söhne. Er ist und bleibt zwar „Herr des Hauses“, aber wir sollen nicht bloße Befehlsempfänger/innen sein, sondern Gott räumt uns in einem hohen Maße Mitspracherecht ein. Er nimmt uns, unsere Sicht der Dinge und unsere Bitten ernst. Das Verhältnis zwischen Gott und uns soll nicht in erster Linie durch Gebote und Regeln, sondern vor allem von Freiheit und vertrauensvollem Gespräch gekennzeichnet sein – welch ein Kontrast zu der allgemeinen Auffassung, dass Christsein vor allem darin besteht, einen Katalog von Regeln und Normen einzuhalten!

Freilich hat das Christentum (auch in seiner protestantischen Ausprägung) einiges dazu beigetragen, dass die Leute bei uns eher Zwang und Enge vermuten als Weite und Freiheit.

Herausforderndes Zutrauen

Ich bleibe dabei: Gnade – um dieses Phänomen geht es ja in dieser Woche – hat ein viel größeres Ziel als einfach nur Vergebung. Gnade zielt auf die volle Wiedereinsetzung eines Menschen in den Stand, die Ehre, die Vollmacht und die Schönheit eines Kindes Gottes. Es geht nicht nur um einen Schlussstrich unter die Dinge, die in der Vergangenheit schief gelaufen sind, sondern vor allem um die Eröffnung einer neuen, wunderbaren Zukunft. Insofern ist Gnade eine lebensverändernde, zukunftsschaffende Kraft. Wenn Gott sich einem Menschen gnädig erweist, ist das wie eine neue Schöpfung. Anders als bei unserem alltäglichen Gebrauch des Wortes Gnade, wo der Gnadenstoß, der Gnadenhof oder das Gnadenbrot einen Menschen oder ein Tier sozusagen ins Endstadium geleiten und ihm den „letzten Rest" geben, reißt die Gnade Gottes einen neuen Horizont auf und eröffnet neues Leben.

Im Griechischen drückt sich das durch ein schönes Wortspiel aus: Wenn sich Gottes Gnade – eben die „Charis" – über einen Menschen legt, manifestiert sich das in dessen Leben als „Charisma". Seinem Wortsinn nach bedeutet dieses Wort „Gnadengabe". Es bezeichnet den Umstand, dass jemand in dem, was er tut, von Gott „begnadet" ist. Dass er in dem, was er ist und tut, die Schönheit Gottes widerspiegelt. Wir werden uns in der fünften Woche noch einmal ausführlich mit diesem Begriff beschäftigen. Aber das neue Gewand, der Siegelring und die Schuhe sind Zeichen dieser neuen, „charismatischen" Existenz. Sie zeigen, dass der Sohn wieder voll und ganz rehabilitiert ist und wie sehr der Vater ihm vertraut. Außerdem symbolisieren sie den Glanz und die Vollmacht, die vom Vater auf den Sohn übergegangen sind. Er darf in seinem Namen auftreten und handeln. Ja, er soll von den Leuten angesehen werden wie der Vater selbst. Und weil ja der Vater hier stellvertretend für Gott steht, gilt das alles eben auch für uns.

Vielleicht ist das der Gipfel der Gnade: dieses herausfordernde Zutrauen Gottes in einen Menschen. Es ist eine große Sache, wenn wir beginnen, an Gott zu glauben. Das noch viel größere Wunder aber ist, dass Gott an *uns* glaubt. Gewand, Siegel und Schuhe sind nichts anderes als eine neue Berufung des eben noch abgerissenen und innerlich meilenweit entfernten Kindes – und gleichzeitig auch die ebenso vertrauensvolle wie Vertrauen schaffende Zusage: „Du kannst das! Ich traue dir das zu! Und wo du es alleine nicht kannst, werde ich dir helfen. Gemeinsam schaffen wir das.“

Zweifellos besteht die Gefahr, dass Menschen das Vertrauen, das Gott in sie setzt, missbrauchen oder ihm nicht gerecht werden. Dass sie das Gewand, die Schuhe und den Ring nicht im Sinne des Vaters einsetzen oder Dummheiten damit machen. Aber das nimmt Gott in Kauf. Unsere Geschichte sagt interessanterweise nicht, ob der junge Mann diesem herausfordernden Zutrauen bzw. dieser vertrauensvollen Herausforderung des Vaters gerecht wird. Doch es ist anzunehmen. Gnade macht etwas mit uns. Gottes Schönheit und Anmut springen auf uns über, wenn wir uns ihnen aussetzen. Nicht immer und in jedem Fall, aber hoffentlich immer öfter.

Gnade ist Gottes Berührung des menschlichen Herzens – und deren Widerspiegelung in unserem Leben. Um ein Bild Martin Luthers aufzugreifen: Feuer und Eisen haben erst mal nicht viel miteinander gemeinsam. Aber wenn man das Eisen lange genug nahe ans oder gar ins Feuer hält, wird es auf Dauer selbst feuerähnlich. Wir können nicht dauerhaft in Gottes Nähe sein, ohne dass wir beginnen, etwas von seiner Gnade widerzuspiegeln. Gnade nimmt uns an, wie wir sind; aber wir müssen Gott sei Dank nicht so bleiben, wie wir sind.

NACH-DENKEN

Gnade nimmt uns an, wie wir sind; aber wir müssen Gott sei Dank nicht so bleiben, wie wir sind.

FRAGEN

» In welchem Zusammenhang sind Ihnen Sündenbekenntnis und Beichte schon einmal begegnet, und was hat das mit Ihnen gemacht?
» Welchen Sinn kann es haben, sich Gott gegenüber einmal alles von der Seele zu reden?
» Erleben Sie sich als von Gott in besonderer Weise beschenkt?
» Glauben Sie, dass die Erfahrung der Gnade Gottes einen Menschen immer verändert?
» An welchen Punkten würden Sie sich gerne von Gottes Gnade verändern lassen?

ANREGUNG ZUM GEBET

Gewand, Ring und Schuhe
Machen Sie sich heute einmal eine kleine Liste Ihrer „Charismen“: der besonderen Gaben, mit denen Gott Sie ausgestattet hat. Was können Sie besonders gut? Worin spiegelt sich in Ihrem Leben in besonderer Weise der Glanz Gottes? – Seien Sie nicht allzu bescheiden. Es geht in dieser Übung nicht so sehr darum, Sie, sondern vor allem Gott, den Geber aller guten Gaben, zu ehren. Gehen Sie die Liste Punkt für Punkt durch und sagen Sie: „Das, Gott, kommt von dir. Hierin spiegelt sich dein Leben in meinem Leben. Hab Dank für diese besondere Gnade.“

MERKVERS

Der HERR segne dich und behüte dich; der HERR lasse sein Angesicht leuchten über dir und sei dir gnädig; der HERR hebe sein Angesicht über dich und gebe dir Frieden.
Mose 6, 24-26

Tag 5 / **Die Kirche der älteren Brüder**

MUSIK

Wer fühlen will, muss hören. Zumindest gibt es viele Menschen, die sich leidenschaftlich gerne von Musik berühren lassen. Von Melodien und Tönen. Wenn Sie dazu gehören, werden Ihnen die Lieder, die wir zu den Wochenthemen geschrieben haben, gut tun. Das Lied, das zur ersten Woche gehört, finden Sie unter dem Titel „Gut, dass du bei mir bist" (Track1). Es erzählt davon, was es bedeutet, Gnade zu erfahren.

Gut, dass du bei mir bist.
Du weißt ja, wie das ist:
Wenn auf der Welt
Mich eines hält,
dann nur, dass du, mein Gott
mich nie vergisst.

LUKAS 15, 25-30

Aber der ältere Sohn war auf dem Feld. Und als er nahe zum Hause kam, hörte er Singen und Tanzen und rief zu sich einen der Knechte und fragte, was das wäre. Der aber sagte ihm: Dein Bruder ist gekommen, und dein Vater hat das gemästete Kalb geschlachtet, weil er ihn gesund wiederhat. Da wurde er zornig und wollte nicht hineingehen. Da ging sein Vater heraus und bat ihn. Er antwortete aber und sprach zu seinem Vater: Siehe, so viele Jahre diene ich dir und habe dein Gebot nie übertreten, und du hast mir nie einen Bock gegeben, dass ich mit meinen Freunden fröhlich wäre. Nun aber, da dieser dein Sohn gekommen ist, der dein Hab und Gut mit Huren verprasst hat, hast du ihm das gemästete Kalb geschlachtet.

DIE KIRCHE DER ÄLTEREN BRÜDER

Der oft verschwiegene zweite Teil des Gleichnisses

Das letzte Kapitel endete mit den vollmundigen Worten: „Wir können nicht dauerhaft in Gottes Nähe sein, ohne dass wir beginnen, etwas von seiner Gnade widerzuspiegeln." Doch offensichtlich stimmt das nicht ganz. Denn nun wendet sich das Gleichnis dem älteren Bruder zu, und der spiegelt so gar nichts von der Gnade seines Vaters wider. Und das, obwohl er sich die ganzen Jahre über in dessen Nähe aufgehalten hat. Während sein jüngerer Bruder in der weiten Welt das Erbteil seines Vaters verprasste, hatte er zuhause geschuftet und geackert, um den verbliebenen Besitz beisammen zu halten. Müsste er – so ganz in der Nähe des Vaters – nicht geradezu der Inbegriff von Freundlichkeit und Güte sein? Dass er es nicht ist, ist eine ganz besondere Pointe, die Jesus seinem Gleichnis verleiht.

In der christlichen Auslegungstradition hat der erste Sohn in unserem Gleichnis viel mehr Beachtung gefunden als der zweite. Das ist nachvollziehbar, weil der erste Teil des Gleichnisses die Botschaft Jesu von der Gnade Gottes in wunderbarer Weise zusammenfasst: „Egal, was du getan hast, egal, wohin es dich verschlagen hat und wo du auch stehst: Du kannst jederzeit zu Gott zurückkehren. Er möchte nichts sehnlicher, als mit dir zusammen zu sein. Er liebt dich, denn du bist sein Kind." – Wenn das allerdings das einzige wäre, was Jesus uns erzählen möchte, hätte er nicht einen zweiten Bruder in seine Erzählung einbauen müssen. So aber beginnt er das Gleichnis schon mit den Worten „Ein Mensch hatte *zwei* Söhne...". Jesus scheint es von Anfang an nicht nur auf den einen, sondern auf beide Brüder anzukommen. Ähnlich wie im Gleichnis von den zwei Schuldnern (Lukas 7,41-43) oder dem von den ungleichen Söhnen (Matthäus 21,28 -31) geht es ihm um den Vergleich und um den Kontrast der beiden Protagonisten. Nur über den *einen* der beiden nachzudenken, ergibt nicht einmal den halben Sinn.

Das ist vielleicht ein Grund, warum das Gleichnis von den beiden Söhnen heute so wenig verfängt. Weil das Motiv des „verlorenen Sohnes", so wunderbar es auch ist, in der Vergangenheit ein wenig „totgeritten" wurde und es endlich einmal an der Zeit ist, den älteren Sohn näher in Augenschein zu nehmen. Denn bei dem geht es nicht um „die da draußen", sondern um die kirchlichen Insider. Meine These ist, dass wir eine Kirche voll „älterer Brüder" geworden sind. Und dass wir eine Fülle von Signalen aussenden, die es „jüngeren Geschwistern", selbst wenn sie wieder in Kontakt mit Gott kommen wollen, schwer bis unmöglich machen, den Weg zurück in die christliche Gemeinde zu finden. Vielleicht finden Sie, dass das starker Tobak ist. Aber schauen Sie sich doch mal in unseren Gemeinden um. Wo sind da die „verlorenen Töchter und Söhne“? Die abgerissenen Gestalten, die „Huren und Zöllner“, die Punks oder auch nur Tätowierten, die Abgerutschten, Vorbestraften, Ausgegrenzten? Anders gefragt: Wo ist die Art von Menschen, die Jesus so magisch angezogen hat? Und müssen wir uns nicht ganz ehrlich die Frage stellen: Wenn wir so ganz andere Menschen ansprechen, als Jesus das tat, ob das nicht womöglich daran liegt, dass wir eine andere Botschaft predigen als er?

Ja, natürlich legen wir das Gleichnis vom verlorenen Sohn aus. Aber wir erzählen den Leuten immer nur die erste Hälfte. Den Teil, mit dem sich die wenigsten von uns identifizieren können. Den viel spannenderen Teil der Geschichte – nämlich den, der uns betrifft – enthalten wir ihnen vor. Und merken gar nicht, wie unglaubwürdig wir uns damit machen. Wir erzählen den Menschen die „frohe Botschaft“, sie dürften jederzeit umkehren. Aber was erwartet die Leute, wenn sie umkehren? Eine Kirche voll „älterer Brüder“, die es Rückkehrern alles andere als leicht macht. Das Gleichnis erzählt uns in seinem zweiten Teil, dass nicht nur die offensichtlich Abgedrifteten, sondern auch wir selbst umkehren müssen, dass der Vater auch uns entgegen gehen muss, weil wir draußen vor der Tür stehen. Dass wir uns zwar nicht äußerlich, umso mehr aber innerlich vom Vater losgelöst haben. Und dass sich das vor allem an unserem Umgang mit denen zeigt, die von außen zu uns stoßen wollen.

Ja, wir predigen Umkehr: aber für andere. Wir heißen Neue in unseren Gemeinden herzlich willkommen. Und denken dabei klammheimlich mit: solange die Dinge so bleiben, wie sie sind. Solange die anderen so werden wie wir. Schließlich haben wir immer alles richtig gemacht. Wir sind über all die Jahre treu gewesen. Wir sind regelmäßig in den Gottesdienst gegangen. Wir haben uns keines offensichtlichen Fehlverhaltens schuldig gemacht. Wir haben uns engagiert. Darum sind alle herzlich eingeladen, sich uns anzuschließen, solange sich für uns nichts groß ändert. Und solange klar definiert bleibt, dass wir durch unsere jahrelange Treue „etwas gleicher“ sind als die andern. Schließlich sind sie es, die umkehren mussten und nicht wir. – Diese Logik zerbricht in der zweiten Hälfte unseres Gleichnisses.

So nah – und doch so fern

Was Jesus mit seinem Gleichnis deutlich macht, ist, dass Gott offensichtlich zwei Arten von Kindern hat. Da gibt es die einen, die sich in mehr oder minder offener Auflehnung von ihm abwenden, um dann über viele Irrungen und Wirrungen zu ihm zurückzufinden. Und es gibt jene, die sich nie etwas Größeres zuschulden haben kommen lassen und die sich – zumindest von außen betrachtet – immer mehr oder minder in seiner Nähe aufgehalten haben.

Vielleicht kann man in den beiden Brüdern sogar so etwas wie zwei grundlegende Arten und Weisen erkennen, wie wir unser Leben konstituieren. Die einen wählen den Weg der Loslösung und der Rebellion. Die anderen gehen lieber den Weg des Dazugehörens und des Einhaltens der Regeln. Zu einer der beiden Richtungen tendieren wir in aller Regel. Wobei sich diese Tendenz im Laufe eines Lebens manchmal auch ändern kann. Da reiten „ältere Söhne" auf einmal mit jüngeren Töchtern in den Sonnenuntergang. Oder ehemals verlorene Söhne werden besonders strenge Wächter von Anstand und Moral.

Wichtig ist, dass beide Typen auch in der christlichen Gemeinde vorkommen. Gott liebt beide in gleicher Weise. Aber beide sind auf sehr unterschiedliche Weise eine große Herausforderung für ihn. Denn beide befinden sich in einer großen Distanz zu ihm: die einen mehr äußerlich, die anderen eher innerlich. Es ist bemerkenswert: Beide Söhne in unserer Geschichte tragen einen Groll gegen den Vater in sich. Der eine spricht ihn offen aus und lässt es zum Bruch kommen. Der andere trägt ihn über Jahre in sich, bevor die Rückkehr seines jüngeren Bruders das Fass zum Überlaufen bringt. Denn er lebt zwar seit Jahren in der Nähe des Vaters und er hält sich an alle Gebote. Aber wenn er ganz ehrlich ist: Das ist nicht das Leben, das er sich erträumt hat. Das ist nicht die „Erfüllung", die er sich von einem Leben im Hause des Vaters erwartet hat. So viel Mühe, so viel Plackerei. So wenig Leichtigkeit und Spaß. So viel ungelebtes Leben: „Nicht einmal einen mageren Ziegenbock hast du mir gegeben, dass ich mit meinen Freunden hätte feiern können." Wie viel Wut und Verbitterung steckt allein in diesem Satz: denn an einer Ziege ist nicht viel dran. Damit kann man kein großes Fest feiern. Aber nicht einmal so ein mageres Fest, so will es ihm scheinen, hat ihm der Vater über all die Jahre gegönnt. Irgendwie hatte er sich mit diesem Zustand arrangiert. „So ist das eben, wenn man Christ ist. Dann hat man halt weniger Spaß. Christus hat schließlich auch keinen Spaß gehabt."

Doch dann kommt sein Bruder nach Hause. Und der bekommt nicht nur die magere Ziege aufgetischt, sondern ein fettes, gemästetes Kalb. Und auf einmal bricht alles aus dem Älteren heraus. „Dieser dein Sohn", sagt er. Sehr viel distanzierter kann man gar nicht sprechen. Er mag ihn nur als jemanden ansprechen, den der Vater unbegreiflicherweise immer noch als sein Kind ansieht. Wie fern der ältere Sohn dem Vater innerlich steht, offenbart sich an der Distanz zwischen ihm und seinem heimgekehrten Bruder. Und so steht er draußen vor der Tür und schmollt, während drinnen das Fest im vollen Gange ist. Und es wird deutlich, dass er – wenn auch auf ganze andere Art und Weise – ebenso „verloren" ist, wie sein jüngerer Bruder es war. Denn das heißt doch „verloren": dass der Vater das Herz sowohl des einen als auch des anderen verloren hat und sich beide infolgedessen mehr und mehr in ihrer eigenen Gottabgewandtheit verrennen. Doch gleichzeitig steht beiden das Herz Gottes offen. Er geht beiden entgegen und lädt sie ein, mit ihm zusammen zu sein und zu feiern. Mit ihm – allerdings aber auch mit dem jeweils anderen Bruder.

Der ewige Bruderzwist in der Kirche

In der ersten Hälfte des Gleichnisses beschreibt Jesus seine eigene Mission: Menschen, die sich im Laufe ihres Lebens von Gott entfernt haben, wieder nach Hause zu rufen und mit der Gnade in Berührung zu bringen. Am zweiten Sohn wird freilich deutlich, dass auch diejenigen, die Gott scheinbar ganz nahe sind, Gnade und Umkehr brauchen. Sie sind genauso von Gott getrennt. Und zwar nicht durch das, was sie falsch gemacht haben, sondern spannenderweise durch das Viele, was sie richtig machen. Denn das macht sie innerlich hart und stolz. Sie schauen auf diejenigen herab, die nicht im Hause des Vaters geblieben sind. Und sie sind selbstverständlich der Meinung, dass ihnen gewisse Vorzugsrechte zustehen. Die „Jüngeren" haben schließlich ihren Anteil bereits verprasst. Es kann ja nicht sein, dass die ihr Leben jetzt einfach weiter genießen, während man selbst noch auf die magere Ziege wartet. Nein: Der Bruder, wenn er schon zurückdarf, soll spüren, dass er von ganz tief unten kommt. Und nicht ein Fest- sondern lieber ein Büßergewand tragen.

Freilich ist auch der jüngere Sohn kein Kind von Traurigkeit, was den Umgang mit seinem älteren Bruder betrifft. Wir müssen nicht meinen, dass er in dem Moment, wo er reumütig nach Hause zurückgekehrt ist, lammfromm und brav geworden sei. Nein, die Tatsache, dass er drinnen ungeniert feiert (und im Feiern war er ja schon vorher ziemlich gut gewesen), während sein Vater draußen an der Tür eindringlich mit seinem Bruder diskutiert, zeigt, dass ihm dessen Seelenzustand ziemlich egal ist. Der Ältere mag dem Jüngeren Treulosigkeit, Oberflächlichkeit und seine offensichtlichen Fehlverhalten vorwerfen. Der Jüngere hält dafür durchaus eine Retourkutsche parat: Ist sein Bruder nicht total spießig, verknöchert, gesetzlich und uncool? – Nein, man wird den Eindruck nicht los: Nicht nur der Ältere will nichts mit dem Jüngeren zu tun haben, sondern auch der Jüngere nichts mit dem Älteren. Das steht so ausdrücklich vielleicht nicht in unserem Gleichnis, aber es ist seit Jahrhunderten die traurige Realität unserer Kirche.

Die Geschichte des Protestantismus ist die zweier ungleicher Geschwister, die einander mehr oder weniger in Hassliebe verbunden sind. Sie stammen vom gleichen Vater, darum gehören sie zusammen. Sie folgen aber zwei völlig unterschiedlichen Lebenskonzepten. Zweifellos wäre es verkürzt, wollte man alle inhaltlichen Auseinandersetzungen innerhalb der evangelischen Kirche auf diesen einen Grundkonflikt reduzieren. Aber es lässt sich nicht leugnen, dass sich der Streit der beiden Geschwister wie ein roter Faden durch die letzten 500 Jahre gezogen hat.

» Da beäugen sich „bibeltreue“ und „liberale“ Christinnen und Christen gegenseitig.
» Da sind diejenigen, die versuchen, bestimmte Gebote der Bibel genau einzuhalten und die anderen, die das Ganze „nicht so eng sehen“ – oder andere Gebote der Bibel betonen.
» Da sind die, denen die Tradition sehr wichtig ist – und auf der anderen Seite die vielen, die mit diesen Traditionen nichts mehr anfangen können oder auch wollen.
» Da sind die so genannte „Kerngemeinde“ und die kirchlichen „Randsiedler“. Die einen nennen die anderen despektierlich „Weihnachtschristen“. Die ihrerseits schauen ebenso verächtlich auf die herab, die „immer in die Kirche rennen müssen“.
» Da sind die Vertreter/innen bestimmter Frömmigkeitsstile, die ihre Art von Spiritualität zum Maßstab machen, ob andere dazugehören oder nicht. --- Usw.

Ganz gleich, in welchem Gewand der Konflikt der beiden ungleichen Geschwister auch auftritt: Er tut Gott weh. Statt in versöhnter Verschiedenheit miteinander zu leben, machen sich beide gegenseitig das Leben schwer. Beide sind davon überzeugt, recht zu haben und darum die heimlichen Lieblingskinder ihres Vaters zu sein. Doch so recht können wir gar nicht haben, dass wir uns deswegen über unsere Geschwister erheben dürften. Egal ob jüngerer oder älterer Sohn: Nur darin spiegeln wir Gottes Gnade wider, wenn wir es lernen, den anderen oder die andere gerade in ihrer Andersartigkeit höher zu achten als uns selbst (Philipper 2,3).

NACH-DENKEN

Wie fern der ältere Sohn dem Vater innerlich steht, offenbart sich daran, wie fern er seinem heimgekehrten Bruder steht.

FRAGEN

» Finden Sie sich selbst eher in dem jüngeren oder in dem älteren Bruder der Geschichte wieder?
» Inwiefern muss der ältere Bruder ebenso umkehren bzw. braucht er ebenso Gnade wie der jüngere?
» Können Sie als „jüngerer Bruder" sagen, dass Sie den älteren bzw. als „älterer Bruder", dass Sie den jüngeren lieben?
» Wie müsste eine Kirche oder eine Gemeinde aussehen, in der die beiden ungleichen Geschwister gleichberechtigt Platz haben und in „versöhnter Verschiedenheit" miteinander leben können?
» Was können Sie persönlich dazu beitragen, in Ihrem Wirkungsfeld Brücken zu bauen zwischen den ungleichen Geschwistern?

ANREGUNG ZUM GEBET

Andere höher achten als sich selbst

Beten Sie heute für einen konkreten Bruder „der anderen Sorte". Wenn Sie also ein „jüngerer Bruder" sind, für einen „älteren" und umgekehrt.

» Danken Sie Gott, dass er diesen Menschen ebenso liebt wie Sie (zugegeben, das fällt schwer).
» Überlegen Sie, was dieser Mensch in seiner Andersartigkeit vielleicht besser macht oder besser sieht als Sie, wo Sie also von ihm oder ihr lernen können.
» Überlegen Sie sich, was Sie diesem Menschen an Gutem tun können – und sei es nur eine Kleinigkeit.

MERKVERS

Tut nichts aus Eigennutz oder um eitler Ehre willen, sondern in Demut achte einer den andern höher als sich selbst, und ein jeder sehe nicht auf das Seine, sondern auch auf das, was dem andern dient.

Philipper 2, 3f

Tag 6 / **Evangelisch – das muss gefeiert werden!**

WOHLFÜHLINSPIRATION

Kennen Sie das Glyndebourne Festival in England? Jeden Sommer treffen sich Opernfreunde auf dem Gelände eines ehemaligen Landhauses inmitten von Sussex, um Opernaufführungen zu geniessen und in den bis zu eineinhalb Stunden langen Aufführungspausen im wunderschönen Park zu picknicken – ganz stilvoll in Abendgarderobe und mit einem mitgebrachten Menü. Ein Festival für alle Sinne. Und wussten Sie schon, dass auch Jesus gute Partys liebt? Das Neue Testament ist voller Geschichten dazu: Es gibt Feste, die er feiert wenn ein Sünder bereut; es gibt Feiern, die er im Zusammenhang mit seinen Wundern veranstaltet; es gibt Partys, zu denen er sich mit Zöllnern und Sündern trifft. Jesus feiert mit den Menschen bei einer Hochzeit in Kanaan und lädt uns alle zur himmlischen Hochzeitsfeier mit ihm ein.

Die gute Botschaft darf gefeiert werden – warum also nicht gleich damit anfangen? Organisieren Sie doch einfach eine Party. Oder noch besser, laden Sie nur ein und jeder bringt etwas mit – zu Essen, zu Trinken, zum Anschauen oder zum Zuhören. Und feiern Sie die „überwältigende, frei und froh machende Botschaft, die sich Formen sucht und Formen findet: im Lachen und in Tränen der Erleichterung, im Essen und Trinken, in fröhlicher Musik, im Feiern und im Tanz." – bei sich zu Hause, in der Kirche oder im nächstgelegenen Park!

LUKAS 15, 31-32

Er aber sprach zu ihm: Mein Sohn, du bist allezeit bei mir, und alles, was mein ist, das ist dein. Du solltest aber fröhlich und guten Mutes sein; denn dieser dein Bruder war tot und ist wieder lebendig geworden, er war verloren und ist wiedergefunden.

EVANGELISCH – DAS MUSS GEFEIERT WERDEN!

Das am wenigsten beachtete Gebot

Stellen Sie sich vor, jemand erzählt Ihnen eine gute Nachricht. Was ist Ihre spontane Reaktion? – Na klar: Sie freuen sich. Wenn Sie es nicht tun, dann war es für Sie vermutlich gar keine gute Nachricht. Oder Sie haben deren Bedeutung für sich noch nicht erkannt. Die Bezeichnung „evangelisch" kommt von dem Wort „Evangelium". Dieses bedeutet „gute Nachricht" oder auch: „frohe Botschaft". Dass es sich im Zentrum des evangelischen Glaubens um eine solche froh machende Botschaft handelt, liegt als Tatsache allerdings nicht immer offen zutage. Eine Gruppe aus Afrika, die mit uns zusammen einen Gottesdienst besuchte, meldete anschließend zurück: „Das war ja alles sehr beeindruckend. Aber wo war denn da die Freude?" Die Mitglieder der Gruppe waren der deutschen Sprache nicht mächtig und kannten auch unsere Liturgie nicht. Sie waren allein auf die Signale angewiesen, die die Menschen im Gottesdienst ausstrahlten: Auf die Inbrunst beim Mitsingen, die Fröhlichkeit der Melodien, die Bewegung, das Lächeln in den Gesichtern. Und da vermissten sie so einiges. Auch der Hinweis, dass wir Deutschen uns gerne „nach innen freuen", überzeugte sie nicht, hatten sie doch am Abend zuvor mit den gleichen Leuten viel gelacht.

Ein aufregender Gedanke, den ich von dieser Begegnung mitgenommen habe: Wenn „Freude" vielleicht nicht das einzige, aber doch ein wichtiges Kriterium dafür ist, ob wir eine gute Botschaft auch als solche wahrgenommen haben: Wie evangelisch sind wir dann wirklich? Verstehen Sie mich recht: Ich will aus der Freude keine gesetzliche Forderung machen. Aber wie oft werden gerade wir Protestanten als Miesepeter wahrgenommen! Als Menschen mit einem überdimensionierten Zeigefinger, die auf die vielfältigen Missstände in unserer Welt hinweisen. Auf das, was alles zu tun ist. Und was man auf jeden Fall unterlassen sollte. Mal kommt dieser Zeigefinger von rechts: Da wird auf den Niedergang der abendländischen Werte hingewiesen. Der Zeigefinger von links hingegen deutet auf Banken, Konzerne und Armeen. So oder so geht es in unserer Kirche oft ziemlich ernst zu. Angesichts des Vielen, was in der Welt im Argen liegt, kann man das zwar verstehen. Aber es wirkt zumindest nach außen manchmal ziemlich anstrengend. Da fehlt oft jede Leichtigkeit und jeder Charme.

Und dann lese ich im Alten Testament: „Habe ich dir nicht geboten: Sei getrost und unverzagt?" (Josua 1,9). Oder bei Paulus: „Freut euch in dem Herrn allewege“ (Philipper 4,4). Und ich schaue auf Martin Luther, der trotz allem Kampf und aller Anfechtung alles andere als ein Kind von Traurigkeit war. Er lebte aus dem Vollen: aß, trank und genoss das Leben. Und er sang gerne laut und kräftig. Als „Doktorhut des Glaubens“ bezeichnete er die Freude. Was so viel besagt wie: Erst, wer sich von Herzen freuen kann, hat verstanden, worum es im Glauben wirklich geht.

Ich behaupte: Von allen biblischen Geboten ist dasjenige, sich zu freuen, das vielleicht am wenigsten beachtete. Denn viele wissen nicht einmal, dass es sich dabei um ein Gebot handelt. Freilich mag man sich fragen: Kann man Freude gebieten? Kommt sie nicht von selbst? – Offensichtlich nicht immer. Denn Freude hat viel damit zu tun, worauf wir in unserem Leben schauen. Auf das, was wir haben („Du bist allezeit bei mir“) – oder auf das, was wir nicht haben (etwa den „mageren Ziegenbock“). Ob wir vor allem auf den manchmal sehr bedrückenden Lauf dieser Welt schauen, oder auf das, was der christliche Glaube an Hoffnung und an Möglichkeiten bereithält.

Im Grunde ist das Christentum der Inbegriff einer positiven Weltsicht. Wir glauben, dass Gott stärker ist als alles, was uns Angst und Sorge macht. Wir glauben, dass Schuld vergeben werden kann. Dass Gott uns Kraft zum Handeln gibt. Und wir glauben, dass er in Jesus Christus sogar den Tod überwunden hat. Wenn das alles kein Grund zu überschäumender Freude ist! Aber glauben wir das wirklich? Friedrich Nietzsche hat bekanntlich gesagt, dass die Christen erlöster aussehen müssten, wenn er an ihren Erlöser glauben solle. Ich fürchte, diese Kritik müssen wir uns anziehen. Wir nennen uns evangelisch, das heißt „von der guten Nachricht bewegt“. Vielleicht müssen wir uns tatsächlich die Frage gefallen lassen, ob wir in all dem, was wir tun, wirklich von Freude und vom Evangelium beflügelt sind. Zweifellos gibt es Zeiten der Betroffenheit, der Buße, der Trauer und der Anfechtung. Aber als Dauerzustand ist das nicht gedacht! Was Gott vielmehr von uns erwartet, steht in unserem Text: „Du aber solltest fröhlich und guten Mutes sein“.

Freude als evangelisches Markenzeichen

In dieser Woche haben wir versucht, herauszustreichen, dass „Gnade“ *das* Grundwort protestantischer Spiritualität und damit ein Schlüssel für ein befreites Leben ist. Im Griechischen sind die Worte für Gnade („Charis“) und für Freude („Chara“) eng miteinander verwandt. Darin steckt eine tiefe Wahrheit: Wer Gottes Gnade kennen gelernt hat, hat jede Menge Grund zur Freude. Der Umstand, dass wir uns „evangelisch“ nennen, erinnert uns Tag für Tag an diese Tatsache. Ohne damit anderen Kirchen den Grund zu einer solchen Freude abzusprechen: Aber bei uns müsste sie eigentlich *das* Markenzeichen sein. Denn das, was uns bei allem, was wir tun und lassen, im Tiefsten bewegt, ist eine freudige Nachricht.

Spinnen wir diesen Gedanken mal weiter: Dann müsste sich ein Glaube, der sich „evangelisch" nennt, durch eine besondere Kultur des Feierns auszeichnen. Von „Singen und Tanzen" ist in unserem Gleichnis die Rede. Aber mal ehrlich: *Tanzen* gilt nicht unbedingt als Ausdruck evangelischer Spiritualität. Im Gegenteil: In der Praxis der evangelischen Kirche war es lange umstritten, ob ein Christ überhaupt tanzen darf. „Ein Bein, das sich zum Tanze regt, wird im Himmel abgesägt", so lernte es ein guter Freund von mir noch in seiner Jugend. Okay, wir *singen*. Das ist gute reformatorische Tradition. „Wer singt, betet doppelt", zitierte Luther gerne den Kirchenvater Augustin. Freilich: Ob unser gottesdienstlicher Gesang immer Ausdruck unserer Freude ist? Ein Blick in die Gesichter lässt einen mitunter daran zweifeln. Klatschen und Bewegung im Gottesdienst (also zumindest angedeuteter Tanz) gelten als unwürdig. Und die angestrengten Diskussionen, die erfolgen, wenn Menschen nach moderner Musik im Gottesdienst fragen, offenbaren, dass das Recht auf Freude in unserer Kirche ein hart umkämpftes Gut ist. Doch ich bleibe dabei: Gerade ein evangelischer Gottesdienst muss Freude ausstrahlen, sonst trägt er seinen Namen zu unrecht.

Ich hatte eben gesagt, dass unsere Fähigkeit, sich zu freuen, stark davon abhängt, worauf wir uns in unserem Glauben fokussieren. Einige Gründe, warum wir uns freuen sollten, habe ich Ihnen eben genannt. Unser Text nennt uns drei weitere Gründe:

Du bist allezeit bei mir: Das ist das große Privileg der „älteren Geschwister". Sie haben – zumindest prinzipiell – ständigen Zugang zu Gott: im Gebet, in seinem Wort, im Abendmahl, in seinem Segen. Freilich ist es da oft wie in einer alten Ehe: Man gewöhnt sich daran, nimmt es für selbstverständlich, weiß das Besondere dieses Zugangs nicht mehr zu schätzen. Vielleicht müssen wir an dieser Stelle „zurückkehren zur ersten Liebe" (Offenbarung 2,4) und Gott für das danken, was wir an seiner Nähe haben.

Alles, was mein ist, ist auch dein: Alles. Nicht nur die magere Ziege. Als Kindern Gottes steht uns – wiederum prinzipiell – alles zur Verfügung, was Gott gehört. Seine Schönheit. Seine Macht. Sein himmlischer Hofstaat. Das ist eine grandiose Zusage. Gott will uns nichts vorenthalten. Wenn der ältere Bruder bislang nicht einmal eine magere Ziege bekommen hat, dann liegt das vielleicht an der Tatsache, dass er nie danach gefragt hat. Zwar wird uns Gott nicht jeden Unsinn erlauben, aber uns stehen himmlische Möglichkeiten zur Verfügung. Freilich müssen wir diese auch abrufen. Wir leben in aller Regel weit unterhalb unseres Kind-Gottes-Potenzials.

Dein Bruder war verloren und ist wiedergefunden: Das ist ein ziemlicher Knackpunkt: dass wir als Kinder Gottes wieder lernen müssen, uns über das zu freuen, worüber Gott sich freut. Der freut sich zum Beispiel, wenn Streit geschlichtet wird, wenn Hungrige gespeist und wenn Trauernde getröstet werden. Und er freut sich ganz besonders, wenn Menschen zu ihm zurückkehren. Allgemein gesprochen: Er freut sich, wenn seine Gnade bei einem Menschen ankommt. Können wir uns da mitfreuen? Sich freuen, wenn Gott sich freut, und Gott selber vielleicht den einen oder anderen Grund zur Freude liefern, das ist eine immense Quelle der Freude, die wir vielleicht neu für uns entdecken könnten.

Das Abendmahl – eine offen gebliebene Aufgabe der Reformation

Vom „Singen und Tanzen" haben wir bereits geredet. Vom „Essen und Trinken" als besonderem Ausdruck evangelischer Spiritualität soll zum Abschluss dieser Woche noch die Rede sein. Denn da gibt es noch viel zu entdecken. Wenn man sich näher mit der Person Jesu beschäftigt, fällt einem auf, wie oft in den Evangelien vom Essen und Trinken die Rede ist. Es ist interessant: Während die unterschiedlichen spirituellen Konzepte seiner Zeit vor allem das Fasten und die Askese hervorheben, legt Jesus viel Wert darauf, mit Menschen zu essen und zu trinken: mit seinen Jüngerinnen und Jüngern, aber auch mit Zöllnern, Pharisäern und anderen. So sehr, dass ihn seine Gegner als „Fresser und Weinsäufer" bezeichnen. So erleben wir Jesus beim Abendessen, bei Gastmählern, bei religiösen Festen, auf einer Hochzeit, beim Picknick und beim Barbecue. Er vermehrt Wein, Fisch und Brot. Er verflucht einen Feigenbaum, der keine Früchte trägt. Und in seinen Gleichnissen erzählt er von Festmählern, Weinbergen, Äckern, Saatgut und Sauerteig.

Warum spielt das – vor allem gemeinschaftliche – Essen und Trinken bei Jesus eine so wichtige Rolle? Vielleicht liegt es an der Intensität der Begegnung, an der entspannten Atmosphäre, die Menschen ihr Herz öffnen lässt – und nicht zuletzt am sinnlichen Genuss der Gaben Gottes. Als Jesus am Abend vor seinem Tod das letzte Mal mit seinen Jüngern isst und trinkt, gibt er ihnen drei Dinge mit auf den Weg. Erstens: Auch nach seinem Tod und seiner Auferstehung sollen sie weiter Tischgemeinschaft miteinander pflegen: das heißt, regelmäßig miteinander essen und trinken. Zweitens: Die besondere Nähe, die sie in den gemeinsamen Mahlzeiten erfahren haben, wird nicht aufhören. Er – Jesus – geht zwar in den Tod und ist nicht mehr leiblich gegenwärtig, aber als Auferstandener wird er im Heiligen Geist mitten unter ihnen sein. Dazu sollen ein Stück Brot und ein Schluck Wein in besonderer Weise aus der Mahlzeit herausgehoben werden; um sich seiner Hingabe bis in den Tod zu erinnern – und um sich seine Gegenwart als Auferstandener bewusst zu machen. Und drittens: Jesus stellt uns den Himmel als ein gigantisches Festmahl vor, das er mit uns allen zusammen feiern möchte. Jedes Abendmahl soll einen Ausblick und einen Vorgeschmack auf dieses große Festmahl bieten. So schaut das Abendmahl gleichzeitig zurück wie auch nach vorne und feiert über alledem den gegenwärtigen Herrn.

Was für eine gewaltige Perspektive! Und was für ein Kontrast zu so vielen Abendmahlsfeiern, die ich in meinem Leben erlebt habe. Denn an ein Fest erinnert unsere Weise, Abendmahl zu feiern, nicht unbedingt. Und überschäumende Freude? Na ja. Eher feierliche Mienen, tiefer Ernst und gemessener Schritt. Eine geschmacksfreie Oblate und ein kleiner Schluck Saft oder Wein. Alles in allem erinnert das mehr an die magere Ziege als an ein fettes Kalb. Aber das Ganze ist seit Jahrhunderten so eingespielt, dass wir uns damit arrangiert haben und theologisch gut begründen können, warum das alles so sein muss.

Ich glaube, dass die Reformation an diesem Punkt noch nicht vollendet ist. Dass Luther, bei allem, was er seinerzeit geändert hat, in diesem Punkt noch viel zu sehr im Bann seiner Zeit geblieben ist. Viel zu stark drehen sich sowohl die Theologie als auch die Liturgie des Abendmahls im Protestantismus um die Frage von „Richtig" oder „Falsch": um das rechte Verständnis der Gegenwart Christi in den so genannten „Elementen" (Brot und Wein), um die richtigen Formeln, die dabei zu verwenden sind, wer zum Abendmahl „zugelassen" wird oder wer das Abendmahl „einsetzen" darf etc. – Dass bei dieser Fokussierung von der ursprünglichen, fröhlichen Tischgemeinschaft nicht mehr viel zu spüren ist, ist geradezu zwangsläufig. Vielleicht auch, weil das Abendmahl nahezu komplett aus den Häusern verbannt wurde und das Ganze schon längst nicht mehr mit einer echten Mahlzeit verbunden ist. An dieser Stelle hätte sich die Reformation neu auf die Ursprünge der neutestamentlichen Abendmahlsfeier besinnen können – was sie aber nicht tat. Das muss man Martin Luther nicht übel nehmen. Er hatte genug zu reformieren. Dass wir aber an diesem Punkt in 500 Jahren nicht wirklich weitergekommen sind in der evangelischen Kirche, ist das eigentlich Traurige.

Wenn „Gnade“ wirklich das Grundwort evangelischer Spiritualität ist, dann sind Feier und Freude, dann sind Singen und Tanzen und gemeinsames Essen und Trinken die geradezu unausweichliche Konsequenz und ein Zeichen für unsere Freiheit. Wenn das alles dauerhaft ausbleibt, kann das nur daran liegen, dass wir das Evangelium noch nicht als das begriffen haben, was es ist: als eine überwältigende, frei und froh machende Botschaft, die sich Formen sucht und Formen findet: im Lachen und in Tränen der Erleichterung, im Essen und Trinken, in fröhlicher Musik, im Feiern und im Tanz.

NACH-DENKEN

Von allen biblischen Geboten ist dasjenige, sich zu freuen, das vielleicht am wenigsten beachtete.

FRAGEN

» Erleben Sie evangelische Christinnen und Christen als eher freudig oder eher ernst?
» Ist es nicht verantwortungslos, Christinnen und Christen zur Freude aufzurufen, wo auf dieser Welt doch viel Unrecht und Ungutes vorkommen?
» Sind Sie selber „evangelisch" im Wortsinne, also von einer guten Nachricht bewegt?
» Was könnten wir konkret tun, um uns an unserem Christsein mehr zu freuen?
» Wenn Sie an die Stichworte „Freude und Lachen", „Essen und Trinken", „Musik und Tanz" denken: An welcher „Schraube" würden Sie am liebsten drehen, um in der evangelischen Kirche die Kultur des Feierns und der Freude zu verstärken (bzw. wollen Sie überhaupt an einer solchen Schraube drehen)?

ANREGUNG ZUM GEBET

Grund zum Freuen
„Evangelisch" heißt: von einer guten Nachricht bewegt. Überlegen Sie sich heute drei Gründe, warum wir als Christinnen und Christen Grund zur großer Freude haben. Sie können dabei auf die oben stehenden Ausführungen zurückgreifen, aber auch eigene Gründe benennen. Schreiben Sie sich diese Gründe auf einen Zettel und stecken ihn sich in die Tasche. Ziehen Sie im Lauf des Tages den Zettel öfters mal hervor und danken Sie Gott für die darauf stehenden Punkte.

MERKVERS

„Siehe ich habe dir geboten, dass du getrost und freudig seist!"
Josua 1, 9

Woche 2 / **Glaube**

Vertrauen ist alles

Tag 7 / **Zur Freiheit befreit**

Wittenberg, 8. September 1515

An
Johann von Staupitz

Verehrter Generalvikar der Augustiner, hochwürdiger Freund!

All die Jahre musste ich mir von dir anhören, ich sei zu verbissen. Wie Recht du hattest. Auch wenn ich gelegentlich erbost dachte, dass du als mein Beichtvater manches gar zu gelassen angegangen bist. Erinnerst du dich noch, wie die mich eines Tages feixend ermahnt hast: „Martin, mach nicht aus jedem Wind, der dir entfährt, eine Sünde!"

Damals habe ich mich über deine groben Worte geärgert, doch jetzt ist mir eine Offenbarung zuteil geworden, die mich alles ... und das meine ich so, wie ich es sage: alles ... das Leben, mich, dich, die Sünde und das Heil, die Welt und Gott ... ja, vor allem Gott ... in einem völlig neuen Licht sehen lässt.

Wenn ich dir nur vermitteln könnte, was mir widerfahren ist. Vor nicht einmal zwei Stunden. Höre: Ich saß in meiner Studierstube im Südwestturm des Klosters zu Wittenberg. Du weißt schon: Die Kammer, von der aus man diesen weiten Blick in den Garten hat. Ein äußerst angenehmer Ort, selbst wenn gelegentlich von der naheliegenden Kloake süßlich-herbe Düfte herüberziehen.

Ich war gerade dabei, meine Vorlesung vorzubereiten, die ich als dein Nachfolger auf dem Lehrstuhl für Bibelwissenschaft weiterhin brav montags und freitags um sechs Uhr morgens halte. Und dort steht ja gerade der Römerbrief des Paulus auf dem Plan. Das Herzstück des neuen Testaments.

Nun, als ich so inniglich mit den Versen des Apostels rang, da drifteten meine Gedanken ab. Wie so oft. Und ich versank wieder einmal in tiefer Trauer. Du hast ja erlebt, wie es mir ergeht, wenn mich die Melancholie überfällt. Wir haben oft genug darüber gesprochen. Doch ich konnte meine Enttäu-

schung einfach nicht vergessen. Die Enttäuschung darüber, dass mir das Kloster am Ende doch nicht die erhoffte, die so begierig ersehnte Freiheit gebracht hatte.

Obwohl ich mir als Mönch wirklich alle Mühe gegeben habe. Das wirst du gewiss als Erster bestätigen: Ich habe gedient bis zum Delirium. O ja, ich war der Traurigste von allen. Der Eifrigste. Der ... ja, ich muss dir leider zustimmen: der Verbissenste.

Ich habe Latrinen geputzt und Almosen gesammelt. Ich habe ununterbrochen gebetet und mich kasteit. Ich habe krampfhaft Messen gefeiert und gesungen. Ich habe gefleht und gerungen. Und ich habe jeden meiner 14 Schutzheiligen zweimal täglich angerufen. Und? Habe ich dabei mein Seelenheil gefunden? Nein!

Doch während ich verzweifelt mit meiner Schlechtigkeit gekämpft habe, bin ich, unerwartet meinen Weg weitergestolpert: Ich habe die Ordensgelübde abgelegt, wurde zum Priester geweiht, habe in der Theologie promoviert und bin jetzt ein angesehener Gelehrter und Ordensfunktionär in Wittenberg. Der ehrenwerte Herr Professor Dr. Martin Luther.

Trotzdem habe ich dir in unseren Gesprächen immer wieder zu verstehen gegeben, wie es wirklich in mir aussah. Dass in mir das Fegefeuer unerbittlich weiter brannte. Dass ich nach wie vor überzeugt war, dass ich Gott ständig enttäusche, ja, dass ich seiner Liebe einfach nicht wert bin.

Aber wie hätte ich es auch sein können? Keiner weiß besser als du, dass die Absolution in der Beichte nur dann gilt, wenn der Beichtende vollkommen bereut. Vollkommen bereut! Verstehst du: VOLLKOMMEN! Wie konnte ich denn jemals sicher sein, dass ich vollkommen bereue? Nie! Niemals! Und wenn dem nicht so war, dann brachte es ja gar nichts, dass ich fast täglich zur Beichte rannte. Niemand, hörst du, niemand konnte mir mit Gewissheit sagen, dass Gott mir tatsächlich meine Schadhaftigkeit vergeben hatte. Und das stürzte mich regelmäßig in eine tiefe Seelennacht.

Alles habe ich getan, um endlich Frieden zu finden. Freiheit von meiner Angst. Ich bin ja sogar mit deiner Unterstützung nach Rom gepilgert. In die Heilige Stadt. Ich habe dir ja erzählt, wie ich dort schluchzend auf den Knien die ehemalige Treppe von Pontius Pilatus hinaufgerutscht bin ... für meinen Großvater, in der Hoffnung, durch diese Buße seine Zeit im Fegefeuer verkürzen zu können.

Aber es war alles vergeblich. Auch in Rom wurde – wie überall – mit dem Heil nur gehandelt, von Gott war dort überhaupt nicht mehr die Rede. Kein

Wort. Alle versuchten bloß, durch wohlgefällige Handlungen Heil zu erlangen. Schrecklich. Sogar die Brüder in meinem Kloster sind trotz aller Hingabe nach wie vor voller Hass, Misstrauen, Furcht und Unglauben. Glaube ist, so scheint mir, ein reines Geschäft geworden: Wer genug zahlt und genug tut, der erwartet einen Platz im Himmel.

Nur ich konnte und wollte nicht für möglich halten, dass meine beschämenden Bemühungen ausreichten. Und so blieb ich von Zweifeln zerfressen. Von meiner Schuld. Ja, Tag und Nacht war ich in tiefe Gedanken versunken.

Bis vorhin ...

Bis sich Gott meiner erbarmte.

Bis ich plötzlich diesen einen Vers im Römerbrief las. Nur diesen einen. Als mein Blick auf diese befreienden Worte fiel: „Der Gerechte lebt aus dem Glauben."

In diesem Augenblick ... da fing ich plötzlich an, die Gerechtigkeit Gottes als solche zu verstehen. Gerecht und gerechtfertigt, also mit Gott im Reinen, ist derjenige, der durch Gottes Gnade gerecht wird – weil er an ihn glaubt. Das ist alles.

Es geht überhaupt nicht darum, was ich tue. Es geht darum, was Gott tut. Was er in Jesus Christus schon getan hat. Gnade muss man sich nicht verdienen, sie wird geschenkt. Und wenn das wahr ist, dann brauche ich keine Angst mehr zu haben. Nie wieder. Dann kann ich mich einfach in Gottes Gnade hineinfallen lassen. Dann bin ich frei.

Johann, als ich das begriff, als es mich ergriff, da fühlte ich mich ganz und gar wie neu geboren – und durchs offene Tor trat ich ins Paradies ein.

War es nicht auch beim Kirchenvater Augustinus so, dass ihm eine Stimme zuflüsterte: „Nimm und lies!", und er fand im Römerbrief sein Heil? So war es auch bei mir.

Als ich völlig am Boden zerstört war, da richtete mich Gott wieder auf. Oder wie der kluge Theologe Johannes Tauler einmal schrieb: „Da, wo wir nichts mehr haben, wo alle Hoffnung verloren ist, da kann Gott wirken." Genau so, war es bei mir: Als ich nicht mehr erwartete, etwas zu finden, war ich endlich bereit, mich von Gott finden zu lassen. Da war ich in Lage, mit Jesus nicht nur zu sterben, sondern mit ihm auch aufzuerstehen.

Ich bin noch immer ganz aufgeregt. Obwohl ich eben gewiss eine ganze Stunde vor Freude in meiner Kammer umhergesprungen bin. Am liebsten *hätte ich mein Glück hinaus in den Garten geschrien, laut und hemmungslos: „Der Gerechte lebt aus dem Glauben. Hört, ihr Leute von Wittenberg: Der Gerechte lebt aus dem Glauben allein!"*

Bitte schreibe mir bald, dass meine Erkenntnis nachvollziehbar und richtig ist. Dass ich nicht einer trügerischen Blendung des Teufels aufgesessen bin.

Denn wenn es stimmt, was ich zu erkennen meine, dann muss sich vieles ändern. Dann leben wir nicht, um zu glauben, sondern wir glauben, um zu leben.

Spürst du den Unterschied? Den großen Unterschied? Dann gilt es, die weisen Worte Jesu „Trachtet zuerst nach dem Reich des Herrn, dann wird euch alles andere zufallen" wahrhaft umzusetzen. Ja, lasst uns leidenschaftlich glauben – denn dann wird uns Gott mit dem Leben beschenken.

Wer glauben kann, dass Gott ihn aus Gnade gerecht spricht, der ist frei. Oder nicht? Sag mir, was du denkst!

Dein Bruder Martin

Tag 8 / **Glaube als Lebenshaltung**

WOCHENÜBERBLICK
WOCHE 2

WOCHENÜBERBLICK

Wenn die Gnade Gottes tatsächlich der Schlüssel zum Heil des Menschen ist, was kann oder muss dann der Mensch eigentlich noch tun? Diese Frage war in einer Zeit, in der die Kirche stark auf das Handeln des Menschen ausgerichtet war, gar nicht leicht zu beantworten. Und sie ist es auch heute nicht, in unserer sogenannten „Leistungsgesellschaft", in der die meisten Menschen sich gerne über ihr Tun definieren.

All den Machern von damals und heute versetzt Luther einen Schuss vor den Bug. Indem er deutlich macht, dass bei Gott unser Tun keine Rolle spielt. Zumindest, was das Heil angeht. Kein Mensch kann sich durch irgendein noch so großartiges Handeln einen Platz im Himmel verdienen. Und darum ist es dringend notwendig, sich in der Kirche von jeder Form des Leistungsdenkens zu verabschieden. Der Reformator nennt den egozentrischen und unsinnigen Wunsch, sich das Heil selbst zu verdienen, kurzerhand „Werkgerechtigkeit".

Aber worum geht es dann? Ganz einfach: Dass die Menschen an Gott glauben. Und weil diese Wort sowohl im biblischen Urtext, als auch im Mittelalter noch viel mehr die Bedeutung von „Vertrauen" hatte als heute, geht es darum, Gott mit ganzem Herzen zu vertrauen. Nicht mehr, aber auch nicht weniger wünscht sich Gott von uns: Dass wir ihm vertrauen. Was das genau bedeutet, dem wollen in dieser zweiten Woche auf die Spur kommen.

Und vermutlich gibt es kaum einen bekannteren und aussagekräftigeren Text zum Thema Vertrauen als Psalm 23, dieses poetische Lied aus dem Alten Testament, in dem Gott mit einem fürsorglichen Hirten verglichen wird, dem sich die „Herde" getrost anvertrauen kann, weil sie spürt, dass dieser Begleiter sie sicher durch Dick und Dünn führen wird. So ermöglichen uns die 3000 Jahre alten Worte, besser zu verstehen, was die Reformatoren meinten, wenn sie von „Glauben" sprachen.

Natürlich wird ein Glaubender sich dann auch bemühen, verantwortlich zu leben. Aber das ist die Konsequenz des Glaubens, nicht seine Ursache. So wie ich in einer gesunden Liebesbeziehung den anderen gut behandele, weil ich ihn liebe, nicht, damit er mich liebt. Sprich: Unser Handeln beeinflusst Gottes Liebe zu uns nicht. Aber Gottes Liebe zu uns wird unser Handeln beeinflussen.

Da, wo die Gnade uns davon frei macht, etwas besonderes sein zu müssen, befreit uns der Glaube davon, etwas besonderes tun zu müssen.

PSALM 23

Ein Psalm Davids.
Der Herr ist mein Hirte,
mir wird nichts mangeln.
Er weidet mich auf einer grünen Aue
und führet mich zum frischen Wasser.
Er erquicket meine Seele.
Er führet mich auf rechter Straße um seines Namens willen.
Und ob ich schon wanderte im finstern Tal
fürchte ich kein Unglück;
denn du bist bei mir,
dein Stecken und Stab trösten mich.
Du bereitest vor mir einen Tisch
im Angesicht meiner Feinde.
Du salbest mein Haupt mit Öl
und schenkest mir voll ein.
Gutes und Barmherzigkeit werden mir folgen mein Leben lang,
und ich werde bleiben im Hause des Herrn immerdar.

PSALM 23, 1

Der HERR ist mein Hirte.

GLAUBE ALS LEBENSHALTUNG

Der Durchbruch

Schon kurze Zeit nach Luthers Eintritt ins Kloster entdeckte man dort das Potenzial, das in ihm steckte. Nach knapp zwei Jahren wurde er zum Priester geweiht, nur ein Jahr später (1508) begann er mit dem Theologiestudium, das damals nur wenige Priester absolvierten. 1512 wurde Luther Doktor der Theologie und wechselte von Erfurt an die erst kurz zuvor gegründete Universität Wittenberg, wo er sich als Professor für Bibelauslegung recht schnell einen Namen machte.

Freilich plagten ihn mehr denn je innere Kämpfe. Er fühlte sich mit Gott nicht im Reinen. Auf tausend Weisen hatte er versucht, „Gerechtigkeit vor Gott" zu erringen: durch sein Leben im Kloster, durch Einhalten der Gebote, durch Beichten, Beten und vieles andere mehr. Es brachte ihn nicht weiter. Es kam ihm vor wie bei Hase und Igel: Er konnte sich um ein gottwohlgefälliges Leben bemühen, wie er wollte – die Sünde schien immer schneller zu sein. Gott schien ihm so fern wie nie. Luther hat damals etwas von allgemeiner Gültigkeit erkannt: Wir können nicht einfach aufhören, zu sündigen. Sünde ist weniger ein moralisches Phänomen als vielmehr eine innere, nicht steuerbare Auflehnung gegen Gott. Diese kann sich in schlechten Taten äußern, aber auch in einem hochanständigen, nach außen hin tadellosen Leben.

Es soll irgendwann im Jahr 1515 gewesen sein, dass Luther in seinem Turmzimmer in Wittenberg saß und beim Nachdenken über einen Text aus dem Römerbrief auf einen Satz stieß, der ihn mit ähnlicher Wucht traf wie seinerzeit der Blitzschlag von Stotternheim: „Der Gerechte wird aus Glauben leben" (Römer 1,17). Dieser Satz klingt in unseren Ohren nicht unbedingt nach einer Sensation. Und doch war er Balsam für Luthers Seele. „Da fühlte ich", schreibt Luther später, „dass ich ganz und gar neugeboren und durch die geöffneten Pforten in das Paradies selbst eingetreten war". Jahrelang hatte er das Wort „Gerechtigkeit" in der Bibel gehasst, weil er immer dachte, es handele sich dabei um eine religiös-moralische Qualifikation, die Gott uns abfordert. Er hatte versucht, in solcher Weise „gerecht vor Gott" zu sein und war immer wieder gescheitert. Es gelang ihm bei näherer Betrachtung nicht einen einzigen Tag, durch und durch gut zu sein. Doch bei seinen Bibelstudien erkannte Luther auf einmal, dass „Gerechtigkeit vor Gott" nicht darin besteht, gut zu sein oder die Gebote zu halten. Gerechtigkeit in der Bibel ist vielmehr vor allem ein *Beziehungsbegriff*. Es geht dabei darum, *wie man jemandem gerecht wird*. Das ist mehr als das Einhalten von Regeln. Gerechtigkeit bedeutet auch nicht „Gleichbehandlung", wie wir oftmals meinen. Schwächere brauchen mehr Zuwendung als Stärkere. Gerechtigkeit bedeutet darum nicht „Jedem das Gleiche", sondern „Jedem das, was er oder sie braucht."

Es ist schon bei Menschen schwer, ihnen wirklich gerecht zu werden. Wie ist es dann erst bei Gott? Dieser Punkt hatte Luther fast zur Verzweiflung gebracht. Bis er den erlösenden Satz las: „Der Gerechte wird aus Glauben leben". Und wenige Seiten später fand er es dann noch klarer formuliert: „So halten wir nun dafür, dass der Mensch gerecht wird ohne des Gesetzes Werke, allein durch den Glauben" (Römer 3,28). Mit einem Schlag fügten sich für Luther die verschiedenen Puzzlesteinchen zusammen. Nicht durch religiöse oder moralische Leistungen werden wir Gott gerecht, sondern indem wir Gott *glauben*. Indem wir seine Vergebung in Anspruch nehmen. Indem wir seine Gaben, die er für uns bereit hält, dankbar annehmen. Und indem wir unser Leben und unsere Lebensführung vertrauensvoll in seine Hand legen. Das Gegenteil von Sünde ist nicht Tugend, sondern Glauben. Als Luther das erkannte, war die zentrale Lehre der evangelischen Kirche geboren: die so genannte „Rechtfertigung des Sünders aus Glauben".

Zwei Arten zu glauben

Der jüdische Religionsphilosoph Martin Buber beschrieb einmal einen wesentlichen Unterschied zwischen dem jüdischen und dem christlichen Glauben. Für das Judentum bzw. das Alte Testament bedeute „Glauben" so viel wie *„Vertrauen"*. Im Christentum hingegen ginge es bei dem Wort „Glauben" vor allem um Dinge, die man für wahr zu halten habe, wie etwa die Jungfrauengeburt oder die Dreieinigkeit. Tatsächlich muss man sich nur einmal das christliche Glaubensbekenntnis anschauen. Dort finden wir einen ganzen Katalog von Punkten aufgelistet, die es als wahr anzuerkennen gilt. Und man spürt ganz und gar nichts davon, dass es beim Glauben wesentlich um Vertrauen gehen soll. Vergleichen Sie das mal mit dem jüdischen Glaubensbekenntnis, in dem es heißt: „Höre, Israel, der Herr ist unser Gott, der Herr ist einer. Und du sollst den Herrn, deinen Gott, lieb haben von ganzem Herzen, von ganzer Seele und mit all deiner Kraft." (5.Mose 6,4-5)!

Freilich lässt sich zeigen, dass sich die Christenheit in diesem Punkt nicht nur vom Alten Testament, sondern auch vom Neuen meilenweit entfernt hat. Wenn Jesus zum Beispiel einer Frau aus Syrophönizien – also einer Nichtjüdin – sagt: „Frau, dein Glaube ist groß" (Matthäus 15,28), dann geht es auch ihm nicht um die Dinge, die man als frommer Mensch für wahr zu halten hat oder nicht oder gar um die Lehrunterschiede zwischen Heiden-, Juden- und Christentum. Auch für ihn ist Glaube vor allem Vertrauen. Und zwar nicht im Sinne einer allgemeinen Vertrauensfähigkeit, sondern ganz konkret: Vertrauen in ihn, Jesus. Diese Frau vertraut ihm, also glaubt sie. So wie die Menschen im Alten Testament Jahwe vertrauen.

Am Anfang der Jesusbewegung war dieses Glaubensverständnis unumstritten. In der Apostelgeschichte spiegelt sich das wunderbar, und auch in den Briefen des Paulus. Erst in den späten Schriften des Neuen Testaments und vor allem danach tritt dann zunehmend das andere Verständnis in den Vordergrund: Glaube als Für-wahr-Halten bestimmter Inhalte. Aus dem Bedürfnis heraus, sich abzugrenzen: zunächst vom Heiden- und Judentum, und dann auch immer mehr von den christlichen Sekten, die nach einiger Zeit wie Pilze aus dem Boden schossen. Ihnen gegenüber wollte man definieren: „Was genau glauben wir? Was ist wirklich christlich?" Eine Zeit lang existierten beide Verständnisse des Glaubens nebeneinander. Aber im Laufe der Kirchengeschichte wurde der Glaube immer weniger als persönliche Beziehung verstanden, und mehr und mehr zu einer Sammlung von Lehrsätzen und Formeln.

Es war eine der großen Entdeckungen Martin Luthers, den Glauben wieder als Vertrauensbeziehung erfasst zu haben. Wobei es dem so genannten Pietismus vorbehalten blieb, rund 200 Jahre später von einer „persönlichen Beziehung" zwischen Gott und Mensch zu reden. Das war noch nicht Luthers Wortwahl. Die Menschen damals dachten noch nicht so stark in personalen Kategorien. Der Sache nach aber trifft es das Gemeinte: Wir glauben in erster Linie nicht *etwas*, sondern wir glauben *jemandem*. Wobei wir uns hier vor falschen Alternativen hüten sollten. Vertrauen macht sich immer an etwas Konkretem fest. Wenn wir *jemandem* glauben, glauben wir immer auch *etwas*. Glaube im christlichen Sinne lässt sich nicht einfach auf ein allgemeines „Ur-Vertrauen" reduzieren. Er ist Vertrauen in ein persönliches Gegenüber. Er bezieht sich auf konkrete Zusagen dieses Gegenübers und macht sich an Aussagen der Bibel fest. Glaube ist darum beides: Vertrauen *und* Für-wahr-Halten. Und doch muss klar sein, was zuerst kommt. Etwas, was wir für wahr halten, kann nie und nimmer an die Stelle der persönlichen Vertrauensbeziehung treten. Und umgekehrt: Wer mit Gott durch eine solche Vertrauensbeziehung verbunden ist, darf auch an dem einen oder anderen „Etwas" zweifeln, und es wird diese Beziehung nicht nachhaltig torpedieren.

Halten wir also fest: Es geht, wenn wir vom Glauben sprechen, nicht in erster Linie um einen Sachverhalt, den man für wahr zu halten hat, und auch nicht um bestimmte Dinge, die wir zu tun oder zu lassen haben. Evangelischer Glaube ist kein System von Dogmen oder Regeln, sondern vor allem eine Haltung. Es geht darum, vertrauensvoll in der Gegenwart eines Gottes zu leben, der uns unendlich liebt.

Wahrscheinlich gibt es keinen biblischen Text, der die Vertrauensbeziehung zwischen Gott und uns Menschen so schön und bilderreich in Worte fasst wie der 23. Psalm. Er soll uns durch diese zweite Woche unserer Expedition auf dem Weg zur Freiheit leiten. Gleich die erste Zeile sagt uns, auf wen genau sich dieses Vertrauen bezieht.

Der HERR ist mein Hirte

Das hebräische Wort, das Martin Luther mit „der HERR" (in Großbuchstaben) übersetzt, lautet im Hebräischen „Jahwe". Jahwe ist im Alten Testament der Name, den Gott sich selbst gibt (vgl. 2. Mose 3). Darüber hinaus kennt das Alte Testament 22 Namen, die Menschen Gott geben: etwa „der Allmächtige", der „Herr" oder eben auch „Gott". Diese Namen sind so etwas wie Ehrentitel bzw. in kurze Formeln gepackte Erfahrungen, die Menschen mit diesem Gott gemacht haben. Dass sie Gott solche Namen geben, ist völlig okay. Wir Menschen sprechen einander auch unterschiedlich an, je nach Situation und Beziehung. Und doch haben wir nur *einen* Namen. So ist es offensichtlich auch mit dem Gott der Bibel. Den kann man durchaus auf verschiedene Weise ansprechen. Aber sein Name ist „Jahwe".

Schon immer haben die Menschen darüber gerätselt, was dieser Name bedeutet. Am Gebräuchlichsten ist es, ihn als eine Ableitung des hebräischen Wortes für „Sein" (hajah) anzusehen. Also: „Ich bin (der ich bin)". Das macht die Sache leider nicht viel klarer. Martin Buber – einer der versiertesten Kenner des biblischen Hebräisch – übersetzt: „Ich bin (für dich) da." Über 6800-mal steht der Name Jahwe in der hebräischen Bibel (unserem Alten Testament). Die Frage, die sich in diesem Zusammenhang stellt, ist: Wieso übersetzt Luther den wundervollen Beziehungsnamen „Jahwe" mit HERR – nur in Großbuchstaben? Um keine Missverständnisse aufkommen zu lassen: Ich habe keine Probleme damit, Gott als „Herrn" zu bezeichnen. Wer, wenn nicht der Schöpfer des Himmels und der Erde, hätte diesen Namen verdient? Aber mal ehrlich: Wenn mir das beim Lesen der Bibel in derart geballter Wucht entgegentritt – „HERR, HERR", und manchmal auch „Herr" – kommt das schon reichlich patriarchalisch rüber: Ich bin der BOSS. Sachlich mag das stimmen. Aber *verlieben* tut man sich in diesen Gott nicht.

Dass Luther den Namen Jahwe mit „HERR“ übersetzt, geschieht in Anlehnung an das Judentum. Dort gilt der Gottesname als so heilig, dass er nicht ausgesprochen werden darf. Ich habe mal gelesen, dass sogar die Stifte verbrannt wurden, mit denen man beim Abschreiben der Bibel den Gottesnamen aufs Pergament gebracht hatte. „Du sollst den Namen Gottes nicht unnütz führen“, heißt es im zweiten Gebot. Darum liest der fromme Jude, wenn immer er in der Bibel den Namen „Jahwe“ vorfindet, stattdessen „Adonai – (Mein) Herr“. Das hat Martin Luther bei seiner Bibelübersetzung so übernommen. Nur die Großbuchstaben erinnern uns daran, dass da eigentlich JAHWE steht. Wenn man diesen Hintergrund kennt, ist das also nachvollziehbar. Aber irgendwo auch schade. Denn im Ergebnis wissen 99 Prozent der Christinnen und Christen nicht einmal, dass Gott überhaupt einen Namen hat. Geschweige denn, dass sie ihn damit ansprechen.

Wenn man sieht, wie acht- und respektlos Menschen weithin mit dem Namen „Gott“ umgehen, kann man sehr gut verstehen, warum das Judentum und auch Martin Luther die direkte Aussprache des Gottesnamens vermeiden. Auf der anderen Seite finde ich es schwer zu glauben, dass Gott uns seinen Namen offenbart hat, um uns quasi im nächsten Atemzug zu verbieten, diesen Namen auch zu benutzen. Wir werden uns am 37. Tag dieser Expedition noch einmal mit dieser Frage beschäftigen. Ich persönlich glaube, dass Gott uns seinen Namen genannt hat, weil er uns seine Freundschaft anbieten möchte. Bzw. – wenn Ihnen dieser Begriff etwas zu „dicht“ ist: weil er bei uns sein und unser Wegbegleiter möchte. Weil Gott uns zusagen möchte: „Wohin du auch gehst, ich gehe mit dir. Ich bin für dich da. Ich möchte, dass du mir vertraust.“ Dass Gott uns seinen Namen nennt, ist sozusagen eine vertrauensbildende Maßnahme. Und ganz nebenbei ein wichtiger Hinweis: „Übrigens – ich bin nicht nur eine Kraft oder Macht. Ich habe einen Namen. Mit mir kann man reden. Ich bin eine Person.“

Stellen Sie sich vor, sie sind auf einer Wanderung durch einsames Gelände. Auf einmal gesellt sich ein Fremder zu Ihnen. Sie sind anfangs etwas verunsichert, wissen nicht, ob Sie ihm trauen können. Er aber schaut Sie freundlich an, lächelt und sagt Ihnen seinen Namen. Das muss noch nichts heißen, und da muss auch noch einiges andere erfolgen. Aber es ist ein guter Anfang. So wie es auch ein guter Anfang ist, dass der 23. Psalm, das biblische „Hohelied des Vertrauens“, mit diesem Namen beginnt: „Jahwe – Ich bin für dich da.“ Von *diesem* Gott ist die Rede, wenn die Bibel uns zum Glauben ermutigt. Von diesem Gott, der sich in seinem eigenen Namen darauf festgelegt hat, für uns da zu sein. Und der uns wie ein Hirte durchs Leben begleiten möchte. Warum der 23. Psalm ausgerechnet dieses Bild wählt und nicht ein anderes, bei dem wir uns weniger „belämmert" vorkommen, will ich morgen mit Ihnen erörtern.

NACH-DENKEN

Das Gegenteil von Sünde ist nicht Tugend, sondern Glauben.

FRAGEN

- » Fühlen Sie sich mit Gott im Reinen?
- » Wieso fühlte sich Luther Gott gegenüber immer schlechter, obwohl er äußerlich alles richtig machte?
- » Als was haben Sie Glauben bisher eher verstanden: als Vertrauen oder als Für-wahr-Halten bestimmter Aussagen?
- » Wieso werden wir durch Glauben Gott mehr gerecht als durch gute Taten?
- » Wenn Gott einen Namen hat: Was hindert uns daran, ihn damit anzusprechen?

ANREGUNG ZUM GEBET

Hase und Igel

Das ist eine echte „Martin-Luther-Übung". Denken Sie an Momente, in denen Sie in jüngerer Vergangenheit etwas in Ihren Augen wirklich Gutes getan haben. Und dann überlegen Sie in einem zweiten Schritt, ob sich nicht auch in dieses Gute ein paar zweifelhafte Motive mit eingeschlichen haben, die Ihre vermeintlich gute Tat in ein gewisses Zwielicht tauchen. Reden Sie mit Gott darüber: zum einen über das Gute, das Ihre Tat hoffentlich dennoch bewirkt hat, aber auch über den „unreinen Teil" Ihrer Motive. Luther war davon überzeugt, dass es keine Tat gibt, die nicht von der Sünde durchsetzt ist. Deshalb sollen wir trotzdem gute Taten tun, uns aber nicht allzu viel drauf einbilden.

MERKVERS

Dem aber, der nicht mit Werken umgeht, aber an den glaubt, der den Gottlosen gerecht macht, dem wird sein Glaube gerechnet zur Gerechtigkeit.

Römer 4, 5

Tag 9 / **Beschützt, versorgt, geleitet?**

KATHARINA VON BORA

PSALM 23, 2

Der Herr ist mein Hirte,
mir wird nichts mangeln.

Er weidet mich auf einer grünen Aue
und führet mich zum frischen Wasser.

BESCHÜTZT, VERSORGT, GELEITET?

Unbehagen mit dem 23. Psalm

In der von Ackerbau und Kleinviehzucht geprägten Kultur Israels sind Hirten bis heute ein ziemlich normaler Anblick. Bei uns hingegen kann man ganz schön alt werden, ohne je einen leibhaftigen Hirten zu Gesicht bekommen zu haben. Schafe kennen wir natürlich: Aber die stehen meist hinter einem Zaun und fressen Gras, brauchen also keinen Hirten. Das aber hätte im Land der Bibel keinen Sinn gemacht, so trocken und dürr wie die Landschaft dort über weite Strecken ist. Darum lesen wir den Psalm heute anders als die Menschen des Kulturkreises, in dem er entstanden ist. Während das Bild vom Hirten und seinen Schafen bei uns oft mit romantischen Vorstellungen von einem vermeintlichen Hirtenidyll auf grünen Wiesen verknüpft ist, weckt es bei seinen ursprünglichen Adressat/innen eher die Assoziation eines dramatischen Überlebenskampfes der Halbnomaden mit ihren Herden in der kargen Landschaft Palästinas, in der es mitunter vor Räubern und wilden Tieren nur so wimmelte.

So beliebt der 23. Psalm bei vielen Menschen ist – es gibt nicht wenige, die dabei ein gewisses Unbehagen beschleicht. Wer sieht sich schon gerne als „Schaf" dargestellt? Zwar sind Schafe nicht so dumm, wie viele meinen. Aber sie sind ziemlich orientierungslos. So gehen sie von Grasbüschel zu Grasbüschel, um nach kurzer Zeit festzustellen, dass sie ihre Herde aus dem Blick verloren haben. Schon beim Propheten Jesaja heißt es: „Wir gingen alle in die Irre wie Schafe, ein jeder sah auf seinen Weg" (53,6). Und da steht noch etwas Interessantes über Schafe. Jesaja schreibt wenige Verse später über den leidenden Gottesknecht: „Wie ein Lamm, das zur Schlachtbank geführt wird, und wie ein Schaf, das verstummt vor seinem Scherer, tat er seinen Mund nicht auf". Was damit gemeint ist, liegt auf der Hand: Schafe sind ziemlich schutzlose Tiere, dem Willen anderer wehrlos ausgeliefert. Grund genug, sich mit dieser Rollenanweisung schwerzutun. Wer möchte schon gern ein Schaf sein: planlos, orientierungslos, schutzlos? Da gibt es zweifellos schmeichelhaftere Vergleiche.

Auf der anderen Seite sind die Parallelen bei nüchterner Betrachtung nicht ganz von der Hand zu weisen. Orientieren nicht auch wir uns allzu oft nur sehr kurzsichtig „von Grasbüschel zu Grasbüschel", gehen einen Schritt auf der Lebensleiter nach dem nächsten, bis wir uns irgendwo wiederfinden, wo wir eigentlich gar nicht hinwollten: „Wir gingen alle in die Irre wie Schafe..."?

Und sind wir nicht doch auch letztlich schutzlos, wenn die großen Wogen des Lebens und Sterbens über uns einbrechen?

Freilich sollte man die Vergleiche zwischen Mensch und Schaf nicht allzu sehr strapazieren. Dem Verfasser des 23. Psalms geht es nämlich nicht so sehr darum, uns als Schafe hinzustellen, sondern vielmehr Gott als guten Hirten. Genau betrachtet kommt das Wort „Schaf" in unserem Text – anders als in anderen Psalmen – gar nicht vor. Es geht *nicht* um Schafe, sondern darum, dass Jahwe sich uns Menschen gegenüber wie ein guter Hirte verhält. „Hirt" war damals sogar ein gängiger Ehrentitel für einen König. In ihm drückt sich aus, was das Volk von seinem Anführer erwartete: Er soll das Wohl seiner Leute im Blick haben. Ein König wie ein Hirte hat die gleichen drei Aufgaben: die „Herde" zu versorgen, sie zu führen und sie zu schützen. Dass Jahwe das tut, davon redet der 23. Psalm. In Lebensphasen, in denen wir uns stark und autark fühlen, können wir mit dieser Vorstellung vielleicht nicht viel anfangen. Aber machen wir uns nichts vor. Wir alle geraten früher oder später in Situationen, in denen wir selbst nicht mehr weiterkommen. In denen wir mit unserem Latein am Ende sind. Spätestens dann brauchen wir einen „Hirten". Beziehungsweise stehen vor der Tatsache, dass wir eigentlich schon immer einen gebraucht haben.

Natürlich gibt es die Gefahr, dass Menschen sich freiwillig in die „Schafsrolle" begeben und nichts mehr selber anpacken, sondern alles den lieben Gott machen lassen. Es ist nicht die *Verheißung*, sondern die *Versuchung* des 23. Psalms, dass ein Mensch alles dem lieben Gott überlässt, dem man dann im Zweifelsfall die Schuld in die Schuhe schieben kann, wenn die Dinge schief laufen. Aber so funktioniert das nicht mit der Führung Gottes. Diese schließt unser Handeln und Entscheiden nicht aus, sondern mit ein. Natürlich gibt es Momente, in denen Geduld gefragt ist. Aber der Gott der Bibel gibt uns Menschen einen erstaunlichen Spielraum, unseren Neigungen nachzukommen und unsere Fähigkeiten und Talente einzusetzen. Freilich setzt er als guter Hirte auch Grenzen und Wegmarken, und hier und dort spricht er konkrete Berufungen und Herausforderungen aus. Das heißt: Der gute Hirte macht seine Schafe nicht schwach, sondern stark.

Mir wird nichts mangeln

Das ist – gleich am Anfang – wahrscheinlich der schwierigste Satz des ganzen Psalms. Denn Mangel kennen ja Christinnen und Christen durchaus auch. Die wissenschaftliche Bibelauslegung geht außerdem davon aus, dass der 23.

Psalm inmitten einer bedrängenden Notlage geschrieben wurde. Gerade das gibt ihm seine spezifische Kraft, die er für viele Menschen in Notzeiten entfaltet. Es war eben nicht so, dass da jemand zwischen zwitschernden Vögeln und plätschernden Bächen mal eben einen stimmungsvollen Psalm geschrieben hat. Der Schreiber war vielmehr in tiefster Bedrängnis. Doch wie kann man in einer solchen Situation sagen: „Mir wird nichts mangeln"? Drei Antworten will ich kurz anreißen.

Zum einen sollten wir etwas zurückhaltend mit dem Begriff „Mangel" umgehen. Wir leben in einem der reichsten Länder der Welt, das gleichzeitig eine erstaunlich hohe Unzufriedenheitsrate aufweist. Doch allein, dass wir hier leben, bedeutet, dass es uns besser geht als über 90 Prozent der Menschen auf der Erde. Jeder und jede von uns lebt auf einem Standard, von dem selbst die Fürsten des Mittelalters nur hätten träumen können. Wenn wir oder einer unserer Lieben also nicht gerade von einer schlimmen Krankheit befallen wurden oder jemanden verloren haben, wenn wir jemanden haben, der uns liebt, und uns niemand nach Leib und Leben trachtet, sollten wir das Wort „Mangel" in Bezug auf uns selbst schlichtweg nicht benutzen. Natürlich haben wir unerfüllte Wünsche. Aber doch oft auf einem sehr hohen Niveau. Ich schlage vor, den 23. Psalm an dieser Stelle für uns ein wenig abzuändern und zu sagen: „Der Herr ist mein Hirte, mir mangelt es an nichts."

Damit möchte ich nicht in Frage stellen, dass es natürlich auch echten Mangel gibt. Wie oft habe ich den 23. Psalm an Krankenbetten oder auch bei Beerdigungen gelesen und im Stillen gezögert, wenn dieser Satz kam: „Mir wird nichts mangeln." Und dachte mir insgeheim: „Was sagst du da gerade?" Andererseits: Haben wir angesichts einer solchen Situation wirklich eine Alternative, als all unsere Hoffnung und auch unsere Verzweiflung auf diesen Gott zu werfen, auf Jahwe, der versprochen hat: „Ich bin – auch jetzt – für dich da. Ich sorge für dich!"? Man mag das für Realitätsverlust halten. Vielleicht ist es aber gerade umgekehrt so, dass man auf diese Weise Realität *gewinnt*. Geradezu Realität definiert. Das ist nämlich ein bemerkenswerter Aspekt des Gebets, dass wir dort unsere Realität neu definieren – zum Beispiel, indem wir Gott unser Vertrauen aussprechen, auch wenn alles um uns herum geradewegs vom Gegenteil zeugt. Und genau dieses vertrauensvolle Gebet bricht eine Öffnung in die scheinbar so fest gemauerte Realität, die uns umgibt. Vielleicht haben Sie das auch schon mal erlebt: Sie wussten weder aus noch ein, aber wandten sich an Gott, und der half Ihnen. Ich denke, der Verfasser des 23. Psalms hat diese Erfahrung definitiv bereits gemacht.

Und daraus den Schluss gezogen: Das, was Gott schon einmal in unserem Leben getan hat, kann er auch wieder tun. So konnte er trotz äußerer Not beten: „Mir wird nichts mangeln." Er hatte Jahwe schon öfter als Versorger erlebt und zog daraus die Zuversicht, dass er ihn auch diesmal wieder aus seiner Not herausholen würde.

Drittens – und das schreibe ich etwas mit angehaltenem Atem: Wir dürfen den enormen Trost nicht unterschätzen, den ein Mensch direkt aus dem Bewusstsein der Gegenwart Gottes empfangen kann. Die Mystikerin Teresa von Avila brachte auf den Punkt, was Tausende vor und nach ihr empfunden haben: „Gott allein genügt". Ich glaube, dass der 23. Psalm von jemandem geschrieben wurde, der gelernt hat, sich an seiner Gottesbeziehung in vielerlei Hinsicht genügen zu lassen. Wir kennen das vielleicht aus anderen Zusammenhängen: *Eine* wirklich gute Beziehung wiegt vieles auf, was uns in anderer Hinsicht vielleicht fehlt. Meister Eckart sagte: „Wer all die Welt nähme mit Gott, der hätte nicht mehr, denn ob er Gott alleine hätte." Diese Grunderfahrung, dass die Gegenwart Gottes unglaublich viel kompensieren kann, hat auch Martin Luther bewegt (denken wir nur an die Liedzeile „... lass fahren dahin!"), oder *den* protestantischen Liederdichter schlechthin – Paul Gerhardt – als er schrieb: „Du füllst des Lebens Mangel aus mit dem, was ewig steht, und führst uns in des Himmels Haus, wenn uns die Erd entgeht. Wohlauf, mein Herze, sing und spring und habe guten Mut! Dein Gott, der Ursprung aller Ding, ist selbst und bleibt dein Gut." (EG 324,12+13).

Die rechte und die linke Hand des Glaubens

Das christliche Leben bewegt sich zwischen zwei Polen, die sich zueinander verhalten wie Ein- und Ausatmen. Bei dem einen Pol geht es um Aktivität und Engagement, bei dem anderen um Ruhen und Empfangen. Das „Weiden" – man kann auch übersetzen: „Lagern" – auf einer grünen Aue steht für den Aspekt des Christseins, bei dem es darum geht, still zu werden, die eigenen Kräfte zu regenerieren und für die eigene Seele zu sorgen. Das „Sich-führen-Lassen" hingegen spricht vom aktiven Part des Christseins: davon, das Leben mit Tatkraft in die Hand zu nehmen und dem Folge zu leisten, was Gott uns aufträgt.

Der immer wieder erfolgende Wechsel von „Lagern" und „Sich-führen-Lassen" ist für uns lebensnotwendig: Schafe, die nur weiden, werden fett und faul. Schafe hingegen, die immer rastlos unterwegs sind, ermatten und mergeln aus. Es gibt also auch im Christlichen so etwas wie eine gesunde „Work-

Life-Balance". Der 23. Psalm sagt uns: Jahwe hat das im Blick. Das ist gut: Denn wir selbst neigen meist zur einen oder zur anderen Seite. Es gibt Christinnen und Christen, die lesen häufig in der Bibel und in christlichen Büchern, sie besuchen die Gottesdienste und Kreise ihrer Gemeinde und nehmen jeden Kongress und jedes christliche Konzert mit, aber sie kommen nie ins Handeln. Die grüne Weide ist ihnen zum Selbstzweck geworden. Auf der anderen Seite gibt es ein in seinem Engagement geradezu atemloses Christentum, das ständig von Aktion zu Aktion eilt. Verständlich, denn die Not dieser Welt ruft und das Evangelium will weitergetragen werden. Aber diese Leute kommen nie zur Ruhe. Doch wenn sie nicht immer wieder auch mal lagern und sich weiden lassen, überhitzen sie und trocknen innerlich aus.

Das Spannende ist: Beide Arten von Christen verlieren früher oder später den Kontakt zu ihrem Hirten. Die einen, die immer noch grasen, obwohl der Hirte schon längst gerufen und sich auf den Weg gemacht hat. Die anderen, die tun und machen und ackern, obwohl der Hirte schon vor einiger Weile Rast gemacht und ein Lagerfeuer bereitet hat. Überlegen Sie kurz: Ist Ihr Christsein einigermaßen balanciert? Oder neigen Sie auf die eine oder andere Seite? Beide Aspekte sind wichtig und sind aufeinander angewiesen. Gebet ohne Tat ist fruchtlos. Tat ohne Gebet bleibt wirkungslos.

Für Martin Luther war ganz klar, worin die „grüne Aue" besteht: im Wort Gottes. Das Lesen und Bedenken der Heiligen Schrift, das Hören auf die Predigt und der Empfang des Heiligen Abendmahls, das Zusammentreffen von Christinnen und Christen, um miteinander über das Wort Gottes zu reden: dort bekommt unser innerer Mensch Nahrung. Hier werden wir vorbereitet, berufen und befähigt, das zu tun, was Gott uns aufträgt. Für Luther stand fest: Es gibt kein mündiges Christsein, keinen starken Glauben ohne das Wort der Heiligen Schrift. Und es kommt viel darauf an, hier nicht nur ab und zu mal ein Hälmchen abzurupfen, sondern in dem Wort wirklich zu „lagern" und kräftig zu weiden.

Der andere Aspekt eines balancierten christlichen Lebens ist das Handeln. Wir nehmen nicht nur geistliche Nahrung auf, sondern wir sollen sie auch umsetzen. Als Christinnen und Christen haben wir unseren Mann bzw. unsere Frau zu stehen, in Familie und Beruf. Und wir haben als Jüngerinnen und Jünger Jesu einen Auftrag in dieser Welt auszuführen: nämlich das Evangelium in Wort und Tat unter die Menschen zu bringen. Aber Achtung: Der Hirt des 23. Psalms *treibt* die Schafe nicht, er *führt* sie: sanft und behutsam, wenn auch klar und bestimmt – und zwar zum „frischen Wasser". Also letztlich immer wieder an einen Ort, wo sie rasten und auftanken können. So schließt sich der Kreis bzw. er beginnt wieder von vorne: Die Aktion führt in die Kontemplation (= Ruhe und Verinnerlichung), und die Kontemplation führt in die Aktion. Beide zusammen bilden sozusagen die rechte und die linke Hand des Glaubens.

Für Martin Luther bedeutete das zum einen: bienenfleißig arbeiten. Sein Arbeitspensum war enorm. Allein seine Schriften füllen meterlange Regale. Auf der anderen Seite betete er jeden Tag mehrere Stunden lang und füllte sein Inneres mit dem Wort der Bibel. Und er konnte nach vollendetem Tagwerk sagen: „Während ich hier sitze und mein Wittenbergisch' Bier trinke, läuft draußen im Lande das Evangelium."

NACH-DENKEN

Der gute Hirte macht seine Schafe nicht schwach, sondern stark.

FRAGEN

- » Ärgern Sie sich darüber, wenn der 23. Psalm uns mit orientierungs- und schutzlosen Schafen vergleicht?
- » Wieso schließt die Führung Gottes unser eigenes Handeln und Entscheiden nicht aus?
- » Kennen Sie aus Ihrem Leben echten Mangel?
- » Können Sie den Liedvers Paul Gerhardts nachvollziehen: „Du füllst des Lebens Mangel aus“?
- » Wozu ruft Sie Gott: zu einem mehr tätigen oder zu einem mehr hörenden Christsein?

ANREGUNG ZUM GEBET

Der gute Hirte

Ein Hirt hat die dreifache Aufgabe, seine Herde zu versorgen, zu führen und zu schützen. Sprechen Sie mit Gott jeweils 2-3 Minuten über jeden dieser drei Aspekte:

1. „Gott, ich brauche deine Versorgung in Bezug auf ...“
2. „Ich brauche deine Führung bei ...“
3. „Und ich brauche deinen Schutz vor ...“

MERKVERS

Jesus spricht: „Ich bin der gute Hirte. Der gute Hirte lässt sein Leben für die Schafe.“

Johannes 10, 11

MEDITATION

Was ich bin
und
was ich tue:
Hängt das wirklich
so eng zusammen,
wie ich immer
meine?

Was ich bin
und
was ich tue:
Prägt mein Handeln
wirklich mein Sein –
oder ist es in Wahrheit
umgekehrt?

Was ich bin
und
was ich tue:
Zähle ich nicht doch,
wie viele Taten
es wohl noch braucht,
bis ich ich werde?

Was ich bin
und
was ich tue:
Hält mich die Hoffnung
auf meine Werke auch da,
wo es um den Frieden
meiner Seele geht?

Was ich bin
und
was ich tue:
Nichts, aber auch gar nichts
hat das miteinander zu tun.
Zumindest nicht bei Gott.
Sagt Martin Luther.

Was ich bin
und
was ich tue:
Gottes Kind bin ich –
allein aus Glauben.
Und er liebt mich,
ganz gleich, was ich tue.

PSALM 23, 3

Er führet mich zum frischen Wasser.
Er erquicket meine Seele.
Er führet mich auf rechter Straße
um seines Namens willen.

Umkehr zur Freude

Es ist erschreckend, wie viele Leute bei dem Wort „Gott" an Verbote und Gebote denken. Gott ist für sie die personifizierte Spaßbremse, darum erscheint es ihnen nicht sonderlich attraktiv, sich näher auf ihn einzulassen. Es passt weder in ihren Erfahrungs- noch in ihren Vorstellungshorizont, dass Gott für die Freude in ihrem Leben zuständig sein will. Doch der 23. Psalm behauptet genau dies: *Er führet mich zum frischen Wasser. Er erquicket meine Seele.* Wie eine Pflanze, die man nach einigen Tagen der Dürre gießt, so muss auch unsere Seele immer wieder „gegossen" werden. Und das, sagt der 23. Psalm, ist Chefsache. Jahwe – der „Ich-bin-für-dich-da" – sieht es als sein ureigenstes Ansinnen an, unsere Seele immer wieder zu erfrischen. So wie Jesus sagt: „Kommt her zu mir alle, die ihr mühselig und beladen seid, ich will euch erquicken" (Matthäus 11,28).

Das ist spannend: Unser Vers ist der einzige in Psalm 23, in dem beim Menschen etwas korrigiert wird. Dass Gott bei uns gerne etwas verändern möchte, haben wir wahrscheinlich schon oft gehört. Und uns darunter alles Mögliche vorgestellt, nur nicht, dass Gott uns erquicken möchte. Dass er zu uns sagt: „Komm her, mein Lieber; komm her, meine Liebe. Deine Seele ist ja ganz ausgetrocknet. Das würde ich gerne wieder zurechtbringen. Ich will dich erquicken. Ich habe frisches Wasser für dich."

Das ist übrigens der eigentliche Sinn des Wortes „Buße". Buße heißt wörtlich „Umkehr" und bedeutet eine Lebensänderung. Nur leider denken die meisten Leute, dass diese Änderung so aussieht, dass man vorher Spaß hatte und danach leider nicht mehr. Dabei ist genau das Gegenteil der Fall. Buße ist eine Umkehr zur Freude, Umkehr zum Vertrauen, Umkehr zu einem liebenden Vater, der ein Fest mit uns feiern möchte.

Die erste der berühmten 95 Thesen Martin Luthers lautet: „Als unser Herr und Meister Jesus Christus sagte: ‚Tut Buße, denn das Himmelreich ist nahe herbeigekommen', wollte er, dass das ganze Leben der Glaubenden Buße sei." Das war damals gegen die römisch-katholische Bußpraxis gerichtet, bei der man sich buchstäblich freikaufen konnte von Sünde und Schuld, indem man so genannte Ablassbriefe erstand. Je nach Höhe des bezahlten Betrages wurden einem dann entsprechend viele Jahre des Fegefeuers erlassen. Luther setzte dem Gedanken, sich von Sündenfolgen freizukaufen, zwei Argumente entgegen. Zum einen, dass das so leicht nicht geht. Und zum andern, dass die Sache viel leichter ist.

Also zunächst: *Sich von Sünden freikaufen? – So leicht geht das nicht!* Wenn eine Beziehung ernsthaft Schaden genommen hat oder gar in Scherben liegt, ist Geld so ziemlich das Letzte, was hilft. Auch helfen da keine isolierten Wiedergutmachungsleistungen. Im Verhältnis zwischen Gott und Mensch schlug die Kirche zur Zeit Luthers vor, als Zeichen der Buße Ablassbriefe zu kaufen und zur Beichte zu gehen. Doch solcherlei Rituale und Gesten machen nur dann Sinn, wenn sich in ihnen etwas verdichtet, was sich auch sonst durch unser Leben zieht. Es nützt nichts, der Ehefrau Blumen mitzubringen, wenn man sie belogen hat, um anschließend geradewegs weiter zu lügen. Nur wenn das *ganze* Leben eine Buße ist, meint Luther in der genannten These, macht auch das „Sakrament der Buße" Sinn.

Auf der anderen Seite ist unsere Buße niemals der Grund, warum Gott uns vergibt. Sie ist nicht der Schlüssel zum Herzen Gottes. Unsere Umkehr bewirkt nicht Gottes Liebe. Eher ist es umgekehrt, dass Gottes Liebe unsere Umkehr bewirkt. An dieser Stelle greift das andere Argument Martin Luthers: *Sich von Sünden freikaufen? – Das geht, Gott sei Dank, viel leichter!* Denn das ist ja der zentrale Inhalt des Evangeliums: dass Gott uns unsere Schuld vergibt. Da bedarf es keiner Wiedergutmachung, da braucht es keinen Vorsatz, in Zukunft sündlos zu leben (als ob das ginge!) und schon gar kein „Extrageschenk" für den lieben Gott obendrauf (etwa, indem man zusätzlich zu den üblichen zehn noch ein paar Extragebote einhält). Die „Buße", die Gott von uns erwartet, ist die, dass wir uns von ihm zum frischen Wasser führen lassen. Um mit dem Bild der vergangenen Woche zu sprechen: dass wir uns von ihm umarmen und küssen und neu einkleiden lassen.

Der Satz, dass das ganze Leben eine Buße sein soll, ist pures Evangelium! Es geht nicht darum, dass wir den Rest unseres Lebens in Sack und Asche herumlaufen. Vielmehr sollen wir uns von Gott das „beste Gewand", neue Schuhe und den Ring der Vollmacht überstreifen lassen. Gott will uns von Grund auf erquicken, aufrichten, neu beleben und zurechtbringen. Buße ist nicht etwas, was wir für Gott tun sollen, sondern etwas, was Gott für uns tun will: Er will uns erquicken. Er will uns nichts nehmen, sondern etwas schenken. Die Änderung, die Gott erwartet, ist nichts, was wir selbst zu erbringen haben, sondern etwas, was Gott an uns bewirkt, indem er unsere ausgetrocknete Seele zum frischen Wasser führt.

Gesetz und Evangelium

Er führet mich auf rechter Straße – das kann man auf unterschiedliche Weise verstehen. Oft wird der Begriff der „rechten Straße" im Sinne des „rechten Weges" ausgelegt: sozusagen als Pfad der Tugend. Dann bekommt das Ganze einen moralischen Touch. Viele Ausleger verstehen den Vers aber eher lebensgeschichtlich: die „rechte" Straße ist die, die zum Ziel führt. Und wie oft kann man im Rückblick auf die eigenen Lebenswege sagen: „Gott hat es genau richtig gemacht. Es war nicht immer einfach. Aber im Nachhinein kann ich nur sagen: Gott hat mich genau den richtigen Weg geführt."

Die eine Auslegung redet davon, was der Mensch unter Gottes Führung zu tun hat. Die andere redet davon, was Gott an dem Menschen tut, der sich seiner Führung anvertraut. Das muss sich nicht unbedingt widersprechen, setzt aber jeweils einen anderen Akzent. Als „Gesetz und Evangelium" hat Martin Luther diese beiden Weisen, die Bibel zu verstehen, bezeichnet. Das „Gesetz" redet davon, was der Mensch zu leisten hat. Das „Evangelium" hingegen redet davon, was Gott für den Menschen tut. Die Unterscheidung zwischen diesen beiden Worten Gottes war für Luther der entscheidende Schlüssel, die Bibel zu verstehen. Freilich sind viele Bibeltexte nicht eindeutig der einen oder der anderen Kategorie zuzuordnen. Luther sagt: *„Es ist schnell gesagt, dass das Gesetz ein anderes Wort ist als das Evangelium; aber es in der Praxis zu unterscheiden und die Kunst ins Werk zu setzen, ist Mühe und Arbeit."* Bei manchen scheinbar eindeutigen Gesetzestexten entdeckt man erst bei näherem Hinsehen das ihnen innewohnende Evangelium. Da soll man etwas Gutes tun – um dann die beglückende Erfahrung zu machen, wie sehr man selbst in diesem Tun beschenkt wurde. Umgekehrt wird man bei manchen Worten des Evangeliums erst nach einiger Zeit gewahr, dass es ganz ohne menschliches Mittun nun auch nicht geht. Gott kann einem Verdurstenden zwar den rettenden Becher Wasser reichen, aber trinken muss der schon selber.

Evangelisch sein ist auch eine bestimmte Weise, die Bibel zu lesen, nämlich indem man Gesetz und Evangelium darin unterscheidet. Beides ist gleichermaßen Wort Gottes. Trotzdem gilt: Das Evangelium – also das, was Gott für uns tut – ist wichtiger als das, was wir für Gott tun. Vor allem ist es das einzige Wort, das uns Heil schaffen kann. Luther sagt: Unsere Gerechtigkeit kommt aus dem Glauben an das Evangelium, nicht aus dem Tun des Gesetzes. Das Tun des Gesetzes hilft, unser Leben ordentlich auf die Reihe zu bringen und diese Welt zu einem besseren Ort zu machen. Aber es macht uns nicht gerecht vor Gott.

Und damit kommen wir zurück zu dem Satz: „Er führet mich auf rechter Straße". Wir können und dürfen ihn in *beide* Richtungen auslegen: als Gesetz *und* als Evangelium. Natürlich führt uns Gott durch Gebote und Weisungen. Dafür stehen sie ja in der Bibel. Als Jesus einmal mit einem jungen Mann über die Zehn Gebote redet, sagt er: „Tu das, so wirst du leben" (Lukas 10,28). Das ist nicht im Sinne des Heils gemeint, aber im Sinn eines erfüllten und Gutes bewirkenden Lebens. Aber: Wir alle haben doch die Erfahrung gemacht, dass es uns oft nicht gelingt, die Gebote Gottes einzuhalten. Dass das nicht schön ist, wissen wir selber. Aber was hilft's? Jedenfalls nicht, immer fester an der Moralschraube zu drehen.

Wohl dem, der das Gesetz – Gottes gute Weisungen zu einem gelungenen Leben – ernst nimmt, aber trotzdem weiß: Im Zweifelsfall gilt das Evangelium. Evangelium sticht Gesetz. Das ist ein grundlegender Aspekt des evangelischen Glaubens. Die Bibel als evangelischer Christ oder evangelische Christin zu lesen, heißt daher, sie zu allererst vom Evangelium her zu lesen. Natürlich sollen wir uns bemühen, die Gebote Gottes bzw. die „Wege der Gerechtigkeit" einzuhalten. Aber *das* ist das Evangelium, dass selbst, wenn wir es verbocken, ja selbst, wenn unsere Fehler und Sünden uns und andere ins Chaos führen, Gott auch daraus „Pfade des Heils" machen kann und will. So wie es der evangelische Theologe Dietrich Bonhoeffer in seinem berühmten Glaubensbekenntnis formuliert hat: „Ich glaube, dass auch unsere Fehler und Irrtümer nicht vergeblich sind, und dass es Gott nicht schwerer ist, mit ihnen fertig zu werden, als mit unseren vermeintlichen Guttaten."

Abschied vom religiösen Leistungsgedanken

Wenden wir uns dem wahrscheinlich trostreichsten Halbsatz des 23. Psalms zu. Es handelt sich um die Worte *„um seines Namens willen"*. In unseren Ohren klingt diese Formulierung ungewöhnlich, aber sie spielt im Alten Testament eine wichtige Rolle. Dabei geht es meist um die Begründung dafür, warum sich Jahwe mit Menschen abgibt, die ebenso halsstarrig wie ignorant sind und ständig seine Gebote brechen. Warum er nicht aufhört, sie zu lieben. Immer wieder lautet die Begründung dann: „Um meines Namens willen".

In unserem Zusammenhang geht es um die gleiche Frage. Eben haben wir zur Kenntnis genommen, dass Gott oftmals die Trümmer und Scherben unseres Lebens aufgreift, um sie zu etwas zusammenzufügen, was uns und anderen zum Guten gereicht. „Er führet mich auf rechter Straße um seines Namens willen" heißt: Er tut das nicht, weil *ich* so gut bin oder mir das irgendwie verdient hätte. Also nicht um meines Namens willen. Sondern um seines – Gottes – Namens willen. Sie erinnern sich: Der Gott der Bibel hat sich seinen Namen selbst gegeben: „Jahwe – Ich bin für dich da." Dieser Name ist so etwas wie eine Selbstverpflichtung Gottes. Eine Zusage, die er uns gegeben hat und die er nicht einfach zurückzieht, weil wir uns von ihm und seinen Wegen abwenden: aus Liebe. Gott aber liebt uns nicht, weil wir so (hier können wir ergänzen: so gut oder fromm) sind, sondern weil wir *da* sind. Und weil sein Wesen Liebe ist.

Dieser Satz ist tröstlich und bestürzend zugleich. Denn: Die Liebe, die wir am dringendsten brauchen, ist gleichzeitig diejenige, die wir am wenigsten wollen. Warum? Weil wir alle natürlich viel lieber deswegen geliebt werden, weil wir so gut, schön, klug oder nett sind. Und glauben Sie mir: Gott weiß das alles auch zu schätzen. Er freut sich über jeden einzelnen positiven Zug an uns. Aber wir alle haben nun einmal unsere Schattenseiten: Fehler und Unvollkommenheiten sowieso, aber auch charakterliche Mängel. Und da ist es einfach gut und überaus tröstlich zu wissen, dass Gott sein segnendes Handeln nicht von unseren Taten oder Untaten abhängig macht, sondern dass er nach seiner Treue an uns handelt: gemäß der Zusage, die in seinem Namen liegt: „Ich bin für dich da. Meine Zusagen stehen fest. Meine Freundschaft zu dir steht fest. Meine Vergebung steht fest. Und mein Beistand steht fest."

Das ist nicht mehr und nicht weniger als der Abschied von jedem religiösen Leistungsgedanken. Gottes liebende Zuwendung ist in Gottes Verlässlichkeit begründet. Die Bibel ist voll mit Versen, die diesen Sachverhalt widerspiegeln. „Sind wir untreu, so bleibt er treu; denn er kann sich selbst nicht verleugnen", heißt es im Neuen Testament (2. Timotheus 2,13). Und im Alten Testament ist diese Selbstfestlegung Gottes so sehr im Bewusstsein der Leute verankert, dass sie in schwierigen Zeiten Gott geradezu daran erinnern, dass er ihnen doch zugesagt hat, für sie da zu sein – trotz aller Verfehlungen und Schuld: „Ach, HERR, wenn unsre Sünden uns verklagen, so hilf doch um deines Namens willen! Denn unser Ungehorsam ist groß, womit wir wider dich gesündigt haben" (Jeremia 14,7, vgl. Psalm 25,11 u.a.). Das ist echte „Glaubens-Chuzpe". Die Menschen des Alten Testaments halten Gott seine eigenen Worte vor – und zwar gegen andere Worte, die Gott gesprochen hat. Mit Martin Luther zu sprechen: Sie glauben dem Evangelium mehr als dem Gesetz. – Wenn Sie sich ein bisschen mit Luthers Theologie auskennen, würden Sie mir beipflichten, wenn ich sage: Das ist ziemlich evangelisch.

Wohlgemerkt: Wir reden hier vom Alten Testament. Dort nennen sie es nicht „Evangelium“, sondern „um seines Namens willen“.

Übrigens hat Gott dieses Versprechen noch einmal erneuert. Als er seinen Sohn auf diese Welt schickte, sorgte er auch hier dafür, dass nicht Menschen, sondern er selbst ihm seinen Namen gab: „Du sollst ihm den Namen Jesus geben“ (Lukas 1,31; vgl. 2,21). Jesus aber heißt: „Gott hilft“, ja sogar „Gott rettet“. Jesus ist die Erneuerung bzw. Fortführung des Versprechens, das Jahwe in ihm auf alle Völker ausweitete. Seither können wir uns auf beides berufen: auf den Jahwenamen und auf den Jesusnamen. Gott will für uns da sein und uns retten, egal, wohin wir uns manövriert haben. Auch wenn wir nicht auf „Wegen der Gerechtigkeit“ wandeln, will er uns doch auf „Pfaden des Heils“ führen: um seines Namens willen.

NACH-DENKEN

Gott kann einem Verdurstenden zwar den rettenden Becher Wasser reichen, aber trinken muss er schon selber.

FRAGEN

- » Warum kann man sich nicht von Sünden freikaufen?
- » Haben Sie die Möglichkeit zur Umkehr („Buße“) jemals als Geschenk angesehen?
- » Wofür hat Gott den Menschen das „Gesetz“ gegeben?
- » Wieso ist aber das Evangelium noch wichtiger als das Gesetz?
- » Wozu motiviert Sie der Abschied vom religiösen Leistungsgedanken: eher zu Dankbarkeit und Liebe oder zur „christlichen Couch“?

ANREGUNG ZUM GEBET

Gesetz und Evangelium
Schlagen Sie heute einen beliebigen Text aus einem der vier Evangelien im Neuen Testament auf. Einen möglichst nicht zu langen, in sich geschlossenen Abschnitt. Gehen Sie Vers für Vers durch und notieren Sie sich auf einem Zettel oder in Ihr Expeditions-Tagebuch: Was an diesem Vers ist „Gesetz“ (= das, was Sie tun sollen) und was ist „Evangelium“ (= was Gott für Sie tut bzw. was er Ihnen zusagt)? Manche Verse werden Sie keiner der beiden Kategorien zuordnen können, andere dafür beiden. Bedanken sie sich anschließend bei Gott für alle Worte, die Sie als Evangelium für sich entdeckt haben. Und überlegen Sie anschließend, wie Sie mit den Worten des Gesetzes umgehen wollen.

MERKVERS

„Kommt her zu mir alle, die ihr mühselig und beladen seid, ich will euch erquicken.“
Matthäus 11, 28

Tag 11 / **Glaube und Angst**

PSALM 23, 4

Und ob ich schon wanderte im finstern Tal,
fürchte ich kein Unglück;

denn du bist bei mir,
dein Stecken und Stab trösten mich.

GLAUBE UND ANGST

Dunkle Täler gehören dazu

Eben hieß es noch: „Mir wird nichts mangeln." Doch nun ist auf einmal von einem „dunklen Tal" die Rede und einen Vers später von „Feinden". Der Glaube führt um dunkle Täler nicht herum. Glaubende erfahren keine Vorzugsbehandlung. Auch sie geraten in Krisen, erfahren Niederlagen, erleiden Schmerzen und müssen sterben. Und es ist das Normalste von der Welt, wenn sie vor solchen Erfahrungen Angst haben.

Das Wort Angst kommt aus dem Lateinischen. „Angustus" bedeutet „eng", und „angere" bedeutet „zuschnüren". Angst ist also ein beklemmendes Gefühl, das einem die Brust zusammenschnürt. Von Natur her hat die Angst eine wichtige Funktion. Sie warnt uns vor Gefahren: Niemand von uns würde noch leben, wenn wir nicht die Fähigkeit hätten, Angst zu empfinden, denn nur, wer sich einer Gefahr bewusst ist, kann sich auch schützen. Hier hat der Glaube nicht viel zu suchen. Es wäre schlimm, wenn der Glaube uns alle Ängste nehmen würde, die an sich dafür gedacht sind, uns das Leben zu retten. Freilich gibt es nicht nur diese konkreten, sinnvollen Ängste, sondern auch *eingebildete, überzogene und krankhafte Ängste*. Diesen Ängsten kann man sehr wohl mit Glauben begegnen. Aber durchaus auch mit „weltlichen" Mitteln: einem soliden Realitätscheck zum Beispiel oder therapeutischen Maßnahmen.

Wirklich zuständig ist der Glaube im Bereich unserer *Lebensängste*. Wir alle bewegen uns auf dünnem Eis, das ist einfach Fakt. Wörtlich kann man das „dunkle Tal" in unserem Psalm als „Tal des Todesschattens" übersetzen. Wer wollte bestreiten, dass der Tod immer wieder seine Schatten über unser Leben wirft? Diese müssen nicht einmal den Tod selbst zum Thema haben. Jeder geplatzte Traum, jede abgebrochene Beziehung, jeder Karriereknick und jeder Verlust ist so ein Schatten. So sagten es die Alten: „Mitten im Leben sind wir vom Tod umfangen." Insofern kann man den Tod sehr wohl als geheimen Autor – sozusagen als Ghostwriter – aller möglichen Lebensängste ansehen, selbst wenn uns das gar nicht bewusst ist.

Solche Lebensangst kann sich in sehr unterschiedlichen Facetten äußern: nicht nur in der Angst vor dem Tod, sondern auch als Angst vor Verlassenwerden und Einsamkeit, als Angst vor der Zukunft, aber auch als Angst vor der Macht der Vergangenheit und nicht zuletzt auch als Angst vor Gott. Solche Lebensängste kann man vielleicht eine Zeit lang verdrängen, nicht aber ihnen dauerhaft ausweichen. Hinter unseren Lebensängsten stehen elementare, ins Religiöse weit hineinreichende Fragen, wie die nach dem Woher und Wozu unseres Lebens (Sinnfrage), nach einer Liebe, die unserem Leben Gewicht verleiht (Identitätsfrage), nach dem Umgang mit eigenem oder anderer Menschen Scheitern (Schuldfrage), nach dem, was über unser Leben hinaus bleibt (Todesfrage) sowie die Frage nach einer letztgültigen Annahme unserer Existenz (Rechtfertigungsfrage). Der Neurologe und Psychiater Viktor Frankl hat einmal gesagt: „Alle großen Ängste jenseits des fünfzigsten Lebensjahres basieren auf religiösen Fragen." Früher oder später kommen sie zum Vorschein. Und es offenbart sich, wie dünn das Eis ist, auf dem wir uns bewegen.

Lebensangst ist nicht schön, aber wichtig. Zweifellos kann sie auch pathologische Züge annehmen und Menschen völlig lähmen, aber an sich hat sie – ebenso wie die Furcht vor realen Gefahren – eine wichtige Funktion. Sie zeigt uns, dass unser Leben eine höchst begrenzte und darum äußerst wertvolle Ressource ist. Wenn wir rechten Gebrauch von ihr machen, kann die Lebensangst uns helfen, unsere Zeit besser zu nutzen und unserem Leben einen tieferen Sinn zu verleihen. In Psalm 90,12 heißt es: „Lehre uns bedenken, dass wir sterben müssen, auf dass wir klug werden." Zu bedenken, dass wir sterben müssen, geht nicht ohne Angst ab. Und doch ist nicht die *Angst* das Ziel dieser Übung, sondern das *Klugwerden*. Klug im Sinne von Weisheit, notwendige Korrekturen vorzunehmen und wichtige Entscheidungen zu treffen. Und sei es auch „nur" die Entscheidung, sich angesichts der drohenden Todesschatten voll und ganz in die Arme jenes liebenden Gottes zu werfen, der bei seinem eigenen Namen versprochen hat: „Ich bin (für dich) da."

Du bist bei mir

Begeben wir uns noch mal in das Bild des 23. Psalms hinein und stellen uns so ein Schaf vor: von Natur aus ist es ziemlich wehr- und orientierungslos. Und jetzt kommt es auch noch in ein dunkles Tal! Das kann einem mit Fug und Recht Angst machen. Vielleicht findet es ja nicht wieder heraus. Oder es steht plötzlich einem wilden Tier gegenüber. All dem hat es nicht viel Eigenes entgegenzusetzen. Außer seinem Vertrauen auf den Hirten. „Er ist da. Er wird für mich sorgen."

Aber machen wir uns nichts vor: Selbst wenn der Hirt dabei ist, fühlt sich das nicht toll an. Sehr viel lieber wäre das Schaf in diesem Moment wieder auf einer grünen Aue. Zweifellos: Bei einem vollkommenen Vertrauen würde die Angst auch vollkommen verschwinden. Aber mal ehrlich: Wer hat das schon? In der Realität sind Angst und Glaube in unserem Herzen viel enger miteinander verwoben, als uns lieb ist. Es ist, wie wenn zwei Tiere einen erbitterten Kampf in unserer Seele ausfechten. Mal ist das eine stärker, mal das andere. Welches von beiden sich am Ende durchsetzen wird, hängt daran, welches wir besser füttern. Die Angst füttert sich dabei nahezu von allein. Sie nimmt es, wie es kommt: innerlich ausgemalte Szenarien des Schreckens, negative Gedanken, entmutigende Geschichten, angstmachende Bilder aus dem Fernsehen oder Internet. Und natürlich auch die eine oder andere negative Erfahrung, die wir gemacht haben. All das lässt unsere Angst größer und stärker werden.

Viel wird davon abhängen, unseren Glauben zu „füttern", *bevor* wir ins dunkle Tal geraten. So, dass er schon möglichst stark ist, bevor die Angst kommt. Dann können wir der Angst etwas Substanzielles entgegensetzen. Der Schlüssel zur Überwindung der Angst („... ich fürchte kein Unglück") steckt in dem Bewusstsein: „Du bist bei mir." Je nachhaltiger diese Gewissheit in uns wird, desto mehr weicht die Angst. Allerdings fällt so ein Glaube nicht einfach vom Himmel. Er speist sich aus den Erfahrungen guter Tage – und aus einer intensiven Kommunikation zwischen Gott und Mensch. Glaube wird gestärkt...

» *durch dankbares Schauen auf Gottes Wirken in der Vergangenheit.* „Count your blessings – Zähle, wie oft Gott dich gesegnet hat", sagen die Amerikaner. Gerade in Situationen des Mangels kann es hilfreich sein, sich zu vergegenwärtigen, wie Gott einen bereits früher gesegnet hat.
» *durch den regelmäßigen Umgang mit dem Wort der Heiligen Schrift.* Das wäre Martin Luthers „Nr.1-Tipp" in dieser Frage. Glaube und Vertrauen basieren auf dem Wort der Verheißung, das Gott uns in der Bibel zuspricht.
» *durch ein Umfeld, das unser Vertrauen stützt.* Menschen färben aufeinander ab. Wir werden auf Dauer so wie die Menschen, die uns umgeben. Darum brauchen wir, um unseren Glauben zu stärken, Menschen um uns herum, die ebenfalls glauben. Eine christliche Gemeinde oder Gruppe.
» *durch die intensive Beschäftigung mit der Person Jesu.* Jesus ist *die* vertrauensweckende Maßnahme Gottes schlechthin. Darum sind sein Glaube, seine Liebe und seine Hoffnung ansteckend. Vor allem die Tatsache, dass er unseren Tod geteilt hat, damit wir an seiner Auferstehung teilhaben dürfen.
» *durch persönlichen Zuspruch in Seelsorge und Segen.* In Glaubenskrisen kommen wir oft mit pauschalen Ratschlägen nicht weiter. Sehr viel mehr

helfen uns da der persönliche Zuspruch durch eine/n Seelsorger/in und speziell auf uns abgestimmte Lösungswege.

Glaube ist in der Tat das einzige, was auf Dauer gegen die Angst hilft. Freilich wirkt der Glaube nicht wie eine Medizin, die man kurz schluckt, und die Angst verschwindet. Es ist eher wie bei einem therapeutischen Prozess, der sich über längere Zeit hinzieht, weil er in ganz tiefe Ebenen unserer Persönlichkeit hineinreicht und diese Schicht um Schicht freilegt und nach und nach entängstigt.

... aber seid getrost!

„In der Welt habt ihr Angst; ...", sagt Jesus (Johannes 16,33). Das ist eine nüchterne Feststellung. Angst ist keine Fehlleistung, sondern eine Grundbefindlichkeit des Menschen. Es ist nicht schön, aber es ist nun einmal so, und selbst Jesus hat das so gesehen: „Solange wir hier auf Erden leben haben wir Angst, Punkt." Nein, zum Glück ist da eben kein Punkt, sondern ein Semikolon. Jesus bleibt dabei nicht stehen. Er setzt der Angst ein großes ABER entgegen: „Aber seid getrost, ich habe die Welt überwunden." Das, was uns Angst macht, hat er, Jesus, hinter sich gebracht und überwunden. Wir können und werden zwar noch manche Schlacht verlieren, aber nicht mehr den ganzen „Krieg": den hat Jesus Christus für uns gewonnen.

Jesus spricht seinen Jüngerinnen und Jüngern nicht die Befreiung von ihrer Angst zu, sondern tröstet sie *in* ihrer Angst: „Seid getrost – mit mir zusammen kommt ihr da durch!" Trost ist eine von außen kommende Stärkung unseres Vertrauens. Jesus weiß, dass wir die Angst nie völlig besiegen können. Aber er spricht unserer geängstigten Seele zu: „Alles wird gut, denn ich bin bei dir! Und ich habe die Welt überwunden." Das Tal ist und bleibt dunkel, aber wir dürfen wissen: Gott ist da. Sein Stecken und Stab trösten uns. Das nimmt uns nicht alle Angst, dazu ist unser Glaube zu schwach, aber es beruhigt.

An niemandem wird das übrigens deutlicher als an Martin Luther. Von dem haben wir zwar im Allgemeinen ein recht barockes Bild. Etwa, wie er furchtlos dem Kaiser entgegen schleudert: „Hier stehe ich und kann nicht anders!" Oder wie er zornig seine 95 Thesen an die Schlosskirche zu Wittenberg nagelt. Seine Sprache war nicht zimperlich und sein Witz oft derb. Er freute sich an Essen und Trinken, am Feiern und an fröhlicher Musik. Für viele ist Martin Luther darum geradezu ein Inbegriff an Lebenslust und seelischer Robustheit. Aber das ist nur die eine Seite. Es gibt auch die andere: die schweren körperlichen Schmerzen, die Luther zeitlebens zu schaffen machten. Das Ringen mit der „Anfechtung“, wie er das nannte: eine Mischung aus Zweifel und Depression, die ihn immer wieder überfiel. Und auch seine immer wieder geäußerte Angst vor dem Tod. An Martin Luther kann man sehr schön sehen, wie sehr Glaube und Angst zeitlebens miteinander ringen. Und wie wichtig es ist, das Vertrauen regelmäßig zu „füttern“ und zu stärken. Der Glaube ist kein Mittel, die Angst einfach zu umgehen, wohl aber hilft er uns, ihr standzuhalten. Erst eine Angst, die wir angenommen und ausgehalten haben, können wir auf Dauer überwinden. Eine triumphale Überwindung der Angst ist uns Zeit unseres Erdendaseins nicht versprochen. Wohl aber *Trost*. Vertrauen, das von außen gestärkt wird, weil das, was aus unserem Inneren kommt, schlichtweg zu schwach ist. Der Begriff des Trostes spielt bei Martin Luther eine wichtige Rolle. Und in unserem Psalm:

Dein Stecken und Stab trösten mich. Der „Stecken“, von dem hier die Rede ist, ist ein Knüppel, mit dem ein Hirt wilde Tiere abzuwehren pflegt. Der lange (Hirten-) „Stab“ hingegen hat die Funktion, zu stützen und zu unterstützen. Mit dem Stab werden neugeborene Lämmer sanft auf die Beine gestellt. Mit ihm hilft der Hirt dem Schaf aus Gruben heraus. Und mit ihm (und nicht etwa mit der Keule!) wird das Schaf sanft in die eine oder andere Richtung geleitet. Der „Stecken“ steht also für Schutz und Stärke, der Stab hingegen für Fürsorge und Leitung. Das eine wie das andere bietet Trost: dass Gott mit seinem Stecken Gefahren von außen abwehrt, aber auch, dass er uns mit seinem Stab stützt und unterstützt.

Unser Gottvertrauen muss immer wieder von außen gestärkt werden. Vor allem durch Gottes Wort. Und manchmal auch durch äußere Zeichen des Trostes: durch „Stecken und Stab“. Durch Erfahrungen, die uns helfen, durchzuhalten, bis das dunkle Tal vorüber ist. Denn – das ist die gute Nachricht – irgendwann *ist* das dunkle Tal vorüber. Das dunkle Tal ist bei Gott nie das Ende, sondern nur eine Durchgangsstation. Wichtig ist, dass wir uns im „Tal des Todesschattens“ auf die Gegenwart Gottes konzentrieren: „Du bist bei mir.“ Die Schatten des Todes mögen furchteinflößend auf uns wirken, aber es sind nur Schatten. Schatten können uns nichts anhaben. In dem Kinderbuch „Das Grüffelokind“ entpuppt sich ein Schattenriese letztlich als kleine Maus. Ein schönes Bild dafür, dass über 95 Prozent unserer Ängste nie eintreffen. Doch selbst, wenn sich hinter einem Schatten mehr verbirgt als das: Dafür sind Gottes „Stecken und Stab“ zuständig. Der Gott, an den wir glauben, kann nicht nur trösten, sondern auch helfen.

NACH-DENKEN

Der Glaube ist kein Mittel, die Angst einfach zu umgehen, wohl aber hilft er uns, ihr standzuhalten. Erst eine Angst, die wir angenommen und ausgehalten haben, können wir auf Dauer überwinden.

FRAGEN

» Stimmt dieser Satz für Sie: „In der Welt habt ihr Angst"?
» Warum nimmt uns Gott nicht einfach unsere Angst?
» (Wie) hilft Ihnen der Glaube bei Ihrer Angst?
» Was können Sie – ganz konkret – tun, um Ihren Glauben zu stärken?
» Was können Sie – ganz konkret – tun, um den Glauben anderer zu stärken?

ANREGUNG ZUM GEBET

Die „Schatten des Todes"
„Mitten im Leben sind wir vom Tode umfangen", lautet ein alter Spruch. Mit welchen „Schatten des Todes" haben Sie in Ihrem Leben zu kämpfen? Wo ist in Ihrem Leben etwas abgebrochen? Wo sind Sie gescheitert? Wo fühlen Sie sich bedroht? Um was haben Sie Angst? – Denken Sie eine Weile darüber nach, notieren Sie einige Gedanken in Ihr Tagebuch und wiederholen Sie dann mehrfach, während Sie tief ein- und ausatmen, das Gebet: „Und ob ich schon wanderte im finsteren Tal, fürchte ich kein Unglück, denn du bist bei mir. Dein Stecken und Stab trösten mich."

MERKVERS

Jesus spricht: „In der Welt habt ihr Angst; aber seid getrost, ich habe die Welt überwunden."
Johannes 16, 33

MUSIK

Wer fühlen will, muss hören. Und weil wir uns diese Woche intensiv mit dem Psalm 23 beschäftigen, ist das passende Lied dazu natürlich eine Vertonung des berühmten Textes. Dazu kommt: Die meisten Wissenschaftler gehen heute davon aus, dass die Psalmen ursprünglich alle gesungen wurden. Insofern können Sie sich mit dem Lied „Psalm 23" (Track 2) ganz entspannt zurück zu den Ursprüngen begeben.

Du bist der gute Hirte,
führst mich auf grüne Au'n.
Du erquickst meine Seele,
Gott, ich will dir vertrau'n.

PSALM 23, 5

Du bereitest vor mir einen Tisch
im Angesicht meiner Feinde.
Du salbest mein Haupt mit Öl
und schenkest mir voll ein.

Freundschaft mit Gott

Fast unmerklich hat der Psalm eine Wendung vollzogen. Und zwar seit dem Punkt, an dem vom „dunklen Tal" die Rede war. Zuvor redet der Beter von Gott immer in der dritten Person: *Der HERR* ist mein Hirte, er weidet mich, er führet mich. – Doch auf einmal wechselt dieses „Er" in die zweite Person – das heißt ins „Du" – über: *Du* bist bei mir, *dein* Stecken und Stab trösten mich, du bereitest vor mir einen Tisch. Es ist eine merkwürdige Lebenserfahrung, dass es oft die dunklen Täler sind, in denen wir lernen, zu Gott „Du" zu sagen. Wo wir es uns sozusagen nicht mehr leisten können, bloß „objektiv" von Gott zu denken, weil unsere ganze Existenz auf dem Spiel steht.

Wenn ich durch das „Tal der Todesschatten" gehe, dann möchte ich nicht *über* Gott reden, sondern *mit* Gott. Dann brauche ich keine Religion, ich brauche eine Beziehung. Jemanden, dem ich vertrauen kann. Dem ich mich in die Arme werfen kann. Ich kenne viele Christinnen und Christen, die mir erzählt haben, dass sie Gott nie näher waren als im Tal der Todesschatten. Wir alle bevorzugen zwar die Gipfelerlebnisse unseres Lebens, aber oft begegnen wir Gott erst in den Tälern von Angesicht zu Angesicht.

Im dunklen Tal ändert sich etwas an der Beziehung zwischen Gott und Mensch. Gemeinsam durchschrittene Täler schweißen zusammen und definieren die Beziehung neu. Anscheinend ist das auch hier in unserem Psalm der Fall. Bis hierhin wurde Schritt für Schritt das Bild vom guten Hirten entfaltet. Doch auf einmal passt diese Metapher nicht mehr. Schafe brauchen keinen Tisch. Sie werden auch nicht mit Salböl übergossen. Und trinken schon gar nicht aus Bechern. Mitten im Psalm wechselt also das Bild. Aus „Jahwe, dem guten Hirten" wird „Jahwe, der Gastgeber". Und die Art, wie er seinen Gast behandelt, zeigt, dass es sich dabei um einen ganz besonderen Menschen handeln muss. Salböl zum Festmahl ist ein Zeichen besonderer Wertschätzung. So geht man mit hoch geachteten Leuten um – oder auch mit Freunden.

Menschen, die das dunkle Tal durchschritten haben, erfreuen sich der besonderen Freundschaft Gottes. Der Glaube – also die Vertrauensbeziehung zu Gott – erfährt eine neue Dimension. Das Verhältnis ist noch enger geworden. Der Gastgeber kommuniziert mit seinem Freund sozusagen auf Augenhöhe – was man in der Beziehung von einem Hirten zu seinen Schafen nun nicht wirklich sagen kann. Selbstverständlich ist die Beziehung zwischen Gott und einem Menschen immer eine ungleiche Freundschaft. Vor einiger Zeit gingen Bilder von der Freundschaft eines Tigers mit einer Ziege um die Welt. Letztere war dem Raubtier in einem Zoo eigentlich zum Fraß vorgeworfen worden, aber aus irgendeinem Grund freundeten sich die beiden miteinander an. Es ist ganz klar, wer von den beiden die Augenhöhe herstellt. Dennoch ist es Augenhöhe.

Dass Gott die Freundschaft mit einem Menschen sucht – das ist ein faszinierender, freilich auch irritierender Gedanke. Ist es nicht vermessen, so etwas zu denken? Immerhin reden wir vom Schöpfer des Himmels und der Erde. Und doch glaube ich, dass Gott genau das möchte: mit uns Freundschaft schließen. Freundschaft ist eine Beziehung, die von gegenseitiger Zuneigung, Vertrauen und Wertschätzung geprägt ist. Oft entsteht eine solche Freundschaft in einem dunklen Tal. Wie im 23. Psalm. Freilich brauchen wir daraus kein Gesetz zu machen. Wir müssen nicht unbedingt durch eine Not gehen, damit Gott uns seine Freundschaft anbietet. Jesus hat seinen Jüngerinnen und Jüngern diese Freundschaft auch so erklärt. Aber Not macht uns oft empfänglicher für dieses Angebot.

Martin Luther sagt: „Sei guter Dinge und freue dich, denn Gott ist dein Freund." Mancher wehrt sich gegen den Begriff der Freundschaft mit Gott, weil er ihm zu plump-vertraulich erscheint. Und doch kommt der Begriff in der Bibel vor. Nicht nur Jesus hat seine Jüngerinnen und Jünger so genannt. Von Mose wird berichtet, dass er mit Gott von Angesicht zu Angesicht redete „wie mit einem Freund". Und Abraham wird sogar ausdrücklich als „Freund Gottes" bezeichnet (vgl. 2. Chronik 20,7, Jesaja 41,8 im Original und Jakobus 2,23). Wenn man nach den Hintergründen für diese Freundschaft sucht, stößt man immer wieder auf den gleichen Begriff: „Glauben" (1. Mose 15,6; Römer 4,3). Abraham gilt seit jeher als „Stammvater des Glaubens". Dabei war er in vielfacher Hinsicht ein sehr schwacher Mensch. Gleich zweimal verkaufte er aus purer Angst seine Ehefrau. Und weil er nicht die Geduld hatte, auf den verheißenen Sohn mit Sara zu warten, zeugte er mit seiner Magd Hagar einen anderen Sohn namens Ismael – eine Geschichte so richtig zum Fremdschämen! Der Glaube, der Abraham zu einem „Freund Gottes" machte, war alles andere als makellos. Seine moralische Qualifikation ließ zu wünschen übrig. Und doch ließ er die Hand Gottes nicht los. Und der ihn auch nicht. Abraham glaubte Gott, und das rechnete ihm dieser zur Gerechtigkeit an. Zur Gerechtigkeit – und offensichtlich auch zur Freundschaft.

Glaube ist kein „Werk"

Abraham war nicht der einzige Gottesfreund, dessen Lebensführung bei genauerer Betrachtung ausgesprochen fragwürdig war. Mose, der mit Gott „wie mit einem Freund" redete, war ein jähzorniger Totschläger – und der Zweifel an seiner Berufung begleitete ihn sein Leben lang. Auch war er nicht gerade ein Glaubensheld. Trotzdem haben wir ihm die Zehn Gebote zu verdanken, und das Volk Israel den Auszug aus Ägypten. David war nicht nur ein großer König und frommer Liederdichter, sondern auch ein Ehebrecher und Mörder. Wir würden Menschen mit solchen charakterlichen Mängeln heute nie und nimmer eine Stelle in der Gemeinde anvertrauen. Und doch sind es Leute wie sie, mit denen der Gott der Bibel seine Geschichte schreibt. Das kann einen entsetzen. Es kann aber auch Mut machen. Wenn Gott sogar mit solchen Leuten etwas bewirken kann, kann er es wahrscheinlich auch mit uns.

In die Reihe fragwürdiger „Glaubenshelden" können wir getrost einen weiteren Namen hinzufügen: Martin Luther. Was dieser Mann – bei allem Segen, den er bewirkte – an Abgründen mit sich trug, ist in vielerlei Hinsicht unerträglich. Seine Unbeherrschtheit, sein fast schon verbohrter Umgang mit Menschen, die eine andere Auffassung hatten als er, seine bösartigen Aussagen über die Juden (auf die sich später sogar die Nazis beriefen), sein wiederholter Aufruf, die aufständischen Bauern brutal zu erschlagen, seine Rechthaberei und seine fast an Heuchelei grenzende Kritiklosigkeit gegenüber den protestantisch gesinnten Landesfürsten – all das kann jemandem, der sich dem evangelischen Glauben über die Person Martin Luthers annähern möchte, schwer zu schaffen machen. Ja, selbst sein Glaube, den er ja als einzigen Weg zur Gerechtigkeit gegenüber Gott ansah, war immer wieder tief angefochten.

Damit lernen wir etwas Wichtiges über das Wesen des Glaubens. Der Glaube, den Luther den „Werken" gegenüber stellt, ist selbst eben kein Werk. Er ist keine Leistung, die der Mensch zu erbringen hat. Sätze wie: „Du musst nur (mehr) glauben!" oder „Wenn du nur fest genug glaubst, wird dies oder jenes geschehen", können einen genauso zur Verzweiflung bringen wie die Aufforderung, vollkommen selbstlos und gut zu sein. Es geht bei dem „rechtfertigenden Glauben" nicht um die eigene Glaubensstärke. Darum ist es zwar tragisch, aber durchaus stimmig, dass ausgerechnet Luther, der den Glauben über alles andere stellte, in seinem eigenen Glauben so oft angefochten war. Wir werden nicht aus Werken gerecht: nicht aus Werken unserer Liebe, aber auch nicht aus jenem Werk, das wir einen „starken Glauben" nennen. Der rechtfertigende Glaube ist kein Werk des Menschen, sondern vielmehr das Werk Gottes in uns Menschen. Es ist nichts, was wir tun, sondern bestenfalls etwas, was wir zulassen. So wie der jüngere Sohn aus dem Gleichnis zulässt, dass ihn der Vater umarmt und küsst und neu einkleidet. Und so wie der Beter der Psalms zulässt, dass Gott ihn durchs dunkle Tal führt und anschließend mit kostbarem Öl salbt und ihm den Tisch deckt und den Becher vollfüllt. Der Glaube ist die Einwilligung und das Sich-Bergen in das heilmachende und segnende Handeln Gottes.

Der Tisch im Angesicht unserer Feinde

Der Glaube in unserem Herzen ist eine heiß umkämpfte Ressource. Vor allem drei große Feinde sind es, die ihm entgegenarbeiten: die Sünde, die Angst und der Zweifel. Über Sünde und Angst haben wir bereits geredet. Und mit „Zweifel" meine ich nicht die vielen Fragen, die den Glauben Zeit unseres Lebens begleiten. Nichts ist normaler, als dass wir Fragen haben. Wir haben es mit Gott zu tun, dem Schöpfer von Raum und Zeit. Wir aber können nur begreifen, was Raum und Zeit unterworfen ist. Darum können wir immer nur an den Rändern des Glaubens entlang denken. Für Kategorien wie Gott, Ewigkeit, Leben nach dem Tod oder Himmel sind unsere fünf Sinne und unser Verstand einfach nicht ausgelegt. Wir werden hier auf Erden auf viele Fragen keine Antwort finden, und das ist völlig normal. Mit Recht sagt Augustin: „Wenn immer du meinst, es verstanden zu haben, war es nicht Gott."

Dennoch sind Fragen gut und wichtig und können dem Glauben gute Dienste leisten. Sie zwingen uns, genau hinzusehen, ob sich Dinge wirklich so verhalten wie behauptet. Das schult uns, in unserem Urteil kritisch zu sein. Glaubensaussagen kommen uns vielleicht nicht mehr ganz so vollmundig über die Lippen, aber dafür umso geerdeter. Diese Art von Zweifel – ich möchte ihn einmal als *konstruktiven* Zweifel bezeichnen – ist geradezu der „kleine Bruder des Glaubens". Er führt uns auf dem Umweg einer Infragestellung bisheriger Gewissheiten zum Loslassen falscher Annahmen und trügerischer Sicherheiten – im Idealfall hin zu einem tieferen, gereinigten und gefestigteren Glauben.

Es gibt aber auch einen *dogmatischen* Zweifel, der einem den Boden unter den Füßen wegreißt. Dieser bezweifelt alles außer sich selbst. Aus der Tatsache, dass wir auf viele Fragen keine Antworten finden, zieht er den fatalen Schluss, dass es eine solche Antwort gar nicht gibt. Wir können den Sinn nicht erkennen – also existiert auch keiner. Der dogmatische Zweifel ist zerstörerisch. Er hat keineswegs die Logik oder gar die Naturwissenschaft auf seiner Seite. Er geht nicht mit Dingen um, die „bewiesen" sind (auch wenn er das gern behauptet), sondern speist sich aus der prinzipiellen Unbeweisbarkeit der Dinge, mit denen wir es bei den großen Fragen des Lebens zu tun haben: Gott, Freiheit, ewiges Leben und mehr. Die ersten russischen Kosmonauten verkündeten, sie hätten Gott im Weltraum nicht gesehen. Also, so folgerten sie messerscharf, gäbe es ihn auch nicht. So agiert der zerstörerische Zweifel. Er macht aus einer offen bleibenden Frage eine vorgebliche Antwort. Glaube auf seiner elementarsten Stufe fängt darum damit an, dass man dem auf die Schliche kommt und beginnt, seinen eigenen Zweifel zu bezweifeln.

Angst, Sünde und der zerstörerische Zweifel sind die drei großen Gegenspieler des Glaubens. Ein kongeniales „Trio Infernal", das sich gegenseitig stützt und befördert. Sogar Jesus, von dem die Bibel sagt, dass er von keiner Sünde wusste, kannte offensichtlich die Angst und den Zweifel, wenn es heißt: „Und er fing an zu trauern und zu zagen ... und sprach: Mein Vater, ist's möglich, so gehe dieser Kelch an mir vorüber" (Matthäus 26,37-39). Hier sollten wir nicht frommer sein wollen als Jesus es war. Angst, Zweifel und Sünde begleiten und bedrohen unseren Glauben unser Leben lang. Man kann diesen dreien zwar mit Gottes Hilfe standhalten, aber man kann sie nicht ein für allemal hinter sich lassen.

Im 23. Psalm wird diese Ambivalenz mit einem schönen Bild ausgedrückt: Gott bereitet uns einen Tisch angesichts unserer Feinde. Der Beter des Psalms wird dabei an ganz reale Feinde gedacht haben. Ich beziehe das Bild aber mal auf das genannte „Trio Infernal". Die Vorstellung vom „Tisch angesichts unserer Feinde" sagt zunächst: Die Feinde – also Zweifel, Angst und Sünde – sind da. All das hört nicht einfach auf, wenn wir glauben. Doch Jahwe salbt unser Haupt mit Öl und deckt uns den Tisch mit festlichen Speisen und überschwappenden Bechern. Die Feinde verschwinden aber nicht einfach, nur weil wir Gottes Freunde sind. Im Gegenteil: Es scheint sie noch zu provozieren. Ein echter Freund oder eine Freundin Gottes – das ist eine willkommene Beute! Doch Gott spricht zu ihnen: „Das ist mein Ehrengast. Rührt ihn nicht an. Er steht unter meinem persönlichen Schutz."

Das Gastrecht im alten Orient beinhaltet neben einer fürstlichen Bewirtung immer auch den Schutz vor Feinden. Und so sehe ich die Feinde draußen vor der Tür: Sie stehen da und schauen gierig nach drinnen, wie sie uns etwas antun können. Aber sie können uns nichts anhaben, denn Jahwe selbst ist unser Gastgeber. Die Frage ist, worauf wir in einem solchen Moment unseren Blick richten. Schielen wir ständig ängstlich zur Tür nach den Feinden, die da draußen lauern? Dann wird uns vermutlich der Appetit vergehen, und wir werden das Festmahl nicht genießen können. Oder schauen wir auf den festlich gedeckten Tisch und essen und trinken in dem Vertrauen, dass wir unter Gottes Schutz stehen? Die Blickrichtung macht oft den ganzen Unterschied zwischen einem Leben voller Vertrauen und einem Leben voller Angst.

Glaube, sagt Martin Luther in einer Auslegung zu unserem Text, ist immer auch Glaube gegen den äußeren Augenschein. Sonst wäre es kein Glaube. Der festliche Tisch muss gegen die Feinde am Horizont angeglaubt werden. Das eine wie das andere ist Realität. Doch es ist geradezu ein Lebensgesetz: Alles, was wir beachten, verstärkt sich. Je mehr wir auf die „Feinde" achten, desto mächtiger werden sie in unserem Herzen. Je stärker wir uns hingegen auf den Tisch konzentrieren, den Gott uns bereitet, und auf seine Zusage, dass wir seine Freunde sind, desto fröhlicher und unbekümmerter wird unser Leben.

NACH-DENKEN

Glaube auf seiner elementarsten Stufe fängt darum damit an, dass man beginnt, seinen eigenen Zweifel zu bezweifeln.

FRAGEN

» Kann man mit Gott „befreundet“ sein?
» Warum ist Gott Glaube wichtiger als Moral?
» Ist Glaube eine eigene Leistung oder ein Geschenk?
» Wie kann man verhindern, dass aus konstruktivem Zweifel zerstörerischer Zweifel wird?
» (Wie) Kann man lernen, auf den festlich gedeckten Tisch zu schauen statt auf die lauernden „Feinde“ zu schielen?

ANREGUNG ZUM GEBET

Den eigenen Zweifel bezweifeln

Glaube auf seiner elementarsten Stufe fängt damit an, dass man seinen eigenen Zweifel bezweifelt. Schreiben Sie heute darum zwei oder drei ihrer größten Zweifel in ihr Tagebuch. Beginnen Sie anschließend, diese Zweifel zu bezweifeln, und schreiben Sie dazu ihre Gedanken auf.

MERKVERS

Jesus spricht: „Ich nenne euch hinfort nicht Knechte; denn der Knecht weiß nicht, was sein Herr tut. Euch aber habe ich Freunde genannt; denn alles, was ich von meinem Vater gehört habe, habe ich euch kundgetan.“

Johannes 15, 15

Tag 13 / **Alles wird gut!**

WOHLFÜHLINSPIRATION

„SOLA FIDE – Allein durch den Glauben“: Nehmen Sie sich in den kommenden Tagen etwas Zeit und suchen Sie einen schönen Platz auf, gehen Sie zu einem Ihrer Lieblingsorte, lassen Sie für einen Moment den Alltag hinter sich und tun Sie einfach mal nichts. Keine Gedanken an die unerledigten Aufgaben, kein Blick auf das Smartphone, kein Nachdenken über den morgigen Tag. Spüren Sie stattdessen in der Stille dem nach, was es für Sie bedeutet, sich vertrauensvoll in die Hände Gottes zu begeben und genießen Sie diesen Moment. Zur Einstimmung haben wir Ihnen hier eine Meditation eingefügt, die manche von Ihnen vielleicht schon aus der „Expedition zum ICH“ kennen:

Freisein
Frei sein
Selbstbewusst
Selbst bewusst
und gelassen

weil nichts mehr
mich gefangen nimmt
weil nichts mehr mich bestimmt
weil nichts mehr
meine Träume hemmt
weil nichts mehr mich beschränkt

Einfach Ich

vom gelebt Werden zum Leben
vom bestimmt Werden
zur Bestimmung
vom verlacht Werden zum Lachen

Einfach Ich

alle Chancen nutzen können
alle Ängste vertreiben können

Einfach Ich

Ich

frei von den Zwängen
der Zeit
der Gesellschaft
der Kultur
der Unsicherheit
der Engstirnigkeit und
der Leere

Ich halte inne.
So eine Freiheit
so eine Freiheit
gibt es die?

Müsste ich dann nicht frei sein
von mir?

Langsam begreife ich,
dass ich mich nicht befreien kann
und versuche,
den Mut zusammen zu kratzen
um mich in die Hände
dessen zu geben,
der mir Freiheit verheißt.

PSALM 23, 6

Gutes und Barmherzigkeit werden
mir folgen mein Leben lang,

und ich werde bleiben im Hause
des HERRN immerdar.

ALLES WIRD GUT!

Lähmende und beflügelnde Hoffnung

Die Hoffnung gilt – neben Glaube und Liebe – als eine der drei christlichen „Kardinaltugenden". Das hat nichts mit katholischen Würdenträgern zu tun. Das lateinische Wort „cardo" bedeutet so viel wie „Dreh- und Angelpunkt". Das bedeutet: Alle anderen Taten und Tugenden müssen sich um diese drei wie eine Tür um die Angel drehen, um wirklich christlich zu sein. Wir können alle Gebote der Bibel halten oder uns für Frieden, Gerechtigkeit und Bewahrung der Schöpfung einsetzen: ohne Glaube, Liebe und Hoffnung ist das alles zwar nicht nichts, aber eben nicht christlich.

Bei Glaube und Liebe leuchtet das unmittelbar ein. Die *Hoffnung* freilich ist eine umstrittene Tugend. Vielleicht kennen Sie die Geschichte von dem Mann, der inmitten einer Überschwemmung in seinem Haus ausharrt. Dreimal kommt ein Schlauchboot vorbei und will ihn retten. Und jedes Mal sitzt er ein Stockwerk höher, weil das Wasser immer stärker ansteigt. Dennoch weigert er sich, ins Boot zu steigen, weil er sagt: „Ich hoffe auf Gott. Der wird mir helfen." Schließlich kommt es, wie es kommen muss: Der Mann ertrinkt. Als er im Himmel auf Gott trifft, stellt er ihn zur Rede: „Warum hast du mir nicht geholfen? Ich habe meine ganze Hoffnung auf dich gesetzt!" Und Gott antwortet ihm: „Dreimal habe ich ein Schlauchboot vorbeigeschickt, aber du bist nicht eingestiegen." – Falsch verstandene Hoffnung kann einen Menschen in die Passivität treiben. So gibt es in der Tat Menschen, die nicht zum Arzt gehen, weil sie darauf vertrauen, dass Gott sie heilen wird. Andere tun nichts, um die viele Not in dieser Welt zu lindern, weil sie darauf „hoffen", dass Gott sich selbst darum kümmern wird. Steht nicht geschrieben, dass Gott selbst sein Reich errichten wird? – Eine derartige „Hoffnung" ist allerdings nicht die Art von Hoffnung, die als eine der drei christlichen Kardinaltugenden gilt. Hoffnung, die uns davon abhält, unser Möglichstes zu tun, ist nicht christlich.

Natürlich gibt es Situationen, in denen wir nicht handeln *können*. Aber das ist etwas anderes. Dann ist Hoffnung das Letzte, was uns bleibt, und es ist gut, wenn wir sie dann noch haben. Sie hilft uns, durchzuhalten. Und in Extremfällen, uns in unser Schicksal zu fügen, weil wir wissen: Wir können nicht tiefer fallen als in Gottes Hand. Aber dieses Sich-Ergeben in den Willen Gottes ist lediglich das Netz, das unter uns ausgebreitet ist, wenn alle Stricke reißen. Haben Sie schon einmal einen Seiltänzer oder eine Seiltänzerin beobachtet? Unter ihnen ist meist ein Auffangnetz ausgebreitet. Aber das bedeutet gerade nicht, dass sie sich bei jeder Schwierigkeit sofort fallen lassen. Im Gegenteil: Es ermutigt sie, Schritte zu tun, die sie vielleicht nicht gehen würden, wenn es dieses Netz nicht gäbe. Und wenn sie dann trotzdem mal fallen, sind sie gehalten.

Echte Hoffnung führt nicht in die Passivität, sondern ermutigt uns, aktiv zu werden. Hoffnung hat die wichtige Funktion, unsere Kräfte zu mobilisieren, damit wir nicht aufgeben. Sie hindert uns nicht am Handeln. Sie beflügelt. Sie lässt uns selbst dann noch etwas tun, wenn das ziemlich sinnlos erscheint. Wahrscheinlich kennen Sie das berühmte Zitat: „Wenn ich wüsste, dass morgen die Welt unterginge, würde ich heute noch ein Apfelbäumchen pflanzen." – Ob Martin Luther diesen Satz tatsächlich gesagt hat, ist umstritten. Aber auch wenn es nicht wahr ist, so ist es doch gut erfunden, weil dieses Bonmot ein genuin protestantisches Verständnis von Hoffnung auf den Punkt bringt. Hoffnung soll Mut zum Handeln machen, selbst dort, wo ein solches Handeln wenig Sinn zu machen scheint. Der Punkt ist: Wir wissen letztlich nicht, ob unser Handeln wirklich sinnlos ist oder ob es uns nur gerade sinnlos *erscheint*. Und solange das so ist, möchte Gott uns handeln sehen. Nicht panisch, sondern gelassen und vertrauensvoll: Unter uns ist ein Netz ausgebreitet.

Hoffnung bewirkt eine neue Realität

Umgangssprachlich reden wir von Hoffnung, wenn wir in einer unsicheren Situation einen guten Ausgang erwartet. Wenn er der Meinung ist: „Es wird schon gut gehen." Hoffnung bedeutet, sich mit der vor Augen vorfindlichen Realität nicht abzugeben. Lassen Sie uns zunächst konstatieren, dass die Fähigkeit, so zu denken, zu den wichtigsten seelischen Kräften gehört, die wir mit auf den Weg bekommen haben. Der Fähigkeit zu hoffen haben wir zu verdanken, dass mehr Leben erhalten, mehr Ziele erreicht, mehr Probleme gelöst und mehr Hindernisse überwunden werden als durch jede andere menschliche Fertigkeit. „Die Hoffnung stirbt zuletzt", heißt es im Volksmund. Das ist manchmal richtig. Allzu oft aber stirbt die Hoffnung *zuerst* – und alles andere stirbt ihr hinterher.

Vielleicht kennen Sie auch folgende Geschichte: Zwei Frösche hüpfen in einen großen Topf. Es stellt sich heraus, dass das keine so gute Idee war, denn das Gefäß ist halbvoll mit Milch. Der Boden ist zu tief und die Wände sind so glatt und hoch, dass sie nicht mehr herauskommen. Die beiden schwimmen um ihr Leben, aber der Tod scheint ihnen sicher. Der eine Frosch gibt schließlich auf und sagt: „Das hat doch alles keinen Sinn mehr!" Er hört auf zu schwimmen und ertrinkt. Der andere Frosch aber sagt: „Ich gebe zu, die Sache sieht nicht gut aus. Aber solange ich kann, werde ich weiterschwimmen." Und er strampelt immer weiter, bis er auf einmal eine feste Masse an seinen Füßen spürt. Durch sein andauerndes Treten hat er die Milch zu Butter geschlagen – und springt von diesem festen Grund aus in die Freiheit.

Hoffnung schafft – wie der Glaube – neue Realitäten. Der Philosoph Ernst Bloch sprach in seinem Werk „Das Prinzip Hoffnung" vom „antizipierenden Bewusstsein": In der Hoffnung nehmen wir in unserem Inneren die zukünftige Realität vorweg – und bereiten ihr gerade dadurch den Weg. Nehmen Sie zum Beispiel den Bürgerrechtler Martin Luther King. Im Jahr 1963 hielt er in Washington vor rund 300.000 Menschen seine berühmte Rede „I have a dream" (Ich habe einen Traum). In ihr verlieh er seiner Hoffnung Ausdruck, dass eines Tages schwarze und weiße Menschen in Amerika versöhnt miteinander leben würden. Er weigerte sich, sich mit der damaligen Realität der Rassentrennung abzufinden, und schuf damit eine neue Realität. Hoffnung nimmt die Realität nicht einfach hin. Sie verwurzelt sich vielmehr in einer *neuen* Realität. Vom Standpunkt der Gegenwart aus sieht sie vielleicht unrealistisch aus. Von der Perspektive der Zukunft aus hingegen ist sie völlig realistisch.

An dieser Stelle sehen wir, wie sehr Glaube und Hoffnung miteinander zusammenhängen. So sehr, dass man oft das eine durch das andere erklärt bzw. die Begriffe manchmal austauschbar werden. „Der Glaube", heißt es im Hebräerbrief, „ist eine feste Zuversicht dessen, was man hofft, und ein Nichtzweifeln an dem, was man nicht sieht" (11,1). Hoffnung setzt immer einen mehr oder minder starken Glauben voraus. Beides ist ein festes Rechnen mit einer unsichtbaren Größe. Beides ist eine positive Seelenkraft. Bei der Hoffnung überwiegt lediglich der Aspekt der Erwartung. „Ich *glaube* an Gott" ist ein Satz der Gegenwart. Die Aussage: „Ich *hoffe* auf Gott" hingegen richtet sich auf die Zukunft. Hoffnung ist daher die Zukunftserwartung, die dem Glauben innewohnt. Aber beides ist nicht voneinander zu trennen. Diese Erwartung macht uns nicht passiv. Der kroatische Theologe Peter Kuznic hat es wie folgt formuliert: „Hoffnung ist die Fähigkeit, die Musik der Zukunft zu hören. Glaube ist der Mut, in der Gegenwart danach zu tanzen."

Hoffnung braucht einen guten Grund

Letzten Endes weiß niemand wirklich, wie die Zukunft aussehen wird. Selbst die aus ziemlich präzisen Faktoren errechnete Wettervorhersage stimmt nur zu knapp 80 Prozent. Weil die Zukunft prinzipiell nicht vorhersagbar ist, ist das Spiel mit der Hoffnung ein Feld, auf dem sich viele Scharlatane und Phantasten tummeln. „Falsche Propheten" nennt die Bibel diese Leute und geht mit ihnen streng ins Gericht, weil sie die Menschen an einer sehr verwundbaren Stelle betören. Es ist nämlich oft nur eine dünne Linie zwischen Hoffnung auf der einen und Wunschdenken, (Selbst-)Betrug und Illusion auf der anderen Seite. Doch so wichtig es für unsere Seele ist, dass wir *überhaupt* hoffen können, ist es doch mindestens ebenso wichtig, dass wir unsere Hoffnung auf die *richtigen* Dinge setzen. Denn wenn unsere Hoffnung allzu oft enttäuscht wird, verlieren wir diese Fähigkeit nach und nach. Darum müssen wir die Frage stellen, worauf wir unsere Hoffnung gründen. Wenn wir nicht einem bloßen Wunschdenken verfallen wollen, braucht unsere Zukunftserwartung eine solide Grundlage. Nur: Was kann als eine solche gelten?

Die Bibel nennt uns einen dreifachen Grund für die christliche Hoffnung. Erstens weist sie uns auf das *Handeln Gottes in der Vergangenheit*. Jahwe hat immer wieder heilend und segnend gehandelt, und er wird es auch wieder tun, denn er ist treu. Der zweite Grund ist das *Wort Gottes* selbst. In der Bibel finden wir Hunderte von Verheißungen, die den liebenden Willen Gottes dokumentieren. Darauf gründet sich die christlich-jüdische Hoffnung. Sie nimmt Gott bei Wort – und beim Namen. Der dritte Grund der Hoffnung schließlich liegt in *Jesus Christus*. In seinen Hoffnung und Vertrauen erweckenden Worten und Taten, und vor allem in seinem Tod und seiner Auferstehung.

Die christliche Hoffnung ist etwas anderes als positives Denken oder bloßer Optimismus. Verstehen Sie mich recht: Ich halte viel von der Kraft des positiven Denkens. Positiv denken ist tausendmal besser als negativ denken. Doch wenn es um die großen Fragen des Lebens geht – die Sinnfrage, die Schuldfrage oder die Frage nach dem ewigen Leben – brauchen wir mehr als positives Denken. Hier benötigen wir eine solidere Grundlage, als einfach nur ein sonniges Gemüt. Die christliche Hoffnung kommt nicht von *innen, sondern* von *außen*: nämlich in einem Wort oder Handeln Gottes. Sie setzt an bei einer allgemein menschlichen Fähigkeit, aber gibt dieser eine ganz konkrete Ausrichtung. So gesehen ist sie mehr als nur eine menschliche Fähigkeit, sie ist etwas, was Gott in uns schafft.

Martin Luther sagt: „*Durch Geduld und Trost der Schrift haben wir Hoffnung. Denn wo das Evangelium nicht ist, da ist weder Hoffnung, Trost, Friede, Freude, Glaube, Liebe, Christus, Gott noch etwas Gutes.*" Natürlich kann man auch Hoffnung haben, ohne an den Gott der Bibel zu glauben. Aber Luther war der festen Überzeugung, dass es nur *einen* Ankergrund gibt, der uns Halt in allen Stürmen des Lebens zu geben vermag: nämlich das Wort Gottes bzw. das Evangelium. Evangelisch sein bedeutet darum, seine gottgegebene Fähigkeit zu hoffen in einem Wort Gottes zu verankern.

Der 23. Psalm endet mit den Worten: „Gutes und Barmherzigkeit werden mir folgen mein Leben lang, und ich werde bleiben im Hause des HERRN immerdar." Das ist ein gewaltiger Horizont, den der Psalmbeter uns da aufreißt. Dem Urtext nach kann man sogar übersetzen: „Gutes und Wohlwollen jagen mir nach". Jerome D. Salinger hat einmal gesagt: „Ich bin so etwas wie ein umgekehrter Paranoiker. Ich glaube, die Welt hat sich verschworen, mich glücklich zu machen." Das geht in eine ähnliche Richtung. Freilich war Salinger ein zurückgezogener Sonderling. Dem Verfasser des 23. Psalms nehme ich einen solchen „positiven Verfolgungswahn" sehr viel eher ab. Er kannte die Höhen und Tiefen des Lebens – und beides brachte ihn dazu, an Gott festzuhalten.

Was genau aber meint er mit „Haus des Herrn"? Im Alten Testament wird damit meist der Tempel bezeichnet. Vielleicht träumte der Psalmist in einer Zeit von Flucht und Deportation davon, den Gottesdienst in Jerusalem wieder besuchen zu können, um dort zu Gast an Gottes Tisch zu sitzen, um an Leib und Seele erquickt zu werden. Und doch spürt man, dass der Sinn dieser Stelle sich nicht darin erschöpft. Hier geht es um mehr. Hier geht es um ein Heimkommen, für das jeder noch so prachtvolle Gottesdienst nur ein vorläufiges Abbild sein kann. Hier geht es darum, dass ein Mensch bei Jahwe eine *bleibende* Wohnung gefunden hat. Man muss sicherlich vorsichtig sein, unsere christliche Jenseitserwartung in das Alte Testament hineinzulesen. Der Beter des 23. Psalms hat sehr diesseitig gedacht. Und doch geht seine Hoffnung perspektivisch über das Irdische hinaus. Und vielleicht war es genau das, was ihm die Kraft gab, von seiner innerweltlichen Hoffnung nicht abzulassen: Weil er an eine letzte „Heimat im Himmel" glaubte, gab er die Hoffnung auf eine Heimat hier auf Erden nicht auf.

Jesus sagt: „In meines Vaters Hause sind viele Wohnungen. Wenn's nicht so wäre, hätte ich dann zu euch gesagt: Ich gehe hin, euch die Stätte zu bereiten?" (Johannes 14,2). Das ist der weite Horizont speziell der christlichen Hoffnung. Darum können wir es uns leisten, „umgekehrte Paranoiker" zu werden. Unser Leben kann nicht wirklich scheitern, weil Christus uns die Stätte bereitet hat. Und weil Gott uns einlädt, bei ihm ein letztes Zuhause zu finden. Das kann und soll uns Kraft geben, die vorfindlichen Realitäten nicht einfach hinzunehmen, sondern hoffnungsvoll anzugehen. Mit unserer Hoffnung auf den Himmel können und sollen wir diese Erde verändern. Und selbst, wenn wir mit unseren Bemühungen scheitern, tut sich wieder ein neuer Horizont auf. Um mit Oscar Wilde zu sprechen: „Am Ende wird alles gut. Und wenn es nicht gut wird, war es noch nicht das Ende."

NACH-DENKEN

„Die Hoffnung stirbt zuletzt", heißt es im Volksmund. Das ist manchmal richtig. Allzu oft aber stirbt die Hoffnung zuerst – und alles andere stirbt ihr hinterher.

FRAGEN

» Was halten Sie von dem Satz „Die Hoffnung stirbt zuletzt"?
» Was unterscheidet einen Menschen, der Hoffnung hat von einem, der keine hat?
» Welchen Sinn soll es machen, heute – wie Luther vorschlägt – noch einen Apfelbaum zu pflanzen, wenn man weiß, dass morgen die Welt untergeht?
» (Woran) Kann man echte und falsche Prophetie unterscheiden?
» Was genau ist der Inhalt der christlichen Hoffnung?

ANREGUNG ZUM GEBET

„Das ist meine Hoffnung"
Schreiben Sie heute ein kleines Hoffnungsbekenntnis (= ein zukunftsgerichtetes Glaubensbekenntnis) unter dem Titel „Das ist meine Hoffnung". Benennen Sie zunächst Ihre Hoffnung für sich selber. Weiten Sie dann Ihren Blick über Ihre eigene Person hinaus, über die nähere Umgebung, bis hin zu einer globalen Perspektive. Verwenden Sie eine möglichst bildhafte, kräftige Sprache, aber bitte nur so viel, wie es wirklich Ihrer inneren Überzeugung entspricht. – Zusatzfrage: Wie stark kann sich Ihre Hoffnung auf die Bibel berufen?

MERKVERS

„Der Glaube ist eine feste Zuversicht auf das, was man hofft, und ein Nichtzweifeln an dem, was man nicht sieht."

Hebräer 11,1

Woche 3 / **Christus**

Das Zentrum des christlichen Glaubens

Tag 14 / **Zur Freiheit befreit**

Wittenberg, 31. Oktober 1517

An
Claus, den Hofnarren von Friedrich dem Weisen

Lieber Claus,

es kann sein, dass ich bald deine Hilfe brauche. Um ehrlich zu sein: Es ist sogar sehr wahrscheinlich. Ich fürchte nämlich, ich habe eine große Torheit begangen. O je!

Sprich: Sollte der Kurfürst zutiefst erbost oder verbittert sein, wenn er in den nächsten Tagen von meinem Treiben erfährt, dann bring ihn bitte mit deinem wilden Augenrollen, einem übermütigen Wortspiel oder einer verrückten Grimasse zum Lachen und besänftige ihn. Keiner vermag das so unverfroren und elegant wie du. Bitte! Denn ich halte es für möglich, dass an deiner Kunst diesmal das Heil der ganzen Welt hängt.

Worum es geht? Das will ich dir gerne sagen: Wieder einmal um den unseligen Ablasshandel, bei dem den Menschen vorgegaukelt wird, sie könnten ihre Zeit im Fegefeuer verkürzen, indem sie einen Ablassbrief erwerben.

Zudem treibt neuerdings der schlimmste dieser Seelenverkäufer sein Unwesen in unserer Nähe: Johann Tetzel.

Ich ahne, was du mir jetzt entgegen halten wirst: „Der Kurfürst hat Tetzel verboten, bei uns sein Schindluder zu treiben.“ Das stimmt. Doch seien wir ehrlich: Friedrich hat das nur angeordnet, weil er Angst um seine eigenen Einkünfte bekam. Verständlicherweise: Wenn die Leute sich alle bei Tetzel Ablässe kaufen, dann kommen sie nicht mehr nach Wittenberg, um Friedrichs Reliquiensammlung anzubeten und hier für teures Geld Seelen-Messen zu kaufen. Allein im vergangenen Jahr waren es 9000 Stück.

Doch glaube mir: Das Verbot hat nichts genutzt. Überhaupt nichts. Die Leute reisen unverdrossen über die Grenze ins Magdeburgische und lassen sich dort das Geld aus der Tasche ziehen. Und das bedeutet: Schon jetzt hat die Nachfrage nach Seelen-Messen und Beichtgelegenheiten in unserer Stadt stark nachgelassen. Sogar schmerzhaft nachgelassen.

Schließlich verkauft Tetzel Ablässe für jede Gelegenheit: für eigene Sünden, für die der verstorbenen Vorfahren, für das Brechen von Fastengeboten, für schwere Missetaten, für den Schutz vor Epidemien und eben auch für Beichtversäumnisse. Deshalb zahlen die Leute lieber bei ihm und beichten nicht mehr zu uns. Warum auch?

Fast will es nicht über meine Lippen kommen, aber Tetzel soll sogar gesagt haben: „So ein Ablass hilft gegen jederlei Schandtat. Mag sie noch so verdorben sein. Ja, selbst wenn du Maria, die Gottesmutter persönlich, vergewaltigt und geschwängert hättest, könntest du dich mit einem ordentlichen Ablassbrief von dieser Sünde wieder rein waschen." Das nenne ich abartig.

Mehrfach haben mir in den vergangenen Tagen Menschen erzählt, wie Tetzel seine verderbliche Prostitution des Himmels zelebriert. Stell dir vor: Er kommt mit einem großen Tross an Wagen angefahren und richtet in der größten Kirche der Stadt ein gewaltiges rotes Kreuz auf – flankiert von eindrucksvollen roten Fahnen mit dem Wappen des Papstes. Dann stellt er vor das Kreuz die schweren, metallbeschlagenen Truhen für das Geld, die auch noch von grobschlächtigen Männern des Bankhauses Fugger bewacht werden – und hängt daneben Plakate mit den Preisen für die verschiedenen Sünden.

Nebenbei: Während des Ablass-Handels verbietet Johann Tetzel jegliche anderen Gottesdienste in der Stadt und predigt fortan jeden Tag selbst zu den Massen. Und alles, was er in seinen feurigen Predigten hinausplärrt, lässt sich in einem Satz zusammenfassen: „Sobald das Geld im Kasten klingt / die Seele aus dem Feuer springt." Als wäre Gott bestechlich. Als könne ein Mensch tatsächlich Anteile am himmlischen Guthaben der Heiligen erwerben. Als wäre die Vorhölle ein Kramladen.

Aber genau das verkündet dieser Prahlhans. Und stell dir vor, wie weit er in seiner Unverfrorenheit geht: Er hat jetzt sogar gestattet, dass Frauen ohne Zustimmung ihres Mannes Ablässe kaufen dürfen. Frauen! Ja, du hast recht gelesen: Frauen! Und was passiert? Die leichtgläubigen Weiber plündern scharenweise die Ersparnisse ihrer Ehemänner und rennen flugs zu Tetzel, um ihm das sauer verdiente Geld in den Rachen zu werfen und einen „Gnadenzettel" zu ergattern. Da wird aus dem Heil ein günstiges Angebot auf dem Markt.

Sag selbst, Claus, ist das nicht widerwärtig? Noch verderblicher scheint mir allerdings, dass dieser ganze Firlefanz nur einem dient: dem Mammon. Die Kirche hat offensichtlich gut gelernt, wie man Dreck zu Gold macht. Sünde zu Zaster. Wie man mit einem guten Gewissen Gewinne erzielt. Bei all dem Budenzauber geht es doch nur darum, Kassen zu fühlen. Der Papst möchte den Petersdom neu erbauen. Und Erzbischof Albrecht von Mainz, der den Ablassverkauf bei uns organisiert, muss Schulden bei den Fuggern zurückzahlen – weil ihn seine zahlreichen Ämter eine Unmenge Geld gekostet haben.

Nun aber will ich dir erzählen, was ich Unüberlegtes getan habe. Ich habe einen Brief an den Erzbischof geschrieben. Einen forschen Brief – und dazu 95 Thesen. Darin fordere ich Albrecht auf, mit mir und anderen Gelehrten eine Disputation zu beginnen. Darüber, ob das Auftreten Tetzels nicht völlig unangemessen ist. Ich meine: Der Mann tut so, als wäre er der Stellvertreter des Papstes. Und der wiederum gilt als Stellvertreter Christi. Sprich: Auch Tetzel meint, er könne agieren wie Jesus. Ich kann mir einfach nicht vorstellen, dass der Papst über dieses lästerliche Tun informiert ist.

Nun: Ich habe keine Ahnung, ob Albrecht mein Anliegen verstehen wird. Der Mann hat ja nicht mal Theologie studiert. Obwohl er Erzbischof ist. Aber es könnte sein, dass meine garstigen „Thesen wider den Ablass" viel Staub aufwirbeln. Nun, dann wird auch unser Landesherr Friedrich davon erfahren. Und ich vermute mal: Er wird nicht erfreut sein. Schließlich gilt auch in Wittenberg: Wer ein Vaterunser für den Kurfürsten spricht, erhält einen Ablass von 100 Tagen.

Friedrich wird möglicherweise den Eindruck bekommen, meine kritischen Thesen seien gegen ihn gerichtet. Und hier kommst du ins Spiel. Mach ihm mit deinem losen Mundwerk klar, dass ich nichts anderes wollte, als ihn vor den Machenschaften Tetzels zu schützen. Dass es ganz in seinem Sinn ist, wenn das gottlose Treiben an unseren Grenzen aufhört.

Dabei kannst du auch gerne erwähnen, dass meine Thesen, wenn sie denn Erfolg haben, auf Dauer auch die Einnahmen in unserem Kurfürstentum wieder erhöhen. Ja? Wirst du das für mich tun? Allerdings … also … dass ich auch den ausufernden Reliquienkult Friedrichs äußerst kritisch betrachte, solltest du in diesem Moment lieber für dich behalten.

Was, lieber Claus, werden die Leute wohl sagen, wenn sie meine Thesen lesen? Ich weiß es nicht. Aber ich fühle mich, als laste der ganze Erdkreis auf mir. Schließlich stelle ich indirekt die Weltordnung in Frage. Puh. Hoffentlich gehe ich damit nicht zu weit.

Da fällt mir etwas ein ... eine Idee, bei der ich deinen Rat gut gebrauchen könnte. Was hältst du davon, wenn ich meine 95 Thesen auch an das Tor der Schlosskirche zu Wittenberg schlage? Ich meine: Wenn schon, denn schon ... Dann könnte an unserer Fakultät die Diskussion schon morgen beginnen. An Allerheiligen. Was für ein symbolträchtiges Datum: An dem Tag, an dem wir alle Heiligen und ihre Reliquien verehren, stelle ich in Frage, dass ihr Gut-Sein den Menschen helfen kann, dem Fegefeuer zu entkommen. Das passt.

Was hältst du von meinem Einfall? Soll ich einfach warten, was mit meinem Brief an Albrecht geschieht, oder soll ich auch in Wittenberg für Aufruhr sorgen? Bitte antworte schnell.

Dein Martin Luther

Tag 15 / **Alles von Christus her denken**

WOCHENÜBERBLICK
WOCHE 3

WOCHENÜBERBLICK

Luther kam in seinem Leben an einen merkwürdigen Punkt: Die Kirche hatte ihn exkommuniziert, also rausgeworfen, der Kaiser hatte ihn geächtet, also ebenfalls ausgeschlossen, und sein Orden hatte ihn gebeten, aus der Gemeinschaft auszutreten. Großartig. Und obwohl sich Luther bei allen seinen Erneuerungen auf die Heilige Schrift berief, musste er feststellen, dass seine Gegner nicht minder bibelfest waren als er und ihm ebenfalls ständig Bibelverse um die Ohren hauten. Selbst die Heilige Schrift war also umstritten.

Worauf konnte der Reformator bei diesem Tohuwabohu in seinem Leben überhaupt noch bauen? Seine Antwort war eindeutig: auf Jesus Christus. Der steht als Fundament des „christlichen Glaubens" über allen Bibelauslegungen, über der Institution „Kirche", über dem Staat und über allem, was sich anmaßt, uns zu reglementieren. So schuf er als Maßstab seines Handelns und des Bibelverständnisses den Slogan „Was Christum treibt". Also: Es geht bei allem Handeln des Christentums um das, was die Botschaft von Jesus Christus voranbringt.

Darum wollen wir uns in der dritten Woche unserer Expedition mit den dritten großen Leit-Wert der Reformation beschäftigen: nämlich mit diesem Jesus Christus, der nach Luthers Eindruck im Lauf der Jahrhunderte durch die kirchlichen Machthaber immer weiter an den Rand gedrängt worden war, so dass es galt, ihn endlich wieder in den Mittelpunkt des Glaubens zu stellen.

Weil Jesus Christus auch im sogenannten „Apostolischen Glaubensbekenntnis" im Mittelpunkt steht, nähern wir uns seiner Person in den kommenden Tage über diesen bedeutenden Text aus dem zweiten Jahrhundert, der bis heute regelmäßig in Gottesdiensten gesprochen wird – und zwar weltweit. Für Luther selbst war das Glaubensbekenntnis so wichtig, dass er es in seinen „Einführungen in den Glauben", die damals „Katechismen" hießen, ausführlich auslegte und erläuterte.

Die Konzentration auf Jesus Christus brachte Luther auch dazu, viele kirchliche Erscheinungsformen öffentlich zu kritisieren. Wenn doch der Sohn Gottes im Zentrum kirchlichen Handelns stehen soll, wozu braucht es dann die Heiligenverehrung, den Kult um die Reliquien, das ganze Brimborium im Gottesdienst oder eben den oft zitierten Ablasshandel?

Dass alle kirchlichen Aktivitäten keinen Selbstzweck haben, sondern nur „Christum treiben" sollen, war für Luther deshalb auch eine wichtige Befreiungserfahrung: Kein irdisches Tun an sich ist heilig. Also braucht der Mensch sich auch von niemandem auf Erden unter Druck setzen zu lassen. Was diese innere Freiheit bedeutet, wird uns natürlich genauso intensiv beschäftigen.

DAS APOSTOLISCHE GLAUBENSBEKENNTNIS

Ich glaube an Gott,
den Vater, den Allmächtigen,
den Schöpfer des Himmels und der Erde.

Und an Jesus Christus,
seinen eingeborenen Sohn, unsern Herrn,
empfangen durch den Heiligen Geist,
geboren von der Jungfrau Maria,
gelitten unter Pontius Pilatus,
gekreuzigt, gestorben und begraben,
hinabgestiegen in das Reich des Todes,
am dritten Tage auferstanden von den Toten,
aufgefahren in den Himmel;
er sitzt zur Rechten Gottes,
des allmächtigen Vaters;
von dort wird er kommen,
zu richten die Lebenden und die Toten.

Ich glaube an den Heiligen Geist,
die heilige christliche Kirche,
Gemeinschaft der Heiligen,
Vergebung der Sünden,
Auferstehung der Toten
und das ewige Leben.
Amen.

Evangelisches Gesangbuch (EG) • Nummer 804

EG 804 – ZEILE 1-3

Ich glaube an Gott,
den Vater, den Allmächtigen,
den Schöpfer des Himmels und der Erde.

Eine papsttreue Schrift räumt mit dem Papsttum auf

Viele Entdeckungen sind aus einem Zufall heraus entstanden. Kolumbus wollte eigentlich einen neuen Seeweg nach Indien finden, als er 1492 Amerika entdeckte. Die Entdeckung des Penicillins verdanken wir der Tatsache, dass eine Versuchsreihe Alexander Flemings verschimmelte. Und die heute gelben Haftnotizen sind das Ergebnis einer Riesenpleite bei der Suche nach einem neuen Superkleber.

In die Reihe dieser „bahnbrechenden Zufälle“ kann man getrost auch die 95 Thesen Martin Luthers einsortieren. Es ist absolut überraschend, dass ausgerechnet sie die Reformation auslösten. Man kann sie immer und immer wieder lesen und findet doch nur wenig von dem, was Luther so wichtig war. Die „Big Four“ (großen Vier) der Reformation – Gnade, Glaube, Christus und Wort – sind zwar schon präsent, werden aber – außer der Gnade – doch eher nebenbei eingespielt. Ja, mehr noch: Luther schreibt gegen Ende seines Lebens, dass er damals noch wie betrunken von den Lehren des Papstes gewesen sei und Dinge geschrieben habe, die er mittlerweile als höchste Gotteslästerung empfinde und verdamme.

Spannend: Die Reformation wurde ausgelöst durch Thesen, die der späte Luther für viel zu katholisch hält. Jedenfalls war er im Oktober 1517 noch fest davon überzeugt, dass der Ablasshandel im Lande nur deswegen so blühte, weil der Papst und die Bischöfe nicht über dessen Auswüchse informiert waren. Wenn der bekannte Ablassprediger Johann Tetzel durch die Lande reiste und seinen Spruch rezitierte: „Sobald das Geld im Kasten klingt, die Seele aus dem Fegefeuer springt“, dann war das in Luthers Augen etwas, was der heilige Papst einfach nicht wissen konnte, andernfalls hätte er es zweifellos verboten. So schickte Luther seine 95 Thesen erst einmal an die Bischöfe in Mainz und Brandenburg mit der höflichen Bitte, dem Ablasstreiben doch Einhalt zu gebieten. Was er zu dem Zeitpunkt nicht wusste, war, dass Rom und die Bischöfe sich die üppigen Einnahmen teilten.

Erst, als die beiden Bischöfe nicht reagierten, wandte sich Luther an eine breitere Öffentlichkeit. Ob er die 95 Thesen wirklich an die Schlosskirche zu Wittenberg genagelt hat, ist umstritten. Nur wenige konnten damals lesen und schreiben, außerdem waren die Thesen auf Latein verfasst. Wahrscheinlicher ist daher, dass Luther seine Thesen im Rahmen eines Streitgesprächs unter Akademikern diskutieren wollte. Irgendwie kamen die 95 Thesen aber schnell nach Nürnberg, dort wurden sie ins Deutsche übersetzt, gedruckt und ins Land verschickt – und lösten einen Flächenbrand aus.

Luther war jedenfalls von dem Erfolg seiner 95 Thesen völlig überrascht. Überall im Land wurden sie diskutiert. Und sogar Rom reagierte binnen kürzester Zeit. Der Grund für diese ebenso ungewollte wie überwältigende Entwicklung liegt auf der Hand: Die 95 Thesen bestreiten, dass es so etwas wie „Gnade für Geld" gibt. Luther war dabei vor allem die Gnade wichtig. Das Volk aber – und auch der Papst in Rom – reagierten vor allem auf das Wort „Geld". Die einen, weil sie es nicht mehr zahlen wollten. Der andere, weil er auf die Einnahmen des Ablasshandels nicht verzichten wollte. Am Gelde hängt doch alles.

Christus als Mitte des evangelischen Glaubens

„Christus", um den es in dieser Woche unserer Expedition vornehmlich gehen soll, ist in den 95 Thesen kein großes Thema. Selbstverständlich wird er erwähnt, aber im Wesentlichen drehen sich die Thesen um den Ablasshandel und dessen Widerspruch zur christlichen Gnadenlehre. Der „Erfolg" der 95 Thesen war allerdings ein Misserfolg, weil er den Fokus der Öffentlichkeit auf das Thema „Geld" richtete, das Luther gar nicht am Herzen lag. Man kann also sagen: Die Reformation wurde zu einer Massenbewegung, weil die Menschen gar nicht verstanden, worum es Luther eigentlich ging. In gewisser Weise ist dies seither das Schicksal des Protestantismus geblieben. Auf die Frage, was sie an der evangelischen Kirche schätzen, antworten ihre Mitglieder alles Mögliche, nur nicht mit den genannten „Big Four" Martin Luthers. Der Begriff „Freiheit" – der Luther ebenfalls immens wichtig war – wird zwar öfter erwähnt. Freilich verstehen die Menschen darunter meist, „tun und lassen (zu) können, was man will", und das hat mit dem evangelischen Freiheitsverständnis auch nicht viel zu tun.

Wozu die 95 Thesen aber positiv führten, war, dass Luther sich in der Folgezeit mehr und mehr darüber klar wurde, worum es ihm wirklich ging. *Gnade und Glaube* waren bereits seine großen Themen gewesen, seit er als Professor für die *Heilige Schrift* in Wittenberg wirkte. Erst dann aber kristallisierte sich mehr und mehr die eigentliche Mitte seiner Theologie heraus: *Jesus Christus*. Er ist auch die Mitte der „Big Four":

» Jesus Christus ist der alleinige Vermittler der *Gnade* Gottes. Das „Christus allein" Luthers war weniger gegen andere Religionen gerichtet, sondern vor allem gegen die Römische Kirche. Nicht die Kirche, nicht die Heiligen und auch nicht die Jungfrau Maria vermitteln den Menschen Heil, sondern allein Christus.

» Jesus Christus ist aber auch der Mittler des *Glaubens*. Gottes liebendes Wesen ist oft verborgen und missverständlich. Jesus hingegen ist die vertrauensbildende Maßnahme Gottes schlechthin. Er zeigt, wer und wie Gott ist. Gott wurde Mensch, damit die Menschen ihm endlich von Angesicht zu Angesicht begegnen können.
» Und: Jesus Christus ist die Mitte der *Heiligen Schrift*. Er ist das eigentliche Wort Gottes. Die Bibel ist es nur, sofern und soweit sie auf Christus hinweist: *„Was Christum nicht lehret, das ist noch nicht apostolisch, wenn's gleich S. Petrus oder Paulus lehret. Wiederum, was Christum prediget, das wäre apostolisch, wenn's gleich Judas, Hannas, Pilatus und Herodes tät."*

Weder eine Weltanschauung noch ein theologisches Konzept, auch kein besonderes Verständnis von Kirche oder Gottesdienst oder eine bestimmte ethische Gesinnung, sondern eine *Person* steht im Zentrum des evangelischen Glaubens: Jesus Christus. Natürlich glauben Christinnen und Christen an Gott, aber ihr Gottesverständnis ist in entscheidender Weise von Jesus Christus geprägt. Dieser Tatsache wollen wir uns in dieser dritten Woche unserer Expedition nähern. Ausgangspunkt für unsere Überlegungen ist das apostolische Glaubensbekenntnis, das Luther so wichtig war, dass er es jeden Tag betete, und das auch in seinen beiden Katechismen eine zentrale Rolle spielt.

Schon bei oberflächlicher Betrachtung ist offensichtlich, dass sich das Glaubensbekenntnis ganz wesentlich um Jesus Christus dreht. Nicht nur, weil der Artikel über ihn in der Mitte steht, sondern auch, weil er fast zwei Drittel des gesamten Textes ausmacht. 64 Worten über Jesus Christus stehen nur 15 Worte über Gott, den Vater und Schöpfer und 23 über den Heiligen Geist gegenüber. Das apostolische Glaubensbekenntnis ist zwar trinitarisch – also nach Vater, Sohn und Heiligem Geist – aufgebaut, aber seinem Kern nach ist es ein Christusbekenntnis. Der „Vater", von dem dort im ersten Teil die Rede ist, ist vor allem der Vater *Jesu Christi*. Und auch der „Heilige Geist", von dem der dritte Glaubensartikel spricht, ist nichts anderes als der *Geist Christi*. Schauen wir uns im Folgenden kurz an, welche Konsequenzen der Glaube an Jesus Christus für das Gottesbild im Glaubensbekenntnis hat.

Christliche Gottesbilder

Gott ist der **Vater:** Schon in der ersten Zeile des Glaubensbekenntnisses kommt Jesus Christus vor. Denn Jesus war es, der uns beigebracht hat, Gott mit „Vater" anzusprechen. Martin Luther sagt: *„Ich glaube, dass an den Vater glauben und zu dem Vater niemand kommen kann als allein in und durch Jesus Christus, seinen einzigen Sohn."* Rund 1200-mal kommt das Wort „Vater" im Alten Testament vor, aber nur 12-mal wird es auf Gott bezogen. Und auch dort geschieht dies immer in Bezug auf das Volk Israel als Ganzes, nie auf die einzelne Person. Dreimal heißt es außerdem, dass Gott für sein Volk sorgt, wie eine Mutter es tut (vgl. Jesaja 49,15; 66,9.13).

Es bedeutet keine Herabsetzung des Judentums, wenn wir feststellen, dass Jesus, der sehr viel stärker aus der jüdischen Tradition heraus lebte, als uns das oft bewusst ist, an diesem Punkt tatsächlich etwas Neues in die Welt gebracht hat. Jesus redete Gott als „Abba" an: als „Papa". Ich hörte mal jemanden Gott im Gebet als „Daddy" ansprechen, was in mir wahrscheinlich eine ähnliche Reaktion hervorrief, wie bei den Menschen damals: „Unerhört, so mit Gott zu reden!" Selbst wenn wir die Anrede „Abba" nicht zu sehr verniedlichen dürfen, so zeugt sie doch von dem einzigartigen Verhältnis, in dem sich Jesus Gott gegenüber sah. Jesus verstand sich tatsächlich als Kind Gottes – als *den* Sohn Gottes schlechthin. Die Tatsache, dass Christinnen und Christen Gott ebenfalls als „Vater" anreden, ist darauf zurückzuführen, dass Jesus seine Jüngerinnen und Jünger eingeladen hat, es ihm nachzutun. Weil er – der Sohn Gottes – uns zum Bruder wurde, darum dürfen auch wir Gott als unseren „Vater" ansprechen (vgl. Johannes 1,12).

Gott ist der **Schöpfer:** Dass Gott der Schöpfer ist, glauben viele Menschen unseres Kulturkreises. Freilich hat sich seit dem 17./18. Jahrhundert eine ganz neue Auffassung dieses Schöpferseins Gottes durchgesetzt, die heute nicht nur bei Philosophen und Naturwissenschaftlern weit verbreitet ist, sondern auch tief in die Theologie und Volksfrömmigkeit hineinwirkt. Man nennt diese Auffassung „Deismus". Der Deismus glaubt, dass Gott am Anfang die Welt mit all ihren Naturgesetzen geschaffen hat und sich seither nicht mehr in die Geschichte einmischt. Unsere Aufgabe ist, gut zu leben und Gutes zu verbreiten, und wenn wir das tun, kehren wir am Ende zu Gott zurück. Vielleicht erkennen Sie in diesen wenigen Sätzen etwas von dem wieder, was viele Menschen um uns herum glauben. Der christliche Glaube ist weithin einem „moralistisch-therapeutischen Deismus" gewichen, wie der Soziologe Christian Smith das nennt. Eine Mixtur aus Schöpfungsglauben, Wohlfühlspiritualität und Selbstoptimierung in individuell unterschiedlichen Gewichtsanteilen macht heute den Glauben vieler Menschen aus.

Von *Jesus Christus* her an Gott, den Schöpfer zu glauben, stellt sich allerdings quer zu dieser Vorstellung. Jesus ist nach christlicher Vorstellung die Inkarnation Gottes, oder – wenn Sie es eine Nummer kleiner haben wollen – *die* Offenbarung Gottes schlechthin. Beides kann und darf es dem Deismus zufolge nicht geben. Auch dass Jesus Wunder getan hat, ist für den Deismus völlig undenkbar. Jesus glaubte an die Wirksamkeit von Gebet: Sogar Berge soll man dadurch versetzen können. Und als Jesus starb, griff Gott in unerhörter Weise in den Lauf der Weltgeschichte ein: Er erweckte ihn vom Tode, und seither ist die Welt nicht mehr die gleiche wie vorher. Denn der Gott, der an, in und durch Jesus wirkte, tut dies auch an, in und durch uns. Wer an Jesus glaubt, kann kein Deist sein. Oder er erklärt seine göttliche Herkunft, seine Wunder und die Auferstehung mit schwurbeligen Worten weg und reduziert Jesus auf eine Handvoll moralistisch-therapeutischer Weisungen.

Gott ist der **„Allmächtige":** Auf keine Passage der Expedition zum ICH habe ich mehr kritische Zuschriften bekommen als auf meine Behauptung, Gott sei in dieser Welt nicht allmächtig. Mein Punkt war und ist, dass wir unter „Allmacht" etwas anderes verstehen als die Bibel. Wir stellen uns darunter ziemlich naiv die Fähigkeit vor, dass jemand „alles kann". Doch schon die berühmte Frage, ob Gott einen Stein schaffen kann, der so schwer ist, dass er ihn nicht heben kann, hebelt diese Vorstellung aus. Dazu kommt, dass die Bibel uns eine ganze Menge Dinge nennt, die Gott *nicht* kann. Der Gott der Bibel kann zum Beispiel nicht sündigen. Er kann sein Wort nicht brechen. Er kann uns nicht zwingen, ihn zu lieben.

Und dieser Gott *leidet*. Spätestens hier zeigt sich, wie sehr die christliche Vorstellung von der Allmacht Gottes durch die Person Jesu Christi geprägt ist. Denn Christus wird ein schwacher Mensch und lässt sich vom Leiden dieser Welt berühren und von uns übel mitspielen. Er wird von seinen Freunden verraten und verlassen und ans Kreuz geschlagen. Das sieht mehr nach Ohnmacht aus, statt nach Allmacht. Und doch zeigt sich gerade hier Gottes wahre Allmacht. Denn Gottes Allmacht ist die *Macht der Liebe*. Und lieben und leiden gehören in dieser Welt nun einmal unauflöslich zusammen. Die Tatsache, dass Gott uns liebt, bedeutet faktisch, dass er sich entschieden hat, zu leiden. Wenn wir also im Glaubensbekenntnis die Allmacht Gottes bekennen, tun wir das eben nicht im Sinn eines himmlischen Supermans. Sondern in dem Sinne, dass wir sagen: Gott verzichtet aus Liebe zu uns auf einen erheblichen Teil seiner Macht. Gottes Macht ist so groß, dass er sogar seiner eigenen Macht Grenzen setzt. Er unterstellt seine göttliche Macht seiner Liebe – und die beinhaltet in dieser Welt immer ein gehöriges Stück Ohnmacht und Leiden.

Freilich nicht für immer. Denn wenn wir von Gottes Allmacht reden, geben wir auch der Hoffnung Ausdruck, dass Gott trotz der manchmal weiten Umwege über die Ohnmacht *am Ende* zu seinem Ziel kommen wird. Allmacht bedeutet auch: Gott wird sein Ziel mit uns und für uns erreichen. Bei ihm werden die Fäden letzten Endes wieder zusammenlaufen. Er wird am Ende „alles in allem" (1. Korinther 15,28) sein. Darum bekennen wir Gott auch in Zeiten scheinbarer Ohnmacht als den „Allmächtigen".

NACH-DENKEN

Die Tatsache, dass Gott uns liebt, bedeutet faktisch, dass er sich entschieden hat, zu leiden.

FRAGEN

- Genügt es nicht, an Gott zu glauben? Wozu brauchen wir Jesus Christus?
- Was bedeutet es konkret, dass im Mittelpunkt des evangelischen Glaubens nicht irgendwelche Dogmen oder Regeln stehen, sondern die Person Jesu Christi?
- Wieso hat Jesus Gott mit Abba („Papa") angeredet?
- Warum, glauben Sie, hängen so viele Menschen der Lehre des „Deismus" an, der zufolge Gott zwar die Welt geschaffen hat, in das Weltgeschehen aber nicht mehr eingreift?
- Inwiefern können wir aus der „Ohnmacht" Jesu etwas über die „Allmacht" Gottes lernen?

ANREGUNG ZUM GEBET

Christus in die Mitte stellen

Schreiben Sie in Ihr Gebetstagebuch mindestens drei Gebetssätze, die mit folgenden Worten anfangen:
„Jesus Christus, wenn ich dich wirklich in die Mitte meines Glaubens stellen würde, dann..."

MERKVERS

Kein Mensch hat Gott jemals gesehen. Nur der Eine, der selbst Gott ist und mit dem Vater in engster Gemeinschaft steht, hat uns gesagt und gezeigt, wer Gott ist. (Gute-Nachricht-Übersetzung).

Johannes 1, 18

Tag 16 / **Glauben Christinnen und Christen an drei Götter?**

FRIEDRICH III. **FRIEDRICH DER WEISE** VON SACHSEN

EG 804 • ZEILE 1, 4, 17

Ich glaube an Gott, den Vater.

Und an Jesus Christus, seinen eingeborenen Sohn, unsern Herrn.

Ich glaube an den Heiligen Geist.

GLAUBEN CHRISTINNEN UND CHRISTEN AN DREI GÖTTER?

Die christliche Trinitätslehre

Christinnen und Christen glauben an Gott. Sie glauben aber auch an Jesus Christus. Und an den Heiligen Geist. Mit Fug und Recht kann man sagen, dass die Lehre von der „Dreieinigkeit" – von Vater, Sohn und Heiligem Geist – eines der größten Hindernisse im Dialog mit dem Judentum oder Islam darstellt. Diese beiden Religionen verstehen sich als streng monotheistisch – das heißt, für sie gibt es nur einen Gott. Und sie können nicht nachvollziehen, wieso wir auch zu Jesus beten oder ihn als „Sohn Gottes" bezeichnen.

Freilich haben auch viele Christinnen und Christen Probleme mit der Trinitätslehre. Das fängt schon damit an, dass wir im Deutschen keine gescheite Übersetzung für das Wort „Trinität" finden. „Dreieinigkeit" klingt so, als wären sich da drei einig geworden – so etwa wie das Kölner „Dreigestirn". Der andere häufig benutzte Begriff „Dreifaltigkeit" zäumt das Gottesverständnis von der anderen Seite auf: Es ist *ein* Gott, der sich lediglich in dreifacher Weise entfaltet und offenbart. „Dreieinigkeit" betont mehr die Dreiheit, „Dreifaltigkeit" mehr die Einheit Gottes. Beides trifft nicht das in der Trinitätslehre Gemeinte. Eine ganz brauchbare Übersetzung wäre der Begriff „Drei-Einheit", da er beides – die „Eins" und die „Drei" – gleich gewichtig nebeneinander hält. Aber bleiben wir erst mal bei „Trinität".

Martin Luther übernahm die Trinitätslehre aus den Bekenntnissen der Konzile von Nicäa und Konstantinopel (325 und 381), denen zufolge es nur *einen* Gott gibt, der aber in *drei* Seinsweisen bzw. „Personen" existiert. – Hm. Sonderlich logisch klingt das nicht. Warum soll man das als evangelischer Christ glauben? Kein Mensch versteht diese Trinitätslehre wirklich. Eigentlich ist es nämlich keine *Lehre*, sondern ein Paradoxon. Dieses Paradoxon ist aber nicht in Gott, sondern in unserer begrenzten Vorstellungskraft begründet. Wir können Gott nicht denken. Wenn wir es versuchen, kommt so etwas dabei heraus. Dennoch macht die Trinitätslehre Sinn. Sie lässt uns etwas Wichtiges über Gott verstehen. Es gibt zwar nur *einen* Gott, aber diese Einheit Gottes ist in sich differenziert.

Im Grunde ist die Trinitätslehre eine denkerische Konsequenz des Satzes „Gott ist Liebe". Wenn es nur einen Gott gibt, dessen Wesen Liebe ist, muss dieser Gott schon immer – von Ewigkeit her – geliebt haben. Auch, als es noch nichts Geschaffenes gab, was er lieben konnte. Nichts – außer sich selbst. Und zwar nicht nur in der Art, wie wir Menschen uns selbst zu „lieben" pflegen.

Sondern mit Liebe im Sinne einer erfüllten Beziehung. Wenn Gottes Wesen tatsächlich Liebe ist, Gott aber nur *einer* ist, muss daraus folgen, dass Gott von Anbeginn an *in sich selbst ein Gegenüber* hat, dem er Liebe geben und von dem er Liebe empfangen kann. Darum betet Jesus: „Vater..., du hast mich geliebt, ehe die Welt gegründet war" (Johannes 17,24). Die Beziehung zwischen Jesus und Gott ist der Anfang der Trinitätslehre.

Ist das nun logisch? Nein, aber es macht Sinn. Die Trinitätslehre ist und bleibt ein Hilfskonstrukt. Luther freilich sagt: *„Wenn die Vernunft die Lehre von der heiligen Dreifaltigkeit auch für Narrheit hält, was fragen wir danach? Denn es ist keine Kunst, in solchen Sachen zu klügeln. Allein dahin sehe und frage, ob es Gottes Wort sei. Ist es sein Wort, dass ers gesagt hat, so verlass dich gewiss darauf. Er wird nicht lügen noch dich betrügen, ob dus schon nicht verstehest, wie oder wann."* Die lapidare Begründung Luthers, warum wir also an die Trinität glauben sollen, lautet: „Weil die Bibel es so sagt." Das ist merkwürdig, denn in der Bibel kommt weder der Begriff noch eine Lehre von der Trinität vor.

Im Neuen Testament finden wir scheinbar widersprüchliche Aussagen über Gott. Über allem steht der Satz, dass Gott ein einziger Gott ist und dass es keinen Gott neben ihm gibt. Und doch wurde Jesus von Anfang an – genau gesagt: seit seiner Auferstehung – als Gottes Sohn verehrt und angebetet: „Wir haben ... nur *einen* Gott, den Vater, *von* dem alle Dinge sind und wir *zu* ihm; und *einen* Herrn, Jesus Christus, *durch* den alle Dinge sind und wir *durch* ihn" (nach 1. Korinther 8,6). Und dann ist da noch vom *Heiligen Geist* die Rede. Und auch der trägt im Neuen Testament stark personale Züge. Wir werden uns in den nächsten Tagen noch eingehender damit beschäftigen. Zusammenfassend können wir konstatieren, dass sich in der Bibel zwar keine eigene *Trinitätslehre* findet, trinitarische *Denkmuster* aber das gesamte Neue Testament durchwirken. Sogar trinitarische *Formeln* finden sich darin: allem voran der berühmte Missionsbefehl, die Menschen „auf den Namen des Vaters, des Sohnes und des Heiligen Geistes" zu taufen (vgl. Matthäus 28,19; vgl. 2. Korinther 13,13 oder 2. Thessalonicher 2,13f). Insofern hat Luther nicht ganz unrecht, wenn er sagt, wir könnten die Trinität bereits in der Bibel finden.

Es ist wie bei einem Puzzlespiel, bei dem am Schluss immer ein Teil nicht reinpasst. Das Neue Testament lässt nicht die Spur eines Zweifels daran, dass es nur *einen* Gott gibt. Und doch treten sowohl Jesus als auch der Heilige Geist wie eigenständige Subjekte auf. Ja, Jesus *kommuniziert* sogar mit Gott, indem er betet. Über drei Jahrhunderte knobelte man an diesem Geheimnis herum, um dann das Trinitätsdogma festzulegen: Gott ist *einer*, und in gewisser Weise doch auch *drei*. An der Einheit Gottes soll ebenso wenig gerüttelt werden, wie an der Göttlichkeit nicht nur des Vaters, sondern auch des Sohnes und des Heiligen Geistes. Um es mit Martin Luther auszudrücken: *„Wir trennen diese drei nicht voneinander: den Vater, den Sohn und den heiligen Geist. Wir machen nicht unterschiedliche Götter, sondern glauben, dass in rechter Einigkeit ein einiger und einfältiger Gott sei. Ja, möchte irgendeiner sagen: ich verstehe das nicht! Antwort: Das ist recht, du sollst es auch nicht verstehen."*

Muss man an die Trinität glauben?

Vielleicht haben Sie sich über Luthers Satz „Das sollst du auch nicht verstehen", geärgert. Er klingt ganz so, als wolle er uns abkanzeln. Ich schlage stattdessen vor, ihn hier beim Wort zu nehmen: Wir *sollen* es nicht verstehen. Die Trinitätslehre wurde nicht formuliert, um uns etwas verständlich zu machen, sondern um uns davor zu schützen, Gott den Regeln unseres Denkens zu unterwerfen. Sie hält eine Spannung aufrecht, die unser rationales Denken gerne in die eine oder andere Richtung auflöst: Es gibt nur einen Gott. Aber dieser Gott existiert in drei verschiedenen Existenzformen. Für uns ist das undenkbar, aber warum sollte das bei Gott nicht möglich sein? Ist es nicht das, wovon alle Liebenden im Tiefsten träumen: Ganz mit dem anderen eins zu sein und in einer völliger Einheit zu verschmelzen, ohne deswegen aufzuhören, ein eigenes Wesen zu sein? Kann es nicht sein, dass diese Sehnsucht in uns allen deswegen lebt, weil wir zum Bilde Gottes geschaffen sind, der genau das ist: Einheit und Vielfalt in einem?

Muss man als evangelischer Christ an die Trinität glauben? Angesichts der Tatsache, dass diese Lehre erst im vierten Jahrhundert fertig formuliert wurde, können wir mit dieser Frage ziemlich entspannt umgehen. Nein, das muss man nicht. Außerdem lässt sich mühelos entdecken: Wir fallen, wenn wir von Gott reden, mal auf der einen, mal auf der anderen Seite vom Pferd. Das ist fast unvermeidlich. Im Sinne Luthers wäre es, nicht immer auf die gleiche Seite zu fallen.

Letztlich steckt hinter der Trinitätslehre eine dreifache Gotteserfahrung:

» Da ist zunächst der „Vater", das heißt, der GOTT ÜBER UNS. Das ist die Ur-Erfahrung, die wir mit allen monotheistischen Religionen teilen: Gott als Schöpfer des Himmels und der Erde, als Gesetzgeber, als Herr über Leben und Tod. Diese Erfahrung ist durchaus ambivalent. Sie kann Gefühle von Geborgenheit in uns auslösen, aber auch Beklemmung. Sie lässt uns beim

Beten auf die Knie gehen – oder die Hände nach oben ausstrecken zu den unendlichen Weiten des Himmels.

» Die andere Erfahrung, die wir mit Gott machen können, ist die des „Sohnes": GOTT MIT UNS. In Jesus Christus erkannten seine Jüngerinnen und Jünger das „Bild Gottes" schlechthin; dass Gott *Liebe* ist: barmherzig, gnädig, zugewandt, solidarisch, heilend und segnend. Er teilte unsere Armut, erlitt unsere Schmerzen, starb unseren Tod. Und hat für uns die Macht des Todes gebrochen. An seiner Hand können wir uns getrost durch Leben und Tod hindurch führen lassen.

» Die dritte Erfahrung mit Gott ist die des „Heiligen Geistes": GOTT IN UNS. Nach Jesu Rückkehr zu Gott kam dieser Geist mit der Macht von Sturm und Feuer über seine Jüngerinnen und Jünger und wirkte *in* ihnen und *durch* sie. Sie spürten plötzlich, dass Gott sie veränderte, sie berief, begabte, bevollmächtigte und beflügelte. Auch damit verbindet sich eine eigene Weise zu beten: „Komm, Heiliger Geist, erfülle unsere Herzen, und entzünde in uns das Feuer deiner Liebe."

Hinter der Trinitätslehre steckt also eine dreifache Erfahrung, die wir mit dem einen Gott machen können. Diese gilt es zu bewahren. Es geht nicht darum, dass wir „an die Trinität" glauben, sondern darum, dass wir „trinitarisch glauben". Nicht auf die richtige *Formel* kommt es an, sondern darauf, dass wir uns dieser dreifachen Erfahrung gegenüber nicht verschließen und in unserem Glauben einseitig werden, weil wir ein verkürztes Gottesbild haben. Zweifellos ist der reine Monotheismus intellektuell befriedigender als die Trinitätslehre. Aber wer immer so tut, als sei das mit Gott alles „ganz einfach", verkürzt etwas. Christinnen und Christen können nicht *einfach* von Gott reden, weil Gott sich in dreifacher Weise offenbart hat. Luther bringt das mit einer alten Formel auf den Punkt: „Wir glauben *an* Gott *durch* Christus *im* Heiligen Geist."

Warum man von Gott nicht *einfach* reden kann

Um der Vernunft dann doch die Ehre zu geben, möchte ich in knappen Zügen skizzieren, warum es trotzdem Sinn macht, trinitarisch an Gott zu glauben. Wenn man von Gott schon nicht *einfach* reden kann, möchte ich kurz begründen, warum es durchaus guten Sinn macht, *dreifach* von ihm zu reden.

Ich glaube an Gott, den Schöpfer. Christinnen und Christen glauben, dass Gott gütig und barmherzig wie ein guter Vater ist. Doch wieso glauben wir das eigentlich? Der Weltenlauf gibt das nicht einfach her. Es ist kein Problem, an einen liebenden Schöpfergott zu glauben, wenn man einen Sonnenuntergang am Meer beobachtet. Es gibt aber auch die andere Seite der Natur: Erdbeben, Tsunamis, Vulkanausbrüche. Seuchen und Plagen. Krankheiten und Missbildungen. Die Realität der Gewalt und des Bösen in der Welt. Hier zu singen „Lobe den Herren, der alles so herrlich regiert", erscheint einem da wie Hohn. Der deistische Philosoph Leibniz hatte behauptet, wir lebten in der „besten aller möglichen Welten", und versuchte, das philosophisch zu begründen. Was ihm nicht wirklich gelang. In der Natur finden wir zweifellos viel Schönes und Erhabenes, was uns an einen guten Schöpfer glauben lässt. Aber leider eben auch viel Herzzerreißendes, das einen solchen Glauben schwer macht. Vom „verborgenen Gott" (deus absconditus) redet Luther angesichts dieser Ambivalenz. Deshalb bedarf der Glaube an den Schöpfer der Ergänzung:

Ich glaube an Jesus Christus. Denn Jesus ist es, der mir offenbart, was schon das Alte Testament bezeugt: dass Gott ein *guter* Gott ist. Dem Ablauf der Welt kann ich das nicht so ohne Weiteres entnehmen. Da finde ich beides: Spuren der Liebe und Bewahrung Gottes, aber auch jede Menge Indizien dafür, dass ich auf mich allein gestellt bin und dass Gott, wenn es ihn überhaupt gibt, sich nicht weiter um mich kümmert. Es ist Jesus, der mich an Gottes Liebe glauben lässt. Jesus, sagt Luther, ist der „offenbare Gott" (deus revelatus). Jesus *predigt* nicht nur einen durch und durch liebenden Gott. Er *lebt* diese Liebe auch vor – bis zum letzten Atemzug und darüber hinaus. Luther sagt in seiner Heidelberger Disputation von 1518: *„In Christus, dem Gekreuzigten, liegt die wahre Theologie und Erkenntnis Gottes."* In Jesus, davon war Luther überzeugt, schauen wir Gott mitten ins Herz. Freilich ist auch das nicht *einfach* zu glauben. Denn erst einmal sehen wir in Jesus nur einen Menschen, der einen grausamen Verbrechertod erlitt. Mag sein, dass Jesus uns an die Liebe Gottes glauben lässt. Aber wer oder was lässt uns an Jesus glauben?

Ich glaube an den Heiligen Geist. „Niemand kann Jesus den Herrn nennen außer durch den Heiligen Geist" (1. Korinther 12,3). Jesus selbst hatte seinen „Nachfolger" so vorgestellt: dass er Jesus den Jüngerinnen und Jüngern nach seiner Auferstehung als lebendige Realität erfahrbar machen würde. Ohne den Heiligen Geist wäre Jesus längst Geschichte und vergessen. Ohne den Heiligen Geist wäre die Bibel einfach nur ein Buch voller Geschichten. Dass Gott selbst durch dieses Buch zu uns redet, ist eine Erfahrung, die wir nur durch den Heiligen Geist machen können. Und ohne ihn könnten wir Jesus auch nicht als Gottes Sohn erkennen. Bis heute ist es der Geist, durch den Gott zu uns redet. Er stellt die Verbindung zwischen Gott und uns her. Ohne ihn würde Gott nicht IN UNS wirken, sondern nur ÜBER UNS – und vor 2000 Jahren mal für kurze Zeit MIT UNS. Durch ihn wird *Glauben* einfach, auch wenn *Nachdenken* über den Glauben schwer ist.

Im Großen Katechismus sagt Martin Luther: *„Christus ist ein Spiegel des väterlichen Herzens, ohne den wir nichts sehen als einen zornigen und schrecklichen Richter. Von Christus aber könnten wir nichts wissen, wenn es uns nicht durch den heiligen Geist offenbart wäre.“* Ein altes Bild drückt es so aus: Gottvater ist wie die Sonne, die hoch oben am Himmel steht. Jesus ist wie die Strahlen, die zu uns herüberreichen. Und der Heilige Geist ist das, was uns dabei innerlich erwärmt und erleuchtet. – So betrachtet, ist alles eigentlich ganz einfach.

NACH-DENKEN

Es geht nicht darum, dass wir „an die Trinität" glauben, sondern darum, dass wir „trinitarisch glauben". Dass in unserem Glauben alles drei Platz hat und alles drei zu seinem Recht kommt: GOTT ÜBER UNS, GOTT MIT UNS und GOTT IN UNS.

FRAGEN

» Wie sind Sie bislang mit der Frage der Trinität Gottes umgegangen: Haben Sie sie bejaht, in Zweifel gezogen, sind Sie ihr ausgewichen ... ?
» Sind Christen Monotheisten?
» Wer steht Ihnen innerlich besonders nahe: Gott über uns, Gott mit uns oder Gott in uns?
» Wem stehen Sie innerlich besonders fern: Gott über uns, Gott mit uns oder Gott in uns?
» Was lässt Sie an die Liebe Gottes glauben?

ANREGUNG ZUM GEBET

Ehre sei dem Vater und dem Sohne und dem Heiligen Geist

Die folgende alte Gebetsformel ist Ihnen sicherlich aus dem Gottesdienst bekannt. Wiederholen Sie sie halblaut murmelnd so oft, bis Sie jedes Wort wirklich mit Sinn und Verstand gesprochen haben:
„Ehre sei dem Vater und dem Sohn und dem Heiligen Geist, wie es war im Anfang, jetzt und immerdar, und von Ewigkeit zu Ewigkeit. Amen."

MERKVERS

Durch ihn (Christus) haben wir alle ... in einem Geist den Zugang zum Vater.

Epheser 2, 18

Tag 17 / **Was heißt: Jesus ist der „Sohn Gottes"?**

MEDITATION

Worauf kommt es an?
Auf die Kirche?
Auf die Gemeinde?
Auf den Gottesdienst?
Auf das Gebet?
Auf die Orgelmusik?
Auf den Gesang?
Auf die Liebe?
Auf den Nächsten?
Auf das Miteinander?
Auf die Hoffnung?
Auf die Predigt?
Auf mich?

Auf
Jesus Christus!
Allein auf
Jesus Christus!

Und manchmal wird er erfahrbar
In der Kirche
In der Gemeinde
Im Gottesdienst
Im Gebet
In der Orgelmusik
Im Gesang
In der Liebe
Im Nächsten
Im Miteinander
In der Hoffnung
In der Predigt
In mir

Jesus Christus
Anfang und Ende
Quelle des Heils
Kommt, wir suchen ihn!

EG 804 • ZEILE 4-7

Und an Jesus Christus,
seinen eingeborenen Sohn, unsern Herrn,
empfangen durch den Heiligen Geist,
geboren von der Jungfrau Maria.

WAS HEISST: JESUS IST DER „SOHN GOTTES"?

Der große Strich

Fragen Sie die Menschen heute, was sie an Jesus interessant finden, dann bekommen Sie Antworten wie: „Dass er Liebe nicht nur predigte, sondern vorlebte." Oder auch: „Dass er spannende Dinge über Gott erzählte und durch Wunder unterstrich." Diesen Aussagen ist eines gemeinsam: dass sie sich nämlich auf den *historischen Jesus* beziehen. Dass sie sich dafür interessieren, wie Jesus lebte und was er predigte. – „Für was denn sonst?", mögen Sie fragen. Aber all diese Themen sind für das Glaubensbekenntnis scheinbar uninteressant. Es berichtet uns von Jesus, dass er geboren wurde – und dass er starb. Alles dazwischen wird ausgelassen. Wie auf einem Grabstein, auf dem zwischen dem Geburtsjahr und dem Todesjahr nur ein großer Strich darauf hinweist, dass zwischen diesen Ereignissen etwas stattgefunden hat.

In gewisser Weise gilt das auch für Jesus von Nazareth. Von ihm kennen wir nicht einmal das Geburts- und das Todesjahr. Die Datierungen schwanken zwischen 4 und 7 vor Christus für seine Geburt und zwischen 27 und 30 nach Christus für seine Kreuzigung. Das zeigt, wie schwach die historischen Spuren sind, die in jene Zeit der Weltgeschichte hineinreichen. Von Jesu Kindheit wissen wir kaum etwas, über seine Familie nur Dürftiges. Irgendwann begann er, öffentlich aufzutreten. Dass er lehrte und Wunder tat, wird berichtet. Aber, mit Verlaub gesagt, das ist so besonders nicht. Wundertäter hat es schon immer gegeben. Viele davon sind Scharlatane, manche aber auch nicht. Selbst wenn man Jesus zu „den Guten" zählt: Warum kennt man seinen Namen noch, den der vielen anderen aber nicht? An den religiösen *Lehren* Jesu kann es nicht liegen. Sehr vieles davon finden wir auch bei anderen jüdischen Gelehrten seiner Zeit. Deren Namen kennen heute nur noch wenige Spezialisten, Jesus hingegen ist in aller Munde: Warum?

Das Glaubensbekenntnis richtet seinen Fokus nicht darauf, was Jesus *tat* und wie er lebte, sondern darauf, wer er *war*. Der „große Strich" ist zwar nicht uninteressant, gewinnt aber erst von Geburt, Kreuz und Auferstehung her seine wahre Bedeutung. Martin Luther sah das übrigens ganz ähnlich. Zwar hat er wie wenige Theologen vor ihm den geschichtlichen Jesus in den Mittelpunkt seines Denkens gerückt. Aber auch für ihn gilt, was wir für das Glaubensbekenntnis feststellten: Geburt, Tod und Auferstehung Jesu sind für ihn der Schlüssel, von dem her das irdische Leben Jesu gedeutet wird. Das heißt: Das, was Jesus sagt und tut, gewinnt seine Bedeutung tatsächlich allererst durch das, was bzw. wer er ist. Das wertet das Leben des irdischen Jesus nicht ab, aber der Erkenntnisweg führt nicht von unten nach oben, sondern von oben nach unten: Nicht sein Leben ist so bedeutsam, dass man daraus seine Gottessohnschaft folgern kann, sondern die Tatsache, dass Jesus der Sohn Gottes ist, verleiht seinen Worten und Taten ihre besondere Bedeutung.

Die Bedeutung der Jungfrauengeburt

In dieser Frage war Luther durch und durch „Katholik". Bis ans Ende seines Lebens glaubte er nicht nur an die Jungfrauengeburt Jesu, sondern folgte auch dem katholischen Dogma der *bleibenden* Jungfräulichkeit Mariens „vor, in und nach der Geburt" Jesu. Calvin sah das übrigens genauso, andere Reformatoren folgten dem aber nicht. Immerhin erwähnt das Neue Testament vier Brüder und mindestens zwei Schwestern Jesu, was nahelegt, dass Josef und Maria nach der Geburt Jesu weitere Kinder gezeugt haben.

Aber bleiben wir bei der Jungfrauengeburt. Sie wird bei Matthäus und Lukas bezeugt. Markus – das älteste Evangelium – und Paulus kennen sie offensichtlich nicht. Paulus schreibt vielmehr, dass Jesus aus der Nachkommenschaft – wörtlich: „aus dem Samen" – Davids entstammt (Römer 1,3). Das klingt nicht sonderlich nach „Jungfrau". Paulus lehrt in seinen Schriften allerdings die „Präexistenz" Jesu: also dass Jesus schon vor Anbeginn der Welt bei Gott war und mit Gott wirkte. Die Präexistenz ist auch Kerngedanke bei Johannes. Auch bei ihm findet sich keine Geburtsgeschichte, sondern er lässt sein Evangelium mit den Worten beginnen: „Im Anfang war das Wort (=Jesus) und das Wort war bei Gott, und Gott war das Wort" (1,1). Um dem wenige Verse später den monumentalen Satz folgen lassen: „...und das Wort ward Fleisch" (1,14). Wie genau das passierte, darüber schweigt er sich ebenso wie Paulus aus.

Die Geschichte von der Jungfrauengeburt versucht anschaulich zu machen, wie genau das passieren kann: dass Gott Mensch wird, dass sich in Jesus Gottheit und Menschheit vereinen. Dass Jesus beides zugleich ist: „wahrer Mensch und wahrer Gott", wie es das Konzil zu Chalcedon im Jahr 451 formulierte. Die Geschichte von der Jungfrauengeburt versucht sozusagen, dem als präexistent geglaubten Christus ein „Schlupfloch" in die Weltgeschichte zu schaffen. Wenn Sie nach Bethlehem in die Geburtskirche gehen, finden Sie dort in der Geburtsgrotte einen 14-zackigen Stern mit der Inschrift „Hier wurde Jesus Christus von der Jungfrau Maria geboren". In der Mitte des Sterns ist ein Loch. Ein orthodoxer Priester erklärte uns dazu: „Durch dieses Loch schlüpfte der Sohn Gottes aus der Ewigkeit in die Zeit." Das mag man belächeln, aber es klingt fast nach jenen „Wurmlöchern", die Stephen Hawking zufolge die Verbindung zwischen zwei verschiedenen Universen ermöglichen.

Muss man als evangelischer Christ an die Jungfrauengeburt glauben? Eine sehr geschätzte Kollegin von mir predigte einmal in unserer Gemeinde, dass man das nicht müsse und dass sie es auch nicht tue. Ein großer Teil der Gemeindeglieder atmete erleichtert auf. Sie hatten sich immer schwer damit getan, das zu glauben. Einige Gemeindeglieder hingegen waren hoch empört. Sie sahen mit der Infragestellung der Jungfrauengeburt die Fundamente ihres Glaubens gefährdet und schrieben mir aufgeregt einen Brief. Um es deutlich zu sagen: Die Fundamente des christlichen Glaubens werden durch die Frage der Jungfrauengeburt nicht berührt. Paulus und Markus kannten sie, wie gesagt, nicht, Johannes erwähnt sie nicht, und die wenigsten Theologen, die ich kenne, glauben daran. – Und doch verstehe ich das Unwohlsein derer, die damals gegen diese Predigt aufbegehrten. Das, was letzten Endes gegen eine Jungfrauengeburt spricht, ist die Tatsache, dass sie in unseren Augen widersinnig ist. Eine nicht verheiratete Frau bekommt ein Kind, und das soll am „Heiligen Geist" liegen!? Diese Aussage ist an Absurdität und Peinlichkeit kaum zu überbieten. Das war sie freilich von Anfang an. Matthäus und Lukas trafen mit dieser Story damals auf eine genauso große Skepsis wie heute. Dass ein Kind nicht vom „Heiligen Geist" kommt, wussten die Leute genauso gut wie wir. Am allerbesten Lukas, denn der war Arzt.

Und trotzdem erzählen sie diese Geschichte – warum? Anders als Paulus, der sich für den irdischen Jesus kaum interessiert (ihm ist der gekreuzigte und auferstandene Christus viel wichtiger), beschäftigen sich Matthäus und Lukas als Schreiber eines Evangeliums mit der Frage: Wie genau kommt das bzw. der Ewige in die Zeit hinein? Wo ist die „Eingangstür", durch die der Gottessohn in unsere Welt hineinschlüpft? Wenn man glaubt, dass Gott in Jesus Mensch wird, Ewigkeit also ein Teil unserer Zeit wird, muss man irgendwie erklären, wo Gott aufhört, *ewiger* Gott zu sein und stattdessen beginnt, *Gott in der Zeit* zu sein. Egal, wohin Sie diesen Punkt verlagern – auf die Empfängnis, die Geburt, die Taufe Jesu oder wohin auch sonst: Es ist auf jeden Fall ein ebenso unfassbares wie unvorstellbares Wunder. Gott wird Mensch – das ist das Unglaublichste aller Ereignisse. Das größte Wunder der Weltgeschichte. Wir müssen nicht unbedingt glauben, dass das auf dem Weg einer Jungfrauengeburt passiert ist. Aber glauben wir, dass dieses Wunder passiert ist, das die Jungfrauengeburt bezeugt – eben die Inkarnation? Die Unfassbarkeit dieses Ereignisses jedenfalls stellt alles andere in den Schatten.

Gottes Sohn

Kann Gott einen Sohn haben? Im biologischen Sinne sicherlich nicht. Manchmal wird die Geschichte von der Jungfrauengeburt so ausgelegt: Gott – „der Mann" – nimmt sich Maria und zeugt mit ihr ein Kind. Doch das sagt die Geschichte ganz und gar nicht aus. Maria empfängt ihr Kind nämlich vom „Heiligen Geist" – und der ist nur in der deutschen Sprache männlich. Im Hebräischen ist das Wort für Geist weiblich: Ruach. Es ist also nicht so, dass sich bei der Jungfrauengeburt ein männlicher Gott mit einem weiblichen Menschen zusammentut und beide einen Sohn bekommen. Genau betrachtet hat Jesus zwei „Mütter": Maria und Ruach. Und er hat zwei „Väter", die in diesen Prozess nur indirekt involviert sind: Gott und Josef.

Jesus ist also nicht im biologischen Sinne von Gott mit Maria gezeugt worden. Warum wird Jesus aber dann „Gottes Sohn" genannt? Manche meinen, im Sinne einer Adoption. Ein besonderer Mensch wird von Gott zu seinem Sohn erklärt – ein faszinierender Gedanke, zumal er uns intellektuell nicht so viele Nöte bereitet. Jesus wäre durch die Adoption sozusagen ein „Prophet höherer Ordnung". Freilich müsste man sich dann fragen: Warum gerade Jesus? Was hatte er, was wir nicht haben? Außerdem hat die Theorie den Schönheitsfehler, dass sie sich kaum auf die Bibel stützen kann. Fast alle Autoren des Neuen Testaments gehen davon aus, dass Jesus der Sohn Gottes schon von Anbeginn war. Ihre Botschaft lautet definitiv: „Gott wird Mensch" – und nicht: „Ein Mensch wird Gott". Der Begriff „Gottes Sohn" ist letzten Endes ein Bild, das drei wichtige Aspekte in der Beziehung zwischen Gott und Jesus ausdrückt:

Die **wesensmäßige Zusammengehörigkeit** Jesu mit dem Vater. Dass Jesus der Sohn Gottes ist, bedeutet, dass Jesus von Gott her kommt und mit ihm von der gleichen „Art" ist. Er und sein Vater haben sozusagen dasselbe Wesen. Manchmal sagen wir von einem Kind, es sei „ganz der Vater". Ähnliches behauptet Jesus von sich selbst: „Ich und der Vater sind eins" (Johannes 10,30). Oder auch: „Wer mich sieht, der sieht den Vater!" (Johannes 14,9f). Das war in der ersten Christenheit weitgehender Konsens: dass Jesus nicht ein besonderer Mensch war, den Gott zu sich emporgezogen hat, sondern dass er „Gott gleich" war, aber seine „göttliche Gestalt" ablegte, um ein Mensch zu werden wie wir (Philipper 2,6f; vgl. Johannes 17,5). Er kam in menschlicher Gestalt zu uns, um uns Gottes Wesen zu offenbaren. Gott selbst können wir nicht sehen. Wer aber Jesus sieht, schaut Gott mitten ins Herz.

Die **tiefe Verbundenheit** Jesu mit dem Vater. Damit ist die intensive Beziehung gemeint, die der Mensch Jesus mit seinem himmlischen Vater pflegte.

Immer wieder zog sich Jesus stundenlang zurück, um zu beten: in die Berge, an den See, in den Garten Gethsemane. Bereits früher waren wir auf die zärtlich-innige Gebetsanrede „Abba" zu sprechen gekommen. Er, der von sich sagte: „Ich bin im Vater und der Vater in mir" (Johannes 14,10a vgl. 17,21), achtete darauf, dass der Kommunikationsfluss zwischen ihm und Gott niemals abriss. Man fragt sich, wie Jesus Gott sein und doch gleichzeitig zu Gott beten konnte. Doch wie bereits erwähnt, hatten Gott und Jesus schon eine ewige Beziehung, bevor Christus Mensch wurde. Er ist von Ewigkeit her Gottes Sohn und wird immer Gottes Sohn sein. Das Gebet des irdischen Jesus diente dazu, diese tiefe Verbundenheit zu pflegen und zu festigen.

Die **völlige Abhängigkeit** Jesu von dem Vater. Auch wenn uns das damit verbundene Weltbild nicht gefällt: Im Alten Orient bedeutete die Beziehung zwischen Vater und Sohn immer auch ein Abhängigkeits- und Unterordnungsverhältnis. „Der Vater", sagte Jesus, „ist größer als ich" (Johannes 14,28). Oder: „Der Sohn kann nichts von sich aus tun, sondern nur, was er den Vater tun sieht; denn was dieser tut, das tut in gleicher Weise auch der Sohn" (Johannes 5,19). Das heißt: Jesus handelt in Gottes Auftrag und unterstellt sich seinen Weisungen. „Die Worte, die ich zu euch rede, die rede ich nicht aus mir selbst. Der Vater aber, der in mir bleibt, der tut seine Werke" (Johannes 14,10b). Es geht Jesus in allem, was er sagt und tut, um das Gottsein Gottes. Und am Ende der Zeit wird er Gott alles wieder in die Hände zurückgeben: „Wenn aber alles ihm (Jesus) untertan sein wird, dann wird auch der Sohn selbst untertan sein dem, der ihm alles unterworfen hat, auf dass Gott sei alles in allem" (1. Korinther 15,28).

Erneut stehen wir vor dem Geheimnis, das uns schon beschäftigte, als wir uns mit der Trinitätslehre auseinandergesetzt haben. Es gibt zwar nur *einen* Gott, aber dessen Einheit ist in sich differenziert. Es ist nur *ein* Gott. Aber dieser Gott war in Jesus. Wie das möglich sein kann, dazu reicht unsere Vorstellungskraft nicht aus. Luthers engster Weggefährte Philipp Melanchthon hat einmal gesagt: „Die Geheimnisse Gottes sollten wir lieber anbeten als sie erforschen." Die Aussage, dass Jesus Gottes Sohn ist, ist keine Denksportaufgabe, sondern entstammt der Gebetspraxis der ersten Kirche. Die ersten Christinnen und Christen haben in Jesus Gott selbst erkannt. Darum haben sie ihn bzw. in ihm den *einen* Gott angebetet. Verstanden haben sie das ebenso wenig wie wir. Aber sie haben es erfahren, dass Gott in Jesus war. Und statt allzu viel philosophisch über dieses Geheimnis nachzudenken, sollten wir lieber versuchen, dieser Erfahrung nachzuspüren.

NACH-DENKEN

Gott selbst können wir nicht sehen. Wer aber Jesus sieht, schaut Gott mitten ins Herz.

FRAGEN

» Was, meinen Sie, war das Besondere an Jesus, dass man ihn „Sohn Gottes“ nannte?
» Wieso interessiert sich das Glaubensbekenntnis mehr für Geburt und Tod als für das gelebte Leben Jesu?
» Was ist unglaublicher: Die Präexistenz Jesu (= die Existenz Jesu bereits vor Schöpfung der Welt) oder die Jungfrauengeburt?
» Was spricht in Ihren Augen dafür, dass Jesus mehr war als nur ein „höherer Prophet“?
» Wie können wir auch heute noch erfahren, dass Jesus der „Sohn Gottes“ ist?

ANREGUNG ZUM GEBET

Die ersten Christinnen und Christen hatten verschiedene Namen und Titel, mit denen sie Jesus anbeteten: „Sohn Gottes“ war nur einer davon. „Christus“ ein anderer. Oder „Herr“. Vielleicht suchen Sie selber nach einer für Sie passenden Anrede. Sie können sie aus der Bibel nehmen oder selber erfinden. Listen Sie mindestens fünf solcher Anreden bzw. Titel auf, wie man Jesus sonst nennen könnte, und probieren Sie anschließend, ob diese für Sie passen. Wiederholen Sie jede dieser Anreden, indem Sie Jesus direkt ansprechen: „Jesus, du (ANREDE), durch dich (oder: in dir) erkenne ich Gott und danke dir dafür.“

MERKVERS

Jesus spricht: „Ich bin vom Vater ausgegangen und in die Welt gekommen; ich verlasse die Welt wieder und gehe zum Vater.“

Johannes 16, 28

Tag 18 / **Warum musste Jesus sterben?**

EG 804 • ZEILE 8-10

Gelitten unter Pontius Pilatus,
gekreuzigt, gestorben und begraben,
hinabgestiegen in das Reich des Todes.

Wieso ausgerechnet Pilatus?

Wenn Sie ein Glaubensbekenntnis schreiben müssten, das sich auf das Allernotwendigste beschränkt: Welche geschichtliche Person – außer Jesus natürlich – würden Sie dort auftreten lassen? Wären es Adam und Eva? Oder Abraham? Vielleicht auch Mose. Aber sicherlich würde es Ihnen nicht im Traum einfallen, ausgerechnet Pontius Pilatus zu erwähnen. Ja, er war der Machthaber, der Jesus letztendlich ans Kreuz schlagen ließ. Aber er war keineswegs der große Gegenspieler Jesu. Die Evangelien zeichnen ein recht ambivalentes Bild dieses Mannes, der sich angesichts des verhafteten Jesus voller Skrupel zeigte. Erst, als er merkte, dass er sich selbst gefährdete, überantwortete er Jesus den Henkern. Nicht, ohne vorher seine Hände in Unschuld zu waschen. Er war hier keine treibende Kraft, sondern eher ein Getriebener. Zweifellos lud Pilatus in dieser Geschichte Schuld auf sich, aber so ganz passt er nicht in das Bild des typischen „Bad Guy". Und es heißt auch nicht „gelitten *durch*", sondern „gelitten *unter* Pontius Pilatus".

Ich glaube, Pilatus steht im Glaubensbekenntnis, weil er in vielerlei Hinsicht war wie wir. Pilatus meinte es nicht böse. Er wollte nicht, dass Jesus ans Kreuz kommt. Pilatus scheute lediglich den Druck der Massen. Den Ärger, den er mit dem Kaiser bekommen würde, wenn er in Palästina einen Aufstand zuließ. Statt Tausender nur *Einen* zu opfern war sicherlich nicht schön. Aber war es nicht ethisch sogar geboten? Pilatus wusch seine Hände in Unschuld. Wegen ihm hätte Jesus nicht zu sterben brauchen. – Ist das nicht genau das, was wir oftmals denken?

Im Internet gibt es eine Seite, auf der Sie errechnen können, wie viele Sklaven für Sie arbeiten. Ja, für Sie! 27 Millionen Menschen gibt es auf der Welt, die unter völlig menschenunwürdigen Umständen arbeiten. Ich habe nachgerechnet: 36 davon tun es auch für mich. Sie fertigen Kleidung für mich an, holen für mein Smartphone seltene Erze aus Bergwerken, pflücken Kaffee usw. Auch wenn diese Zahl nicht ganz stimmt: Ein „Wachmacher" ist das schon. Bis gestern wäre ich nicht im Traum darauf gekommen, dass mein Wohlstand auf Sklaverei basiert. Und selbst jetzt, wo ich es weiß: Werde ich etwas ändern? – Oder wussten Sie, dass in Deutschland jedes Jahr mehr als 50 Millionen männliche Küken geschreddert werden, weil sie keine Eier legen und daher für uns Menschen nutzlos sind? Eine Tatsache, vor der wir die Augen gerne verschließen, wenn wir morgens unser Frühstücksei verspeisen. – Wir empören uns mit Recht über verabscheuungswürdige Terrorangriffe wie die des IS. Und doch haben wir westlichen Staaten in den letzten 20 Jahren mit unseren Bomben vieltausendfach Tod und Elend über zivile Opfer in arabischen Staaten gebracht. Zwar haben wir nicht selber Hand angelegt. Wir alle sind auch in dieser Hinsicht Pilatus: die Umstände sind halt so, wir sicherlich nicht ganz schuldlos, aber was sollen wir denn tun?

Gelitten unter Pontius Pilatus: An dieser Stelle können wir getrost unseren Namen einsetzen. Zwar haben die wenigsten von uns je direkt einen Sklaven ins Bergwerk geschickt, ein Küken geschreddert oder eine Bombe auf ein Wohnviertel in Syrien abgeworfen. Und doch leiden und sterben Tausende von Menschen allein aufgrund der Tatsache, dass es uns gibt. Ich habe nur drei Beispiele genannt, von denen es noch ganz viele andere gibt: Klima, Umwelt, Hunger, Armut, Fremdenfeindlichkeit – leider gibt es kaum ein globales Problem, bei dem wir unsere Hände wirklich in Unschuld waschen könnten. Die Welt liegt nicht nur im Argen, weil es Menschen wie Adolf Hitler oder Josef Stalin gibt, sondern weil wir so sind, wie wir sind. Und darunter leidet auch Gott. Wir retten unseren Lebensstandard, schließen die Augen und waschen unsere Hände in Unschuld. Und bringen Jesus auf diese Weise immer wieder ans Kreuz.

Opfer, Opfer oder Opfer?

Die Frage, die uns heute beschäftigt, ist die: War der Kreuzestod Jesu notwendig? Die klassische Antwort darauf lautet, dass sein Tod ein „Opfer" war. Freilich ist dieses Wort alles andere als eindeutig. Im Englischen gibt es mindestens drei Vokabeln, mit denen man das Wort „Opfer" übersetzen kann: *victim*, *offering* und *sacrifice*.

- Das Wort *victim* meint das Opfer einer Gewalttat, eines Unfalls oder einer Naturkatastrophe.
- Das Wort *offering* beschreibt eine freiwillige Gabe oder selbstlose Tat, die jemand erbringt.
- Der Begriff *sacrifice* bezeichnet meist ein religiöses Opfer.

In welchem Sinn war nun Jesu Kreuzestod ein Opfer? Zweifellos war Jesus das Opfer einer Gewalttat – also *victim*. Damit tritt er neben die Millionen und Milliarden anderen Opfer, die in dieser Welt unterdrückt und verfolgt werden. Diese mitleidende Solidarität von höchster Stelle ist wohltuend in einer Zeit, in der die Bezeichnung „du Opfer" auf Schulhöfen zum Ausdruck höchster

Verachtung geworden ist. Auch das ist Teil der Menschwerdung Gottes: dass Jesus selbst in diese tiefsten Tiefen der Menschheit hinabsteigt und sich an die Seite aller stellt, die auf irgendeine Weise zum Opfer geworden sind

Freilich ist das nur eine Seite der Medaille. Das Neue Testament lässt keinen Zweifel daran, dass Jesu Opfer am Kreuz nicht nur ein passives war, sondern ein bewusster Akt der Selbsthingabe, ein *„offering"*: eine freiwillige Gabe, die er erbrachte. In gewisser Weise können wir den Kreuzestod Jesu als äußersten Ausdruck seiner Inkarnation verstehen: „Er, der in göttlicher Gestalt war, hielt es nicht für einen Raub, Gott gleich zu sein, sondern entäußerte sich selbst und nahm Knechtsgestalt an... Er erniedrigte sich selbst und ward gehorsam bis zum Tode, ja zum Tode am Kreuz" (Philipper 2,6-8). Jesus gab sich selbst dahin: nicht erst am Kreuz, sondern schon bei seiner Menschwerdung. Das Kreuz ist die letzte und bitterste Konsequenz dieser Selbsthingabe Jesu.

Aber was haben Gott und die Menschen von dieser Selbsthingabe Jesu am Kreuz? Damit nähern wir uns dem tiefsten Geheimnis des Neuen Testaments: Der Tod Jesu war nämlich zutiefst und zuletzt ein Opfer im Sinne eines *sacrifice*. Jesu Kreuzestod war der Bibel zufolge nicht nur ein Opfer menschlicher Sünden *(victim)*, sondern vor allem ein Opfer *für* Sünden. Dieses Opfer war notwendig, um Gott und die Menschen wieder zusammenzubringen. – Jetzt betreten wir ausgesprochen vermintes Gelände. Ich bitte Sie um ein wenig Vertrauen, während ich versuche, Sie in vier kurzen Schritten durch dieses Terrain zu führen.

Erstens: Das Neue Testament ist davon überzeugt, dass der Kreuzestod Jesu kein Zufall, sondern notwendig war. Dieser Tod geschah „für uns". Ohne ihn gäbe es für uns kein Heil und keine Erlösung von Sünden. Entsprechend schreibt Martin Luther im Kleinen Katechismus: „Ich glaube, dass Jesus Christus... mich verlorenen und verdammten Menschen erlöset hat, erworben, gewonnen von allen Sünden, vom Tode und der Gewalt des Teufels; nicht mit Gold oder Silber, sondern mit seinem heiligen, teuren Blut und mit seinem unschuldigen Leiden und Sterben." Hinter die zentrale Aussage, dass Jesu Kreuzestod ein Opfer im Sinne eines *sacrifice* „für uns" ist, können wir als Christinnen und Christen nicht zurück.

Zweitens: Das Neue Testament verwendet rund ein Dutzend Vorstellungen und Bilder, um dieses Opfer Jesu am Kreuz begreiflich zu machen. Eines davon ist die Vorstellung des *Sühneopfers*: Jesus ist das Lamm Gottes, das für die Sünde der Welt geschlachtet wird. Aber da ist auch die Vorstellung des *Lösegelds*: Jesus bezahlt mit seinem Blut den Preis, den der Teufel dafür verlangt, dass die Menschen sich zu Sklaven der Sünde gemacht haben. Ein drittes Bild ist das des *Siegeszugs* gegen die Mächte des Todes und des Unheils, den Jesus mit seinem Tod und seiner Auferstehung angetreten hat. Man könnte noch weitere Bilder anfügen. Die Tatsache, dass es *unterschiedliche* Vorstellungen sind, die das Neue Testament verwendet, zeigt, dass es nicht nur ein gültiges Deutungsmodell des Todes Jesu gibt, um das „für uns" des Kreuzestodes zu illustrieren. Und dass das alles eben nur *Bilder* sind. Jesu Tod *ist* kein Sühnopfer, sondern er ist dem nur vergleichbar. Er *ist* kein Lösegeld, aber er bewirkt das Gleiche, was ein Lösegeld bewirkt.

Drittens: Im Lauf der Kirchengeschichte hat sich freilich *eines* der biblischen Deutungsmodelle gegenüber den anderen durchgesetzt. Und das, was als erläuterndes Bild gemeint war, wurde plötzlich zur Realität erhoben. Ende des elften Jahrhunderts schrieb der Theologe *Anselm von Canterbury* ein Büchlein mit dem Titel „Warum Gott Mensch wurde". Diese Schrift war deshalb so bahnbrechend, weil sie den Kreuzestod Jesu für die Menschen seiner Zeit völlig plausibel erklärte. In ihr wird Gott wie ein König vorgestellt. Sünde, so erläuterte Anselm ganz im Lebensgefühl seiner Zeit, sei eine schlimme Majestätsbeleidigung Gottes. Diese Beleidigung könne entweder durch die Todesstrafe des Sünders kompensiert werden oder durch eine Wiedergutmachung (Satisfaktion). Dazu sei der Mensch aus eigener Kraft aber nicht in der Lage. Das aber bringt Gott sozusagen in einen Rollenzwang: Als *barmherziger* Vater möchte Gott den Menschen vergeben, aber als *gerechter* Gott kann er das heilige Recht nicht unterlaufen. Darum wurde Gott Mensch: um am Kreuz jene Sühneleistung zu erbringen, zu der wir Menschen selbst nicht in der Lage sind.

Viertens: Die Satisfaktionstheorie Anselms hat die Christenheit der letzten 900 Jahre stark geprägt. Auch Martin Luther und später der Pietismus bedienten sich immer wieder dieses Modells. Sagen wir es offen: Anselms Theorie war zu ihrer Zeit zwar plausibel. Heute ist sie das aber nicht mehr. Wir haben heute andere Vorstellungen von Liebe und Gerechtigkeit. Dass jemand einen blutigen Tod am Kreuz sterben muss, um einen beleidigten Gott zu versöhnen, verdunkelt für uns eher das Gottesbild, als es zu erhellen.

Mein Vorschlag ist, den Fächer der Deutungsmodelle für den Kreuzestod Jesu wieder viel weiter zu öffnen, so wie es im Neuen Testament der Fall ist. Statt – wie in den letzten 900 Jahren – fast ausschließlich das heute kaum noch vermittelbare Bild vom Sühneopfer zu bemühen, sollten wir verstärkt auf andere biblische Deutungen zurückgreifen. Das Glaubensbekenntnis beispielsweise bedient sich einer Vorstellung, die vor allem in der Ostkirche prägend geworden ist und auf die auch Martin Luther gerne in seinen Predigten und Liedern zurückgreift: das Bild des siegreichen Abstiegs Jesu in die Unterwelt.

Hinabgestiegen in das Reich des Todes

Nicht nur von unserem modernen Lebensgefühl und Gerechtigkeitsempfinden, sondern auch von der Bibel her müssen wir Anselms Lehre in Frage stellen. Schon im Judentum war das Menschenopfer von Anfang an – seit der verhinderten Opferung Isaaks – abgeschafft. Sollte das Neue Testament an diesem Punkt tatsächlich hinter das Alte zurückfallen? Sinnvoll wird die Rede vom Opfertod Christi meines Erachtens nur, wenn wir realisieren, dass der Kreuzestod Jesus nicht ein Opfer ist, das Gott von uns Menschen *fordert*, sondern eines, das er für uns *erbringt*. Dem Zeugnis des Neuen Testaments zufolge sandte Gott Jesus auf diese Welt, um die Menschen zu retten. Es ist nicht so, dass die Liebe Gottes allererst am Kreuz *hergestellt* werden muss, sondern das Kreuz ist im Gegenteil eine *Folge* der Liebe Gottes. Gott musste auch nicht durch das Kreuz „versöhnt" werden. Vielmehr ist es der *Mensch*, der mit Gott versöhnt werden muss (vgl. 2. Korinther 5,19). Am Kreuz wird nämlich vor allem eines deutlich: wie weitreichend die Ablehnung Gottes seitens des Menschen ist. Das ist uns oft gar nicht bewusst. Pilatus, Kaiphas oder wie die Beteiligten damals auch hießen, waren keine besonders bösen Menschen. Sie waren wie wir. Auch wir hätten Jesus ans Kreuz gebracht. Oder ihn – wie die Jünger – verraten und verlassen. Das ist die bittere Wahrheit, die an Karfreitag offenbar wird. Was aber das Wunderbare ist: Genau dieser Tiefpunkt im Verhältnis zwischen Gott und Mensch wird zum Ausgangspunkt für die Versöhnung der beiden. Denn im Kreuz geschah das eigentliche Heilswerk Jesu: Er ging in unseren Tod ein, um uns aus dessen Machtbereich zu retten.

Es ist bemerkenswert: Bis hierhin ist Jesus im Glaubensbekenntnis völlig passiv. Sein Leben wird in den Worten zusammengefasst: geboren, gelitten, gekreuzigt, gestorben und begraben. Doch jetzt findet sich erstmalig ein aktives Verb im Zusammenhang mit Jesus: Er *steigt* hinab in das „Reich des Todes". Dieses Reich – im Griechischen „Hades" und im Hebräischen „Scheol" genannt – ist nicht das Gleiche wie die Hölle. Die Hölle wird es nach biblischer Vorstellung erst am Ende der Zeiten geben. Der Scheol ist vielmehr so etwas wie ein Aufbewahrungsort der Toten, Luther nennt ihn „das Grab der Seele".

Ein ziemlich trostloser Ort. Dieses Reich des Todes ist die Konsequenz unserer Sünde. „Der Tod ist der Sünde Sold", heißt es bei Paulus (Römer 6,23). Damit ist nicht so sehr das Aufhören unserer biologischen Funktionen gemeint, sondern die Tatsache, dass ein Leben ohne Gott nach und nach alle Beziehungen zersetzt, die ein Leben lebenswert machen. Er ist nicht so sehr *Strafe*, als vielmehr *Folge* unserer Sünde. Wer sich vom Licht abwendet, wird nicht mit Dunkelheit „bestraft", sondern erlebt diese als Konsequenz seiner Abwendung vom Licht. Und wer sich von Gott, der Quelle des Lebens, ablöst, gerät unter die Herrschaft des Todes.

Doch Christus geht uns selbst bis in diese Dunkelheit nach. Er *stürzt* nicht, sondern er *steigt* aktiv hinab in den Scheol, um denen das Licht zu bringen, „die sitzen in Finsternis und Schatten des Todes" (Lukas 1,79). Gott selbst taucht in die absolute Gottesferne ein. Und genau damit bricht er die Macht des Todes. Denn dort, wo vorher alle Beziehungen aufhörten, baut Jesus eine neue Beziehung zu den Menschen auf. Dort, wo es vorher dunkel war, leuchtet es jetzt hell. „Finsternis ist nicht finster bei dir", heißt es im 139. Psalm. Sie ist nicht finster, weil Jesus Christus dort das Licht Gottes angezündet hat. Es gibt kein „Reich des Todes" mehr. Der Tod hat seine dunkelste Macht verloren. Der Theologe Helmut Thielicke sagt: „Der Vater hat den Sohn in die Hölle geschickt, damit uns über den Sohn sogar die Hölle noch zum Himmel werden kann." Ja, wir müssen sterben – und das ist furchtbar genug. Und doch ist dem Tod der „Stachel" genommen, wie Paulus schreibt. Christus hat die toten Seelen aus dem Scheol befreit. Sie dürfen jetzt ruhen und sanft träumen bis zum Tag der Auferstehung. So merkwürdig es klingt: Seine schlimmste Macht übt der Tod über uns Lebende aus. Aber danach hat der Tod keine Macht mehr. Und zwar nicht, weil dann alles aus ist, sondern weil dann Christus auf uns wartet: voller Liebe und Licht.

NACH-DENKEN

Der Kreuzestod Jesu ist nicht ein Opfer, das Gott von uns Menschen fordert, sondern eines, das er für uns erbringt.

FRAGEN

» Können Sie in dem Handeln bzw. Nichthandeln des Pilatus sich selbst ein Stück weit wiederentdecken?
» Ist Ihnen Anselms Satisfaktionstheorie schon einmal begegnet, und für wie plausibel halten Sie sie?
» Könnten Sie anders als Anselm erklären, dass Jesus „für uns" gestorben ist?
» Was denken Sie, was nach dem Tod passiert?
» Was bedeutet es für uns, dass Jesus „in das Reich des Todes hinabgestiegen" ist?

ANREGUNG ZUM GEBET

Opfer

Bitte denken Sie über folgende drei Fragen nach, und beantworten Sie sie jeweils in einem Gebet:

1. Wo bin ich selbst in meinem Leben schon mal zum Opfer geworden? (Klagegebet)
2. Wo habe ich andere zum Opfer gemacht? (Bußgebet)
3. Was hilft mir das Opfer, das Jesus am Kreuz gebracht hat? (Dankgebet)

MERKVERS

„Wahrlich, wahrlich, ich sage euch: Es kommt die Stunde und ist schon jetzt, dass die Toten hören werden die Stimme des Sohnes Gottes, und die sie hören, die werden leben."

Johannes 5, 25

MUSIK

Wer fühlen will, muss hören. Martin Luther hat selbst viele neue Kirchenlieder geschrieben. Und auch dabei galt sein einzigartiger Grundsatz, der uns diese Woche beschäftigt: „Was Christum treibt". Also: Lasst uns bei allem, was wir tun und sagen, prüfen, ob es dem entspricht, was Jesus vorgelebt hat. Das Lied „Spuren des Himmels" (Track 3) lädt ein, das Wirken Gottes in der Welt neu zu entdecken.

Ich such dich in allem, was gut ist,
was atmet, was tröstet, was hält.
Ich such dich in allem, was schön ist,
die Spuren des Himmels
in unserer Welt.

EG 804 • ZEILE 11-16

Am dritten Tage auferstanden von den Toten,
aufgefahren in den Himmel;
er sitzt zur Rechten Gottes,
des allmächtigen Vaters;
von dort wird er kommen,
zu richten die Lebenden und die Toten.

Die Auferstehung Jesu – die größte Hoffnung der Menschen

Wunder über Wunder: Nachdem wir zunächst das *größte* Wunder der Weltgeschichte betrachtet haben – die Menschwerdung Gottes –, betrachteten wir gestern das *abgründigste* Wunder: den Kreuzestod Jesu. Und heute beschäftigen wir uns mit dem *zentralen* Wunder des christlichen Glaubens: der Auferstehung Christi. Martin Luther sagt dazu: *„Ich wollte niemals einen anderen Gedanken haben als den: die Auferstehung ist für mich geschehen."* Alles, wirklich alles hängt an der Auferstehung Jesu. Genau gesagt: an der Tatsache, dass diese Auferstehung *für uns* geschehen ist.

Die Auferstehung Jesu als solche ist tatsächlich nicht das Entscheidende. Der Tod hätte den Sohn Gottes auf keinen Fall halten, und er hätte auch direkt zu seinem Vater auffahren können. Aber dass Jesus in das Reich des Todes eingeht, um dem Tod auch die Macht über *uns* zu nehmen und dann noch einmal auf die Erde zurückkommt, um seinen Jüngerinnen und Jüngern gewiss werden zu lassen, dass er lebt, dass er weiter die Gemeinschaft mit ihnen sucht – *das* ist das Wunderbare an Ostern! Dass Jesus auch weiterhin *für uns und mit uns* lebt. Das allein lässt uns hoffen, dass mit seiner Auferstehung auch *unsere* Auferstehung am Jüngsten Tag verbürgt ist.

Erst von der Auferstehung Jesu her wird auch sein *Kreuzestod* für uns zu einem Heilsereignis. Denn Ostern ist der Beweis, dass Gott durch Tod und Sterben hindurch weiter an uns Menschen festhält. Insofern ist die Auferstehung Jesu die größte Hoffnung der Menschheit. Sie ist nicht nur Hoffnung auf ein Leben über den Tod hinaus. Allein durch die Abschaffung des Todes entsteht noch kein „ewiges Leben". Eine bloße Wiederherstellung bzw. unendliche Fortsetzung unseres Lebens unter dem Vorzeichen von weiterhin existierender Krankheit oder Not, Unrecht und Sünde wäre keine Hoffnung, sondern die Hölle auf Erden. Die Auferstehung Jesu bedeutet mehr. Sie ist das Zeichen der vollständigen Versöhnung, Heilung und Zurechtbringung, die nach dem Tod auf uns wartet.

Manche fragen sich: „Ist die Auferstehung denn wirklich passiert?" Die Frage zielt meist darauf, ob Jesus tatsächlich wieder leibhaftig auf Erden erschienen ist. Ob die Auferstehung wirklich ein geschichtliches Ereignis war oder ob nur die „Sache Jesu" auf Erden weiterging. Seiner Auferstehung müsste das ja nicht unbedingt widersprechen. Dann wäre Jesus eben direkt zu Gott gegangen und hätte nicht noch einmal den „Umweg" über diese

Erde genommen. Dieser „Umweg" ist aber das Entscheidende. Erst er macht deutlich, dass die Auferstehung Jesu nicht nur eine Privatangelegenheit zwischen ihm und Gott war, sondern auch für uns Bedeutung hat. Wenn Jesus nur jenseitig auferstanden wäre, wäre das nichts anderes, als wenn wir über einen Verstorbenen sagen: „Er ist jetzt bei Gott". Für die Jüngerinnen und Jünger wäre von der Auferstehung Jesu kein wirklicher Trost ausgegangen, wenn sie nicht leibhaftig erfolgt wäre. Sie wären sitzen geblieben auf ihrem Zweifel und ihrer Angst vor dem eigenen Tod. Erst durch die leibliche Auferstehung Jesu wurden sie dessen gewiss, dass wir Anteil daran haben werden, wenn Gott am Ende der Zeit die Welt in sein Licht und seine Herrlichkeit führen wird.

Darum bekennen wir, dass Jesus am *dritten Tage* auferstanden ist. Wir reden hier von einem Ereignis inmitten unserer Zeit, hier auf dieser Welt. Wir reden davon, dass Jesus Christus an einem konkreten geschichtlichen Datum noch einmal *leibhaftig* in unsere Welt hineingekommen ist. Und weil hier etwas sehr Massives, Körperliches passierte, schlug die Stimmung der Jüngerinnen und Jünger aus abgrundtiefer Trauer um in überschäumende Freude. Das Neue Testament berichtet, dass die Jüngerinnen und Jünger an jenem Sonntag zu einem guten Teil wieder auf dem Weg nach Hause gewesen sind: zurück nach Galiläa, in ihre alte Geschichte. Für sie war mit dem Karfreitag definitiv alles aus und vorbei. Wenn ihnen Christus nicht leibhaftig begegnet wäre, hätte es nie ein Christentum gegeben. So aber wurde die Auferweckung Jesu von den Toten zum zentralen Inhalt der christlichen Botschaft.

Himmelfahrt: Jesus kommt uns näher

Himmelfahrt: Für viele ist das ein merkwürdiges Fest, auf das sie gerne auch verzichten könnten. Wenn man die Himmelfahrtskapelle bei Jerusalem besucht, kann man dort die vermeintlichen Fußabdrücke Jesu bestaunen, die dieser bei seiner Auffahrt zum Himmel im Felsboden hinterlassen haben soll. Das ist natürlich eine absurde Vorstellung. Der „Himmel" im Sinne der Bibel ist ja gar kein geografischer Ort, sondern der Herrschaftsbereich Gottes. Wenn es im Glaubensbekenntnis heißt „...aufgefahren in den Himmel", bedeutet dies, dass der auferstandene Christus nach seinem 40-tägigen „Zwischenaufenthalt" auf der Erde jetzt ganz bei Gott ist. Das heißt nicht, dass er auf dieser Erde nicht mehr gegenwärtig ist (Gott ist hier schließlich auch gegenwärtig), aber er ist es nicht mehr leiblich.

Freilich muss jede Vorstellung darüber, wie der Übergang Jesu von der raum-zeitlichen in die ewige Welt Gottes konkret erfolgt sein soll, widersinnig sein. Ebenso, wie es für uns nicht begreiflich ist, wie an Weihnachten das Ewige in die Zeit gekommen ist, fehlen uns auch die Bilder und Kategorien dafür, wie nach rund 33 Jahren das Umgekehrte vonstattengegangen sein soll. Manche sagen, Jesu Leib sei ganz normal im Grab vermodert. Aber der Preis für diese Auffassung ist, wie wir gesehen haben, hoch. Sie nimmt uns eines der stärksten Zeugnisse für die Heilsbedeutung des Kreuzes, für die Realität der Versöhnung zwischen Gott und Mensch und für die völlige Entmachtung des Todes durch Jesus Christus.

Man kann die Frage, wie Jesus wieder in die ewige Welt Gottes eingegangen ist, unbeantwortet lassen, was wahrscheinlich das klügste ist. Nicht aber, wenn man – wie Lukas – ein Evangelium und die Geschichte der ersten Kirche aufschreibt. Er, der ja selbst nicht dabei war, muss irgendwie Auskunft geben, was zwischen diesen beiden Ereignissen geschah. Lukas sagt, dass Jesus bei seiner Himmelfahrt „von einer Wolke" aufgenommen wurde (Apostelgeschichte 1,9). Die „Wolke" ist seit der Wüstenwanderung Israels das Zeichen der sichtbaren, gleichzeitig aber immer auch verborgenen, verhüllten Gegenwart Gottes. Es geht bei der Himmelfahrt nicht um die Frage, ob der Himmel „oben" ist und welchen Düsenantrieb Jesus dafür benutzt hat, wieder zu Gott aufzusteigen. Vielmehr geht es darum, dass er aufhörte, Teil unserer gegenständlichen Welt zu sein. Jesus ging an Himmelfahrt in die Welt Gottes ein: das bedeutet, dass wir ihn nicht mehr sehen und nicht mehr mit unseren Sinnen erfassen können.

Wichtig ist aber vor allem der theologische Ertrag, der sich aus der Himmelfahrt Jesu ergibt. Martin Luther schreibt dazu: *„Christi Himmelfahrt und sein Sitzen zur Rechten Gottes muss man ein tätig und kräftig Ding sein lassen, das immerdar im Schwange geht, und nicht denken, dass er aufgefahren sei, da oben sitze und uns hier regieren lasse. Sondern darum ist er aufgefahren, weil er dort am meisten schaffen und regieren kann. Denn wenn er auf Erden vor den Leuten sichtbar geblieben wäre, hätte er nicht so viel schaffen können. Denn es hätten nicht alle Leute bei ihm sein und ihn hören können. ... Darum hüte dich, dass du nicht so denkst, dass er jetzt weit von uns weg sei, sondern grad umgekehrt: da er auf Erden war, war er uns zu fern, jetzt ist er uns nahe."*

Das ist eine wunderbare Aussage: Jesus ist uns durch die Himmelfahrt nicht ferner gerückt, sondern näher gekommen. Als historische Person war Jesus den Begrenzungen von Raum und Zeit unterworfen. Darum konnte er nur zu einigen Menschen reden, nur einige heilen usw. Das ist nun anders geworden. Durch den Heiligen Geist ist Jesus an vielen Orten zur gleichen Zeit – das entgrenzt ihn. Jesus erfüllt nun mit seiner Herrschaft Himmel und Erde. Er sitzt „zur Rechten" Gottes. Die Menschen damals verstanden dieses Bild sofort: Nur der Stellvertreter oder der Sohn des Königs sitzt zu seiner Rechten. Dieses Sitzen zur Rechten Gottes ist ein Ausweis ganz besonderer Ehre und Macht. Es ist dem Stellvertreter vorbehalten: dem Thronfolger oder dem Großwesir, der die Regierungsgeschäfte im Namen des Königs führt. Schon früh wurde Christi Himmelfahrt deshalb als Fest der „Thronbesteigung" Christi verstanden. Die Macht, die er dabei innehat, ist ihm von Gott verliehen. Und auch nur für die Dauer unserer Zeit. Paulus schreibt: „Wenn es aber heißt, alles sei ihm (Jesus) unterworfen, so ist offenbar, dass der ausgenommen ist, der ihm alles unterworfen hat. Wenn aber alles ihm untertan sein wird, dann wird auch der Sohn selbst untertan sein dem, der ihm alles unterworfen hat" (1. Korinther 15,27-28). Jesus sitzt seit seiner Himmelfahrt auf dem Thron. Von dort aus führt er sein Regiment der Liebe, bis er alle Mächte und Gewalten der Angst und des Todes besiegt hat und Gott auch auf Erden wieder so Gott sein wird, wie er es bereits im Himmel ist.

Das Jüngste Gericht ist nicht nur zum Fürchten

Der Gedanke an ein Jüngstes Gericht ist für viele Menschen sehr angstbesetzt. Dazu hat die Kirche einen erklecklichen Teil beigetragen. Nicht nur in der katholischen Kirche zur Zeit Luthers, sondern auch später in der evangelischen wurde Menschen allzu oft Angst vor dem Gericht gemacht, indem man ihnen selbst für kleinste Delikte mit der Hölle drohte und drastische Strafen ankündigte. Freilich gab es im Protestantismus auch eine Gegenbewegung. Da wurde dann gar nicht mehr vom Gericht geredet. Gott durfte nur noch „lieb" sein. Dafür muss man Verständnis haben: Schließlich ist es nicht ganz einfach, den Gedanken an ein Jüngstes Gericht in Übereinstimmung mit dem liebenden Wesen Gottes zu bringen. Allerdings begibt man sich damit in Widerspruch zu vielen Stellen der Heiligen Schrift. Diese kann nämlich sehr wohl vereinbaren, dass Gott die Liebe ist *und* dass es ein Gericht gibt. Ja, sie sagt sogar noch mehr: Es ist Jesus, der am Jüngsten Tage Gericht sprechen wird (vgl. Apostelgeschichte 17,31). So sagt es auch das Glaubensbekenntnis. Martin Luther hatte mit dieser Vorstellung Probleme. Für ihn, der den Gedanken an das Jüngste Gericht mit all seinen Strafen als so erschreckend erlebt hatte, war es irritierend, dass der gleiche Jesus, der ihm die Angst genommen hatte, auf einmal die Rolle des Richters übernehmen soll.

Doch „Gericht" bedeutet ja nicht nur Aburteilung und Strafe. Es bedeutet ja auch die Anhörung der Entrechteten, die Benennung von Unrecht und die Wiederherstellung von Gerechtigkeit. Gericht ist nicht nur Verurteilung, sondern auch Aufrichtung, Richtigstellung und Zurechtbringung. Unrecht muss gestoppt werden, Recht muss endlich Recht werden, Entrechtete müssen zu ihrem Recht kommen. Selbst die in diesem Zusammenhang häufig als allzu menschlich kritisierte biblische Vorstellung, dass Gott „zornig" sei, hat ihre Berechtigung. Ist es nicht geradezu zu hoffen, dass Gott die vielen Fälle schreienden Unrechts auf dieser Welt nicht egal sind und er auch nicht einfach darüber hinweggeht? Ja, auch bestimmte Aspekte unseres eigenen Lebens, wo wir uns und anderen Menschen Schaden zufügen, sollte ein liebender Gott nicht einfach milde lächelnd „durchwinken", sondern sich dem machtvoll entgegenstellen. Mag sein, dass das sehr menschlich von Gott geredet ist, aber anders von Gott zu reden, als dass er über Sünde und Unrecht zürnt und dass er eines Tages das Recht wieder herstellen wird und die unschuldigen Opfer dieser Weltgeschichte zu ihrem Recht kommen lassen wird, wäre auf jeden Fall *un*menschlich. Gericht und Liebe müssen sich nicht widersprechen. Im Gegenteil: Wer von der Liebe Gottes spricht, muss auch vom Gericht reden. Unrecht muss benannt und beendet werden. Fehlurteile warten auf ihre Revision. Ausgebootete, unter die Räder Gekommene und Unterdrückte dürfen nicht dauerhaft Opfer bleiben. Das gute Recht Gottes muss eines Tages instand gesetzt werden. Auseinandersetzungen brauchen einen endgültigen, von allen akzeptierten Schiedsspruch, und unsere oftmals verborgenen Lebensleistungen wollen und sollen eines Tages anerkannt und gewürdigt werden.

Zur Zeit Martin Luthers herrschte bei Gericht oft die reine Willkür. Selten waren Urteile verhältnismäßig und gerecht, und oft hatten sie etwas Gewaltsames. Dass Luther keine gesteigerte Lust verspürte, ausgerechnet Christus in der Rolle des Richters zu sehen, ist nur allzu verständlich. Doch ich bleibe dabei: Wenn Gott wirklich die Liebe ist, geht es nicht ohne Gericht. Das Tröstliche dabei ist: Der von Gott mit diesem Gericht Beauftragte ist dem Neuem Testament wie auch unserem Glaubensbekenntnis zufolge niemand anders als der Gekreuzigte: ist niemand anders als der, der voller Gnade, Geduld und Vergebung ist. Keiner hat mehr Herzensgüte und innere Weite als Jesus Christus. Das bedeutet aber nicht, dass Jesus deswegen einfach alles durchlässt.

Das wäre keine Liebe, sondern Schwäche, die dem Bösen zur Durchsetzung verhilft. Als der von Gott mit dem Gericht Beauftragte aber ist es Jesu Anliegen und Auftrag, zurechtzubringen, aufzurichten, zu versöhnen und den Entrechteten zu ihrem Recht zu verhelfen.

Das Jüngste Gericht ist nicht nur zum Fürchten. Milliarden warten darauf, dass Gott sein Recht endlich durchsetzen wird – und das wird eines Tages erfolgen. In jedem Vaterunser bitten wir genau darum: Dein Reich komme, dein Wille geschehe. Es wird ein *gnädiges* Gericht sein, aber ein Gericht. Schon das Alte Testament träumt davon, dass eines Tages „Güte und Treue einander begegnen, Gerechtigkeit und Friede sich küssen; dass Treue auf der Erde wachse und Gerechtigkeit vom Himmel schaue“ (Psalm 85,11f). Freilich wird es eng werden, wenn Jesus uns danach fragen wird, was wir aus unserem Leben gemacht haben und welche Rolle wir bei alledem Gott, unserem Schöpfer, zugewiesen haben. Aber diese Fragen müssen gestellt werden. Unser Leben ist darauf angelegt, dass es irgendwann einmal eine endgültige Bewertung erfährt. Alles muss benannt werden, das Positive wie das Negative. Aber trösten wir uns: Der *Gekreuzigte* ist der Richter. Er steht für Gnade, Güte und Vergebung. Das Gericht ist nicht nur zum Fürchten. Es ist – in dem Wissen, dass Jesus Christus der Richter ist – durchaus auch Bestandteil der Guten Nachricht.

NACH-DENKEN

Jesus ist uns durch die Himmelfahrt nicht ferner gerückt, sondern näher gekommen.

FRAGEN

- » Welches der drei großen Wunder des christlichen Glaubens ist Ihnen am Wichtigsten: die Menschwerdung, die Kreuzigung oder die Auferstehung Jesu Christi?
- » Was ist so bedeutsam daran, dass Jesus leiblich auferstanden ist?
- » Wieso kommt uns Jesus durch seine Himmelfahrt näher statt ferner?
- » Halten Sie es für wichtig, dass es ein „Jüngstes Gericht" gibt?
- » Was bedeutet es für uns, dass Gott Jesus mit diesem Gericht beauftragt hat?

ANREGUNG ZUM GEBET

Bitte um Demut

Machen Sie heute drei Fragen zum Gegenstand Ihres Gebets:

1. Was an Ihrem Leben ist verborgen, drängt aber danach, angesehen und gewürdigt zu werden?
2. Wo in Ihrem Leben wünschen Sie sich leidenschaftlich (!), dass Gott endlich Recht spricht?
3. Wo brauchen Sie selbst einen gnädigen Richter?

MERKVERS

Jesus sagt: „Wenn ich hingehe, euch die Stätte zu bereiten, will ich wiederkommen und euch zu mir nehmen, auf dass auch ihr seid, wo ich bin."

Johannes 14, 3

Tag 20 / **Der Geist Christi**

WOHLFÜHLINSPIRATION

Wenn ich zum Himmel emporstiege –
so wärst du dort!
Und würde ich im Totenreich mein Lager aufschlagen –
dort wärst du auch!

(Psalm 139, 8 / Neue Genfer Übersetzung)

„Dass Gott sich nur in der Kirche tummelt, das hast du noch nie geglaubt. Manchmal ist er dir im Wald näher, auf einer Lichtung an einem selbstvergessenen Sommernachmittag, wenn das Licht flirrt und die Stille spricht. Das wagst du kaum laut zu sagen, weil es so esoterisch klingt. Martin Buber, den du sehr schätzt, hat noch einen anderen Satz gesagt: Gott wohnt da, wo man ihn einlässt. Und plötzlich kommt dir ein verwegener Gedanke. Warum sollte Gott, der doch nirgendwo nicht sein kann, sich nicht genauso im Internet aufhalten wie im Wald, am Krankenbett, inmitten eines gregorianischen Psalms oder in den Augen eines Kindes? Mit der Sehnsucht fängt alles an. Wo immer du sie findest, ist Gott nicht weit entfernt." (Susanne Niemeyer)

Nehmen Sie sich einen Tag frei – frei von allen Verpflichtungen, frei von allen Terminen, frei von allen Plänen, frei von allen Sorgen – und gehen Sie einfach los: in den Wald, über das weite Land, in die Stadt, in die Ruhe der Einsamkeit oder mitten hinein zu den Menschen – ganz real oder vielleicht auch virtuell. Halten Sie einfach nur die Augen offen, wo und wie Ihnen Gott dabei begegnet: in der Natur, in einem Menschen, in einem biblischen Text oder in den Augen eines Kindes.

EG 804 • ZEILE 17-22

Ich glaube an den Heiligen Geist,
die heilige christliche Kirche,
Gemeinschaft der Heiligen,
Vergebung der Sünden,
Auferstehung der Toten
und das ewige Leben.

Der blinde Fleck in Luthers Theologie

Das Verhältnis Martin Luthers zum Heiligen Geist ist nicht ganz einfach zu fassen. Zum einen spielt der Geist in Luthers Theologie eine wichtige Rolle: und zwar als Geist Jesu und als Geist der Heiligen Schrift. Auf der anderen Seite lehnte Luther alle Bestrebungen ab, sozusagen „direkt" vom Heiligen Geist zu reden. Über die Bindung an Christus und die Schrift hinaus hat der Geist bei ihm kein eigenes Wirken.

Eine Geschichte aus dem Jahr 1522 mag das verdeutlichen. In Wittenberg hatte sich eine Gruppe von Leuten niedergelassen, die nach einem gescheiterten Aufruhr aus ihrer Heimatstadt Zwickau verwiesen worden waren. Diese Gruppe, von Luther verächtlich „die Zwickauer Propheten" genannt, zu der auch der spätere Bauernführer Thomas Müntzer gehörte, zeichnete sich durch ein radikales Bibelverständnis und die Ablehnung geistlicher wie weltlicher Autoritäten aus. Außerdem nahmen die Mitglieder der Gruppe für sich in Anspruch, Gott rede direkt durch den Heiligen Geist zu ihnen. Sie waren definitiv Protestanten, radikalisierten Luthers Ansätze aber bei Weitem. Ihre fast urchristliche Frömmigkeit war andererseits so authentisch, dass auch einige Weggefährten Martin Luthers, ja selbst ein kühler Denker wie Phillip Melanchthon, für einige Zeit unter ihren Einfluss gerieten.

Luther mochte weder die Leute noch ihre Lehren. Je stärker sie sich auf den Heiligen Geist beriefen, desto mehr betonte er, dass dieser Geist an Christus und die Schrift gebunden wäre. Eigene Offenbarungen des Geistes über die Heilige Schrift hinaus lehnte er kategorisch ab. Die Leute, sagte er, sollen zuerst und allein die Heilige Schrift studieren. Der Heilige Geist komme dann von selber. In anderen Zusammenhängen hätte Luther den Satz durchaus bejaht, auf den die „Propheten" sich gerne beriefen: „Der Buchstabe tötet, aber der Geist macht lebendig" (2. Korinther 3,6). Hier aber hielt er ihnen entgegen: „Ohne Buchstaben bzw. ohne Heilige Schrift gibt es keinen Heiligen Geist und keinen Christus."

Doch zurück zu unserer Geschichte. Eines Tages kam Markus Stübner – ein Mitglied der Zwickauer Gruppe – zu Martin Luther und wollte ihm mitteilen, was ihm angeblich der Heilige Geist eingegeben hatte. Martin Luther ließ seinen Gast kaum zu Wort kommen, sondern tobte und schimpfte. Mit dem bemerkenswerten Satz „Eurem Geist hau' ich gleich auf die Schnauze" setzte er Stübner unverrichteter Dinge vor die Tür. Fortan setzte er einen großen

Teil seiner Kraft daran, die „Schwärmer“, wie er diese Leute auch nannte, zu bekämpfen. Politisch war das sicherlich geschickt, weil er sich damit die Gunst der einflussreichen Landesfürsten erhielt. Menschlich indes war es eine Tragödie, weil nicht zuletzt durch Luthers moralische Unterstützung die Bauernaufstände von 1525 blutig niedergeschlagen wurden. Und wirkungsgeschichtlich wird man sagen müssen, dass der Heilige Geist bis in die jüngste Zeit hinein so etwas wie der blinde Fleck der protestantischen Theologie geblieben ist.

Dazu muss man nur einen kurzen Blick in eine beliebige evangelische Bibliothek werfen. Zu Gott, dem Vater, gibt es Abertausende Bücher und Artikel. Ebenso zu Jesus Christus. Bücher über den Heiligen Geist hingegen kann man mit der Lupe suchen. Nur einen Bruchteil ihrer gedanklichen Energie haben evangelische Theologinnen und Theologen auf das Wirken des Heiligen Geistes verwandt. Ähnliches gilt für die Spiritualität: Es gibt innerhalb des Protestantismus etliche Formen von Schöpfungs-, Jesus- oder Bibelspiritualität. Die Spiritualität des Heiligen Geistes hingegen haben wir Gruppen am Rande überlassen, bzw. diese Gruppen an den Rand gedrängt. Die Frage, die sich stellt, ist aber, ob Luther nicht das Kind mit dem Bade ausschüttete, als er die Geistspiritualität so radikal bekämpfte. Denn Jesus selbst bereitete seine Jüngerinnen und Jünger ausdrücklich auf ein Leben unter der Führung durch den Heiligen Geist vor, indem er ihn quasi als seinen „Nachfolger“ vorstellte (vgl. Johannes 14,16.26). In der Apostelgeschichte leitet dieser Geist die Gemeinde immer wieder auf Wegen, die sich in keiner Schrift und auch in keinem Jesuswort begründen lassen (vgl. Apostelgeschichte 13,2 oder 16,7). Und Paulus schätzt die prophetische Rede (also das Übermitteln von göttlichen Zusagen und Aufträgen aus dem Gebet heraus) innerhalb der Gemeinde als eine der höchsten Geistesgaben (vgl. 1. Korinther 14,1).

Dennoch ist die evangelische Kirche seit den Tagen Luthers auf diesem Auge weithin blind geblieben. Wer immer sich auf den Heiligen Geist berief, wurde unter Sektenverdacht gestellt. Erst Ende des zwanzigsten Jahrhunderts kam es – vor allem durch die so genannte Charismatische Bewegung – zu einer leichten Öffnung. Diese erfolgt aber oft immer noch unter Naserümpfen. Und eine Spiritualität und Alltagspraxis, die sich direkt auf den Heiligen Geist bezieht, ist in der evangelischen Kirche auch weiterhin ein Ausnahmephänomen.

Der Geist der Gemeinschaft

Wenn man sich das Glaubensbekenntnis anschaut, scheint dieses die Zurückhaltung Martin Luthers in Hinblick auf den Heiligen Geist in gewisser Weise zu teilen. Denn innerhalb des Bekenntnisses fällt der Teil, der vom Geist handelt, deutlich aus dem Rahmen. Anders als bei den Artikeln über den Vater und den Sohn, wird uns in dem Abschnitt über den Heiligen Geist mit keinem Wort erklärt, wer oder was dieser Geist ist. Stattdessen ist hier auf einmal die Rede von uns *Menschen*: von der Gemeinschaft der Heiligen, der Vergebung der Sünden, der Auferstehung der Toten und vom ewigen Leben. Vielleicht kann man das so fassen: Heiliger Geist ist dort, wo das Reden von Gott und das Reden von uns Menschen in eins fallen. Der Heilige Geist ist Gott, insofern dieser an und durch uns Menschen wirkt. Der Heilige Geist, so hatten wir früher gesagt, ist GOTT IN UNS. Wobei dieses Wort „uns" wörtlich zu nehmen ist: Der Heilige Geist wirkt an uns vor allem im *Plural*. Christsein ist kein individuelles Konzept, sondern auf Gemeinschaft angelegt. Wir sind als Christinnen und Christen Teil einer Lebens- bzw. einer Glaubens-, Liebes- und Hoffnungsgemeinschaft. Und wenn Gott durch seinen Geist auch an Einzelnen und durch Einzelne wirkt, ist das Ziel doch immer die Stärkung der christlichen Gemeinde. Gemeinschaft ist das Ziel aller Wege Gottes.

Das erste Werk des Heiligen Geistes, das im Glaubensbekenntnis aufgeführt wird, ist folgerichtig die *„Gemeinschaft der Heiligen"*. Dabei geht es nicht um einen exklusiven Club besonders hervorragender Menschen. In der Bibel (und infolge davon auch im Glaubensbekenntnis) hat „Heiligkeit" vielmehr einen anderen Sinn: Dort wird all das als heilig bezeichnet, was in besonderer Weise zu Gott gehört. Die Rede ist also von nichts anderem als von der christlichen Gemeinde. So will es auch Martin Luther in seinem Großen Katechismus verstanden wissen: *„Recht deutsch zu reden sollte es eine ‚Gemeinde der Heiligen' heißen."* Unumstritten ist diese Deutung nicht. Im Alten Testament sind nämlich nicht nur Menschen heilig, sondern oft auch Gegenstände, Orte und Stätten. In der katholischen Tradition übersetzt man in dieser Linie bis heute das lateinische „communio sanctorum" auch gerne mit „Gemeinschaft an heiligen (Dingen)": allem voran an Brot und Wein in der Eucharistie. Doch im Neuen Testament sind es ausschließlich Menschen, die als „heilig" bezeichnet werden. Dem schloss sich Martin Luther an.

Doch was sind das für „Heilige", von denen hier die Rede ist? Zutiefst und zuletzt ist nur *einer* heilig: nämlich Gott. Wir Menschen hingegen sind es nur in abgeleiteter Weise: indem wir uns von Gott „heiligen" und in Dienst nehmen lassen (vgl. 3. Mose 11,45; vgl. 20,7f.26 u.a.). Dabei sind die Heiligen der Bibel oft alles andere als „heilig“ im landläufigen Sinn. Sie sind – wie wir schon an einigen Beispielen gesehen haben – vielmehr oft ziemlich egoistisch, störrisch, hochmütig, launisch und schwierig. Paulus spricht in seinen Briefen seine Adressatinnen und Adressaten regelmäßig als „Heilige“ an – um im Fall der Korinther anschließend furchtbar mit ihnen zu schimpfen, weil sie so lieblos miteinander umgehen. In unseren Ohren klingt das wie ein Widerspruch. Aber das Neue Testament ist der Überzeugung: Alle Christinnen und Christen sind Heilige. Sie sind von Gott auserkoren und bevollmächtigt, in seinem Auftrag in und an dieser Welt zu handeln. Heilig ist das, was Gott mit seiner Macht durchdringt und in Dienst nimmt. Und die Gemeinde der Heiligen ist das Zusammenspiel und der Zusammenhalt derer, die von Gott derart in Beschlag genommen worden sind.

Die „Gemeinde der Heiligen“ ist nichts Geringeres als ein Wunder. Sie setzt sich zusammen aus Menschen, die hinter ihrer göttlichen Berufung oft meilenweit zurückbleiben. Ihnen steht durch den Heiligen Geist die Kraft und Vollmacht Gottes zur Verfügung, diese Welt mit Glauben, Liebe und Hoffnung zu erfüllen – aber sie machen kaum Gebrauch davon. Wie oft hat die Kirche im Lauf der letzten 2000 Jahre eher Unheils- als Heilsgeschichte geschrieben! Die ganz schlimmen Zeiten sind vorbei, aber bis heute hat die christliche Gemeinde oftmals keinen sonderlich guten Ruf, und viele Menschen haben mit der Kirche negative Erfahrungen gemacht. Dennoch gibt es sie immer noch. Sie hört nicht auf zu bestehen, und immer wieder finden Menschen Glauben und Halt durch sie. Das ist ein Wunder.

Menschliche Gemeinschaft entsteht durch Sympathie oder durch gemeinsame Interessen. Christliche Gemeinschaft hingegen entsteht durch die gemeinsame Verbindung mit Christus. Da kann Sympathie eine Rolle spielen, oft tut sie es aber auch nicht. Und wer je bei einer Gemeindeversammlung oder Synode die Fetzen fliegen sah, weiß, dass es auch nicht unbedingt die Gemeinsamkeit der Interessen ist, die die christliche Gemeinde zusammenhält. In ihrer ureigenen Mischung aus Vielfalt und Einheit ist die christliche Gemeinde ein Werk des Heiligen Geistes. Nicht die Leute an sich sind heilig, sondern der Geist heiligt die Gemeinde. Bis auf den heutigen Tag bewirkt die christliche Gemeinde in aller Schwachheit, aber in der Kraft des Geistes, dass Menschen zum Glauben kommen, im Glauben wachsen und diesen Glauben weitergeben. Das ist der tiefste Sinn der Kirche: in der Kraft des Heiligen

Geistes den Nährboden dafür bereitzustellen, dass sich das Evangelium in dieser Welt ausbreiten kann wie ein Sauerteig.

Der lebensschaffende Geist

Schon bei der Erschaffung des Menschen spielt der Geist Gottes als Lebensspender eine wichtige Rolle. Gott, so heißt es in 1. Mose 2,7, blies dem Menschen den Odem des Lebens ein, „und so ward der Mensch ein lebendiges Wesen." Das Wort, das Luther mit „Odem" (= Atem) übersetzt, ist im Hebräischen das gleiche wie für „Geist". Gottes Geist macht lebendig. Das spiegelt sich auch im Glaubensbekenntnis wider.

Von der *Vergebung der Sünden* ist da zunächst die Rede. Vergebung ist nichts anderes als Wiederbelebung einer durch Schuld und Sünde gefährdeten Gemeinschaft. Darum gehört der Begriff der Vergebung in diesen Zusammenhang des lebensschaffenden Geistes. Denn kraft der Vergebung kann das Leben und vor allem auch das *Zusammenleben* immer wieder neu beginnen.

Vergebung, darauf weist uns das Glaubensbekenntnis hin, ist ein Glaubensgegenstand. Ich kann tausendmal in der Bibel lesen, dass Jesus Christus zur Vergebung unserer Schuld gestorben ist – es ist Sache des Heiligen Geistes, dass ich dies auch *glauben* kann. Darum verortet das Glaubensbekenntnis die Vergebung der Sünden nicht beim Kreuzestod Christi, wo man es eigentlich vermuten würde. Theologisch gehört es zwar dorthin, aber existenziell brauchen wir den Heiligen Geist, um die in Christus vollbrachte Vergebung und Versöhnung auch für uns selbst anzunehmen. Der Geist, sagt Jesus, zeigt uns unsere Sünde (vgl. Johannes 16,8), denn es gibt keine neue, bereinigte Beziehung, ohne dass benannt wird, was vorher im Argen lag. Auf Verdrängungsprozessen lässt sich kein neues Leben aufbauen. Darum konfrontiert uns der „Geist der Wahrheit" mit dem, was in unserem Leben schief liegt. Der gleiche Geist, der uns unsere Sünde aufzeigt, macht uns allerdings auch der Vergebung gewiss: „Der Geist selbst gibt Zeugnis unserm Geist, dass wir Gottes Kinder sind" (Römer 8,16). Wenn ein Mensch seine eigene Verstrickung in Sünde und Schuld erkennt und trotzdem sagen kann: „Ich glaube an die Vergebung der Sünden", dann ist das ein Werk des Heiligen Geistes. Es ist ein Geschenk – und zwar eines der größten, die Gott uns machen kann. Ein Geschenk, das Kreise zieht: Zunächst nehmen wir es für uns selbst an. Dann merken wir, dass wir in Hinblick auf die Verfehlungen unserer Mitmenschen großzügiger werden. Eines Tages können wir vielleicht sogar richtig große Dinge vergeben: aus der Fähigkeit, Vergebung annehmen zu können, wird kraft des Heiligen Geistes auf Dauer die Fähigkeit, Vergebung zu gewähren.

Dann heißt es: „Ich glaube an die *Auferstehung der Toten*". Mit Jesu und unserer Auferstehung haben wir uns gestern ausführlich auseinandergesetzt. Dass das Thema hier noch einmal auftaucht, hat zum einen damit zu tun, dass dem Geist Gottes als Lebensspender auch die Aufgabe zukommt, den Menschen bei seiner Auferstehung neu zu beleben. Doch es gibt noch einen weiteren Grund: Es ist zwar *Christus*, der durch seine Auferstehung dem Tod die Macht genommen und ein neues, unvergängliches Leben ans Licht gebracht hat. Doch die Hoffnung darauf verortet das Glaubensbekenntnis wiederum beim Heiligen Geist: Christus hat das zwar *bewirkt*, aber der Heilige Geist ist es, der uns das auch *glauben* lässt. Der Heilige Geist ist es, der den Glauben vom Kopf ins Herz dringen lässt: Aus einer äußeren Information wird innere Transformation. So schreibt auch Martin Luther: *„Ich glaube, dass ich nicht aus eigener Vernunft noch Kraft an Jesus Christus, meinen Herrn, glauben oder zu ihm kommen kann; sondern der Heilige Geist hat mich durchs durch das Evangelium berufen, mit seinen Gaben erleuchtet, im rechten Glauben geheiligt und erhalten."* Der Heilige Geist ist es, der die äußeren, objektiven Glaubenswahrheiten, von denen uns die Bibel berichtet, zu inneren, subjektiven Gewissheiten werden lässt.

Und damit sind wir bei der dritten „Lebensgabe" des Heiligen Geistes: dem *ewigen Leben*. Vielleicht fragen Sie sich: „Ist das denn nicht das Gleiche wie die ‚Auferstehung der Toten'?" Nein, nicht ganz. Denn „ewiges Leben" im Sinne der Bibel ist nicht allein das Leben nach dem Tod. Das kann es zwar auch bedeuten (vgl. Lukas 18,30). Aber der reiche Jüngling, der in den Evangelien nach dem ewigen Leben fragt, fragt vor allem nach dem, was sein Leben schon hier und jetzt, auf *dieser* Seite des Todes, mit Ewigkeit anfüllt: mit göttlicher Qualität. Er fragt nach dem, was von seinem diesseitigen Leben gültigen, bleibenden Charakter hat. In der Bibel ist „ewiges Leben" also etwas, was durchaus schon hier und heute stattfindet (vgl. Johannes 5,24). Ewiges Leben ist so etwas wie mit der Qualität Gottes angereichertes, mit Ewigkeit „aufgeladenes" Leben. Und das hängt für uns Christinnen und Christen natürlich auch mit der Hoffnung auf Auferstehung zusammen. Denn wer an die Auferstehung glaubt, lebt anders. Das Bewusstsein, dass am Ende alles gut wird, lässt uns zum Beispiel anders mit Abbrüchen und Scheitern umgehen. Wie bei einem Film, bei dem wir wissen, dass er am Schluss gut ausgeht, können wir das Auf und Ab der Handlung viel gelassener ertragen. Das ist das, was das Glaubensbekenntnis „ewiges Leben“ nennt: nicht erst ein Leben *nach* dem Tod, sondern ein Leben, das bereits heute von der Hoffnung auf Auferstehung geprägt ist. „Ewiges Leben“ ist Leben unter dem Vorzeichen der Auferstehung. Vielleicht kann man es tatsächlich so formulieren: Das Leben *nach* dem Tode verdanken wir Christus. Der von Christus ausgehende Heilige Geist hingegen ermöglicht uns den *Glauben* an die Auferstehung und damit ein neues Leben *vor* dem Tod.

NACH-DENKEN

„Ewiges Leben" ist Leben unter dem Vorzeichen der Auferstehung.

FRAGEN

» Haben Sie schon mal mit Menschen zu tun gehabt, die von sich sagten, dass sie einen „direkten Draht" zum Heiligen Geist haben?
» Was ist gewonnen, was geht verloren, wenn man – wie Martin Luther – das Wirken des Heiligen Geistes ausschließlich an das Wort der Bibel und an Christus bindet?
» Diskutieren Sie den Satz: „Gemeinschaft ist das Ziel aller Wege Gottes"!
» Warum braucht es über das, was Christus getan hat, hinaus noch das Wirken des Heiligen Geistes?
» Was bedeutet „ewiges" Leben konkret, wenn es der Bibel zufolge nicht erst nach dem Tod, sondern bereits hier und jetzt stattfindet?

ANREGUNG ZUM GEBET

Gebet zum Heiligen Geist
Vielleicht versuchen Sie heute mal, sich der alten kirchlichen Tradition anzuschließen und zum Heiligen Geist zu beten. Keine Sorge, dass das sektiererisch ist! Selbst Luther hat den alten Gesang „Komm, Schöpfer Geist" neu gedichtet und vertont (im Gesangbuch finden Sie das unter Nr. 126). Meditieren Sie sich heute in das folgende Gebet hinein, das dem von Luther hochgeschätzten Kirchenvater Augustin zugesprochen wird:

Atme in mir, du Heiliger Geist, dass ich Heiliges denke.
Treibe mich, du Heiliger Geist, dass ich Heiliges tue.
Locke mich, du Heiliger Geist, dass ich Heiliges liebe.
Stärke mich, du Heiliger Geist, dass ich Heiliges bewahre.
Hüte mich, du Heiliger Geist, dass ich das Heilige niemals verliere.

MERKVERS

Jesus spricht: „Er (= der Heilige Geist) wird mich verherrlichen; denn von dem Meinen wird er's nehmen und euch verkündigen."
Johannes 16, 14

Woche 4 / **Bibel**

Das Vaterunser

Tag 21 / **Zur Freiheit befreit**

Worms, 24. April 1521

An
Philipp Melanchthon

Lieber Philipp,

ich wünschte, du wärst bei mir und könntest dieses Spektakel miterleben: 1 Kaiser, 6 Kurfürsten, 30 Bischöfe, 80 weitere Fürsten und 200 Ständevertreter aus aller Herren Länder tummeln sich hier im kleinen Worms mit ihrem jeweiligen Gefolge. Es ist wahrhaft ein gigantisches Durcheinander. Ein Sprachengewirr wie beim Turmbau zu Babel. Ständig gibt es Schlägereien in den Tavernen, und nicht einmal der Kaiser hat ein Einzelzimmer bekommen.

Nun, wie du ja weißt, stand in den vergangenen beiden Tagen unsere „neue ketzerische Lehre", wie sie hier sagen, im Mittelpunkt des Reichstags. Sei gewiss, dass auch mir dabei das Herz bang geworden ist. O ja, ich habe um mein Leben gefürchtet. Sehr sogar. Schließlich war Jan Hus 1415 beim Konzil zu Konstanz ebenfalls sicheres Geleit versprochen worden. Und was passierte? Sie haben ihn trotzdem auf dem Scheiterhaufen verbrannt. Was einige der Anwesenden wohl in meinem Fall genauso gerne gesehen hätten.

Vermutlich wäre es sogar dahin gekommen, wenn das Volk in Worms nicht derart auf unserer Seite stehen würde. Ja, du wirst es nicht für möglich halten, aber bei meinem Einzug mit dem Planwagen warteten die Menschen schon weit vor den Stadttoren am Straßenrand und jubelten mir zu.

Und nicht nur das: Sie sangen lauthals meine Lieder. Immer und immer wieder. Der Reichsherold ritt vorneweg, und das Ganze glich mehr dem Triumphzug eines Volkshelden als dem Gang zu einem Verhör. Nuntius Aleander, der Vertreter des Heiligen Stuhls, hat getobt vor Wut.

Aber ich hätte es voraussehen können: Schon während meiner langen Reise nach Worms wurde ich überall hofiert, zum Predigen eingeladen und fürstlich bewirtet. Die Stimmung gegen Rom wird offensichtlich zunehmend aufgeheizter. Zugleich spüre ich natürlich auch die uralte Lust der Menschen an Sensationen. Viele sind noch niemals einem Mann begegnet, der exkommuniziert wurde. Sie wollen leibhaftig schauen, ob man mir den Rauswurf aus der Kirche ansieht. Ob mich der Teufel schon reitet oder ob ich noch Herr meiner selbst bin.

Nebenbei: Das Ganze hast du mir ja eingebrockt. Schließlich warst du es, der die Professoren und Studenten in Wittenberg am 10. Dezember des vergangenen Jahres aufgefordert hast, vor das Elstertor zu ziehen und dort nicht nur die römischen Rechtsbücher, sondern vor allem theatralisch die „Bannandrohungsbulle" des Papstes zu verbrennen. Ich höre deine Worte noch: „Auf, du fromme Studentenjugend, sei Zeuge dieses heiligen und gottgefälligen Schauspiels! Denn vielleicht ist jetzt die Zeit, da der Antichrist soll offenbar werden."

Danach konnte der Papst gar nicht mehr anders. Er musste mich bannen. Und machte mich damit zu dem „Märtyrer", als der ich hier gefeiert werde. Also: Das hast du klug gemacht, mein wagemutiger Professor der griechischen Sprache. Dennoch ist es eine Art Wagnis, sich mit einem seines Amtes unwürdigen Papst anzulegen, eine andere, dem von Gott eingesetzten Kaiser die Stirn zu bieten. Nun, bevor du vor Neugierde einen Herzschlag erleidest, lass mich dir nun berichten, wie es mir bei der Anhörung ergangen ist.

Es begann damit, dass wir von unserem Quartier bei den Johannitern überhaupt nicht zum Bischofshof durchkamen – so voll waren die Straßen. Viele Schaulustige saßen gar auf den Dächern, weil sie mich, den „verdammten Ketzer", sehen wollten. So blieb uns nichts anderes übrig, als uns durch kleine verwinkelte Gassen und Hinterhöfe einen Weg zu suchen. Endlich erreichten wir den Saal.

Vorne thronte der Kaiser höchstpersönlich. 21 Jahre alt. Und weder des Deutschen, noch des Lateinischen mächtig, so dass ihm jedes meiner Worte ins Französische übersetzt werden musste. Ich muss ehrlich sagen: Karl sieht ein wenig ... wie soll ich es ausdrücken, ohne despektierlich zu werden ... nun, er sieht ein wenig dümmlich aus, weil er ständig den Mund offen stehen lässt und so ein hervorstechendes Kinn mit sich trägt. Und ich spürte leider sofort, dass ich für ihn nur ein unangenehmer, aufständischer Störenfried war, der seine heilige Ordnung in Frage stellt.

Auf einer Bank an der Seite waren meine Schriften aufgestapelt. Und ehe ich überhaupt etwas sagen konnte, schrie der Kanzler des Bischofs von

Trier: „Bekennst du dich zu diesen Büchern?" Ich wollte schon antworten, da erklärte mein Rechtsbeistand: „Lasst die Titel verlesen. Wer weiß, welche Publikationen hier versammelt wurden." Also ging einer der Gerichtsdiener zur Bank und verkündete jeden meiner Buchtitel laut in den Raum hinein. Es waren tatsächlich alles Werke, die ich geschrieben habe. Also erklärte ich: „Ja, ich bekenne mich zu diesen Büchern!"

Und dann kam sofort und unmittelbar die Frage: „Bist du bereit, das in diesen Büchern Gesagte zu widerrufen?" Das war alles. Sie wollten einfach nur, dass ich widerrufe. Es gab gar keinen Raum für Disputationen. Keine Zeit für eine echte Auseinandersetzung. Sie wollten nur der Reichssatzung genüge tun, in der es heißt: „Kein Reichsangehöriger darf ohne Anhörung geächtet werden." Natürlich, das war ihr Plan: Nach der Exkommunikation wollten sie mich kurzerhand auch noch mit der Reichsacht belegen, also: mich für vogelfrei erklären lassen – womit mein Schicksal, ihrer Meinung nach, schnell besiegelt worden wäre.

Als ich erkannte, dass hier niemand an einer echten Auseinandersetzung gelegen war, sank mir der Mut. Ganz kleinlaut stand ich auf einmal da. Was hätte ich denn auch sagen sollen? Schließlich flüsterte ich: „Gebt mir Bedenkzeit!" Was sie mir tatsächlich gewährten – unter der Auflage, dass ich bei der nächsten Anhörung wieder frei sprechen und nicht etwa eine vorbereitete Erklärung verlesen würde. Dem stimmte ich zu.

Am darauffolgenden Tag – nach einer Nacht, in der ich, wie du dir denken kannst, kaum geschlafen habe – stand ich wieder vor seiner Majestät. Doch diesmal mit geradem Rücken und erhobenem Haupt. Sie schmetterten mir erneut die beiden Fragen entgegen. Und diesmal wusste ich, was ich zu antworten hatte.

Ich redete alle Anwesenden mit ihren korrekten Titeln an. Dann erhob ich die Stimme und sagte etwa Folgendes: „Die Bücher, die man mir vorgelegt hat, sind von mir. Wohlan: Manches ist einfach Erbauungsliteratur, die ausschließlich Heilsames verkündet. Da gibt es nichts zu widerrufen. Einige Schriften richten sich gegen das Papsttum. Und da jedermann weiß, wie verderbt die Kurie in Rom ist, gilt für sie das Gleiche. Und auch bei den Texten, die sich gegen andere Gegner richten, bin ich sicher, dass sie dem Geist der Heiligen Schrift entsprechen.

Insofern erkläre ich: Wenn sich in meinen Streitschriften etwas findet, das sich als falsch erweist, dann bin ich gerne bereit, es zu ändern. Doch ich for-

dere euch auf: Bringt Belege! Überführt mich des Irrtums anhand der Bibel. Denn wenn man mich anhand der Heiligen Schrift eines Besseren belehrt, will ich gerne widerrufen und als Erster meine Schriften ins Feuer werfen. Solange dem aber nicht so ist, bleibe ich bei meinen Aussagen. Ich kann nicht anders. So wahr ich hier stehe. Gott helfe mir. Amen!"

Wie sie da tobten. Wie sie aufgeregt mit den Händen umherfuchtelten und mich wüst schmähten. O ja. Sie hatten mich so schön abservieren wollen – und jetzt waren sie gezwungen, sich doch mit mir auseinander zu setzen.

Du weißt, dass ich nicht zur Euphorie neige, aber als wir wieder im Quartier waren, riss ich die Arme hoch und jubelte mehrfach: „Ich habe es geschafft. Ich habe es geschafft." Jetzt bin ich wirklich frei.

Guter Philipp, noch pulsiert die Aufregung durch meinen ganzen Körper. Aber weil du bei all unserem Ringen an meiner Seite stehst, wollte ich dir gerne als Erstem berichten, wie es mir ergangen ist.

Dein Martin

Tag 22 / **Gotteswort und Menschenwort**

WOCHENÜBERBLICK
WOCHE 4

WOCHENÜBERBLICK

Die katholische Kirche war zu Luthers Zeit der festen Überzeugung, dass die geistlichen Erkenntnisse der Kirchenväter, die päpstlichen Verlautbarungen oder die Beschlüsse der Synoden genau so aussagekräftig seien, wie die Texte der Bibel. Zugleich verkündeten verschiedene schwärmerische Glaubensrichtungen damals ganz offensiv, dass der Heilige Geist ihnen regelmäßig Gottes neuste Botschaften direkt zukommen lasse.

Beiden Extrempositionen hält der Reformator entgegen: Das Fundament der Verkündigung ist die Heilige Schrift allein. Natürlich kann und wird Gott sich auch weiterhin äußern, aber da jede Verlautbarung des Himmels sorgfältig geprüft werden muss, bleibt die alleinige Richtschnur die Bibel. Das heißt: Wenn ein Konzilsbeschluss oder ein Geistesblitz der Bibel widersprechen, dann können sie nicht von Gott sein. Dann haben sie die Prüfung an der „Schrift" nicht bestanden. Sola scriptura.

In diesem Vertrauen stellt sich Luther auch beim Wormser Reichstag hin und erklärt den anwesenden Honoratioren, dass er gerne bereit sei, seine Meinung zu ändern und seine reformatorischen Ansichten öffentlich zu widerrufen. Aber nur, wenn man ihm anhand der Bibel nachweisen könne, dass er sich irre. Das war aus seiner Perspektive absolut konsequent.

Was es genau bedeutet, das Alte und das Neue Testament zum Fundament des Christentums zu erklären, das wollen wir diese Woche neugierig erkunden. Als Ausgangstext nehmen wir dazu das Vaterunser, das berühmte Gebet Jesu, in dem sich für viele Menschen die Kernaussagen der Heiligen Schrift bündeln und das seit 2000 Jahren Christinnen und Christen der ganzen Welt und aller Konfessionen verbindet.

Zudem zeigt die Form des Gebets sehr eindrücklich, dass die Bibel zu allen Zeiten ein Beziehungsbuch sein wollte, nicht nur Lesestoff, sondern lebensverändernde und befreiende Botschaft. Daher ja auch der Name „Evangelium", gute Nachricht. Oder noch treffender übertragen: Frohmachende Nachricht. Dort, wo die biblischen Texte – wie Luther sagt – „Christum treiben", also das durch Jesus gebrachte Heil in die Welt tragen oder in uns erfahrbar werden lassen, sind sie wahrhaft Gottes Wort.

Für Luther war die Erkenntnis, dass es neben der Bibel keine Autorität gibt, die ihm vorschreiben kann, was er zu glauben hat, ungemein befreiend. Auf die Frage, inwiefern dieses Verständnis den Menschen der Postmoderne zu mehr Freiheit verhelfen kann, werden wir in diesen Tagen natürlich intensiv eingehen.

DAS VATERUNSER

Vater unser im Himmel
Geheiligt werde dein Name.
Dein Reich komme.
Dein Wille geschehe,
wie im Himmel, so auf Erden.
Unser tägliches Brot gib uns heute.
Und vergib uns unsere Schuld,
wie auch wir vergeben unsern Schuldigern.
Und führe uns nicht in Versuchung,
sondern erlöse uns von dem Bösen.
Denn dein ist das Reich
und die Kraft und die Herrlichkeit
in Ewigkeit.
Amen.

Matthäus 6, 9-13

MATTHÄUS 6, 9

Vater unser im Himmel

Unser Reden von Gott

„Wie kommen wir elenden, armen Menschen doch dazu, die wir nicht wissen, wie unser eigen Reden, Lachen oder Schlafen zugehe, was wir von Natur aus doch täglich treiben und fühlen, dennoch von Gott zu reden, wie es mit seinem göttlichen Wesen stehe? (Und das) ohne Gotteswort, allein aus unserem eigenen Kopf? Ist das nicht Torheit über alle Torheit, dass ein Mensch, der nicht das geringste Werk, das er an seinem Leibe täglich sehet, beschreiben kann, sich noch unterstehet, das zu wissen, was außer und über alle Vernunft ist und wovon allein Gott selbst reden kann?" (Martin Luther)

Woher nehmen wir Menschen unser Reden über Gott? Gott ist nach dem übereinstimmenden Zeugnis nahezu aller Religionen ein Wesen, das sich unseren Kategorien von Raum und Zeit entzieht, einfach ausgedrückt: das wir weder sehen, hören noch anfassen können. Das stellt uns, was die Rede von Gott betrifft, vor einige grundsätzliche Probleme.

Zum einen können wir Menschen nichts Nachprüfbares über Gott sagen. Was uns umgekehrt in die Lage versetzt, *alles* von Gott behaupten zu können. Es lässt sich zwar nicht endgültig beweisen, freilich kann es auch niemand widerlegen. Und weil das so ist, kann man über religiöse Fragen endlos debattieren, ohne auch nur einen Schritt weiter zu kommen. Im Mittelalter stritten Theologen ausgiebig über die Frage, wie viele Engel auf einer Nadelspitze tanzen können. Die Ost- und die Westkirche trennten sich nach jahrhundertelangem Streit, weil sie sich nicht einigen konnten, ob der Heilige Geist *nur* vom Vater ausgegangen sei oder vom Vater *und* vom Sohn.

Einem bekannten Witz zufolge ist *Physik*, wenn jemand in einem dunklen Raum mit verbundenen Augen eine schwarze Katze sucht. *Philosophie* ist, wenn jemand in einem dunklen Raum mit verbundenen Augen eine schwarze Katze sucht, die gar nicht da ist. Doch es ist *Theologie*, wenn jemand in einem dunklen Raum mit verbundenen Augen eine schwarze Katze sucht, die gar nicht da ist, und ruft: „Hurra, ich hab sie!" – Man muss Verständnis haben für den Atheismus, der all diese Diskussionen für absurd erklärt und unserem Witz kurzerhand eine vierte Variation hinzufügt, indem er behauptet: „Leute, seht es ein: Es gibt gar keine Katzen". Was, nebenbei erwähnt, auch nur eine Glaubensaussage ist und keinesfalls gesichertes Wissen.

Doch damit sind wir bei dem zweiten Problem. Der Philosoph Ludwig Wittgenstein hat einmal gesagt: „Wovon man nicht sprechen kann, darüber muss man schweigen." Doch ganz offensichtlich *können* die Menschen nicht aufhören, von Gott zu reden bzw. über ihn nachzudenken. Archäologische Funde zeigen uns: Solange es die Menschheit gibt, gibt es auch Religion. Obwohl es in all dieser Zeit nicht eine einzige beweisbare Aussage über Gott und Gottes Wesen gegeben hat, hört der Mensch nicht auf, sich nach dem Göttlichen auszustrecken. Über 99 Prozent der Menschen, die jemals gelebt haben, waren auf die eine oder andere Weise religiös. Als ob wir eine angeborene Ahnung davon hätten, dass es über uns und unser kleines Leben hinaus etwas Größeres gibt, und dass es eminent wichtig ist, mit diesem Größeren in Verbindung zu treten.

Und damit sind wir beim Dritten: Wir Menschen sind raum-zeitliche Wesen. Wir können nur begreifen, was wir mit unseren fünf Sinnen und unserem Verstand erfassen können. Wir mögen uns vielleicht nach Gott ausstrecken, aber alles, was wir erfassen können, hat die Form von Raum und Zeit. Was genau muss passieren, damit wir den Eindruck haben, es mit Gott selbst zu tun zu haben? Wie oft habe ich es in Gesprächen erlebt, dass Menschen mir sagten, sie würden gerne Gott erleben. In der Regel frage ich dann zurück: „Was genau würden Sie denn als ‚Gotteserfahrung' akzeptieren?" – Genügt ein Staunen oder ein anderes großes Gefühl? Dann ist es eben doch nur ein Gefühl, ein psychophysischer Prozess, der durch alles Mögliche ausgelöst sein könnte, aber nicht unbedingt von Gott. Muss vielleicht ein „Wunder" – also etwas Außerordentliches – geschehen, und wenn ja: Wie lange dauert es, bis sich unser Verstand zurechtgelegt hat, dass das wahrscheinlich doch eine natürliche Ursache gehabt haben mag und dass es keineswegs gesagt ist, dass Gott dabei seine Hand im Spiel gehabt hat?

Unser Reden von Gott ist ein Stochern im Nebel. Irgendetwas – und darin mag man vielleicht einen kleinen „Gottesbeweis" sehen – lässt uns trotz vieler enttäuschender Erfahrungen nicht aufhören, das zu tun. Nur eins ist klar: Aus uns selbst heraus finden wir die Antwort nicht. Wir können meditieren, spekulieren und philosophieren und kommen damit doch keinen Schritt weiter. Ein Freund von mir hat es einmal so ausgedrückt: „Wie soll ich Gott verstehen? Ich verstehe ja nicht mal meine Frau." In dem eingangs erwähnten Lutherzitat heißt es, dass wir die Frage nach Gott „aus unserem eigenen Kopf" heraus nicht beantworten können. Wir können getrost ergänzen: auch nicht aus unserem Bauch.

Was aber lässt uns dann sprechen „Unser Vater im Himmel"? Das ist ja eine sehr vertrauensvolle und persönliche Anrede. Als könne man nicht nur über ihn spekulieren sondern tatsächlich mit ihm reden. Als sei dieses allem Raum und aller Zeit entzogene Wesen uns erstaunlich nahe, zwar „im Himmel" wohnend, aber doch unsere Sprache sprechend und auf unsere Worte hörend.

Gott hat geredet – und er redet noch

„Unsere Theologie ist gewiss, weil sie außerhalb unserer selbst ansetzt", sagt Luther. Das, was Christinnen und Christen über Gott sagen, entstammt nicht ihrem eigenen Überlegen und Spekulieren. Während sich alle menschliche Religion nach Gott ausstreckt und versucht, nach dem Ewigen zu greifen, gehen Juden- und Christentum davon aus, dass der Weg andersherum verläuft: Das Ewige – genau gesagt: *der* Ewige – greift nach uns Menschen. Das Tasten des Menschen nach Gott endet immer im Nebel des Ungewissen. Anders hingegen, wenn Gott sich zu uns Menschen ausstreckt. Die Bibel berichtet uns, dass auch er dabei erstaunlich oft ins Leere greift. Das mag daran liegen, dass er dabei nicht seine volle göttliche Kraft ins Spiel bringt. Ganz so, wie ein Mensch in helfender Absicht sehr vorsichtig nach einem aus dem Nest gefallenen Vogel greift, um ihn nicht zu verletzen.

Die christliche Religion basiert nicht auf menschlichen Bemühungen, nach Gott zu greifen, sondern auf der Initiative Gottes, mit uns Menschen in Kommunikation zu treten. Weil der Mensch nichts von Gott und Gottes Wesen erfassen kann, gibt es nur eine Möglichkeit, mit Gott in Kontakt zu kommen: Dieser muss von sich aus aktiv werden und sich sozusagen in ein Stück Raum und Zeit hüllen. Er muss auf irgendeine Weise eine „Sprache" sprechen, die wir erfassen können. Hier liegt allerdings ein erkenntnistheoretisches Problem: Gott muss sich, damit wir ihn erfassen können, eine raum-zeitliche Gestalt geben. Das hat allerdings den Nachteil, dass es nicht mehr eindeutig ist, dass es sich dabei wirklich um *Gott* handelt. Denn Gott ist ewig, alles aber, was wir fassen können, sind Raum und Zeit.

Gott hat geredet – das ist der Ausgangspunkt alles christlichen Redens von Gott. Immer wieder hat er dabei einzelne Menschen angesprochen und berührt. Der christliche Glaube geht aber davon aus, dass Gott zweimal in *grundlegender* Weise mit uns Menschen in Kontakt getreten ist, beide Male auf eine Weise, die universale Bedeutung hat. Das erste Mal erwählte er sich ein *Volk*, das ihn im Lauf der Geschichte immer besser begreifen sollte: Israel. Das zweite Mal sprach Gott durch eine *Person* zu uns, die aus diesem Volk stammte, die die Erkenntnisse dieses Volkes aufgriff, weiterführte und für die ganze Menschheit öffnete: Jesus Christus.

Die Bibel redet deshalb von zwei „Bundesschlüssen" Gottes: einem Alten und einem Neuen Bund. Wobei wir besser vom „Ersten" statt vom „Alten Bund" sprechen, denn so richtig das Wort vom „Neuen Bund" ist, ist deswegen der Alte nicht überholt, sondern beide verhalten sich zueinander wie Wurzel und Stamm. Die Bibel zeugt von diesem zweifachen Reden Gottes in die Geschichte hinein. Sie ist der unmittelbare Reflex der Menschen, die das damals in irgendeiner Weise erlebt haben. In Geschichten, Gesetzen und Gebeten, Briefen, Liedern und Prophetien, in Sprüchen der Weisheit sowie Mahn- und Trostworten schlägt sich in der Bibel nieder, wie Menschen das erfahren haben, dass Gott zu ihnen redete.

Freilich ist dieses Reden Gottes nicht auf die Vergangenheit beschränkt. Es ist ein langer Streit innerhalb der Theologie, ob die Bibel Gottes Wort „ist", oder ob sie es uns nur „bezeugt". Mit Recht weisen die einen darauf hin, dass die Bibel zunächst einmal nur davon berichtet, wie Gott irgendwann einmal in der Vergangenheit zu einigen Menschen gesprochen hat. Und dass das nicht automatisch bedeutet, dass es auch zu uns gesagt ist. Wenn Jesus seinen Jüngern befiehlt: „Besorgt mir einen Esel", sind wir nicht gut beraten, das einfach 1:1 auf uns zu übertragen. Und doch wäre die Bibel ein bloßes Geschichtsbuch, wenn das alles wäre. Gott hat nicht aufgehört zu reden, und sein bevorzugter Weg, das zu tun, ist die Bibel.

Martin Luther hat Zeit seines Lebens von der Heiligen Schrift als dem „Wort Gottes" gesprochen. Er meinte damit ein Wort *für uns* und nicht nur für Menschen früherer Zeiten. Dahinter steckt ein Geheimnis: Je intensiver wir uns damit beschäftigen, wie Gott in der Vergangenheit zu den Menschen der Bibel gesprochen hat, desto mehr wird aus diesem Reden in der Vergangenheit ein Reden Gottes in der Gegenwart. Manchmal greifen die Worte unmittelbar nach uns, andere Male müssen wir länger in sie eintauchen und uns in sie hinein meditieren, bis sie anfangen, auch zu uns zu sprechen. Ganz ohne Zweifel waren die Verfasser der Bibel „inspiriert". Sie hatten etwas davon erfahren, dass Gott sie mit seinem Heiligen Geist anhaucht, und haben das, was sie bewegte, niedergeschrieben: wenn mitunter auch auf durchaus menschliche Art und Weise. Nicht alles, was wir in der Bibel finden, „stimmt" in historischem, naturwissenschaftlichem oder auch moralischem Sinne. Ja, manchmal nicht einmal in religiöser Hinsicht. Wir werden uns später noch mit dieser Frage beschäftigen.

„Inspiration" bedeutet nicht, dass Gott einen Menschen sozusagen betäubt und ihm den Griffel führt. Wenn Gott ein solches Buch hätte haben wollen, hätte er es sicherlich selbst geschrieben. Nein, das Buch der Bibel ist vielmehr dergestalt inspiriert, dass Menschen von ihm berührt wurden und das, was sie dabei bewegte, in ganz persönlicher Weise und Färbung niedergeschrieben haben. So wie wenn jemand einen Liebesbrief schreibt: mit Schreibfehlern, Eselsohren, Tintenklecksen, einer wirren Systematik und nicht immer stilsicheren Bildern. Dennoch kann kein Zweifel bestehen, dass dieser Mensch von etwas Echtem berührt wurde. Das freilich erkennt man vielleicht erst dann, wenn man selbst ein wenig von dem weiß, wie es dem Schreiber des Liebesbriefs erging. Wenn man bereit ist, sich darauf einzulassen. Dann beginnen die Worte des Briefes zu einem selbst zu reden, und plötzlich keimt im eigenen Herzen vielleicht etwas von dem auf, was den Schreiber des Briefes bewegt hat.

Ich habe keinen Zweifel daran, dass die Schreiber der Bibel von Gott bzw. Gottes Handeln „inspiriert" waren. Aber Inspiration ist nicht ein Prozess, der nur irgendwann einmal früher stattgefunden hat. Zur Inspiration der Schreiber muss vielmehr die Inspiration der Leserinnen und Leser kommen, sonst bleibt die Bibel ein Buch der Vergangenheit. Davon freilich war Martin Luther überzeugt: Der Gott, der zu Zeiten der Bibel gesprochen hat, tut dies auch noch heute. Er gebraucht die Bibel – das Zeugnis von Gottes Reden und Wirken in der Vergangenheit –, um auch heute noch zu uns zu sprechen. Es geht beim Bibellesen darum, dass wir uns von dem, was die Menschen damals inspiriert hat, selbst ansprechen und inspirieren lassen. Gott sorgte dafür, dass sie es uns zugute schriftlich fixierten: damit aus seinem Reden damals ein Reden auch *für uns* würde. Vielleicht kann man es auf folgende Formel bringen: Der Satz „Die Bibel *bezeugt* Gottes Wort" ist richtig. Der Satz „Die Bibel *ist* Gottes Wort" hingegen ist wahr.

Gottes Wort sucht unsere Antwort

Eben dieses Wort Gottes ist es, das uns ermutigt, zu sprechen: „Vater unser im Himmel". Über den Begriff Gottes als „Vater" haben wir uns bereits am 16. Tag dieser Expedition Gedanken gemacht. Ich kann nur noch einmal wiederholen, dass dieses Bild keine geschlechtlichen Implikationen hat. Der Bochumer Theologe Jürgen Ebach sagt: „Es hat lange gebraucht, bis wir gelernt haben, dass Gott kein Mensch ist. Jetzt müssen wir nur noch lernen, dass Gott auch kein Mann ist." In der Tat spuken bei vielen von uns immer noch deutlich mehr männliche als weibliche Vorstellungen von Gott im Kopf herum. Wir tun gut daran, das an die Seite zu legen, wenn wir das Vaterunser sprechen. Freilich ist es keine sonderliche Hilfe, wenn wir die Anrede „Vater" in diesem Gebet durch das Wort „Mutter" ersetzen. Nicht, dass es Gott etwas ausmachen würde, aber die Gefahr ist, dass man Gott dann erst recht in geschlechtlichen Kategorien denkt.

Nehmen wir also die Anrede „Vater" so, wie sie von Jesus gemeint ist: als Ausdruck tiefer Verbundenheit, großen Wohlwollens und inniger Nähe. *„Das ist eine gar freundliche, süße, tiefe und herzliche Rede. Es wäre nicht so lieblich und tröstlich, wenn wir ‚Herr' oder ‚Gott' oder ‚Richter' sagten."* (Martin Luther) Wie kommen wir dazu, so mit Gott zu reden? Dass Gott groß, erhaben und mächtig ist, bezeugen nicht nur die Religionen, sondern auch die Philosophie. Sich diesen Gott als nah und vertraut wie einen Vater oder eine Mutter vorzustellen wäre vermessen, wenn Gott uns nicht selbst dazu ermutigen würde. Als „Gnade" haben wir diese Bewegung Gottes auf uns Menschen zu in der ersten Woche bezeichnet.

Und noch etwas ergibt sich aus dem Begriff des Vaters, was alles andere als selbstverständlich ist: Gott ist Person. Er ist nicht nur eine Kraft, die „Macht der Natur" oder gar das Schicksal. Gott hat Selbstbewusstsein, er kann „Ich" sagen. Und er kann „Du" sagen, kann kommunizieren. Das allererst macht es sinnvoll, dass wir zu ihm *beten*. Wer Gott nicht als Person kennt, kann bestenfalls meditieren. Meditation kann sehr sinnvoll sein, aber sie kann das Gebet nicht ersetzen. Meditation ist, wie wenn ich mir ein Foto meiner Frau anschaue. Gebet ist, wie wenn ich mit ihr persönlich spreche. Schauen Sie sich die Religionen an: Wo es keine Offenbarung gibt, gibt es kein Gebet. Wo Gott nicht mit den Menschen redet, reden sie auch nicht mit ihm. Wie sollten sie auch? Schon als kleines Kind haben wir zu reden gelernt, indem uns unsere Mutter ansprach. Beten lernen wir dadurch, dass uns unser himmlischer Vater anspricht und wir ihm antworten. Gebet im christlichen Sinn ist die Antwort darauf, dass Gott einen Menschen anspricht. Das ist letzten Endes der Sinn der Bibel: dass wir uns durch ihre Worte von Gott selbst ansprechen lassen – und dass wir ihm antworten durch unser Leben und unsere Gebete: „Unser Vater im Himmel".

NACH-DENKEN

Das ist letzten Endes der Sinn der Bibel: dass wir uns durch ihre Worte von Gott selbst ansprechen lassen – und dass wir ihm antworten durch unser Leben und unsere Gebete.

FRAGEN

» Worauf beziehen sich Menschen, wenn sie Aussagen über Gott machen?
» Warum können Menschen nicht aufhören, nach Gott zu suchen, obwohl es nicht eine einzige beweisbare Aussage über Gott gibt?
» Haben Sie schon mal die Erfahrung gemacht, dass Gott durch die Bibel zu Ihnen spricht?
» Können Sie sich in die Nähe und Intimität einfühlen, die die Gebetsanrede „Vater“ mit sich bringt?
» Wenn Gottes Wort unsere Antwort sucht, was müsste sich bei unserer Art, Bibel zu lesen und Bibel auszulegen, ändern?

ANREGUNG ZUM GEBET

Gottes Wort und unsere Antwort
Überlegen Sie sich, ob es ein Wort der Bibel gibt, das Sie in jüngerer oder auch schon länger zurückliegender Zeit in besonderer Weise angesprochen hat: ein Vers, eine Geschichte, eine Person aus der Bibel, vielleicht sogar ein ganzes biblisches Buch. Vielleicht schlagen Sie das in der Bibel nochmal nach, lassen es auf sich wirken und spüren sich noch einmal hinein, dass Gott Ihnen hier etwas gesagt hat oder immer noch sagt. Versuchen Sie dann, Gott mit einem Gebet zu antworten (am besten schriftlich).

MERKVERS

Meine Seele verlangt nach deinem Heil;
ich hoffe auf dein Wort.
Psalm 119, 81

Tag 23 / **Der große Horizont unseres Lebens**

PHILIPP MELANCHTON

MATTHÄUS 6, 9B.10A

Dein Name werde geheiligt.
Dein Reich komme.
Dein Wille geschehe
wie im Himmel
so auf Erden.

Es geht nicht um uns

Die Welt hat nicht mit uns angefangen, und sie wird auch nicht untergehen, wenn wir sterben. So selbstverständlich diese Aussage bei nüchterner Betrachtung auch sein mag, so kränkend ist sie doch für uns Europäer des 21. Jahrhunderts, wo es uns doch vor allem darum geht, uns selbst zu finden, uns selbst zu entfalten und uns selbst zu verwirklichen. Alles dreht sich um unser kleines Selbst, das uns doch als das Allergrößte und Allerwichtigste erscheint. Wo Menschen früher noch leidenschaftlich nach „Sinn" suchten, geht es uns heute vor allem um das persönliche Glück. Wenn Menschen heute überhaupt noch positiv von Sinn reden und ihn nicht nur vermissen, dann in Sätzen wie: „Jeder muss den Sinn seines Lebens *selbst* herausfinden." Und – schwuppdiwupp – da haben wir es wieder: das kleine Wörtchen „selbst". Der Kult um das Selbst ist zur Ersatzreligion unserer Zeit geworden.

Das war nicht immer so. Menschen sind bis vor kurzer Zeit selbstverständlich davon ausgegangen, dass es etwas Wichtigeres gibt als sie. Die Religion, eine große Idee, das Vaterland, die Gesellschaft, die Familie – der Bezugsrahmen, den sich die Menschen gaben, war durchaus unterschiedlich – aber bis tief ins 20. Jahrhundert hinein sahen die Menschen ihr Leben als Teil eines größeren Ganzen. Das verlieh ihrem Dasein „Sinn". Sinn bedeutet, sein Leben in einen größeren Zusammenhang hineinstellen zu können. Das können wir heute nicht mehr. Amöben gleich sind wir uns selber Horizont. Und kennen über unser persönliches Glück hinaus keinen größeren Sinn.

Der Philosoph Friedrich Nietzsche sprach in diesem Zusammenhang vom „Tode Gottes" und stellte die Frage, wie es dazu kommen konnte, dass die Menschen sich im Zuge der Säkularisation und Aufklärung das Einzige genommen haben, was ihrem Leben Sinn zu geben vermag: „Wie vermochten wir das Meer auszutrinken? Wer gab uns den Schwamm, um den ganzen Horizont wegzuwischen? Was taten wir, als wir diese Erde von ihrer Sonne losketteten? Wohin bewegt sie sich nun? Wohin bewegen wir uns? Fort von allen Sonnen? Stürzen wir nicht fortwährend? Und rückwärts, seitwärts, vorwärts, nach allen Seiten?"

Vielleicht fragen Sie sich, was diese kulturgeschichtliche Betrachtung mit dem Vaterunser zu tun hat. Doch gerade dieses „Gebet aller Gebete" zeigt uns, wie weit weg wir heute von dem sind, was Jesus und mit ihm der gesamten Heiligen Schrift wichtig war. Viele Menschen beten, auch heute noch.

Statistiken zufolge beten in Deutschland sogar mehr Leute, als an Gott glauben. Doch worum geht es in diesen Gebeten? Um Schutz und Bewahrung, um Rettung und Hilfe, um Trost, Ruhe und Kraft. Mitunter beten wir nicht für uns selbst, sondern für Menschen, die uns nahe stehen oder anderweitig ans Herz gehen. Und manchmal bedanken wir uns auch, wenn auch bei Weitem nicht so häufig, wie wir bitten. In alledem aber dreht sich auch unser Gebet letzten Endes in mehr oder minder engen Kreisen um uns selbst.

Wie radikal anders ist da das Gebet Jesu: „Dein Name werde geheiligt, dein Reich komme, dein Wille geschehe." Genau wie es in den Zehn Geboten erst einmal um Gott und seine Interessen geht, lehrt Jesus seine Jüngerinnen und Jünger, im Gebet nicht mit uns selbst anzufangen, sondern uns vor den größeren Horizont dessen zu stellen, was ich einmal als „Reich-Gottes-Perspektive" bezeichnen möchte. Wie die gesamte Bibel redet das Gebet Jesu erst einmal von Gott und dann vom Menschen. Man muss bei Gott anfangen, um beim Menschen anzukommen. Wir werden den Sinn unseres Lebens nicht finden, wenn wir nur auf uns selber schauen. Wenn wir zu schnell vom Menschen reden, drehen wir uns im Kreis. In der Bibel geht es um Größeres als um unsere Träume, Karriere und Selbstverwirklichung. Wenn wir wissen wollen, wozu wir da sind und worum es in unserem Leben überhaupt geht, dürfen wir nicht bei uns selbst, sondern müssen mit Gott anfangen. Wir kommen auf diese Weise nicht zu kurz. Jesus sagt: „Trachtet zuerst nach dem Reich Gottes und nach seiner Gerechtigkeit, so wird euch das alles zufallen" (Matthäus 6,33). Wenn wir Gott an die erste Stelle setzen, wird er für alles Notwendige sorgen.

Gottes Name, Gottes Reich und Gottes Wille

Wie hängen die drei ersten Vaterunserbitten mit unserem Wochenthema – der Heiligen Schrift – zusammen? In dem eben Gesagten habe ich versucht, deutlich zu machen, dass Jesus in seinem Mustergebet die Prioritäten setzt, die er in der Schrift vorfindet, also unserem Alten Testament: Gott kommt zuerst. Erst wenn Gott Gott wird, kann der Mensch zum Menschen werden. Erst vor dieser Reich-Gottes-Perspektive bekommt unser Leben Sinn und Gewicht.

Für Martin Luther hängen die drei ersten Bitten des Vaterunsers freilich noch auf eine andere Weise mit der Heiligen Schrift zusammen. In seinem Kleinen Katechismus stellt er klar, dass Gottes Name auch an sich heilig ist, dass sein Reich auch so kommt und dass sich sein Wille auch ohne unser Gebet durchsetzen wird. Aber, so Luther, wir beten im Vaterunser darum, dass dies alles auch *bei uns* geschehe. Und dazu hilft uns die Bibel. Geheiligt wird

Gottes Name, „... *wo das Wort Gottes lauter und rein gelehrt wird und wir auch heilig, als die Kinder Gottes, danach leben.*“ Das Reich Gottes kommt, „... *wenn der himmlische Vater uns seinen Heiligen Geist gibt, dass wir seinem heiligen Wort durch seine Gnade glauben und danach leben.*“ Und Gottes Willen geschieht, wenn Gott uns „... *stärkt und behält uns fest in seinem Wort und Glauben bis an unser Ende.*“ Die Heilige Schrift sagt uns also nicht nur, was der große Horizont unseres Lebens ist, sondern sie hilft uns auch, persönlich in diesen Horizont einzutreten.

Die Bitte um die *Heiligung des Gottesnamens* ist uns dabei vermutlich am fremdesten. Im Alten Testament spielt dieses Motiv indes eine große Rolle. Worum geht es in dieser Bitte? Um den Namen Gottes: um ein Wort also. Und genau das ist das Problem. Worte gehen uns leicht über die Lippen. Worte können Wahrheit transportieren, oft sind es aber auch nur „leere Worte“. Freilich erzielen Worte immer eine Wirkung. Wahrscheinlich hat es keinen Begriff gegeben, der stärker auf die Weltgeschichte eingewirkt hat als das Wort „Gott“. Im Namen dieses Wortes „Gott“ wurden Hungrige gespeist, Kranke geheilt, Trost gespendet und Frieden geschaffen. In Namen dieses Begriffes wurden aber auch Kriege geführt, Attentate verübt und Scheiterhaufen errichtet. Darum stellt Jesus die Sorge um die Heiligung des Gottesnamens an den Anfang des Vaterunsers. Jedes Mal, wenn wir das Wort „Gott“ im Munde führen, betreten wir sozusagen „heiligen Boden“. Wenn immer wir „Gott“ sagen – auch und gerade im Gebet – sollten wir zusehen, dass wir das mit großer Behutsamkeit, Ehrfurcht und Sorge vor Missbrauch dieses Namens tun. Die Tatsache, dass Gott im Himmel sich nicht in völlige Unzugänglichkeit gehüllt hat, sondern zu einem Bestandteil unserer Sprache geworden ist, ist ein gewaltiger Segen, der sich in unseren Händen aber zum Fluch wandelt, wenn wir diesen Namen nicht heilig halten.

Die Bitte um das *Kommen des Reiches Gottes* ist ebenfalls tief im Alten Testament verwurzelt. Jesus hat den Begriff des „(König-)Reiches Gottes“ zum Zentralbegriff seiner Mission gemacht. In vielen seiner Gleichnisse beschrieb er die Eigenart dieses Königreichs; verglich es mit einem Schatz, einem Samenkorn, einem Netz, einem Sauerteig und einer Hochzeit. Jesus sagt, die Königsherrschaft Gottes sei „nahe herbeigekommen“. Andernorts kann er sogar sagen: „Das Reich Gottes ist mitten unter euch“ (Lukas 17,21). Im Vaterunser hingegen heißt es: „Dein Reich komme“. Es ist offensichtlich da und gleichzeitig doch noch nicht da. Diese Spannung findet sich bereits im Alten Testament. Dort wird klar bekannt: Jahwe *ist* bereits König. Seine Königsherrschaft ist schon im Gange und breitet sich mehr und mehr aus. Vollends anerkannt ist sie allerdings erst bei denen, die sich durch Glaube und Gehorsam dafür öffnen. Die viel zitierte Spannung zwischen „Schon jetzt" und „Noch nicht" des Reiches Gottes ist wahrscheinlich viel weniger mystisch, als sie oft dargestellt wird. Wir brauchen nur an einen Exilkönig zu denken, der zwar bereits eingesetzt ist, sich aber auf der anderen Seite erst noch gegen die vorübergehend herrschende „Gegenregierung" durchsetzen muss und dessen Königtum vorerst nur bei seinen Anhängerinnen und Anhängern akzeptiert ist.

„Reich Gottes" ist überall da, wo Gott bereits jetzt das Sagen hat. Das freilich kann man auch von Christinnen und Christen nicht gleichförmig behaupten. Mal räumen sie Gott mehr, mal weniger Platz ein in ihrem Leben. Auch für sie gilt: Das Reich Gottes ist erst im Werden. Es drängt mit Macht herbei, aber es zwingt niemanden. Jesus formuliert deshalb mit seiner zweiten Vaterunserbitte die Grundsehnsucht, die ihn selbst bewegte und die auch uns umtreiben sollte: dass das Gottes Reich komme, dass Gottes Liebe mehr und mehr zur prägenden Kraft unseres Lebens werde, dass Frieden und Gerechtigkeit sich über diese Welt legen. Dieses große Ziel ist ein universales. Die unmittelbare Blickrichtung dieser Bitte hingegen ist eine sehr persönliche. Martin Luther sagt darum im Kleinen Katechismus: *„Gottes Reich kommt auch ohne unser Gebet von selbst, aber wir bitten in diesem Gebet, dass es auch zu uns komme."*

Die Bitte darum, dass *Gottes Wille geschehe*, werden wir morgen noch einmal ausführlich betrachten. Auch hierbei geht es um die Aufrichtung von Gottes Willen zuerst in unserem Leben, dann in der ganzen Welt. Nur ein Gedanke: Für viele Menschen hat diese Vaterunserbitte etwas Strenges, ja oft sogar Bedrohliches. „Dein Wille geschehe" sagen wir oft, wenn es darum geht, dass uns selbst ein Herzenswunsch versagt bleibt. In der Tat kann der Gedanke durchaus Trost bringen, dass alles in Gottes weisem Willen geborgen ist. Freilich kann und soll uns das Stichwort „wie im Himmel" eigentlich auf eine andere Spur bringen: denn der Himmel ist ja kein Ort, an dem es traurig, eng und streng zugeht. Im Gegenteil will uns das Vaterunser daran erinnern, dass es darum geht, ein Stück Himmel auf die Erde zu bringen.

Altes und Neues Testament

Das Vaterunser, das zentrale Gebet der Christenheit, ist tief im Alten Testament verwurzelt. Gottes Name, Gottes Reich und Gottes Willen sind Themen, die Jesus allesamt aus der hebräischen Bibel übernommen hat. Manche Theologen gehen sogar so weit, das Vaterunser als ein „typisch jüdisches Gebet" des ersten Jahrhunderts anzusehen. Anlass genug, hier einige grundsätzliche Betrachtungen zum Verhältnis zwischen Altem und Neuem Testament anzustellen.

Wenn man Martin Luthers Schriften auf diese Frage hin untersucht, findet man im Grunde zwei Antworten. Die erste lautet: Im Alten Testament findet sich bereits die gesamte Wahrheit des Neuen. *„Alles, was die Apostel gelehrt und geschrieben haben, das haben sie aus dem Alten Testament gezogen; ... und ist kein Wort im Neuen Testament, das nicht hinter sich sähe in das Alte, darinnen es zuvor verkündigt ist"* (eigene Übertragung). An anderer Stelle bezeichnet Luther das Alte Testament als Brunnen, aus dem sich auch die neutestamentlichen Schriften speisen. Wer immer also geneigt ist, das Alte Testament in irgendeiner Weise abzuwerten, kann jedenfalls Luther nicht zu seinen Verbündeten zählen. Wie sollte es auch anders sein? Wann immer im Neuen Testament von „der Schrift" die Rede ist, ist das Alte Testament gemeint und nicht das Neue, denn das gab es ja noch nicht. Das Alte Testament war die Bibel Jesu und der Apostel. Es war ihre Heilige Schrift, in der sie lasen, die sie zitierten und an der sie ihr Leben ausrichteten. Rund ein Viertel aller neutestamentlichen Texte beinhalten direkte oder indirekte Bezüge auf die Hebräische Bibel. Versuche, das Alte Testament aus der christlichen Bibel zu entfernen, hat es schon früh gegeben und gibt es bis heute. Dem müssen wir – auch im Sinne Martin Luthers – entgegenhalten: Was die Heilige Schrift Jesu und der Apostel war, bleibt auch unsere Heilige Schrift.

Freilich sagt Luther noch etwas anderes zum Verhältnis von Altem und Neuem Testament: Die Wahrheit ist im Alten Testament oftmals noch *verborgen*, sie muss erst aufgeschlossen werden. Dazu bedarf es Luther zufolge des Neuen Testaments: *„Das Neue Testament ist nicht mehr als eine Offenbarung des Alten, gleich als wenn jemand zum ersten einen geschlossenen Brief hätte und danach aufbräche."* Das heißt: Zwar ist das Neue Testament bereits im Alten *beschlossen*, aber das Alte Testament wird erst durch das Neue *erschlossen*. Noch schärfer formuliert: Ohne die Botschaft von Jesus Christus bleibt uns der tiefste Sinn des Alten Testaments verborgen.

Diese Ansicht hat im Protestantismus dazu geführt, dass man das Alte Testament zumeist durch die „Brille" des Neuen gelesen hat. Luther machte es vor, was bis tief ins 20. Jahrhundert hinein gängige Predigtpraxis wurde: auch in alttestamentlichen Texten immer wieder die Christusbotschaft zu suchen und zu verkünden. Es dauerte lange, bis man gewahr wurde, dass man auf diese Weise den alten Texten nicht unbedingt gerecht wurde. Zweifellos – darin ist Luther recht zu geben – weist uns das Alte Testament in Vielem auf Christus hin. Aber darin geht sein Inhalt nicht auf. Es ist zunächst einmal das *Buch Israels* und als solches ernst zu nehmen: Es erzählt die Geschichte des von Gott auserwählten Volkes. Es beinhaltet das von Gott gegebene Gesetz. Es handelt von der Hoffnung Israels auf Gottes Reich und Gottes Heil. Dadurch wird uns manches auch an unserem Neuen Testament klarer. Das Alte Testament stellt viele Kategorien bereit, ohne die das Neue Testament überhaupt nicht verstanden werden kann. So etwa der „Name", das „Reich" und der „Wille" Gottes aus dem Vaterunser.

Ohne das Alte Testament muss uns das Neue Testament ein völlig unverständliches Buch bleiben. Natürlich geht die neutestamentliche Botschaft nicht in der alttestamentlichen auf. Aber wir werden das Eigen- und Andersartige des Neuen Testaments nur verstehen, wenn wir das Alte Testament intensiv studieren und in unsere Überlegungen mit einbeziehen. Dabei werden wir viele Aspekte entdecken, die uns „durch den Rost gefallen" wären, wenn wir das Alte Testament nur durch die Christus-Brille betrachten: etwa die starke Diesseitsorientierung alttestamentlicher Frömmigkeit, die Betonung sozialer und gesellschaftlicher Fragen etc. All das ist wichtig und bleibt wichtig. Es wird durch das Neue Testament nicht aufgehoben. Dieses konzentriert sich darauf, vor allem die Christusbotschaft zu verkünden. Es ersetzt aber nicht das Alte Testament, sondern ergänzt es.

Ist es eine Missachtung der Juden, wenn wir in ihrem Buch etwas entdecken, was sie selbst nicht glauben? Ich denke nicht, solange wir es nicht entwerten, sondern ernst nehmen, wie sie selbst ihre Bibel lesen. Dass wir darüber hinaus im Alten Testament auch ein Christuszeugnis entdecken, soll und muss niemanden beleidigen, sondern ist ehrlichen Herzens als Wertschätzung gemeint: „Eure Heilige Schrift ist so reich, dass sie auch für uns Christinnen und Christen grundlegend ist und grundlegend bleibt, und uns das Neue Testament allein nicht genügt."

NACH-DENKEN

Wenn wir wissen wollen, wozu wir da sind und worum es in unserem Leben überhaupt geht, dürfen wir nicht bei uns selbst, sondern müssen mit Gott anfangen.

FRAGEN

» Was macht der Satz „Es geht nicht um uns" mit Ihnen?
» Worin besteht Ihrer Meinung nach der Sinn des Lebens?
» Ist Ihnen bewusst, wenn sie das Wort „Gott" im Munde führen, dass Sie gerade „heiligen Boden" betreten?
» Was müsste passieren, damit die Bitte, dass Gottes komme, so wie bei Jesus eine Grundsehnsucht Ihres Herzens würde?
» Welche Bedeutung hat das Alte Testament für Ihren persönlichen Glauben?

ANREGUNG ZUM GEBET

Die ersten drei Vaterunserbitten
Vollenden Sie die drei folgenden Gebetsanfänge, indem Sie sie durch einen oder mehrere Sätze ergänzen:
» Gott, deinen Namen will ich heute dadurch heiligen, dass ich...
» Dein Reich in dieser Welt soll dadurch vergrößert werden, dass ich heute...
» Dein Wille soll heute geschehen, indem ich...

MERKVERS

Trachtet zuerst nach dem Reich Gottes und nach seiner Gerechtigkeit, so wird euch das alles zufallen.
Matthäus 6, 33

Tag 24 / **Die Frage nach dem Willen Gottes**

MEDITATION

Eine afrikanische Frau
sagte einmal:
„Nicht ich lese die Bibel –
die Bibel liest mich.“

Und so lasse ich mich
von den zeitlosen Worten
lesen
finden
entdecken
erkunden
entlarven
erobern und
befreien

Eine afrikanische Frau
sagte einmal:
„Nicht ich lese die Bibel –
die Bibel liest mich.“

Und so lasse ich mich
von den kraftvollen Worten
verwirren
herausfordern
entsetzen
ermutigen
entzünden
erschließen und
bewegen

Eine afrikanische Frau
sagte einmal:
„Nicht ich lese die Bibel –
die Bibel liest mich.“

Und wenn ich wieder
einmal reif bin,
dann lasse ich mich lesen.
Es wird höchste Zeit.

MATTHÄUS 6, 10B

Dein Wille geschehe
wie im Himmel so auf Erden.

Bestimmung und Berufung

Die Bitte „Dein Wille geschehe" kann einen schon in Staunen versetzen. Ist es denn möglich, dass der Wille Gottes, des Schöpfers Himmels und der Erde, *nicht* geschieht? Ganz offensichtlich ist es so, dass das zwar im Himmel der Fall ist, auf Erden aber nicht. Schon früher haben wir uns in dieser Expedition mit der Frage der Allmacht Gottes beschäftigt, und hier taucht sie noch einmal auf. Es gibt einen Teil der Schöpfung, in dem Gottes Willen – zumindest vorübergehend – nicht regiert. Luthers Erklärung: *„Gottes guter, gnädiger Wille geschieht auch ohne unser Gebet; aber wir bitten in diesem Gebet, dass er auch bei uns geschehe"*, geht also nicht völlig auf. Wahr freilich ist, dass die Bitte, dass Gottes Wille geschehe, am ehesten Erfüllung findet, wenn wir sie in Hinblick auf uns selbst aussprechen.

Viele Menschen stellen die Frage nach Gottes Willen bevorzugt dann, wenn es um große Entscheidungen in ihrem Leben geht: etwa bei der Wahl des Berufs, der Partnerin oder des Partners etc. Ganz so, als gäbe es bei Gott einen festen Plan. Unsere Aufgabe bestünde dann darin, den verborgenen Willen Gottes irgendwie herauszubekommen. Meine These ist, dass es zur Handlungsfreiheit des Menschen gehört, diese Entscheidungen weitgehend selbst zu treffen (vgl. 1. Korinther 7,39). In uns liegt das Potenzial, in verschiedene Richtungen gute Entscheidungen zu treffen. Ich will nicht leugnen, dass es bei manchen Menschen „Berufungen" in dem Sinne gibt, dass sie in einer Art Offenbarung plötzlich ganz genau wissen, welchen Weg sie gehen sollen. Bei den meisten von uns backt der liebe Gott jedoch kleinere Brötchen. Er gibt uns ein bestimmtes Maß an Gaben und Talenten mit auf den Weg und sagt: „Handelt damit, bis ich wiederkomme!" (Lukas 19,13). Wir dürfen Berufungen wie die von Mose, Jesaja oder Paulus nicht für den Normalfall halten. Und die Sehnsucht nach einer „klaren Berufung" muss keineswegs Ausdruck von Frömmigkeit sein, sondern sie kann auch der Sehnsucht entspringen, nicht selber entscheiden zu müssen.

Tatsächlich ist es so, dass es für die meisten von uns *mehrere* Wege gibt, wie wir Gottes Willen tun können. Unsere Berufung kommt dann dadurch zustande, dass wir uns für einen dieser Wege entscheiden und ihn dann mit Gott gehen. Dabei können wir gerne beten: „Gott, dein Wille geschehe." Das bedeutet aber nicht, dass Gott uns hilft, unter verschiedenen Wahlmöglichkeiten den einzig wahren Weg auszusuchen, sondern dass er uns hilft, auf dem ausgesuchten Weg das zu tun, was er getan haben möchte.

Manchmal kann man den Satz hören: „Gott hat einen Plan für dein Leben." Wenn wir das im Sinne eines *Fahrplans* verstehen, in dem minutiös festgelegt ist, was wir in jeder Minute unseres Lebens tun sollen, ist das sicherlich falsch. Die Bibel lehrt uns nicht, dass unser Lebensweg festgelegt ist. Allerdings hatte Gott etwas im Sinn, als er uns so schuf, wie er es tat. Jeder und jede von uns hat ein einmaliges Geflecht an Begabungen, Neigungen, Fähigkeiten, Talenten, Erfahrungen und anderen Voraussetzungen, die ihn zu einer einzigartigen Persönlichkeit machen. Wenn Sie das einen „Plan" nennen wollen, meinetwegen. Aber eben keinen Fahrplan, sondern eher so etwas wie einen *Konstruktionsplan*. *Sprich*: Die Bibel kennt zwar eine *Bestimmung* des Menschen, aber keine *Vorherbestimmung*. Es gibt durchaus einen Willen Gottes über unserem Leben, aber dieser lässt uns eine Menge an Freiheit.

Martin Luther dachte weniger von den Gaben und Fähigkeiten als vielmehr vom *Stand* eines Menschen her, den er als göttlichen Auftrag verstand. Tatsächlich prägte Luther durch diesen Gedanken das deutsche Wort „Beruf": auch eine weltliche Tätigkeit kann eine Berufung Gottes sein. Das war damals revolutionär: dass nicht nur „Geistliche", sondern auch ganz normale Menschen ihre Arbeit als Berufung Gottes verstehen konnten! Heute denken wir eher vom Individuum her, von dem, was in uns steckt und würden von „Berufung" nur dann reden, wenn wir das in unserer beruflichen Tätigkeit auch ausleben und zur Entfaltung bringen können. Doch auch dies basiert letztlich auf Luthers Grundgedanken, dass eine Berufung durchaus innerhalb eines weltlichen Berufs gelebt werden kann.

Der Wille Gottes in der Bibel

Von Mark Twain stammt das berühmte Zitat: „Die meisten Menschen haben Schwierigkeiten mit den Bibelstellen, die sie nicht verstehen. Ich für meinen Teil muss zugeben, dass mich gerade diejenigen Bibelstellen beunruhigen, die ich verstehe." Einen ähnlichen inneren Widerspruch erlebt man beim Umgang vieler Menschen mit dem Willen Gottes. So sehr sie sich für Gottes Willen interessieren, was die großen Entscheidungen ihres Lebens betrifft, so sehr flaut dieses Interesse ab, wenn es um unsere kleinen Alltagsentscheidungen geht. Ich habe es einmal erlebt, dass jemand einen Prediger fragte: „Was ist denn der Wille Gottes für mein Leben?" – Der Prediger antwortete brüsk: „Tun Sie doch nicht so, als ob Sie das nicht wüssten."

Der Wille Gottes spielt in der Bibel eine wichtige Rolle, was bei Vielen zu dem Eindruck führt, bei der Bibel handele es sich in erster Linie um ein Gesetzbuch, das uns den Spaß nehmen will. Das ist aber nicht der Fall. Ohne Regeln würde vielmehr alles ins Chaos stürzen. Konfirmanden verdeutliche ich das gerne am Straßenverkehr: Auch hier behindern die Regeln nicht die Freiheit derer, die am Verkehr teilnehmen, sondern machen Freiheit allererst möglich. In der Bibel finden wir einen expliziten Gotteswillen auf vier verschiedenen Ebenen:

Zunächst gibt es einen Willen Gottes auf der Stufe unserer *Geschöpflichkeit*. Da geht es nicht um Glaube oder Moral, sondern um ein gesundes, gelingendes Leben allgemein. Hierzu gehören Aufforderungen wie die, unseren Körper wie einen „Tempel" zu behandeln, Dankbarkeit zu pflegen und sich am Leben zu erfreuen. Modern gesprochen könnte man von Lebenshilfe, ja fast von „Glücksregeln" reden, die man hier in der Bibel findet. Der Glaube ist für die Befolgung dieser Regeln nicht zwingend notwendig, wirkt aber oft motivierend.

Die zweite Ebene des Willens Gottes ist die der *Mitmenschlichkeit* bzw. Ethik. Wir werden uns in der letzten Woche dieser Expedition mit den Zehn Geboten beschäftigen. Sie sind der Anfang eines 613 Gebote umfassenden Gesetzwerkes. Propheten wie Hosea (6,6) oder Micha versuchen, die Gebote in einer kurzen Formel zusammenzufassen: „Es ist dir gesagt, Mensch, was gut ist und was der HERR von dir fordert: nichts als Gottes Wort halten und Liebe üben und demütig sein vor deinem Gott" (Micha 6,8). Im Neuen Testament formuliert Jesus die so genannte Goldene Regel: „Alles nun, was ihr wollt, dass euch die Leute tun sollen, das tut ihr ihnen auch!" (Matthäus 7,12). Paulus schließlich fasst den Willen Gottes in dem Satz zusammen: „Die Liebe ist des Gesetzes Erfüllung" (Römer 13,10).

Die dritte Ebene des Willens Gottes betrifft unsere *Gottesbeziehung*. So besagt das Glaubensbekenntnis der Juden, dass wir Gott von ganzem Herzen, aus ganzer Seele, mit allem Verstand und all unserer Kraft lieben sollen – und Jesus schließt sich diesem Bekenntnis an (5. Mose 6,5; vgl. Markus 12,30). Er predigte, dass Gottes Herrschaft nahe herbeigekommen sei, und zog daraus zwei Konsequenzen: „Tut Buße und glaubt an das Evangelium!" (Markus 1,15). Der Mensch solle sich von seinen falschen Göttern oder Ideologien abwenden und sein Vertrauen auf die gute Nachricht setzen, die Jesus uns von Gott bringt.

Die vierte Ebene des Willens Gottes ist die des *Glaubens*. Die Regeln auf dieser Ebene setzen den Glauben voraus und führen ihn weiter. Die Regeln auf der anderen Stufe – Selbstliebe, Nächstenliebe und Gottesliebe – werden dabei vorausgesetzt. Dazu kommen aber Aufforderungen wie etwa die, das Evangelium an andere weiterzugeben (z.B. 1. Timotheus 2,4 u.v.a.). Die Worte der Bergpredigt gehören ebenfalls auf die Ebene „Regeln des Glaubens". Martin Luther sah in der Bergpredigt keine allgemeine Ethik, sondern eine Reihe von Anweisungen speziell an die Jüngerinnen und Jünger Jesu. In ihrem Kern geht es darum, so zu werden wie Jesus. Manche Christinnen und Christen orientieren sich dabei an der Frage: „Was würde Jesus an meiner Stelle tun?" Das ist sinnvoll, führt uns aber auch an Grenzen. Denn die Bergpredigt zu halten – so wie Jesus zu werden – ist uns aus eigener Kraft heraus nicht möglich. Paulus zufolge ist es das Werk des Heiligen Geistes, uns nach und nach so zu verwandeln, dass wir dem Bild Christi immer ähnlicher werden (vgl. 2. Korinther 3,18; Römer 8,29).

Noch einmal: Gesetz und Evangelium

Bereits am 10. Tag unserer Expedition sind wir auf Luthers Unterscheidung zwischen „Gesetz und Evangelium" in der Bibel gestoßen: Das Gesetz sagt uns, was wir tun sollen. Das Evangelium hingegen sagt uns, was Gott *für uns* tut. Auf unsere Frage nach dem Willen Gottes bezogen heißt das: Das Gesetz sagt uns, was Gott *von uns* will. Das Evangelium hingegen sagt uns, was Gott *für uns* will. Das Gesetz – so Luther – führt uns an unsere Grenzen, denn wir können es nicht einhalten. Gerade auf diese Weise treibt es uns aber in die Arme des Evangeliums.

Es ist ein wesentlicher Schlüssel für Luthers Bibelverständnis, die Worte der Heiligen Schrift in diese Dynamik von Gesetz und Evangelium einzuzeichnen. Gott redet in der Bibel immer auf diese zweifache Weise: in Forderung und Zuwendung, in Gericht und Gnade, in Verurteilung des Sünders und im Angebot der Vergebung. Beides gilt es zu hören, zu predigen, anzunehmen und gelten zu lassen. Luthers Standardtext für diese doppelte Tätigkeit Gottes ist 1. Samuel 2,6-8 (vgl. auch 5. Mose 32,39): „Der HERR tötet und macht lebendig, führt ins Totenreich und wieder herauf. Der HERR macht arm und macht reich; er erniedrigt und erhöht. Er hebt auf den Dürftigen aus dem Staub und erhöht den Armen aus der Asche, dass er ihn setze unter die Fürsten und den Thron der Ehre erben lasse."

Wir hatten bereits gesehen, dass sich Gesetz und Evangelium nicht einfach auf unterschiedliche Worte der Bibel verteilen lassen, sondern oft das gleiche Bibelwort einem Menschen sowohl zum Gesetz als auch zum Evangelium werden kann. „Gesetz" sind also keineswegs nur die Imperative oder die Anklage- und Gerichtsworte. So verstand Luther auch das Vaterunser zunächst einmal vom Gesetzesgedanken her. Zur Bitte „Dein Wille geschehe" schreibt er in seiner „Deutsche(n) Auslegung des Vaterunsers für die einfältigen Laien" von 1519: *„Dieweil wir denn bis an unser Ende dies Gebet beten müssen, so folget (daraus), dass wir auch bis an unser Ende als die erfunden und beschuldigt werden, die Gottes Willen ungehorsam sind ... So wirkt dies Gebet eine gründliche Demütigkeit und Furcht Gottes und seines Urteils, dass der Mensch froh wird, dass er Gottes Gericht nur entfliehe und aus lauter Gnade und Barmherzigkeit (vor Gott) behalten werde."*

Diese Art, Bibel zu lesen, ist für uns – gelinde gesagt – ungewöhnlich. Warum reitet Martin Luther so stark auf dem Gesetz herum, dass wir fast schon Angst um unser Seelenheil bekommen? Können wir denn das Evangelium nicht „direkt" auf uns wirken lassen? Man ist in der protestantischen Theologie heute weitgehend davon abgekommen, Luthers Unterscheidung von Gesetz und Evangelium in dieser Radikalität zu übernehmen. Der große evangelische Theologe Karl Barth hat in der ersten Hälfte des 20. Jahrhunderts mit guten Argumenten die Reihenfolge Luthers umgedreht: Für ihn kommt in der Bibel immer erst das Evangelium, dann das Gesetz. Gott schließt mit den Menschen zunächst einen Bund, erst dann gibt er ihnen Gebote. Die Gebote sind nämlich nicht dazu da, sich den Himmel zu verdienen, sondern setzen die Gnade Gottes voraus und geben dem Leben mit Gott eine konkrete Gestalt.

Sachlich wird man urteilen müssen, dass Barth gegenüber Luther wohl recht hat. Dennoch können wir einiges von Luthers Unterscheidung zwischen Gesetz und Evangelium auch heute noch übernehmen:

Erstens: *Es ist wichtig, zwischen dem zu unterscheiden, was wir tun sollen, und dem, was Gott allein tun kann.* Das Gesetz redet von dem, was Gott von uns Menschen erwartet: nämlich ihn über alles zu lieben und unseren Nächsten wie uns selbst. Das Evangelium hingegen redet davon, dass und wie Gott unser Heil schafft: durch seine Liebe, seine Begleitung, seinen Segen, seine Vergebung.

Zweitens: *Das Gesetz bringt uns an unsere Grenzen.* Es ist eine Hilfestellung, unsere Beziehung zu Gott und zu unseren Mitmenschen zu gestalten. Gleichzeitig aber zeigt es uns auf, dass und wie wir an dieser Aufgabe immer wieder scheitern und versagen. Gerade wenn wir versuchen, uns an das Gesetz zu halten, werden wir merken: Wir sind Sünderinnen und Sünder. Wir können wohl Gutes *tun*, aber wir *sind* nicht gut.

Drittens: *Die Erkenntnis des Evangeliums setzt die Erkenntnis des Gesetzes voraus.* Evangelium heißt: Gute Nachricht. Das „Gute" an dieser Nachricht werden wir erst wahrnehmen, wenn wir uns darüber klar werden, was die „schlechte Nachricht" ist. Das Gesetz hält dem Menschen einen „Spiegel" vor Augen, sodass er über seine innere Gottferne erschrickt und versteht, wie sehr er Gottes Gnade braucht.

Viertens: *Gott kann erst dann Heil schaffen, wenn wir aufhören, es selber schaffen zu wollen.* Die Gebote waren nie dazu gedacht, dass wir uns durch sie „den Himmel verdienen". Wenn wir es trotzdem versuchen, geraten wir entweder in Verzweiflung, weil wir es nicht schaffen, wirklich gut zu sein, oder wir werden über unserer Gebotserfüllung stolz und hochmütig – letztlich eine Folge davon, dass wir noch nicht tief genug in den „Spiegel" des Gesetzes hineingeschaut haben.

In seiner Schrift „Vom unfreien Willen" von 1525 schreibt Martin Luther: *„Gott verheißt den Demütigen, das heißt denen, die an sich selbst verzweifelt sind und sich aufgegeben haben, mit Bestimmtheit seine Gnade. Ganz und gar aber kann sich kein Mensch eher demütigen, bis dass er weiß, dass seine Seligkeit vollständig außerhalb seiner Kräfte, Absichten, Bemühungen, seines Willens und seiner Werke gänzlich von dem Belieben, Beschluss, Willen und der Tat eines anderen, nämlich Gottes allein, abhängt".*

Glaube ist Luther zufolge die Bewegung vom Gesetz zum Evangelium. Wenn wir darum in der Bibel nach dem Willen Gottes suchen, tun wir gut daran, in dem jeweiligen Bibeltext nach beidem Ausschau zu halten: nach dem, was Gott *von uns* will, und nach dem, was er *für uns* will. Beim Bibellesen Gesetz und Evangelium zu unterscheiden bedeutet, sich von Gott fordern und fördern zu lassen, seinen Anspruch wie auch seinen Zuspruch wahrzunehmen und ernst zu nehmen. Ohne Evangelium schwanken wir innerlich zwischen Hochmut und Verzweiflung. Ohne Gesetz hingegen werden wir nachlässig und bequem und vergeuden unser Leben. Glauben heißt darum: dem Gesetz folgen, aber auf das Evangelium vertrauen.

NACH-DENKEN

Die Bibel kennt zwar eine *Bestimmung* des Menschen, aber keine *Vorherbestimmung*. Es gibt durchaus einen Willen Gottes über unserem Leben, aber dieser lässt uns eine Menge an Freiheit.

FRAGEN

» Spüren Sie in Ihrem Leben so etwas wie eine „Berufung"?
» Glauben Sie, dass es für einen Menschen nur einen einzigen richtigen Weg im Leben gibt, oder dass er die Möglichkeit hat, zwischen mehreren richtigen Optionen zu wählen?
» Inwiefern hilft uns das „Gesetz", das Evangelium besser zu verstehen?
» Inwiefern hilft uns das Evangelium, besser mit dem Gesetz zurechtzukommen?
» Auf welcher der vier skizzierten „Ebenen des Willens Gottes" sehen Sie bei sich die größten Schwachstellen bzw. haben Sie den größten Nachholbedarf?

ANREGUNG ZUM GEBET

Die vier Ebenen des Willens Gottes
Reservieren Sie sich in Ihrem Reisetagebuch je eine viertel Seite für die vier in diesem Kapitel skizzierten Ebenen des Willens Gottes: (1.) die Ebene der Geschöpflichkeit, (2.) die Ebene der Ethik, (3.) die Ebene der Gottesbeziehung und (4.) die Ebene des Glaubens. Nehmen Sie sich ein wenig Stille Zeit und bitten Sie Gott darum, dass er Ihnen zu jeder Kategorie mindestens eine Sache zeigen möge, die Sie heute auf dieser Ebene tun (oder unterlassen) sollen. – Gottes Segen beim Umsetzen, es ist Teil Ihres Gebetes!

MERKVERS

Es ist dir gesagt, Mensch, was gut ist und was der Herr von dir fordert: nichts als Gottes Wort halten und Liebe üben und demütig sein vor deinem Gott.
Micha 6, 8

Tag 25 / **Warten auf Gottes Versorgung**

MATTHÄUS 6, 11

Unser tägliches Brot gib uns heute.

WARTEN AUF GOTTES VERSORGUNG

Brot ist Brot

In vielen Auslegungen habe ich gelesen, dass es sich bei dem Wort „Brot“ im Vaterunser um eine Art Stellvertreterbegriff für die vielen kleinen Dinge des täglichen Bedarfs handelt. Ganz ähnlich definiert Martin Luther in seinem Kleinen Katechismus das „tägliche Brot“: *„Alles, was Not tut für Leib und Leben, wie Essen, Trinken, Kleider, Schuh, Haus, Hof, Acker, Vieh, Geld, Gut, fromme Eheleute, fromme Kinder, fromme Gehilfen, fromme und treue Oberherren, gute Regierung, gut Wetter, Friede, Gesundheit, Zucht, Ehre, gute Freunde, getreue Nachbarn und desgleichen.“* – Ich bin mir da nicht so sicher. Was mich bei dieser Auslegung stutzig macht, ist die Tatsache, dass, wenn es denn so wäre, die Bitte ums tägliche Brot die einzige Zeile des Vaterunsers wäre, die keinerlei religiösen Bezug hätte. Natürlich kann man sagen: „So ist das eben. Die Sorge um unser tägliches Brot ist Gott nicht zu klein.“ – Wer wollte das in Zweifel ziehen? Und doch stellt sich mir die Frage, ob wir damit dieser Bitte wirklich vollends auf den Grund gegangen sind.

Zunächst einmal: Brot ist tatsächlich Brot. Gemeint ist nicht das Brot des Abendmahls, das „Himmelsbrot“, das den Namen „Jesus“ trägt (vgl. Johannes 6,41) oder irgendetwas anderes Spirituelles. Derartige Auslegungen wurden lange Zeit dadurch gefördert, dass das Wort „epiousios“, das Luther mit „täglich“ übersetzt, nirgendwo anders in der Bibel auftaucht, aber auch nirgends in der außerbiblischen Literatur. Da konnte man in diesen Begriff viel Geheimnisvolles hineinlesen. *„Etliche sagen, es bedeute ‚ein überwesentliches Brot‘, etliche, ‚ein auserwähltes und besonderes Brot‘“*, räsoniert schon Luther. Bis man Mitte des 20. Jahrhunderts das Wort tatsächlich auf einem antiken Papyrus fand, und zwar auf einer ... Einkaufsliste. Auf dieser Liste bedeutet das mysteriöse „epiousios“ so viel wie „für morgen besorgen“. – Gibt es etwas Prosaischeres?

Tatsächlich richtet sich der Blick Jesu, nachdem er in den ersten drei Vaterunserbitten den gewaltigen Horizont aufgerissen hat, vor dem sich unser Glaube vollzieht, nun auf unser Leben mit seinen täglichen Bedürfnissen. Er wechselt sozusagen das Objektiv von „Fernsicht“ auf „Nahsicht“. Drei Bitten hat er geäußert, um unser Menschsein in den großen Horizont Gottes zu stellen. Drei Bitten hat er nun zur Verfügung, um den allmächtigen Gott in den Horizont unseres Menschseins einzutragen. – Eine spannende Frage: Wenn Sie Gott gegenüber drei Bitten äußern dürften, wie er sich in ihrem

Leben als Gott erweisen soll, welche wären das wohl? In den vielen Märchen und Geschichten, in denen dieses Motiv vorkommt, wünschen sich die Menschen zumeist etwas sehr Törichtes und brauchen dann den dritten Wunsch, um das Chaos zurückzunehmen, das sie mit ihren ersten beiden Wünschen angerichtet haben. Die Moral dieser Erzählungen liegt auf der Hand: Unsere Wünsche sind nicht immer klug. Die wenigsten von uns wissen, was sie im Leben wirklich brauchen.

Jesus bittet, wenn es um unser Menschsein geht, um das Brot für morgen, um die Vergebung unserer Schuld und um die Bewahrung vor Versuchung. Das ist erstaunlich bescheiden: Gerade genug, um über den nächsten Tag zu kommen: materiell, beziehungstechnisch und spirituell. Gerade so viel, dass wir uns an diesem Tag erfreuen und einigermaßen unbelastet unser Tagwerk vollbringen können. Es erinnert an einen Ausspruch Theodor Fontanes: „Was ist schon Glück? Eine Grießsuppe, eine Schlafstätte und keine körperlichen Schmerzen – das ist schon viel." Seien wir ehrlich: Für die meisten von uns ist das eher *wenig*.

Die Bitte um das Brot für morgen ist eine Arme-Leute-Bitte und nimmt sich im Mund von uns reichen Westeuropäern schon etwas merkwürdig aus. Eigentlich können wir sie nur dadurch guten Gewissens sprechen, dass ihr gleich zweimal das Wörtchen „uns" bzw. „unser" beigefügt ist. Denn das macht die Bitte um die nötige Tagesration an Brot nicht zu einer *persönlichen*, sondern zu einer *gemeinschaftlichen* Bitte. Wir bitten in diesem Fall eben auch für die vielen anderen, die ebenfalls zu diesem großen „Uns" gehören und die unter schwierigeren Umständen leben müssen als wir. Diese Bitte freilich wäre ziemlich heuchlerisch, wenn wir nicht bereit wären, unseren Teil zu ihrer Erfüllung beizutragen. Allerdings glaube ich, dass die Bitte ums tägliche Brot noch eine tiefere Dimension hat, die das eben Gesagte nicht außer Kraft setzt, aber noch einmal vor einen weiteren Horizont stellt.

Die Bitte ums tägliche Brot als Jüngerschaftsbitte

Das Vaterunser ist Teil der so genannten Bergpredigt Jesu. Einzelne Teile davon erscheinen in anderen Evangelien in völlig anderen Kontexten, darum ist heute weitgehend unbestritten, dass Jesus die Bergpredigt wohl nie an einem Stück gehalten hat, sondern dass es sich dabei um eine literarische Komposition des Evangelisten Matthäus handelt, in der er verschiedene Worte Jesu zu einer großen Rede zusammenfasst. Bereits am gestrigen Tag unserer Expedition hatte ich geschrieben, dass es in der Bergpredigt nicht um eine allgemeine Ethik geht. Jesus spricht hier vielmehr zu seinen Jüngerinnen und Jüngern (vgl. Matthäus 5,1f). Er lässt sie tief in sein Herz schauen und gibt ihnen einen Einblick, wie er die Dinge sieht, nach welchen Grundsätzen er handelt und wie er sein Leben mit Gott führt. Und er ermuntert sie, es ihm nachzutun. Er lädt sie ein, sich auf den radikalen Weg der Nachfolge zu begeben, und bereitet sie darauf vor, wie er selbst als Wandermissionare zu leben. In Matthäus 10 lässt er die derart Vorbereiteten ein entsprechendes „Praktikum" absolvieren.

Es geht in der Bergpredigt nicht um Ethik, sondern um Hingabe in der Nachfolge Jesu. Es geht um weit mehr, als man von Menschen, die ein gutes Leben führen wollen, vernünftigerweise erwarten kann und darf. Denen kann man sagen: Morde nicht, stiehl nicht, bricht nicht die Ehe und lüge nicht. Doch in der Bergpredigt geht es um mehr als um ein anständiges Leben. Es geht um Nachfolge. Als ein junger Mann Jesus fragt, was er tun soll, um ein gotterfülltes Leben zu führen, nennt dieser ihm lapidar die eben genannten Gebote (vgl. Markus 10,17-22). Als der junge Mann daraufhin behauptet, er habe die Gebote alle gehalten, widerspricht Jesus ihm nicht. Stattdessen fordert er ihn heraus, alles dranzugeben und ihm nachzufolgen. Der Subtext dieser Aufforderung lautet: „Wenn du beginnst, mir in aller Radikalität nachzufolgen, brauchst du dir über fehlende Gotteserfahrungen keine Gedanken mehr zu machen."

Erst so tauchen wir in das tiefste Geheimnis der vierten Vaterunserbitte ein. Diese ist im Kontext der Bergpredigt als Bitte eines Menschen zu verstehen, der sich um Jesu willen auf den Weg der Nachfolge gemacht hat: ohne Garantien, ohne Bindungen, ohne Sicherheiten. Hier bittet ein Wandermissionar um das Brot für morgen. Er lebt heute, tut, was ihm zu tun aufgegeben ist und bittet um Wegzehrung für den folgenden Tag. Der Tag darauf interessiert ihn noch nicht bzw. Gott fordert ihn auf, seinen Blick gar nicht so weit zu richten. Wenige Verse nach dem Vaterunser finden sich in der Bergpredigt Jesu Worte vom Schätzesammeln und Sorgen. Dort heißt es: „Darum sollt ihr nicht sorgen und sagen: Was werden wir essen? ... Denn euer himmlischer Vater weiß, dass ihr all dessen bedürft. Trachtet zuerst nach dem Reich Gottes und nach seiner Gerechtigkeit, so wird euch das alles zufallen" (vgl. Matthäus 6,25-34).

Armut und Ungewissheit in Bezug auf die eigene Versorgung waren zur Zeit Jesu in Palästina an der Tagesordnung. Man schätzt, dass ein Drittel unterhalb des Existenzminimums lebte. Alle, die in solchen Verhältnissen leben, dürfen und sollen Gott natürlich um das tägliche Brot bitten. Die eigentliche Stoßrichtung des Vaterunsers aber geht in eine andere Richtung. Hier geht es nicht um *schicksalshafte*, sondern um *selbst gewählte* Armut. Hier geht es um den Lebensstil von Menschen, die um Jesu willen alles hinter sich gelassen haben, um „nach dem Reich Gottes zu trachten" und darum von Gottes Hand in den Mund leben. Denen, die die Suche nach dem Reich Gottes zum wesentlichen Inhalt ihres Lebens gemacht haben und deren primäre Sorge darin besteht, dass alles so werde, wie Gott es will, denen also, die begonnen haben, so zu denken, zu handeln und zu leben wie Jesus, sagt die Bergpredigt: Gott wird für euer morgiges Brot sorgen.

Es geht in der vierten Vaterunserbitte um nicht mehr und nicht weniger als um den Lebensstil einer Jüngerin oder eines Jüngers in der Nachfolge Jesu: sich an nichts zu klammern, sich nicht zu sorgen, sondern alles aus Gottes Hand zu erwarten. Es geht darum, Gottes Sorge zu seiner eigenen zu machen und darauf zu vertrauen, dass Gott sich um alles Notwendige in unserem Leben kümmert.

Vielleicht verstehen Sie, warum das Volk, das diese Rede an die Jüngerinnen und Jünger mitbekommt, sich am Ende der Bergpredigt „entsetzte" (Matthäus 7,28). Was Jesus hier anspricht, ist meilenweit von dem entfernt, was sich über die Jahrhunderte und Jahrtausende in unserem Kulturkreis als „Christentum" etabliert hat. Jedenfalls, wenn wir Matthäus folgen. Bei Lukas sieht das ein wenig anders aus. Bei ihm ist das Vaterunser nicht Bestandteil eines „Jüngerschaftsprogramms", sondern ein allgemeines Gebet der Christenheit geworden. In seiner Fassung geht es tatsächlich ums „tägliche Brot" und nicht nur um das Brot für morgen. Die Leute, die er vor Augen hat, sind nämlich gut situiert und haben keineswegs vor, dem Wanderprediger Jesus auf seinem Weg nachzueifern, auch wenn sie an ihn glauben.

Der Evangelist Lukas zeigt, dass man das Vaterunser durchaus auf verschiedenen Ebenen verstehen und auch beten darf. Freilich nehmen wir ihm damit seine radikale Spitze. Versuchen Sie mal probehalber, das Vaterunser von der Warte eines Menschen aus zu beten, der beschlossen hat, alles aufzugeben und Jesus radikal nachzufolgen. Sie werden eine nie gekannte Kraft spüren, die von diesem Gebet ausgeht. Wir können dieses Gebet auch weiterhin gutbürgerlich in „gezähmter" Fassung beten. Aber wer nie sein Leben in die Waagschale wirft, wird vielleicht auch nie die Erfahrung machen, wie Gott ihn versorgt. Wir können keine Wunder erwarten, wenn wir einen Lebensstil pflegen, bei dem es keine Wunder braucht.

Die Heilige Schrift legt sich selber aus

Die Art, wie ich eben die Bitte ums tägliche Brot ausgelegt habe, folgt einem zentralen Grundsatz Martin Luthers: „Die Heilige Schrift legt sich selber aus (sacra scriptura sui ipsius interpres)." Diese Formel leitete ihn nicht nur in seinen Auseinandersetzungen mit der Römischen Kirche, sondern auch im Umgang mit den „Schwärmern". Erstere behauptete, die Bibel dürfe nur im Sinne des kirchlichen Lehramts und der Tradition ausgelegt werden. Letztere beriefen sich auf eine besondere Geistbegabung, die vonnöten sei, um die Heilige Schrift auszulegen. Luther respektierte sowohl den Geist als auch die Tradition, aber er ließ nicht zu, dass irgendein äußeres Kriterium zum Maßstab der Heiligen Schrift erhoben wurde. Der Geist kommt durch nichts anderes als durch die Schrift, und auch die Tradition muss sich an der Bibel messen und nicht umgekehrt. Nur die Schrift selbst kann uns sagen, wie sie ausgelegt werden will. – Wie aber liest man die Bibel so, dass sie sich dabei selbst auslegt? Fünf kurze Antworten dazu:

Erstens: Für alle Bücher gilt die Regel, dass sie zunächst einmal im *Geist des Autors oder der Autorin* auszulegen sind. Das gilt auch und besonders für die Bücher der Heiligen Schrift. So lehrte Martin Luther, die Texte vor allem von dem her auszulegen, was die jeweiligen Autoren damit sagen und erreichen wollten, und nicht willkürlich weitere, vom Autor unbeabsichtigte Bedeutungsebenen in das Geschriebene hineinzulesen.

Zweitens: Zum Verständnis eines Bibeltextes ist eine nähere Kenntnis der Sprache, in der dieser geschrieben wurde, natürlich ebenso hilfreich wie eine Kenntnis seines *geschichtlichen Hintergrundes*. Wenn man die Bibel regelmäßig liest oder gar für andere auslegt, sollte man sich ein solches Wissen durch die Verwendung verschiedener Bibelübersetzungen, durch Kommentare, Bibel-Lexika oder Informationen aus dem Internet zumindest in Grundzügen aneignen.

Drittens: Um herauszufinden, was uns ein biblischer Autor sagen möchte, ist es wichtig, den *Kontext* des betreffenden Bibelwortes zu beachten: Was steht davor, was steht danach? Luther zufolge darf man nicht *„ein Wort herauszwacken und darauf pochen, man muss die Meinung des ganzen Textes, wie er aneinanderhängt, ansehen"* (eigene Übertragung). In unserem Fall haben wir die Brotbitte in den Kontext der Bergpredigt als Rede an die Jüngerinnen und Jünger insgesamt gestellt.

Viertens: In Hinblick auf die Selbstauslegung der Heiligen Schrift hilft uns die Frage nach möglichen *Paralleltexten*. Viele wichtige Texte der Bibel sind uns zweimal überliefert: Es gibt zwei Schöpfungsberichte, zwei Fluterzählungen, zwei Überlieferungen der Zehn Gebote, zwei Weihnachtsgeschichten, zwei Versionen des Vaterunsers etc. Diese weisen viele Gemeinsamkeiten, aber eben auch Unterschiede auf. In unserem Fall haben wir verglichen, in welchen Kontexten Matthäus und Lukas die Brotbitte formulieren. Einer meiner theologischen Lehrer sagte: „Wenn die gleiche Geschichte in allen vier Evangelien vorkommt, müssten Sie dazu vier verschiedene Predigten schreiben."

Und schließlich fünftens: Um eine wirklich „biblische" Auslegung eines Textes vorzunehmen, müssen wir uns die Frage stellen, was die Bibel außerdem noch zu dem angesprochenen Thema sagt. Eines der wichtigsten Bücher neben der Bibel ist darum eine *Konkordanz*: ein alphabetisches Verzeichnis biblischer Stichwörter. Der Punkt ist: Die Bibel hat zu vielen Fragen des Lebens und des Glaubens nicht nur *eine* Antwort. Die Wahrheit ist selten eindimensional, weil es auch das Leben nicht ist. Erst, wenn wir die Vielfalt der Bibel auf uns wirken lassen, kann sie ihre volle Wahrheit entfalten. Luther sagt: „Sind die Worte an der einen Stelle dunkel, so sind sie an der anderen dafür klar."

„Die Bibel", sagte Gregor der Große, „ist wie ein Strom, der so flach ist, dass ein Lamm daraus trinken kann, und so tief, dass ein Elefant darin baden kann." Martin Luther war der festen Überzeugung, dass jeder Mensch die Bibel lesen bzw. auf ihr Wort hören sollte – und dass er das auch kann. Gleichzeitig ist die Bibel für jeden Menschen eine Herausforderung. Wir werden niemals so viel verstehen, dass es für den Rest unseres Lebens reicht, denn so ist es auch gar nicht gedacht. Wir können und sollen unseren Glauben nicht auf Monate und Jahre hin sichern, sondern leben auch in Beziehung auf das Wort Gottes von einem Tag auf den anderen. Grund genug, die Brotbitte des Vaterunsers ab und zu so für uns umzuwandeln: „Gib uns heute so viel von deinem Wort, dass wir damit gut über den nächsten Tag kommen."

NACH-DENKEN

Wir können keine Wunder erwarten, wenn wir einen Lebensstil pflegen, bei dem es keine Wunder braucht.

FRAGEN

» Wie haben Sie (als vermutlich nicht unbedingt armer Mensch) die Bitte ums „tägliche Brot" im Vaterunser bislang gebetet?
» Wenn Sie Gott gegenüber drei Bitten äußern dürften, wie er sich in Ihrem Leben als Gott erweisen soll, welche wären das?
» Was ist der Unterschied zwischen einem „guten" Leben und einem Leben nach der Bergpredigt?
» Erleben Sie in Ihrem Glauben Wunder – oder pflegen Sie einen Lebensstil, bei dem es gar keine Wunder braucht?
» Welcher der genannten fünf Schritte, die Schrift sich selbst auslegen zu lassen, wäre für Sie persönlich besonders herausfordernd?

ANREGUNG ZUM GEBET

Gebet des Barnabas
Heute müssen Sie gar nicht selber beten, sondern sich lediglich in jemand anderes hineinversetzen und an seiner Stelle ein Gebet formulieren. Die kleine Anleitung dazu finden Sie auf der folgenden Seite.

MERKVERS

Aller Augen warten auf dich,
und du gibst ihnen ihre Speise zur rechten Zeit.
Du tust deine Hand auf
und sättigst alles, was lebt, mit Wohlgefallen.
Psalm 145, 15-16

ANREGUNG
ZUM GEBET

FORTSETZUNG

Gebet des Barnabas

Nehmen Sie sich einen Augenblick Zeit und führen Sie sich einen der Missionare der Apostelgeschichte vor Augen, etwa Paulus oder seinen Weggefährten Barnabas. Fühlen Sie sich in diese Person hinein, in ihre Erlebnisse und ihre Empfindungen – stellen Sie sich vor, Sie sind diese Person:

Sie sind von Ort zu Ort unterwegs und bringen den Menschen das Evangelium. – Sie haben nur das Nötigste in ihrem Reisesack und keine Ahnung, was Sie morgen essen werden. – Sie lassen sich vom Heiligen Geist von Ort zu Ort führen. – Ihre einzige Sorge ist, dass das geschieht, was Gott will – dass sein Reich sich ausbreitet und dass die Menschen, die Ihnen begegnen, anfangen, an Jesus Christus zu glauben. Um alles andere, davon sind Sie überzeugt, wird sich Gott kümmern.

Und jetzt die Übung:

Beten Sie ein Vaterunser. Nicht Ihres, sondern in der Rolle der Person, in die Sie sich hineinversetzt haben. Überlegen Sie bei jeder Zeile, wie diese Person das wohl empfunden und wie sie diese Zeile verstanden hat.

Auch wenn es nicht Ihr „eigenes“ Gebet ist, ich verspreche Ihnen: Die Übung wird etwas mit Ihnen machen.

Tag 26 / **Gottes Versuchung**

MUSIK

Wer fühlen will, muss hören. Dass das Wort Gottes eine besondere Kraft hat, spürten die Menschen schon vor 3000 Jahren. Und um ihrer Freude darüber Ausdruck zu verleihen, haben sie leidenschaftliche Lieder gesungen. Aus einigen Zeilen des so entstandenen Psalms 119 haben wir eine Ballade gemacht, die wunderbar zu dieser Woche passt und die Sie unter dem Titel „Dein Wort ist meines Fußes Leuchte" (Track 4) finden.

Dein Wort ist meines Fußes Leuchte
und ein Licht auf meinem Weg.
Es macht mich klug und weise,
was für ein Privileg.
Auf dich, Gott, will ich trau'n,
jetzt und immerfort.
Mein Herz verlangt nach dir,
ich hoffe auf dein Wort.

MATTHÄUS 6, 12.13A

Und vergib uns unsere Schuld,
wie auch wir vergeben unsern Schuldigern.
Und führe uns nicht in Versuchung,
sondern erlöse uns von dem Bösen.

GOTTES VERSUCHUNG

Die dunkle Seite Gottes

Mit der Problematik von Schuld und Vergebung haben wir uns bereits in der ersten Woche dieser Expedition auseinandergesetzt. Erlauben Sie mir daher, dieses Thema zu überspringen, um auf eine der bedrängendsten Fragen zu sprechen zu kommen, die sich in der Bibel überhaupt stellt: die Frage nach dem Bösen in der Welt. „Führe uns nicht in Versuchung" – wie soll man diese Bitte anders verstehen, als dass Gott manchmal eben genau dies tut: einen Menschen in Versuchung zu führen, und es gibt etliche biblische Geschichten, die diese Ansicht unterstützen.

Man kann bei dem Wort „Versuchung" an verschiedene Dinge denken. Spontan fällt einem zu diesem Begriff vermutlich die *Versuchung zur Sünde* ein: Der „Klassiker" zu diesem Thema findet sich in 1. Mose 3,6: „Und die Frau sah, dass von dem Baum gut zu essen wäre und dass er eine Lust für die Augen wäre und verlockend, weil er klug machte. Und sie nahm von der Frucht und aß und gab ihrem Mann, der bei ihr war, auch davon und er aß." – Eine andere Form von Versuchung schildert uns das Buch Hiob. Dort beschreibt der Begriff eine Art *Belastungsprobe*, durch die der Glaube Hiobs einer intensiven Prüfung unterzogen wird. In der christlichen Erbauungsliteratur wird immer wieder unterstrichen, dass diese Art von Versuchung nur die Besten trifft. Aber mal ganz ehrlich: Wenn Sie mitten im „Feuer" stecken, wird das für Sie wahrscheinlich kein allzu großer Trost sein. Die dritte Form von Versuchung ist die abgründigste überhaupt: Die Rede ist von jenen Momenten in unserem Leben, die uns derart ans Eingemachte gehen, *dass wir zwischen Gott und dem Bösen nicht mehr unterscheiden können.* Als zum Beispiel Abraham seinen Sohn Isaak opfern sollte, geriet er in eine derartige Versuchung.

Ganz gleich, auf welche Weise wir den Begriff „Versuchung" im Vaterunser verstehen wollen: Es ist nicht sonderlich beruhigend, Gott die Autorenschaft auch nur einer dieser drei Variationen zuschreiben zu müssen. Der Jakobusbrief (1,13) weist die Vorstellung, dass Gott einen Menschen versucht, weit von sich. Ihm ist daran gelegen, dass der Mensch sich nicht aus seiner Verantwortung für vieles Böse in der Welt stiehlt. Aber es gibt eben auch Leiden und Schmerz, für die der Mensch nicht verantwortlich zu machen ist und bei denen die Frage durchaus naheliegt, wieso ein liebender Gott so etwas zulässt. Hiob zum Beispiel stellt diese Frage ganz offen: „Die Erde ist in die Hand des Frevlers gegeben, und das Antlitz ihrer Richter verhüllt er. Wenn nicht ER, wer anders sollte es tun?" (Hiob 9,24).

Hiob sieht in Gott offensichtlich nicht nur den Ursprung des Lichtes, sondern auch der Dunkelheit. Ein erschreckender Gedanke. Und doch findet er sich verstreut immer wieder in der Bibel. Nicht häufig, gerade so oft, dass wir es nicht gut ignorieren können (zum Beispiel Amos 3,6,; Jesaja 45,6f u.a.). Hundertmal öfter finden wir geschrieben, dass Gott der Geber aller guten Gaben ist, der Ursprung jeglichen Heils und Segens, der Inbegriff alles Guten und Bekämpfer alles Bösen – Gott sei Dank! Aber dieses eine Prozent anderslautender Aussagen ist irritierend genug. Und doch so wichtig wie das Salz in der Suppe, ohne welches unsere Theologie zu einem ungenießbaren Brei nach der Rezeptur „Friede, Freude, Eierkuchen" verkommen würde.

Denn erschreckender als der Gedanke, dass der allmächtige Gott Autor nicht nur des Lichtes, sondern auch der Dunkelheit ist und dass er irgendetwas mit der Entstehung des Bösen zu tun haben könnte, ist eigentlich nur der andere: dass er womöglich *nichts* damit zu tun hat. Auf diese Weise nämlich wird das Böse zu einer selbstständigen Macht, die unabhängig von Gott existiert und ihr Unwesen treibt. Schrecklich, ja undenkbar, all das Leiden und Böse in der Welt auch nur ansatzweise auf Gott selbst zurückzuführen! Freilich ist die Alternative mindestens ebenso furchtbar: Denn wenn das alles mit Gott gar nichts zu tun hat und gegen seinen Willen geschieht – was sind das dann für Mächte, die hier das Sagen haben und ganz offensichtlich ihren Willen gegenüber Gott durchsetzen können?

Eine kurze Geschichte des Bösen

Die Frage, woher das Böse kommt, wird in der Bibel nicht beantwortet. Bereits in ihrem zweiten Satz deutet es sich aber bereits mächtig an, wenn es heißt: „... und die Erde war wüst und leer, und es war finster auf der Tiefe; und der Geist Gottes schwebte auf dem Wasser." Das Dunkle und Bedrohliche war offensichtlich von Anfang an in dieser Welt gegenwärtig. Die Tatsache, dass mitten im Paradies der berühmte Baum der Erkenntnis von Gut oder Böse steht (1. Mose 2,17), besagt ebenfalls, dass das Böse von Anfang an da gewesen ist. Das Böse ist nicht durch den Menschen in die Welt gekommen.

Noch einmal: Die Bibel sagt uns nicht, woher das Böse kommt. Von einem „Teufel" erzählt uns die Urgeschichte nichts. Dass die Schlange in der Auslegungsgeschichte irgendwann einmal mit dem Teufel identifiziert wurde,

schließt gedanklich eine Lücke, die die Urerzählung bewusst offen lässt. Woher das Böse kommt, soll gerade *nicht* beantwortet werden. Stattdessen wird die Verantwortung des Menschen beleuchtet, der sich auf das bereits vorhandene Böse gegen Gottes Willen einlässt. Das Böse war schon vor dem Menschen da, aber dadurch, dass der Mensch sich darauf eingelassen hat, wurde es in der Welt milliardenfach potenziert.
Martin Luther ging davon aus, dass hinter allem Bösen in der Welt der Teufel steckt. Auch das Neue Testament und Jesus reden von dem Teufel als dem „Fürsten dieser Welt". Als solcher ist er nicht gleichrangig mit Gott. Aber er hat doch für menschliche Verhältnisse gewaltige Macht. Wenn wir in das Alte Testament schauen, sehen wir, dass der Teufel dort eine längere „Karriere" durchläuft. Anfangs gehört er nämlich zu den „Gottessöhnen" (vgl. Hiob 1,6), einer Art himmlischem Hofrat. Dort wächst ihm mehr und mehr die Rolle des Anklägers zu. Das Wort „Satan" heißt wörtlich übersetzt „Gegner, Feind", wobei dies zunächst eine Feindschaft gegen den Menschen ist und erst im Verlauf der Jahrhunderte auch zu einer Feindschaft gegen Gott wird. Erst spät, durch den Einfluss der Perser, die an zwei gleichrangige Mächte von Gut und Böse glaubten, wurde aus dem Satan der „Teufel", wörtlich: der „Durcheinanderwerfer" (diabolos), jener persönliche Gegenspieler Gottes, als den wir ihn in der christlichen Tradition kennen.
Manche denken bei der Bitte „Erlöse uns von dem Bösen" eher an *das* Böse, andere wiederum an *den* Bösen. Doch ob wir uns das Böse als personale Macht vorstellen oder als etwas Unpersönliches: Es ist auf jeden Fall mächtiger als wir. Gott aber ist stärker als das Böse. Er könnte es sogar mit einem Schlag vernichten, das aber hieße – wie uns Jesu Gleichnis vom Unkraut unter dem Weizen lehrt – gleichzeitig auch den Menschen zu vernichten, der auf verhängnisvolle Weise in die Struktur des Bösen verwoben ist.
Letztlich ist der Ruf „Erlöse uns von dem Bösen" eschatologisch (endzeitlich) gemeint. Wie am Schluss der Johannesoffenbarung die bedrängte Gemeinde ruft: „Amen, komm, Herr Jesus!" (22,20), so endet auch das Vaterunser mit eben dieser Bitte: „Erlöse uns von dem Übel. Hol uns heraus aus dieser Welt und ihrer Verstrickung in Schuld und Leid und richte dein Reich auf!" Hinter der letzten Vaterunserbitte steckt ein tiefes Wissen darum, dass der Schaden dieser Welt letztlich nicht behoben werden kann. Er kann zwar gelindert werden durch Glaube, Hoffnung und Liebe. Aber erst am Ende der Zeit wird es jene umfassende, Erlösung geben, um die wir in jedem einzelnen Vaterunser gebetet haben – ob wir es wussten oder nicht.

Wem das alles zu pessimistisch klingt, dem sei ein Trost Martin Luthers mit auf den Weg gegeben: Luther war davon überzeugt, dass der Teufel „Gottes Teufel“ ist. Er ist zwar der Gegenspieler Gottes, aber er ist nicht autonom und gleichrangig mit Gott. Er hat nur Gewalt, soweit Gott „ihm Raum lässt“. Das Böse ist nicht nach Gottes Willen, aber er kann es seinem Willen dienst- und nutzbar machen: *„Denn Gott ist ein solcher Meister, welcher des Teufels Bosheit also kann brauchen, dass er Gutes daraus mache“* (Martin Luther). In diesem Bewusstsein und Glauben formulierte Dietrich Bonhoeffer 1934 sein berühmtes Glaubensbekenntnis: „Ich glaube, dass Gott aus allem, auch aus dem Bösesten, Gutes entstehen lassen kann und will. Dafür braucht er Menschen, die sich alle Dinge zum Besten dienen lassen. Ich glaube, dass Gott uns in jeder Notlage so viel Widerstandskraft geben will, wie wir brauchen. Aber er gibt sie nicht im Voraus, damit wir uns nicht auf uns selbst, sondern allein auf ihn verlassen. In solchem Glauben müsste alle Angst vor der Zukunft überwunden sein. Ich glaube, dass auch unsere Fehler und Irrtümer nicht vergeblich sind, und dass es Gott nicht schwerer ist, mit ihnen fertig zu werden, als mit unseren vermeintlichen Guttaten. Ich glaube, dass Gott kein zeitloses Fatum ist, sondern dass er auf aufrichtige Gebete und verantwortliche Taten wartet und antwortet.“

„Anfechtung lässt aufs Wort merken“

Die Bibel ist kein Buch, dem man die Antworten auf die großen Fragen des Lebens einfach rezeptartig entnehmen könnte. Zum einen beantwortet sie nicht *alle* Fragen: etwa die nach der Herkunft des Bösen. Zum andern hat die Bibel auf viele Fragen nicht nur *eine* Antwort. Ist der Mensch verantwortlich für das Böse in der Welt, ist es der Teufel oder gar Gott? Man wird biblische Belege in alle drei Richtungen finden. Die Bibel ist kein Buch einfacher, fixfertiger Lösungen, bei dem man einfach eine Seite aufschlägt und – voila! – die Antwort findet. Das würde auch der Struktur dieser Ansammlung unterschiedlichster literarischer Gattungen nicht entsprechen.

Wie aber soll man dann die Bibel lesen? Martin Luther hat diese Frage mit einem berühmt gewordenen Dreiklang beantwortet: oratio, meditatio, tentatio (Gebet, Meditation und Anfechtung). Das Wort „Anfechtung“ ist in der Bibel das gleiche wie das für „Versuchung“. Beides lässt sich nicht trennscharf auseinanderhalten. Das Spannende an Luthers Aussage ist, dass für ihn das Bibellesen früher oder später genau da hinein führt. Und er ist der Meinung, dass das wichtig ist.

Doch fangen wir vorne an: *Gebet* ist der erste Schlüssel zum Lesen der Heiligen Schrift: *„Kniee in deinem Kämmerlein nieder und bitte mit rechter Demut und Ernst zu Gott, dass er dir durch seinen lieben Sohn seinen Heiligen Geist geben wolle, der dich erleuchte, leite und dir Verständnis gebe."* Gott selbst ist es, der uns die Schrift durch seinen Heiligen Geist aufschließt. Wer die Bibel nicht betend liest und sich nicht vom Heiligen Geist leiten lässt, fällt auf seine eigene Vernunft herein. Er behandelt die Schrift, als wäre sie ein x-beliebiger Text, den man nach Belieben analysieren, sezieren und interpretieren kann. Für Luther aber steht fest: Wir dürfen uns nicht *über*, sondern müssen uns *unter* die Schrift stellen. Das geschieht am besten, indem wir vor, beim und nach dem Bibellesen beten.

Der zweite Schlüssel zum rechten Lesen der Heiligen Schrift ist die *Meditation*, *„das ist: nicht allein im Herzen, sondern auch äußerlich die mündliche Rede und die Worte im Buch dem Buchstaben nach immer wiederholen, lesen und noch einmal lesen, mit fleißigem Aufmerken und Nachdenken, was der Heilige Geist damit meint. Und hüte dich, dass du dessen nicht überdrüssig werdest, oder denkest, du habest es mit einem oder zwei Mal genug gelesen, gehört, gesagt, und verständest es alles von Grund auf"*. Luther verstand etwas völlig anderes unter Meditation, als wir das heute gemeinhin tun. Schon seit Zeiten der Alten Kirche bedeutete Meditation die fortwährende Wiederholung eines Bibelwortes. Meditieren in diesem Sinne ist nicht Achtsamkeit, Schweigen und Leerwerden, sondern es ist eine Art „Wiederkäuen" biblischer Texte, ohne das wir diese letztlich nicht „verdaut" bekommen.

Der dritte Schlüssel zum Lesen der Heiligen Schrift schließlich ist die *Anfechtung*. *„Die ist der Prüfstein, der dich nicht allein wissen und verstehen lehrt, sondern auch erfahren, wie recht, wie wahrhaftig, wie süß, wie lieblich, wie mächtig, wie tröstlich Gottes Wort sei, Weisheit über alle Weisheit ... Denn sobald Gottes Wort durch dich zunimmt, so wird dich der Teufel heimsuchen, dich zum rechten Doktor machen und durch seine Anfechtung lehren, Gottes Wort zu suchen und zu lieben."* Luther nennt in diesem Zusammenhang insbesondere den Druck, den die katholische Kirche auf ihn ausgeübt und der ihn derart bedrängt und geängstigt habe, dass er auf diese Weise zu einem hinlänglich guten Theologen geworden sei.

Das erlaubt uns noch mal einen besonderen Blick auf unser heutiges Thema: Luther führt die Anfechtung/Versuchung nicht auf Gott zurück, sondern auf den Teufel. Sie ist nicht Gottes Absicht, sondern eine *Störung* der eigentlichen Absicht Gottes, uns durch sein Wort zu trösten, das Heil zuzusprechen,

Weisung zu geben etc. Doch je intensiver ein Mensch sich mit dem Wort Gottes beschäftigt, umso unweigerlicher tritt diese Störung auf den Plan. Gott freilich macht sich dieses Werk des Teufels nutzbar, indem er durch die Anfechtung den Menschen immer stärker „ins Wort treibt", ihn immer intensiver in der Heiligen Schrift Trost und Zuflucht suchen lässt.

Auch hier zeigt sich, dass der Teufel letztlich „Gottes Teufel" ist. Auch wenn er dem eigentlichen Willen Gottes entgegenarbeitet, kann Gott etwas Positives daraus machen: indem die Anfechtung uns nämlich noch stärker in die Bibel hineinführt. Auch wenn sich das nicht schön anfühlt: Solange wir die Erfahrung der Anfechtung nicht gemacht haben, bleibt unser Glaube eine Kopfgeburt: *„Wenn wir sonst einen solchen Teufel nicht haben, so sind wir nur spekulative Theologen, die lediglich mit ihren Gedanken umgehen und mit ihrer Vernunft allein spekulieren."*

Der Theologe Heinzpeter Hempelmann sagt: „Ohne diese Anfechtung... bliebe unsere Theologie wirklichkeitsleer und unsere Bibelauslegung hohl. Nur mit ihr und durch sie bekommt sie Tiefe und Profil und Gehalt. Ohne die Anfechtung folgen wir nicht dem ‚Verstand' der Bibel, ihrer Interpretation der Welt, sondern unserer Vernunft; bleiben wir solipsistisch (auf das eigene Ich beschränkt) auf unsere Verstehenskünste beschränkt, ohne Notwendigkeit, diese in Frage zu stellen, zu korrigieren, zu erweitern, zu vertiefen."

„Anfechtung lässt aufs Wort merken" übersetzt Luther Jesaja 28,19 nach der lateinischen Fassung. Damit bringt er sein eigenes Theologie- und Schriftverständnis präzise auf den Punkt. Die Anfechtung bzw. Versuchung ist nicht etwa der Prüfstein unseres Glaubens und unserer Glaubensstärke, sie ist vielmehr der Prüfstein des Wortes Gottes: Dieses erweist gerade in der Anfechtung und gegen sie seine Glaubwürdigkeit und Macht. So dreht sich in Luthers Theologie das Verständnis der Versuchung im Vergleich zum Buch Hiob um: Nicht unsere, sondern Gottes Treue soll und kann sich darin erweisen. Das freilich passiert nicht von selbst, sondern durch Gebet, meditative Wiederholung und Gottes Geist.

NACH-DENKEN

Erschreckender als der Gedanke, dass Gott irgendetwas mit der Entstehung des Bösen tun haben könnte, ist eigentlich nur der andere: dass er womöglich nichts damit zu tun hat.

FRAGEN

» Gibt es für Sie einen Unterschied zwischen einer Anfechtung und einer Versuchung?
» Was ist der Preis dafür, wenn man Gott nur für das Gute und Positive auf der Welt verantwortlich macht und nicht auch für das Negative?
» Was meint Luther, wenn er den Teufel als „Gottes Teufel" bezeichnet?
» Was würde unserem Glauben fehlen, wenn es keine Anfechtung bzw. Versuchung gäbe?
» Welcher der drei von Luther genannten Schlüssel zum Bibellesen – Gebet, Meditation und Anfechtung – spricht Sie in besonderer Weise an?

ANREGUNG ZUM GEBET

„Gottes Teufel"

Haben Sie das schon einmal erlebt, dass aus Negativem, ja Bösem, in Ihrem Leben Gutes erwuchs? Vielleicht denken Sie an zwei oder drei solcher Situationen in Ihrem Leben zurück, bei denen Sie zuerst den Eindruck hatten, es mit dem „Teufel" zu tun zu haben, später aber merkten, dass Gott Gutes daraus machte. Nehmen Sie sich ein wenig Zeit, Gott heute dafür zu danken und schöpfen Sie aus dieser Erfahrung Kraft und Zuversicht für später, wenn Sie irgendwann einmal wieder in eine solche Situation hineingeraten.

MERKVERS

Ich bin der Herr, und sonst keiner mehr,
der ich das Licht mache und schaffe die Finsternis,
der ich Frieden gebe und schaffe Unheil.
Ich bin der Herr, der dies alles tut.
Jesaja 45, 6-7

Tag 27 / **Die Welt ist nicht genug**

WOHLFÜHLINSPIRATION

Wagen Sie einen Perspektivwechsel – richten Sie Ihre Gedanken nach „oben“, loben Sie Gott und werden Sie dabei kreativ.

„Wir sind dauernd auf dem Sprung. Obwohl wir in unserer Zeit so viel schaffen können wie noch nie, haben wir so wenig Zeit wie noch nie. Wir haben Angst, etwas Wichtiges zu verpassen. Gleichzeitig dringen tausend Dinge auf uns ein und sagen uns, dass sie besonders wichtig sind. Auf Dauer geht das nicht gut. Wir brauchen Orte, um zur Ruhe zu kommen. Wir brauchen Stille, um uns und biblischen Geschichten und Gedanken zu begegnen.“ (Tobias v. Boehn)

Sie müssen dieses Lob an Gott dabei gar nicht selbst in Worten formulieren – suchen Sie sich einfach einen Bibelvers heraus, der dieses Lob für Sie in ganz besonderer Weise ausdrückt. Vielleicht ist es ein Vers oder ein kurzer Text, den Sie durch dieses Buch entdeckt haben oder der Sie schon lange begleitet. Und gestalten Sie diesen Bibelvers – in Form einer kleinen Szene, als eine Art Schaufenster, Bühne oder Puppenstube in einem leeren Schuhkarton. „Mini-Werkwinkel“ nennt Tobias v. Boehn diese Illustration eines biblischen Textes.

Nehmen Sie sich Zeit und Ruhe für diese Gestaltung, verwenden Sie ganz verschiedene Materialien und versuchen Sie, Ihre Empfindungen und Ihre Gedanken in Ihrem ganz persönlichen „Mini-Werkwinkel“ zum Ausdruck zu bringen. Als Gebet und zum Lobpreis Gottes.

Wenn Sie dieses Buch in einer Gruppe lesen, dann können Sie Ihren „Mini-Werkwinkel“ zum nächsten Treffen mitbringen und sich anhand der Szene über den Bibelvers und die gemachten Erfahrungen austauschen.

Ideen und Anregungen: www.werkwinkel.de

MATTHÄUS 6, 13B

Denn dein ist das Reich
und die Kraft
und die Herrlichkeit
in Ewigkeit.
Amen.

Finale Furioso

Schon als Kind habe ich das „Finale" des Vaterunsers als sehr erhebend empfunden. Was für ein mächtiger, feierlicher Lobpreis! Bis heute erinnert mich der Schluss des Vaterunsers an das Finale eines großen Feuerwerks, das zum krönenden Abschluss eines Festes abgefackelt wird: Die spektakulärsten und eindrucksvollsten Effekte kommen zum Schluss. Was wird hier nicht alles an theologischen Hochkarätern aufgeboten: Reich, Kraft, Herrlichkeit und Ewigkeit. Größer und festlicher geht es kaum. Als „Lobpreis" bezeichnet man klassischerweise diese Art des Gebetes, bei der wir uns Gottes Taten und Eigenschaften vor Augen halten und sie im gestern beschriebenen Sinne „meditieren": das heißt unablässig wiederholen. Viele hundert Male kommt diese Gebetsform in der Bibel vor. Während das *Bittgebet* eine uns Menschen und unserer Bedürftigkeit durchaus angemessene Gebetsweise ist, scheint das *Lobgebet* eine Gott und seiner Herrlichkeit besonders entsprechende Form des Gebets zu sein.

Im Rahmen des Vaterunsers markiert der abschließende Lobpreis noch einmal einen Perspektivwechsel. Mit dem einleitenden Wort „Denn" wird der Grund genannt, warum wir überhaupt beten, warum es Sinn macht, Gott unsere Nöte vertrauensvoll vorzulegen: weil Ihm das Reich, die Kraft und die Herrlichkeit in Ewigkeit gehört. Im Kolosserbrief heißt es: „Richtet ... eure Gedanken nach oben und nicht auf die irdischen Dinge!" (Kolosser 3,2, Gute Nachricht-Übersetzung). Genau das passiert in dem Lobpreis am Ende des Vaterunsers: Der Beter und die Beterin richten ihre Gedanken „nach oben". Sie lösen sich von der Bannkraft des Mangels, der Schuld und der Dunkelheit und heben ihren Blick hin zu Gott. Sie haben ihre Not beim Namen genannt, jetzt richten sich ihre Augen auf ihn.

Martin Luther schreibt über das Lobgebet: *„Es versuche es nur jeder und greife zum Lobe Gottes, wenn ihm etwas Übles zustößt; er wird bald Erleichterung empfinden."* Natürlich können und sollen wir Gott auch in guten Zeiten loben. Das ist nicht nur angemessen, sondern entringt sich fast von selbst unserem Herzen, wenn wir in besonderen Momenten unseres Lebens sagen: „Herrlich, herrlich!" Oder: „Ist das nicht großartig?" – Man müsste diesen Worten lediglich die richtige Adresse geben und schon würde ein Lobgebet daraus. Seine ganz besondere Kraft entwickelt der Lobpreis aber paradoxerweise gerade dann, wenn wir durch tiefe Täler hindurchmüssen und es uns schwerfällt, an Gottes Fürsorge zu glauben.

Vielleicht fragen Sie sich: Wie soll ich denn loben, wenn mir gar nicht danach zumute ist? Ist das nicht intellektuell unredlich? Nein: Der Lobpreis Gottes angesichts von fehlendem Brot, Schuld und Anfechtung durch das Böse ist weniger eine Herausforderung an unseren Intellekt, sondern vielmehr an unser Gefühl: Sind wir bereit, unseren Blick bewusst wegzunehmen von dem, was uns belastet, und stattdessen auf Gottes Möglichkeiten zu schauen? Wie heißt es so schön: „Sage Gott nicht, wie groß der Sturm ist, sondern sage dem Sturm, wie groß dein Gott ist." Oder, besser noch: Tu beides. Das Bittgebet ist bestimmt von unserer eigenen Wirklichkeit. Das Lobgebet hingegen ist bestimmt von Gottes Möglichkeiten. Das Vaterunser lehrt uns, das eine zu tun und das andere nicht zu lassen.

Wer sich auf dieses Geheimnis einlässt, Gott auch in den dunklen Zeiten des Lebens zu loben, wird eine Erfahrung machen, die sich in dem alten Satz ausdrückt: „Loben zieht nach oben." Das ist mehr als positives Denken. Es geht darum, einen Faktor mit einzubeziehen, den wir vorher nicht auf der Rechnung hatten: nämlich dass unserem Gott das Reich, die Kraft und die Herrlichkeit in Ewigkeit gehört. Wir meinen oft, das Lob Gottes setze die Erfahrung Gottes voraus. In Wirklichkeit ist es oft umgekehrt: Viele Erfahrungen mit Gott machen wir erst, wenn wir beginnen, ihn zu loben. Das tiefste Geheimnis des Lobpreises ist dies: dass wir darin Gott selbst erkennen. Luther schreibt: *„Dass ich ihn lobe und danke, in Nöten zu ihm Zuflucht habe und Hilfe von ihm erwarte... (das) dient alles dazu, dass ich je länger je mehr erkennen lerne; was für ein Gott er ist"* (eigene Übertragung). Unübertrefflich hat es der Theologe Helmut Thielicke formuliert: „Einen Menschen kann man nur loben, wenn man gesehen hat, was er leistet. Gott muss man loben, um zu sehen was er leistet."

Herrlichkeit in Ewigkeit

Der Lobpreis am Ende des Vaterunsers soll uns also noch einmal vor Augen führen, mit was für einem großartigen Gott wir es zu tun haben. Er ist der König – nichts anderes bedeutet der Satz: „Dein ist das Reich" – und er hat die Macht. Wir modernen Menschen tun uns schwer mit diesen Kategorien. Wir Deutschen haben zudem die traumatischen Erfahrungen des Dritten Reiches hinter uns und üben große Zurückhaltung, den Begriff „Reich" auch auf Gott zu übertragen. Überhaupt denken wir beim Thema „Macht" schnell an „Machtmissbrauch" und an die Tatsache, dass es auf dieser Welt selbst beim besten Willen keine unschuldige Macht gibt. In einem Wort: Der Lobpreis am Ende des Vaterunsers ist für den modernen, emanzipatorischen Menschen eine nur schwer verdauliche Kost.

Ich stelle mir allerdings die Frage, ob das nicht ein „Luxusproblem" ist. Menschen, die in Armut und Unterdrückung leben, haben diese Schwierigkeit in aller Regel nicht. Aus Gesprächen mit Christinnen und Christen, die das Dritte Reich leidvoll miterlebt haben, weiß ich, dass für sie von der Gebetszeile „*Dein* ist das Reich" ein enormer Trost ausging: Gerade sie gab ihnen Kraft und Zuversicht zum Widerstand gegen jenes andere Reich, das alle Macht und Herrlichkeit für sich beanspruchte. Verfolgten Christinnen und Christen aller Zeiten war und ist es bis heute ein großer Trost: „Die Herren dieser Welt gehen, unser Herr aber kommt" (Gustav Heinemann). Egal, wie die Machtverhältnisse auf dieser Welt auch aussehen und welche Schreckensreiche Menschen errichten: Wir glauben an den, der sich letzten Endes durchsetzen wird, weil ihm das Reich und die Kraft und die Herrlichkeit in Ewigkeit gehört.

Damit freilich rühren wir an ein letztes Geheimnis: Die Kraft und die Herrlichkeit Gottes werden in vollem Umfang allererst „in Ewigkeit" offenbar. Manche Bitten werden nicht auf Erden, sondern erst im Himmel erfüllt werden. Es gibt sehr wohl Christinnen und Christen, die trotz der Bitte ums tägliche Brot verhungern. Der Schlussvers des Vaterunsers ist darum nicht nur ein Bekenntnis zur Macht Gottes, sondern auch eine Erinnerung daran, dass manche unserer Bitten erst im Himmel erfüllt werden.

Ist das nun die berühmte „Vertröstung auf das Jenseits"? Es lässt sich nicht bezweifeln, dass die Kirche in dieser Hinsicht vielfach schuldig geworden ist. Statt Menschen zu ermutigen, aktiv gegen Leid und Unrecht anzugehen, hat sie sie allzu oft auf den Himmel vertröstet. Doch dürfen wir das Kind nicht mit dem Bade ausschütten. Es besteht ein großer Unterschied zwischen „Vertröstung" und „Trost". Vertröstung ist etwas, was uns am Leben hindert. Etwas, was uns von unserer Verantwortung im Hier und Jetzt ablenkt. Dass eine derartige Vertröstung nicht im Sinne Gottes ist, versteht sich von selbst. Doch müssen wir uns deshalb abschneiden von der zentralen Hoffnung des Neuen Testaments? Nein! Echter Trost hindert den Menschen nämlich nicht am Leben, sondern gibt ihm Kraft und Mut und Perspektive. Als Christinnen und Christen sind wir Bürgerinnen und Bürger zweier Welten: Unsere eigentliche Heimat ist der Himmel. Diese Erde – daran lässt das Neue Testament keinen Zweifel – ist lediglich eine Durchgangsstation (vgl. Philipper 3,20; Hebräer 13,14). Luther drückte das so aus: „*Wir sollen dieses Leben nicht anders ansehen als ein Fremdling ... das Land betrachtet, in dem er ein Ausländer und Gast ist. Ein Fremdling darf nicht sagen: Hier ist mein Vaterland; denn er ist da nicht heimisch ... sein Herz und Gedanken stehen anderswohin.“*

Ohne Zweifel: Man kann das Jenseits zu sehr betonen und Christen haben das immer wieder gemacht. Es gibt aber auch eine „billige Vertröstung auf das Diesseits“. Wenn man den Menschen den Gedanken an die Ewigkeit nimmt, müssen sie alles, aber auch alles in die 70 oder 90 Jahre hineinpressen, die ihnen gegeben sind: alles Glück, alles Vergnügen, alle Erfüllung. Wenn den Menschen der Himmel genommen wird, muss die Erde ihnen zum Ersatzhimmel werden. Was für eine schreckliche Überforderung! Als Bürger zweier Welten dürfen wir hier auf dieser Erde unsere Arbeit tun und uns über so manches Glück freuen, das unser Vater im Himmel uns schenkt. Gleichzeitig dürfen wir getrost und gelassen bleiben, wenn wir nicht aus jedem Tag das letzte Quäntchen Lust und Vergnügen herauspressen. Wir haben noch eine ganze Ewigkeit vor uns, in der Gott uns nichts vorenthalten wird. Die Welt ist nicht genug. Das muss sie aber auch nicht sein. Auf uns aber wartet eine Ewigkeit in Herrlichkeit. Luther schreibt: *„Das christliche Leben ist nicht Frommsein, sondern ein Frommwerden, nicht Gesundsein, sondern ein Gesundwerden, nicht Sein, sondern ein Werden, nicht Ruhe, sondern eine Übung. Wir sinds noch nicht, wir werdens aber. Es ist noch nicht getan und geschehen, es ist aber im Gang und Schwang. Es ist nicht das Ende, es ist aber der Weg. Es glüht und glänzt noch nicht alles, es bessert sich aber alles.“*

„Was Christum treibet“

Wenn Sie sich ein bisschen mit der Bibel auskennen, werden Sie, während ich diesen Vers auslegte, vielleicht eine Information vermisst haben, die für die Schlusszeile des Vaterunsers nicht unerheblich ist. Sie stammt nämlich gar nicht von Jesus. Woher weiß man das? Nun: In allen älteren Handschriften, die man ausgegraben hat, endet das Vaterunser mit der Bitte: „Erlöse uns von dem Bösen“. Der Zusatz „Denn dein ist das Reich...“ taucht erst im Laufe des zweiten Jahrhunderts auf, und zwar in Syrien. Dort pflegte die Gemeinde in den Gottesdiensten auf das von einem Vorbeter gesprochene Vaterunser mit diesem Lobpreis zu antworten. Fromme Bibelabschreiber fügten ihn dann – in der festen Überzeugung, er gehöre zum Vaterunser dazu – auch in ihre Bibeln ein. Ein spannender Fall, dass die Bibelüberlieferung Jesus Worte in den Mund legt, die dieser offensichtlich gar nicht gesprochen hat. Doch wie gehen wir damit um, dass wir das heute wissen: Lassen wir die letzte Zeile beim Vaterunser einfach weg, oder sprechen wir sie mit weniger Überzeugung aus als die anderen?

Anders gefragt: Wie vertrauenswürdig, verbindlich und geschlossen ist der biblische Kanon? Als Kanon bezeichnen wir jene Zusammenstellung von Schriften, die im Judentum und im Christentum als Bestandteile ihrer Heiligen Schrift festgelegt wurden. Die Kanonisierung des *Alten Testaments* erfolgte in verschiedenen Schritten: Die fünf Bücher Mose (Tora) hatten schon recht früh Geltung (manche sagen, sogar schon im 6./5. Jahrhundert vor Christus). Um 200 vor Christus war auch die Sammlung der Prophetenbücher abgeschlossen. Der Umfang des dritten Teils der hebräischen Bibel – der sogenannten „Lehrschriften" – blieb noch bis ins Jahr 95 nach Christus umstritten. Die Christenheit übernahm den alttestamentlichen Kanon komplett und entwickelte im Lauf der ersten Jahrhunderte verschiedene Zusammenstellungen eines *Neuen Testaments*, bis die dritte Synode von Karthago im Jahr 397 den heutigen Kanon von 27 Schriften festlegte. Über die zentralen Schriften war man sich weitgehend einig, aber die Einigung über die Schriften am Rande kam unter ziemlichem Hauen und Stechen zustande. Insgesamt wird man urteilen müssen, dass dieser Kanon eine recht gute Auswahl beinhaltet. Man wird sich aber auch immer vor Augen führen müssen, dass wir, wenn wir den neutestamentlichen Kanon für verbindlich nehmen, damit nicht nur „an die Bibel", sondern auch der relativ späten Synode von Karthago glauben. Wenn man weiß, wie es damals auf Synoden zuging, ist das durchaus gewagt.

In seiner Vorrede zum Neuen Testament von 1522 zeigt sich, dass Martin Luther die altkirchliche Entscheidung zum neutestamentlichen Kanon durchaus differenziert beurteilte: *„Denn das Evangelium des Johannes und die Briefe des Paulus, insbesondere der an die Römer, und der erste Brief des Petrus sind nämlich der rechte Kern und das Mark unter allen Büchern..., die dir Christus zeigen und dich alles lehren, was dir zu wissen not und selig ist, ob du schon kein ander Buch und Lehre nimmer sehest noch hörest."* Luther gewichtet also die neutestamentlichen Schriften – ähnlich wie die Christen der ersten Jahrhunderte auch – unterschiedlich. Sie sind für ihn *„nicht überall auf gleicher Höhenlage"*. Den Maßstab für seine Bibelkritik entnimmt er dabei der Bibel selbst. Das wichtigste Kriterium ist für ihn das, was er als ihre zentrale Botschaft ausmacht: der gekreuzigte und auferstandene Christus, das Evangelium von der Gnade Gottes bzw. der Rechtfertigung des Sünders und der Sünderin allein durch Glauben: *„Das ist auch der rechte Prüfstein, alle Bücher zu beurteilen, wenn man siehet, ob sie Christus treiben oder nicht... Was Christus nicht lehret,* *das ist nicht apostolisch, wenns gleich Petrus oder Paulus lehret; umgekehrt, was Christus predigt, das ist apostolisch, wenns gleich Judas, Hannas, Pilatus und Herodes täte.“*

Für viele sich als bibeltreu empfindende Christinnen und Christen ist ein solcher Umgang mit der Bibel sicherlich problematisch. Sie sind es eher gewohnt, alle biblischen Texte gleichermaßen als „Wort Gottes“ zu verstehen. Freilich treffen auch sie, die nach eigenem Bekunden die Bibel „so nehmen, wie sie dasteht“, in der Praxis immer eine Bibel-Auswahl. Auch sie behandeln nicht alle Texte gleich, wählen zwischen verschiedenen Übersetzungsmöglichkeiten oder gehen irgendwie mit unterschiedlichen Schilderungen in den vier Evangelien um etc. Auch sie lesen die Bibel „kritisch“, nur dass ihnen das oft nicht bewusst ist. Für Luther war *Jesus Christus* das Wort Gottes im tiefsten und eigentlichen Sinne, und nicht ein heiliger, unantastbarer Text. Die Bibel galt ihm nur insofern als Wort Gottes, insofern sie von Christus zeugt. Das aber ist innerhalb der biblischen Schriften in höchst unterschiedlichem Maße der Fall.

Die Frage, „was Christum treibet“ und was nicht, ist freilich nicht immer eindeutig zu beantworten. Darum wollte Luther in seinen Vorreden zur Heiligen Schrift niemandem seine Sicht der Dinge aufzwingen, sondern lud alle bibellesenden Christinnen und Christen ein, mit ihm gemeinsam zu prüfen, ob und inwiefern ein biblischer Text Christus konform sei oder nicht. Auch Schriften, die er selbst nicht sonderlich schätzte, strich er nicht einfach aus der Bibel. Es ging ihm nicht darum, einen eigenen, lutherischen Kanon zusammenzustellen, wohl aber darum, einen kritischen Umgang mit dem vorhandenen Kanon zu entwickeln. Darum können wir die Schlusszeile des Vaterunsers fröhlich mitbeten, auch wenn wir heute wissen, dass sie nicht von Jesus stammt. Was Wort Gottes ist und was als Heilige Schrift zu gelten hat, hängt nicht an einzelnen Handschriften, sondern daran, ob uns Christus durch diesen Text begegnet.

NACH-DENKEN

Wir meinen oft, das Lob Gottes setze die Erfahrung Gottes voraus. In Wirklichkeit ist es oft umgekehrt: Viele Erfahrungen mit Gott machen wir erst, wenn wir beginnen, ihn zu loben.

FRAGEN

» Welchen Sinn kann es haben, Gott gerade in schwierigen Zeiten des Lebens zu loben?
» Wirken die Bilder von Gottes Herrschaft, Reich, Macht etc. auf Sie eher tröstlich oder eher befremdlich?
» Wie jenseits- und wie diesseitsorientiert ist Ihr Glaube?
» Was macht der Gedanke mit Ihnen, dass die Heilige Schrift in Jesus Christus ihre Mitte hat und biblische Texte von dieser Mitte her zu beurteilen sind?
» Was macht für Sie persönlich die Bibel zum Wort Gottes? (Und falls das nicht der Fall ist: Was würden Sie von der Bibel erwarten, damit Sie sie als „Wort Gottes" bezeichnen könnten?)

ANREGUNG ZUM GEBET

Gebet zum Heiligen Geist
Wann haben Sie Gott das letzte Mal gelobt? Das Lob Gottes orientiert sich an seinen Taten, Eigenschaften oder Möglichkeiten. Nehmen Sie sich etwas Zeit und loben Sie ihn mit einem Lied aus dem Gesangbuch oder einem modernen Lobpreislied. Wenn Ihnen dazu nichts einfällt, googeln Sie mal „Lobpreislieder, Lyrics" oder „Lobpreissongs, Youtube".

MERKVERS

Lobe den Herrn, meine Seele,
und was in mir ist, seinen heiligen Namen!
Lobe den Herrn, meine Seele,
und vergiss nicht, was er dir Gutes getan hat:
der dir alle deine Sünde vergibt
und heilet alle deine Gebrechen,
der dein Leben vom Verderben erlöst,
der dich krönet mit Gnade und Barmherzigkeit.
Psalm 103, 1-4

Woche 5 / **Kirche**

Zwischen Geist und Leitung

Tag 28 / **Zur Freiheit befreit**

Wartburg, 15. Mai 1521

An
Georg Spalatin

Lieber Georg,

was für eine Aufregung: Mitten im Wald hinter Möhra stürmen auf einmal vermummte Reiter zwischen den Bäumen hervor und blockieren uns brüllend den Weg. Mein Mönchsbruder Petzensteiner ist davon so verstört, dass er vom Wagen springt und ins Unterholz rennt. Ich weiß bis heute nicht, wohin es ihn verschlagen hat.

Der Anführer der furchteinflößenden Bande hält unserem Fuhrmann die gespannte Armbrust ins Gesicht und fährt ihn mit rauer Stimme an: „Habt ihr den Luther dabei?" Der Kerl auf dem Kutschbock weiß gar nicht, wie ihm geschieht und nickt nur schlotternd.

Da zerrt mich eine der Gestalten aus dem Wagen, bindet mich gewaltsam mit einem Strick hinter sein Pferd und reitet so rasch davon, dass ich vergeblich versuche, mitzuhalten, und einige Zeit wie ein loses Bündel am Boden hinterher schleife. Noch heute habe ich von diesem Abenteuer mehrere offene Wunden an den Beinen.

Nun, du hattest mir in Worms ja angedeutet, dass es da einen Plan zu meinem Schutz gebe. Aber etwas genauer hättest du dich schon ausdrücken können. Vor allem, weil wir während unserer Reise ohnehin die ganze Zeit befürchteten, der Kaiser oder ein papsttreuer Günstling würde uns ein Mordkommando hinterherschicken.

Deshalb wusste selbst ich anfangs nicht, ob es sich bei diesem räuberischen Überfall im Wald um die getarnten Boten unseres verehrten Kurfürsten oder um verruchtes Gesindel handelt.

EPHESER 4, 1-6

So ermahne ich euch nun, ich, der Gefangene in dem Herrn, dass ihr der Berufung würdig lebt, mit der ihr berufen seid, in aller Demut und Sanftmut, in Geduld. Ertragt einer den andern in Liebe und seid darauf bedacht, zu wahren die Einigkeit im Geist durch das Band des Friedens: ein Leib und ein Geist, wie ihr auch berufen seid zu einer Hoffnung eurer Berufung; ein Herr, ein Glaube, eine Taufe; ein Gott und Vater aller, der da ist über allen und durch alle und in allen.

Martin Luther – Zerstörer der Einheit?

Schon früh wurde Martin Luther der Vorwurf gemacht, er habe die Einheit der abendländischen Kirche zerstört. Dem kann man entgegenhalten, dass Luther gar keine neue Kirche gründen, sondern lediglich die alte reformieren wollte. Den Flächenbrand, den er mit seinen 95 Thesen auslöste, hatte er so nicht beabsichtigt. Noch die im Oktober 1520 erschienene Reformationsschrift „Von der Freiheit eines Christenmenschen" widmete Luther Papst Leo X. und appellierte an ein neues Konzil, das die Lehrstreitigkeiten beilegen solle. Freilich hatte sich der Konflikt bis dahin schon derart zugespitzt, dass die Entwicklung nicht mehr aufzuhalten war. Im Sommer 1520 war Luther durch eine so genannte „Bannbulle" des Papstes aufgefordert worden, 41 seiner Behauptungen zu widerrufen. Im November kam es dann zu öffentlichen Verbrennungen von Luthers Schriften, worauf dieser mit der Verbrennung der Bannbulle reagierte. Am 3. Januar 1521 erfolgte die Exkommunikation.

Es ist schwer, einer Seite die alleinige „Schuld" an der Kirchenspaltung zuzuweisen. Einerseits kann man mit Recht sagen, dass Luther aus der Kirche ausgestoßen wurde. Auf der anderen Seite kann man sich fragen, ob er sein Anliegen, die Kirche zu reformieren, nicht eher erreicht hätte, wenn er bei alledem nicht ganz so stur und beleidigend aufgetreten wäre. Freilich haben wir gut reden: So viele Menschen mit reformerischem Gedankengut waren zuvor verfolgt und getötet worden! Vielleicht brauchte es einen derart renitenten Charakter wie Luther, um dem System nachhaltig die Stirn zu bieten.

Es gab im sechzehnten Jahrhundert sicherlich viele berechtigte Gründe, der römischen Kirche den Rücken zu kehren. Allerdings war die durch die Reformation vollzogene Kirchenspaltung so etwas wie ein erster Dominostein, dem umgehend weitere folgten. Kaum war die Trennung von der römischen Kirche vollzogen, grenzte sich Luther mit gleicher Entschiedenheit gegen den „linken Flügel" der Reformation ab: also von den „Täufern", die die Kindertaufe ablehnten, den „Sakramentierern", die die Wandlung von Brot und Wein in Leib und Blut Jesu im Abendmahl leugneten, den „Schwärmern", die sich auf Eindrücke des Heiligen Geistes beriefen und von den von der Urgemeinde inspirierten Radikalen, die alle Formen von Herrschaft ablehnten. Überdies scheiterte das Marburger Religionsgespräch zwischen Luther und Ulrich Zwingli im Jahre 1529 an der Abendmahlsfrage und führte zur Trennung zwischen der lutherischen und der reformierten Kirche.

Luther war strikt der Auffassung, in der Kirche dürfe es keine Einheit auf Kosten der Wahrheit geben: *„Einige unverständige Geister geben vor, ... man solle nicht über einen Artikel so hart streiten und darüber die christliche Liebe zertrennen. ... Nein, lieber Mann, nur nicht der Frieden und die Einigkeit, bei der man Gottes Wort verliert!“* Die Folge dieser Auffassung war, dass sich nicht nur Katholiken und Protestanten, sondern letztere auch untereinander aufs heftigste befehdeten und verfolgten. Es kam zu den blutigen Konfessionskriegen des 16. und 17. Jahrhunderts, dessen schlimmster und grausamster der dreißigjährige Krieg war, dem über ein Viertel der Bevölkerung Europas zum Opfer fiel. In der Folge wandten sich immer mehr Menschen religionsmüde dem Säkularismus zu, und das Christentum in Europa verlor mehr und mehr an Bedeutung. Die Christenheit selbst zersplitterte indes immer weiter: Um der christlichen „Wahrheit“ willen entstanden immer neue Kirchen und Splittergruppen. Heute haben wir weltweit rund 50.000 (!) Kirchen und Konfessionen, die sich alle in irgendeiner Weise auf Jesus Christus beziehen. Es ist sicherlich ungerecht, dies alles Martin Luther anzulasten. Aber mit seiner Trennung von der römischen Kirche und den Grenzziehungen zu den anderen protestantischen Bewegungen hat er zweifellos die Initialzündung zu dieser Entwicklung gegeben.

Einheit und Wahrheit

Für Luther war der Fall klar: *„So sehr die einen auf die Einigkeit des Lebens dringen, so sehr müssen wir auf die Einigkeit der Lehre und des Glaubens dringen... Denn wenn du die verlierst, so hast du Christus verloren. Wenn aber der dahin ist, so wird dir freilich die Liebe nichts nützen... Darum will ich lieber, dass nicht allein sie, sondern auch die ganze Welt von mir abfalle und mein Feind werde, als dass ich von Christus abfalle und ihn zum Feinde habe.“* Freilich war genau diesem Christus die Einheit der Christenheit enorm wichtig. Jesus sagte: „Daran wird jedermann erkennen, dass ihr meine Jünger seid, wenn ihr Liebe untereinander habt“ (Johannes 13,35, vgl. 17,21). Nichts beglaubigt die Wahrheit der christlichen Botschaft besser, als wenn Christinnen und Christen in all ihrer Verschiedenheit liebevoll miteinander umgehen. Einheit ist allerdings nicht nur Mittel zum (missionarischen) Zweck. Sie ist durchaus auch selbst Zweck. Eine Religion der Liebe kann gar nicht anders, als auf Einheit zu zielen. Darum betet Jesus kurz vor seinem Tod: „Heiliger Vater, erhalte sie in deinem Namen ... dass sie eins seien wie wir“ (vgl. Johannes 17,11.20f). Und von der ersten Gemeinde heißt es: „Die Menge der Gläubigen aber war ein Herz und eine Seele" (Apostelgeschichte 4,32). Der hohe ideelle Wert, den die Einheit bei den ersten Christinnen und Christen innehatte, spiegelt sich auch in dem Text wider, den wir über den heutigen Tag gestellt haben: „Seid darauf bedacht, zu wahren die Einigkeit im Geist durch das Band des Friedens: EIN Leib und EIN Geist, wie ihr auch berufen seid zu EINER Hoffnung eurer Berufung; EIN Herr, EIN Glaube, EINE Taufe; EIN Gott und Vater aller, der da ist über allen und durch alle und in allen."

Doch wie verhält sich dieses Ideal der Einheit zur *Wahrheit*, um die es im christlichen Glauben geht? Auch hier lohnt ein Blick ins Neue Testament. Die Apostelgeschichte berichtet uns nicht nur, dass die ersten Christinnen und Christen „ein Herz und eine Seele" waren, sondern auch von massiven Konflikten: Schon früh kam es beispielsweise zu Streitigkeiten zwischen jüdisch- und griechischstämmigen Gemeindegliedern. Zwischen den Aposteln Petrus und Jakobus auf der einen und Paulus auf der anderen Seite entzündete sich später die Streitfrage, ob man Heiden „direkt" missionieren durfte, ohne die Betreffenden zur Beschneidung und zum Einhalten der alttestamentlichen Gebote zu nötigen. Das Spannende dabei war, dass sich beide Seiten auf die Bibel beriefen.

Sehr viel hat die Christenheit daraus nicht gelernt. Bei fast allen größeren Konflikten schlug man sich gegenseitig Bibelverse um die Ohren, was in aller Regel die Fronten eher verhärtete, als wirklich zur Klärung beizutragen. Denn die Bibel ist, wie wir gesehen haben, alles andere als ein einheitliches Buch, und man kann Bibelverse für und gegen alles Mögliche heranziehen. Die Tatsache, dass sowohl Luther als auch seine Gegner sich auf „das klare Wort der Bibel" beriefen, zeigt, dass dieses Wort so „klar" leider nicht ist, wie die Benutzer dieses Arguments gerne suggerieren. Und dass es keine gute Idee ist, sich dabei gegenseitig die Ernsthaftigkeit oder gar das Christsein abzusprechen. Jesus hat gesagt: „In meines Vaters Haus sind viele Wohnungen" (Johannes 14,2). Wenn er – der Sohn Gottes – dann wenige Verse später sagt: „Ich bin der Weg, die Wahrheit und das Leben", müssen wir bedenken, dass der Begriff der „Wahrheit" hier eingerahmt ist von den Begriffen „Weg" und „Leben". Die „Wahrheit", von der Jesus redet und die er verkörpert, fällt nicht einfach als steile, unerbittliche oder absolute Wahrheit senkrecht von oben auf die Menschen, sondern ist eine Wahrheit, die sich erst auf einem Weg erschließt. Sie erfordert die Beschäftigung mit den alten Schriften in ihrer ganzen Vielfalt, den Dialog mit denen, die mit uns zusammen unterwegs sind sowie Offenheit für das Neue, das Gott in Zukunft schaffen will (vgl.

Jesaja 43,19). Und sie zielt auf den anderen Schlüsselbegriff in diesem Vers: das „Leben". Die Wahrheit Jesu dient dem Leben. Manche Menschen hingegen benutzen Bibelverse wie Sargnägel: „So steht es geschrieben. So musst du es tun. Glaub' es, oder du bist verloren." Sie können dabei hundertmal die Bibel zitieren, sie sagen trotzdem nicht die Wahrheit, wie Jesus sie verstand. Denn die Wahrheit, die Jesus verkörpert, ist eine gnädige Wahrheit. Sie ist unterwegs zu den Menschen und mit den Menschen. Sie hat eine Geschichte und ihre Erkenntnis reift im Verlauf eines langen Weges. Wahrheit in diesem Sinne hat immer zum Ziel, das Leben zu fördern: Die Wahrheit, die Jesu Namen trägt, soll Menschen aufrichten und nicht hinrichten.

Einheit in Verschiedenheit

„Ja", fragen Sie vielleicht, „wenn es mit der Wahrheit so ‚wachsweich' bestellt ist, wo ist dann die Grenze? Muss nicht irgendwo klar definiert werden, was in der evangelischen Kirche Gültigkeit hat und was nicht?" Vielleicht können die „Big Four" Martin Luthers, mit denen wir uns in den ersten vier Wochen dieser Expedition beschäftigt haben, in dieser Frage eine gute Orientierung geben:

Christus: Als evangelische Christinnen und Christen glauben wir, dass Christus die ultimative Offenbarung Gottes ist, der Mittler zwischen Gott und Mensch, der Sieger über den Tod und Wegbereiter des ewigen Lebens. Darum wird die evangelische Kirche alles daran setzen, dass Menschen Jesus Christus lieben lernen, ihm vertrauen, auf ihn hören und ihm nachfolgen.

Schrift: Bei allen Auseinandersetzungen darüber, wie genau die Bibel zu verstehen ist, wird eines in der evangelischen Kirche nicht ernsthaft in Frage gestellt: dass die Bibel eine besondere „Autorität" hat, dass sie nicht *eine* Stimme unter vielen, sondern verbindlich für unser Reden von Gott ist. Das schließt einen kritischen Umgang mit der Heiligen Schrift nicht aus, sondern ausdrücklich mit ein.

Glaube: Es geht in der evangelischen Kirche weniger darum, bestimmte Bekenntnisse und Dogmen zu vermitteln oder Verhaltensweisen einzufordern, sondern vielmehr Menschen dafür zu gewinnen, Gott durch Jesus Christus in jeder Lebenslage zu vertrauen. Deswegen hat in einer evangelischen Kirche nichts zu suchen, was Menschen unter Druck setzt, was Angst macht, Freiheit nimmt oder Vertrauen mindert.

Gnade: Die Begegnung mit einem gnädigen Gott zielt darauf, dass unser eigenes Leben diese Gnade mehr und mehr widerspiegelt. Was sich evangelisch nennt, muss darum nach Gnade schmecken. Die evangelische Kirche wird sich daher immer für Frieden, Gerechtigkeit, Vergebung, Großzügigkeit und die Bewahrung der Schöpfung einsetzen.

Christus, Schrift, Glaube und Gnade – das sind vier zwar weit gesteckte, aber doch hinlänglich klare Kennzeichen des Evangelischen. Innerhalb dieser vier Wegmarken tut sich ein weites Feld auf. Die Einheit in den „Big Four" ermöglicht eine große Vielfalt in anderen Dingen. Variationen und Sonderlehren sind innerhalb dieses weiten Feldes durchaus denkbar, soweit Christus, Schrift, Glaube und Gnade nicht angetastet werden und soweit man die zusätzlichen Lehren nicht für heilsnotwendig erklärt.

Wir werden die Zersplitterung der Christenheit nicht wieder rückgängig machen können. Das gliche dem Versuch, die vom Wind verstreuten Federn eines aufgeschlitzten Kissens wieder einzusammeln. Und eine Wiedervereinigung der evangelischen und katholischen Kirche wird wohl vor allem am unterschiedlichen „Amtsverständnis" scheitern, mit dem wir uns morgen beschäftigen werden. Die Frage ist allerdings, ob eine solche Vereinigung der beiden großen Kirchen wirklich so viel bringen würde. Zweifellos: Sie wäre zwar ein mächtiges Zeichen der Einheit. Freilich blieben dann immer noch 49.999 Konfessionen übrig, darunter so Schwergewichte wie die anglikanische oder die orthodoxe Kirche oder die weltweit rapide wachsende Pfingstbewegung mit ihren tausenden Spielarten. Darüber hinaus hat die Geschichte der Kirche gezeigt, dass große Einheitskirchen meist dazu geführt haben, dass die kleinen Bewegungen und Gruppierungen, die in irgendwelchen Fragen abweichender Meinung waren, nichts zu lachen hatten. Das wirkt bis in unsere heutige Zeit hinein. Darum möchte ich Mut machen, den ökumenischen Dialog nicht auf die Gespräche zwischen Protestanten und Katholiken zu beschränken, sondern auch auf die Freikirchen auszuweiten, die vielerorts oft immer noch als „Sekten" ausgegrenzt werden.

Die Vielfalt der Konfessionen ist Fluch und Segen zugleich. Sie ist ein Ärgernis, denn in den meisten Fällen ist sie das Ergebnis von Streit und Gezänk. Dennoch kann man in der „Artenvielfalt" des christlichen Glaubens auch einen großen Reichtum und eine große Chance entdecken. Gerade im Hinblick auf unsere heute sich immer stärker ausdifferenzierende Gesellschaft brauchen unterschiedliche Menschen unterschiedliche Weisen, wie sie Gott finden und wie sie ihm dienen können. Menschen, die von der einen Konfession nicht angesprochen werden, werden es vielleicht durch eine andere. Manche brauchen es eher streng liturgisch, andere eher informell. Die einen ziehen die Grenzen enger, die anderen weiter. Es gibt Menschen, die brauchen die vertraute Atmosphäre einer christlichen Hauskirche, andere blühen eher auf, wenn sie Gott inmitten Hunderter anderer Christinnen und Christen anbeten können.

Nicht die Vielfalt der Konfessionen ist das Ärgernis, sondern ihr Umgang miteinander. Zwar sind Gott sei Dank die Zeiten vorbei, in denen sich Christen in Europa aufgrund ihres unterschiedlichen Glaubensverständnisses gegenseitig verfolgt und bekämpft haben. Aber immer noch ist das Verhältnis vieler Konfessionen untereinander von Ablehnung und Geringschätzung geprägt. Dass man Dinge unterschiedlich einschätzt, ist das Natürlichste von der Welt, namentlich in Glaubensfragen. Dennoch kann und sollte das Verhältnis der Kirchen und Konfessionen von geschwisterlichem Miteinander und gegenseitigem Respekt gekennzeichnet sein. Innere Einheit schließt äußere Vielfalt nicht aus, zumal diese helfen kann, unterschiedlichen religiösen Bedürfnissen positiv zu begegnen. Innere Einheit heißt nicht, das Gleiche zu glauben, sondern anderen ihren Glauben zu glauben und ihn nicht nur trotz, sondern gerade *in* seiner Andersartigkeit zu achten und wertzuschätzen.

NACH-DENKEN

Die Wahrheit, die Jesu Namen trägt, soll Menschen aufrichten und nicht hinrichten.

FRAGEN

» Bei welcher Art von Christen fällt es Ihnen besonders schwer, sie für Geschwister zu halten?
» Halten Sie es für denkbar, dass die evangelische und katholische Kirche eines nicht allzu fernen Tages wieder zusammenkommen?
» Hielten Sie es für wünschenswert, wenn es eines Tages nur noch eine einzige, große Einheitskirche gäbe?
» Reichen Ihnen die vier aufgeführten Punkte – Christus, Schrift, Glaube und Gnade – um das „Evangelische" hinreichend zu kennzeichnen?
» In welchen Dingen halten Sie in ökumenischen Gesprächen die Wahrheitsfrage für unabdingbar, in welchen kann man ruhig „liberal" sein?

ANREGUNG ZUM GEBET

Gebet für andere Kirchen

Beten Sie heute doch mal für eine andere Konfession oder Kirche an Ihrem Ort:

» Bitten Sie Gott um Vergebung, wenn Sie bislang schlecht über diese Gemeinde oder Gruppe gedacht oder geredet haben.
» Fragen Sie Gott, was Sie von dieser anderen Konfession lernen können.
» Bitten Sie um Gottes reichen Segen für diese Gemeinde oder Gruppe.

MERKVERS

Daran wird jedermann erkennen, dass ihr meine Jünger seid, wenn ihr Liebe untereinander habt.

Johannes 13, 35

Tag 30 / **Das allgemeine Priestertum**

GEORG SPALATIN

EPHESER 4, 7

Einem jeden aber von uns ist die Gnade gegeben nach dem Maß der Gabe Christi.

DAS ALLGEMEINE PRIESTERTUM

Eine Kirche voller Geistlicher

Ein evangelischer Pfarrer machte in seiner Gemeinde ein Experiment. In seiner Kirche gab es zwei Eingänge. Über die eine Tür hängte er ein großes Schild: „Nur für Geistliche". Die Menschen auf ihrem Weg zum Gottesdienst sahen das, stutzten kurz – und wählten dann den anderen Eingang. In der Predigt ging es dann um Luthers Lehre vom allgemeinen Priestertum der Gläubigen. Der Pfarrer erklärte seiner Gemeinde, dass es für protestantisches Denken keinen Unterschied zwischen „Geistlichen" und „Laien" gäbe. Alle Christinnen und Christen seien ihrem Wesen nach „Geistliche" und zum priesterlichen Dienst aneinander und an der Welt berufen. Seine Gemeindeglieder sollten sich nie wieder einreden lassen, sie seien „nur Laien". – Als der Gottesdienst zu Ende war, gingen alle lachend und stolz durch die nur für „Geistliche" reservierte Tür.

Martin Luther schreibt: *„Man hat's erfunden, dass Papst, Bischöfe, Priester und Klostervolk der geistliche Stand genannt wird, Fürsten, Herrn, Handwerks- und Ackerleute der weltliche Stand. Das ist eine sehr feine Erdichtung und Trug. Doch soll niemand deswegen schüchtern werden, und das aus dem Grund: Alle Christen sind wahrhaftig geistlichen Standes und ist unter ihnen kein Unterschied außer allein des Amts halber."* Das sind Sätze, bei denen man selbst als Protestant erst mal schlucken muss. In der Praxis sieht es nämlich meist so aus, dass selbst wenn auf einem Gemeindefest ein simples Tischgebet gesprochen werden soll, alle reflexartig auf den Pfarrer oder die Pfarrerin schauen. Klammheimlich hat man auch in der evangelischen Kirche das Gefühl, dass ein Gebet, das vom Pfarrer gesprochen wurde, irgendwie „gültiger" ist als das eines einfachen Gemeindeglieds. Oder ein Segen. Martin Luther war an dieser Stelle glasklar: Wir haben unterschiedliche Gaben und Aufgaben, aber es gibt keinen „geistlichen Stand", der Gott in irgendeiner Weise näher wäre als der Rest der Christenheit und der darum eine größere geistliche Vollmacht hätte als andere Christinnen und Christen.

Die katholische Kirche sah und sieht das anders. Die Priesterweihe bevollmächtigt Menschen, Dinge zu tun, die der normale Glaubende nicht darf und nicht kann: allem voran, die Sakramente zu spenden, aber auch autorisiert von Gott her zu reden (Lehramt) oder eine Gemeinde zu leiten. Der Priester steht durch seine Weihe Gott näher als andere Menschen. Der auserwählte Stand – lateinisch „Klerus" – ist in verschiedene Stufen aufgeteilt: Papst, Bischöfe, Priester und Diakone. Sie alle haben ihre besondere „Würde“ durch die sogenannte „apostolische Sukzession“ empfangen: das heißt, durch die ununterbrochene Weitergabe der Weihe von Christus an über die Apostel bis heute. Diese Auffassung ist zentral für das Selbstverständnis der römisch-katholischen Kirche. Noch heute erkennt sie die evangelische Kirche nicht als „Kirche“, sondern lediglich als „kirchliche Gemeinschaft“ an: weil sie (anders als etwa die anglikanische oder die orthodoxe Kirche) die apostolische Sukzession nicht hat und damit keine „richtigen“ Priester. Luther hingegen argumentierte: *„Wir (werden) allesamt durch die Taufe zu Priestern geweiht ... Denn was aus der Taufe gekrochen ist, das kann sich rühmen, dass es schon zum Priester, Bischof und Papst geweihet sei.“*

Luther wollte damit sagen: Eine größere geistliche Würde als die Taufe gibt es nicht! Diese Erkenntnis ist für das Selbstverständnis der evangelischen Kirche ebenso grundlegend, wie es das geweihte Priesteramt für die katholische ist. Zwar gehört die Rede vom „gemeinsamen Priestertum aller Gläubigen“ heute auch zum Grundbestand katholischer Lehre. Dennoch unterscheidet sich dieses dem Wesen nach vom geweihten Priestertum. Die einen sind eben doch die „richtigen“ Priester, die anderen nur im abgeleiteten Sinn. Darum habe ich gestern die Behauptung aufgestellt, dass es vor allem das unterschiedliche Amtsverständnis ist, das die evangelische und katholische Kirche unterscheidet und eine Wiedervereinigung auf absehbare Zeit unmöglich macht. Auf der einen Seite steht das katholische Verständnis einer „Kirche von oben“, in der Laien in geistlichen Belangen höchstens Hilfsdienste leisten können. Dem gegenüber steht das evangelische Konzept einer „Kirche von unten“, die auf dem allgemeinen Priestertum aller Getauften basiert. In der Mitte kann man sich da schlecht treffen.

Kirche von unten

Im Spätmittelalter hatte der römisch-katholische Klerus eine Position inne, die faktisch eine Herrschaft über die Seelen der Menschen bedeutete. Das Wort Jesu an Petrus: „Ich will dir die Schlüssel des Himmelreichs geben: Was du auf Erden binden wirst, soll auch im Himmel gebunden sein, und was du auf Erden lösen wirst, soll auch im Himmel gelöst sein“ (Matthäus 16,19), wurde so verstanden, dass in erster Linie der Papst, aber auch jeder Bischof und Priester die Vollmacht hatte, Menschen den Zugang zum Himmelreich zu öffnen oder eben auch zu verschließen. In einer Zeit, in der die Menschen eine ziemlich plastische Vorstellung von den im Jenseits drohenden Höllenstrafen hatten, bedeutete das eine ungeheure Macht, die die Kleriker über die Menschen ausübten.

In diese Situation hinein wagte Martin Luther zu behaupten, dass ein Papst, Bischof oder Priester nicht „geistlicher" sei als alle anderen Christinnen und Christen auch: *„Es ist dem Wörtlein ‚Priester', ‚Pfaffe', ‚geistlich' und dergleichen Unrecht geschehen, dass sie von dem allgemeinen Haufen auf den kleinen Haufen bezogen worden sind, den man jetzt den ‚geistlichen Stand' nennt. Die Heilige Schrift gibt keinen andern Unterschied, als dass sie die Gelehrten oder Geweihten ministros, servos, oeconomos nennt, d.h. Diener, Knecht, Verwalter."* Leider ist es in Kirche und Politik oft so, dass Menschen, die sich „Diener" nennen, sich faktisch zum Herrscher über andere aufschwingen. Besonders schlimm ist es, wenn das auch noch theologisch begründet wird. Denn in der Kirche dürfen niemals Menschen Macht über andere Menschen haben: weder über ihre Gewissen noch über ihre Lebensführung noch über ihren Glauben. Darum legt Luther Wert darauf, dass Pfarrer sich als „Diener, Knechte und Verwalter" verstehen: nicht, um sie klein zu machen, sondern damit sie sich nicht über andere stellen.

Luther versuchte, die einfachen Gläubigen aus ihrer Rolle der unmündig Gehaltenen zu befreien und sie zu der Freiheit zu führen, die jedem Christen und jeder Christin in ihrer Taufe zugesprochen ist. Paulus schreibt im Galaterbrief (5,1): „Zur Freiheit hat uns Christus befreit! So steht nun fest und lasst euch nicht wieder das Joch der Knechtschaft auflegen!" Schon damals hatten einige Christen versucht, anderen ihre Art des Glaubens aufzuzwingen. Damals waren es Judenchristen, die aus dem Heidentum stammenden Christen die Einhaltung bestimmter mosaischer Gesetze vorschreiben wollten. Im 16. Jahrhundert war es das „Joch" der römischen Kirche mit ihren vielfältigen Drohungen und Strafen, das die Menschen gefügig und unmündig machte. In die lange Kette derer, die anderen gerne ein Joch auferlegen, haben sich im Lauf der Kirchengeschichte freilich auch evangelische Christinnen und Christen rege mit eingereiht. Wo immer Menschen „geistliche Macht" über andere haben, liegt die Gefahr nahe, diese Macht zu missbrauchen. Darum gedeiht geistlicher Missbrauch vor allem da, wo manche Christinnen und Christen von anderen als besonders „geistlich" angesehen werden. Das beste Mittel dagegen – das ahnte Luther ganz richtig – liegt in einem immer wieder kommunizierten, konsequent durchgeführten allgemeinen Priestertum.

Wozu, fragen Sie sich vielleicht, gibt es dann in der evangelischen Kirche Pfarrerinnen und Pfarrer? In der Tat bedeutet das allgemeine Priestertum kein „allgemeines Pfarrertum" der Gläubigen. Luther begründet den Pfarrberuf überaus pragmatisch: *„Denn weil wir alle gleich(mäßig) Priester sind, darf sich niemand selbst hervortun und sich unterwinden, ohne unser Bewilligen und Erwählen das zu tun, wozu wir alle gleiche Gewalt haben. Denn was allgemein ist, kann niemand ohne der Gemeinde Willen und Befehl an sich nehmen."* In der Gemeinde darf und muss es also durchaus geregelte Aufgaben und Ämter geben. Aber der Pfarrberuf basiert eben nicht auf einer besonderen, durch bischöflichen Segen vermittelten Weihe, die der Pfarrer oder die Pfarrerin den anderen Gemeindegliedern voraushätte, sondern auf einer Berufung durch die Gemeinde.

Die Radikalität dieses Ansatzes kann man gar nicht hoch genug einschätzen. Nicht die Amtskirche oder die Bischöfe, sondern die Gläubigen untereinander sollten geeignete Personen zum Predigtdienst beauftragen, schrieb Luther in einer 1523 erschienen Schrift mit dem vielsagenden Titel „Dass ein(e) christlich(e) Versammlung oder Gemein(d)e Recht und Macht habe, alle Lehre zu (be)urteilen und Lehrer zu berufen, ein- und abzusetzen: Grund und Ursach(e) aus der Schrift". Das war und ist bis heute revolutionär: „Gemeindeleitung geht vor Kirchenleitung" heißt das im Klartext.

Luther hat diesen Ansatz nicht lange durchgehalten. Seine Erfahrungen mit den „Schwärmern" und Täufern, die Luthers Prinzip der grundsätzlichen Gleichheit aller Christinnen und Christen unmittelbar in kirchliche und staatliche Praxis umsetzen wollten, ließen ihn zurückrudern. Der Gedanke des allgemeinen Priestertums verschwand nach und nach aus seinen Predigten und Schriften. Stattdessen wurden mehr und mehr „Sicherungen" eingebaut, um das kirchliche „Amt" von der Gemeinde abzuheben. Als dann die ersten evangelischen Kirchenordnungen eingeführt wurden, fanden sich in diesen zwar einige grundlegende Neuerungen wie etwa das Recht der Gemeinden, ihre Pfarrer zu wählen, aber insgesamt spiegelten sie doch wieder eher eine „Kirche von oben" als eine „Kirche von unten". Schade. Zweifellos musste Luther auf den „linken Flügel" der Reformation reagieren. Allerdings kann man sich des Eindrucks nicht erwehren, dass er dabei das Kind mit dem Bade ausgeschüttet hat.

Privileg und Verpflichtung

Christ oder Christin zu sein, ist ein Privileg. Es bedeutet, beschenkt zu sein. *Einem jeden von uns ist Gnade gegeben.* Gnade aber ist – wie wir am 4. Tag dieser Expedition festgestellt haben, Gabe und Aufgabe zugleich. Sie ist Heil

– und gleichzeitig Beauftragung, auch anderen dieses Heil zugänglich zu machen. Schon das Alte Testament unterscheidet zwischen einer *Priesterschaft*, die vor allem gottesdienstliche Funktion hatte, und einem *Priestertum*, zu dem alle Israeliten berufen waren (vgl. 2. Mose 19,6 und Jesaja 61,6). Im Neuen Testament gibt es keinen kultischen Gottesdienst, kein Opfer und darum auch keine Priesterschaft mehr. Aber es gibt weiterhin das allgemeine Priestertum (vgl. 1. Petrus 2,5-9 und Offenbarung 1,6). Daran schließt sich Martin Luther an. Pfarrerinnen und Pfarrer stehen dem allgemeinen Priestertum nicht gegenüber, sondern sind Teil desselben. Im Rahmen dieses Priestertums haben sie vor allem den Auftrag, das Wort Gottes öffentlich zu verkündigen und die Sakramente zu „verwalten“. Diese sehr prosaische Formulierung macht deutlich, dass es hier um etwas anderes geht als um Opfer und Kult. In heutigem Deutsch würden wir wahrscheinlich eher vom „Management“ der Sakramente in der Gemeinde reden.

Worin aber besteht das allgemeine Priestertum? An diesem Punkt gilt es, mit einem verbreiteten Missverständnis aufzuräumen: Allgemeines Priestertum ist nicht dasselbe wie ehrenamtliches Engagement oder Mitarbeit in der Kirche. Es geht tatsächlich um einen *priesterlichen* Dienst, den es zu versehen gilt. Priesterinnen und Priester haben – religionsgeschichtlich gesehen – drei wesentliche Aufgaben zu erfüllen. Sie vermitteln *erstens* zwischen den Menschen und Gott. *Zweitens* vermitteln sie zwischen Gott und den Menschen. Und *drittens* stellen sie sich im Namen Gottes zwischen die Menschen und die Kräfte des Bösen in dieser Welt. In vielen Religionen passiert das alles vor allem im gottesdienstlichen Kult: Annäherung des Menschen an Gott durch Gebete, Opfergaben etc., gnädige Zuwendung Gottes zu den Menschen durch Segen, Orakelsprüche usw. sowie Bannung des Bösen durch Beschwörungsformeln, Weihrauch u.a.

Im Neuen Testament gibt es solche kultischen Gottesdienste nicht mehr. Sie sind durch Jesus Christus schlicht überflüssig geworden. Er hat ein für allemal das Opfer gebracht, das zwischen Gott und Menschen vermittelt. Es braucht keinen „Weihrauch und Widder“ mehr. Dennoch brauchen wir Menschen, die an uns priesterliche Dienste versehen. Ebenso wie andere darauf warten, dass wir das für sie tun. Zwar ist Jesus Christus der einzige Mittler zwischen uns und Gott. Und in unserer Taufe ist uns in der Tat alles zugesagt, was wir zum Leben und zum Sterben brauchen. Und doch sind wir alle nicht in der Lage, das für uns alleine zu erfassen. Das Christentum ist auch darin Gemeinschaftsreligion, dass wir einander helfen, das zu realisieren und in unser Leben zu integrieren, was uns am Kreuz Christi bzw. in unserer Taufe zugesagt ist.

Wir sind als Priesterinnen und Priester berufen, *die Menschen vor Gott zu bringen*: Indem wir mit ihnen und für sie beten, indem wir ihnen verständnisvoll zuhören und indem wir sie auf Christus, den wahren Mittler zwischen Gott und uns Menschen, hinweisen. Wir sind aber auch berufen, *Gott zu den Menschen zu bringen*: Indem wir sie vertraut machen mit den Erzählungen der Heiligen Schrift, indem wir ihren Glauben stärken, Berufungen aussprechen, Segen vermitteln und auch hier wieder vor allem: indem wir ihnen Jesus Christus als den Weg Gottes zu uns Menschen bezeugen. Als Priesterinnen und Priester schließlich ist es unser Auftrag, *uns im Namen Gottes schützend zwischen die Menschen und die zerstörerischen Mächte in dieser Welt zu stellen*: dort, wo Unrecht, Gewalt, Krankheit, Süchte, Angst, Depressionen und andere Sogkräfte des Bösen an ihnen zerren, dürfen und sollen wir ihnen zur Hilfe kommen mit tröstenden, mahnenden und aufrichtenden Worten, mit seelsorglicher Zuwendung, mit Gebet, Segnung und Salbung und natürlich auch mit praktischer Hilfe und persönlichem Einsatz.

Das klingt nach einem anspruchsvollen Programm. Es ist jedoch das Programm nicht einer einzelnen Person, sondern einer ganzen Gemeinde. Niemand kann und muss das *alles* einbringen. Der eine wird sich vielleicht eher in der praktischen Hilfe engagieren, die andere eher im seelsorglichen Bereich. Eine Mutter wird ihrem Kind die Geschichten aus der Heiligen Schrift vermitteln. Ein Jugendleiter vielleicht die eine oder andere Berufung aussprechen. Nachbarinnen und Nachbarn werden einander zuhören und Trost zusprechen können usw. Eine Gruppe aus der Gemeinde wird sich um Flüchtlinge kümmern etc. *Einem jeden aber von uns ist die Gnade gegeben nach dem Maß der Gabe Christi.* Wir können und wir müssen nicht alles tun. Aber wenn jeder und jede von uns auch nur einen kleinen Teil des priesterlichen Auftrags wahrnimmt, wird diese Welt etwas mehr von Gottes Gnade erfüllt.

NACH-DENKEN

Und in unserer Taufe ist uns in der Tat alles zugesagt, was wir zum Leben und zum Sterben brauchen. Aber wir sind nicht in der Lage, das für uns alleine zu erfassen. Wir brauchen dazu die christliche Gemeinschaft.

FRAGEN

» Was verstehen Sie unter einem oder einer „Geistlichen"?
» Luther redet sowohl vom „allgemeinen Priestertum der Gläubigen" als auch vom „allgemeinen Priestertum der Getauften". Was liegt Ihnen näher?
» Wo liegt der Unterschied zwischen ehrenamtlicher Mitarbeit in der Gemeinde und „allgemeinem Priestertum"?
» Kann man das allgemeine Priestertum auch ohne Gemeinde leben?
» Welche der drei genannten „priesterlichen Aufgaben" liegt Ihnen persönlich am nächsten, welche am fernsten?

ANREGUNG ZUM GEBET

Priesterlicher Dienst

Gehen Sie in Gedanken kurz die drei im Text genannten „priesterlichen Aufträge" durch: (a) die Menschen vor Gott zu bringen, (b) Gott und sein Wort zu den Menschen zu bringen und (c) sich im Namen Gottes zwischen die Menschen und die zerstörerischen Mächte des Bösen zu stellen. – Reden Sie mit Gott über jeden einzelnen der drei Aspekte. Fragen Sie ihn, was heute Ihr „priesterlicher Dienst" sein könnte – und dann tun Sie es!

MERKVERS

Ihr aber seid ein auserwähltes Geschlecht, ein königliches Priestertum, ein heiliges Volk, ein Volk zum Eigentum, dass ihr verkündigen sollt die Wohltaten dessen, der euch berufen hat aus der Finsternis in sein wunderbares Licht.

1. Petrus 2, 9

Tag 31 / **Charisma und Gemeindeleitung**

MEDITATION

Kirche
Ein Haus
Ein Ort
Eine Idee
Eine Gemeinschaft
Eine Institution
Ein Ziel

Bin ich Kirche?
Sind wir nicht alle
ein bisschen Kirche?
Ich
und du
und auch
die andern?

Kirche
kommt von
„Kyriakon“ –
„die,
die zum Herrn
gehören“.
Die sind Kirche.

Jetzt mal ehrlich:
Wer gehört
denn nicht
zu ihm?
Die,
die nicht wollen?
Ich weiß nicht.

Ich glaube,
wir gehören
alle zum Herrn.
Nur gibt es
viele,
denen das noch
keiner liebevoll
gesagt hat.

EPHESER 4, 11-12

Und er (Christus) selbst gab den Heiligen die einen als Apostel, andere als Propheten, andere als Evangelisten, andere als Hirten und Lehrer, damit die Heiligen zugerüstet werden zum Werk des Dienstes. Dadurch soll der Leib Christi erbaut werden

CHARISMA UND GEMEINDELEITUNG

Gemeindeleitung im Neuen Testament und heute

Eine Gemeinde geistlich zu leiten bedeutet, dem Heiligen Geist bei allen Entscheidungen, die die Gemeinde betreffen, Platz einzuräumen. Es ist keineswegs so, dass es in der Gemeindearbeit einige „geistliche" Bereiche gibt – wie etwa Taufe, Gottesdienst, Bibel u. ä. – und darüber hinaus „neutrale" Gebiete wie etwa Gebäude, Finanzen oder die Organisation des Gemeindefestes. Alles, was in der Gemeinde entschieden und beschlossen wird, hat eine geistliche Dimension. „Geistlich" an der Gemeindearbeit ist also nicht ein bestimmter, dem Pfarrer oder der Pfarrerin zuzuordnender Bereich, es geht um eine Haltung: „Wir wollen dem Heiligen Geist bei allem, was wir in der Gemeinde tun und lassen, Raum schaffen." Und das ist die Aufgabe aller, die in der Gemeinde leitende Funktion haben.

In unserem Ephesertext ist von fünf Personengruppen die Rede, die eine gemeindliche Leitungsfunktion haben: Apostel, Propheten, Evangelisten, Hirten und Lehrer. Für fast alle diese Funktionen kennen wir auch weibliche Vertreterinnen. Außerdem kennen wir aus anderen Briefen noch andere Leitungsämter: etwa Diakone oder Bischöfe, die damals freilich keine gemeindeübergreifende Funktion hatten, sondern einfach Mitglieder des Ältestenkreises – wir würden heute sagen: des Kirchenvorstandes – waren. Die Gemeinden waren an verschiedenen Orten offensichtlich unterschiedlich strukturiert. Durchgängig ist nur eins: Neutestamentliche Gemeinden wurden nicht von Einzelpersonen, sondern von Teams geleitet. Nur *einer* ist das Haupt der Gemeinde: Christus. Und dessen Leitung repräsentiert sich nicht in einer *einzelnen* Person oder einem *einzelnen* Amt, sondern in einem ganzen Ensemble von Leitungsgaben und -aufgaben. Diese Gaben ergänzen sich gegenseitig und sind aufeinander angewiesen.

Sehr wahrscheinlich war der Kreis der Ältesten bzw. Bischöf/innen so etwas wie die Zusammenkunft aller Leitungspersonen einer Gemeinde. Apostel/innen waren Menschen mit übergemeindlicher Autorität. Prophet/innen im Neuen Testament haben die Gabe, zu erspüren, was Gott der Gemeinde hier und jetzt sagen möchte. Evangelist/innen sind Menschen, die die besondere Fähigkeit haben, andere für Christus zu gewinnen. Hirt/innen (Pastor/innen) sind Menschen, die für das geistliche Wachstum einer kleinen Gruppe von Christen Sorge tragen. Lehrer/innen haben die Aufgabe, der Gemeinde die Heiligen Schriften auszulegen und ihnen geistliche Zusammenhänge klar zu machen. Zu den Aufgaben der Diakon/innen gehörten Verwaltungsangelegenheiten und die Organisation der sozialen Dienste in den Gemeinden. In 1. Korinther 12,28 erwähnt Paulus außerdem die Gabe der Leitung – kybernesis, wörtlich: Steuermannskunst, womit er wahrscheinlich so etwas wie die Leitung eines Teilbereichs der Gemeindearbeit anspricht.

Wie gesagt: Der Epheserbrief listet keinen geschlossenen Katalog auf. Es wäre verkehrt, von „den" fünf Leitungsgaben in der Gemeinde zu reden, als gäbe es nur diese, und auch, als müssten es immer alle fünf sein. Der manchmal so genannte „fünffältige Dienst" ist zwar ein wichtiges Gegenmodell zum mittlerweile zur Regel gewordenen „einfältigen Dienst", bei dem sich alle neutestamentlichen Leitungsgaben ausschließlich auf das Pfarramt konzentrieren. Er ist aber kein Gesetz, das unter allen Umständen eingehalten werden muss. Gemeinden können auch mit drei, vier oder sieben Leitungsgaben gut geführt werden. Nur die Reduktion auf eine einzige Person oder ein einzelnes Charisma sollte nach Möglichkeit vermieden werden. Auch Jesus hat seine Jüngerinnen und Jünger mindestens zu zweit ausgesandt.

Die Frage, die uns in diesem Zusammenhang bewegen sollte, ist die: Wo sind die ganzen Charismen geblieben? Die in unserem Text aufgeführten Ämter sind heute teilweise unbekannt (Apostel/innen, Prophet/innen), teilweise unbeliebt (Evangelist/innen), teilweise umgedeutet (Bischöf/innen, Hirt/innen). Eine Leitung im Team von gleichberechtigten Führungspersönlichkeiten unterschiedlichen Aufgabenzuschnitts ist heute weitgehend unbekannt. Stattdessen ließe sich ein großer Teil dessen, was das Neue Testament als Charismenvielfalt der Gemeinde aufführt, problemlos in der Dienstbeschreibung eines deutschen Pfarrers oder einer Pfarrerin unterbringen. Das kann eigentlich nicht gut gehen. Zwar gibt es in Gemeinden und Kirchenkreisen auch andere Berufe mit geistlichen Leitungsfunktionen: zum Beispiel Diakon/innen, Gemeindepädagog/innen oder auch Kirchenmusiker/innen. Doch statt diese in ihrer Kompetenz als Teil der geistlichen Leitung ernst zu nehmen, sind sie meist nicht einmal Mitglied des Kirchenvorstandes. Und die Kirchenältesten, die geistlich leiten sollten, nehmen in den meisten Gemeinden vornehmlich Verwaltungsaufgaben wahr. Obwohl ihnen die evangelische Kirchenordnung durchaus geistliche Verantwortung zuspricht, *wollen* sie in vielen Fällen gar nicht geistlich leiten, sondern überlassen das lieber dem Pfarrer oder der Pfarrerin – also den „Geistlichen", die es nach Luthers Auffassung in der evangelischen Kirche gar nicht mehr geben sollte.

Der Pfarrberuf gestern und heute

In den ersten drei Jahrhunderten entwickelten sich christliche Hausgemeinden in der gesamten damals bekannten Welt. Mit der Gründung der Staatskirche im vierten Jahrhundert entstand dann im Römischen Reich vor allem auf dem Land ein immer dichter werdendes System fester kirchlicher Territorien – „Parochien" (Pfarrbezirk) genannt. An die Spitze dieser Parochien wurde ein „Parochus" gesetzt: ein Pfarrherr, der die Aufgabe hatte, Gottesdienste zu halten, die Unkundigen zu lehren und die Ordnung aufrecht zu erhalten. Die Pfarrherren galten nun als „Obrigkeit" und als „Hirten" ihrer Gemeinde. Die normalen Gemeindeglieder hingegen, die das Neue Testament als „Heilige" bzw. Priesterinnen und Priester ansieht, wurden mehr und mehr zu unmündigen „Schafen" degradiert. Im neunten Jahrhundert kam dann der so genannte „Pfarrbann" hinzu: Für alle gottesdienstlichen Handlungen einschließlich des Abendmahls waren Christinnen und Christen ausschließlich an ihre Ortsgemeinde und den Ortspfarrer gebunden.

Dieses System wurde von der Reformation nicht wirklich durchbrochen. Zwar wurde der Pfarrer „entzaubert", indem der Unterschied zwischen so genannten „Geistlichen" und „Laien" grundsätzlich aufgehoben wurde. Faktisch blieben aber auch evangelische Pfarrer „Amtsträger" und somit Teil der Obrigkeit. Entsprechend trug man eine „Amtstracht", hatte ein „Amtssiegel" und führte „Amtshandlungen" durch etc. Das alles war nicht wirklich dazu angetan, das über fast zwölf Jahrhunderte angewachsene Oben-unten-Verhältnis zwischen Pfarrer und Gemeinde aufzulockern, geschweige denn zu überwinden.

Leider wurde das Gefälle zwischen der Pfarrperson und der Gemeinde durch etwas noch vertieft, was eigentlich als eine der großen Errungenschaften der Reformation angesehen werden muss. Luther verfügte nämlich, dass jemand, der Pfarrer werden wollte, zuvor eine theologische Ausbildung zu absolvieren hatte. Das war an sich ein großer Segen. Freilich führte der Wissensvorsprung derer, die Theologie und alte Sprachen studiert hatten, dazu, dass normale Gemeindeglieder oft den Mut verloren, selber in der Bibel zu lesen. Zu naiv und ungebildet kam ihnen das vor, was sie selbst dazu dachten. Und auf einmal hatte man doch wieder einen „geistlichen Stand", der sich zwar nicht durch Weihe, aber durch eine entsprechende Bildung von der breiten Masse der „Laien" abhob. Theologie war zum Spezialwissen geworden, ohne das niemand mehr die Bibel auslegen durfte. Luther hatte die Gemeinden noch aufgefordert, die Lehre ihrer Pfarrer zu prüfen. Wie aber sollen sie das machen, wenn letztere das Monopol der Bibelauslegung für sich beanspruchen? Das in diesem Zusammenhang gerne verwendete Argument, dass es zu Irrlehren kommen könne, wenn man Nichttheologinnen und -theologen die Bibelauslegung überlasse, ist nicht ganz unberechtigt. Diese Gefahr ist freilich noch viel größer, wenn man die Gemeinde von der Bibel fernhält. Denn dann „basteln" sich die Leute eine eigene Theologie nach Gutdünken bzw. kaufen dem Pfarrer alles ab, was er sagt. Und leider lehrt uns die Geschichte der Kirche, dass Theologen und Theologinnen keineswegs von der Gefahr der Irrlehre befreit sind. Luthers Überzeugung war: Wenn in der Gemeinde genügend Menschen sind, die sich in der Bibel auskennen, hat die biblische Wahrheit eine gute Chance, sich durchzusetzen.

Drei wichtige Schritte zur geistlichen Gemeindeleitung entnehme ich unserem heutigen Epheser-Text:

Zunächst gilt es, das allgemeine Priestertum in den Gemeinden wieder zu beleben. Das allgemeine Priestertum fällt freilich nicht einfach vom Himmel. Es braucht hierzu Leiterinnen und Leiter, die Menschen zum priesterlichen Dienst berufen, sie befähigen und begleiten. Es kann nicht sein, dass die Weitergabe des Evangeliums in Gottesdienst, Seelsorge und Unterricht sowie alle geistliche Leitungsverantwortung allein auf die Schultern der Pfarrerinnen und Pfarrer gelegt wird. Denn das führt zu einer völligen Überforderung der betreffenden Pfarrperson. Gleichzeitig verfestigt sich an der Kirchenbasis das Bild der Pfarrperson als eine Art „eierlegender Wollmilchsau": einer Person, die alles kann und der man deswegen auch alles abfordert. Bequemer, als selbst in den priesterlichen Dienst zu treten, ist das sicherlich. Allerdings nicht befriedigender – und zwar für niemanden.

Zweitens müssen wir die geistliche Gemeindeleitung auf eine breitere Basis stellen als nur auf das Pfarramt. Da denke ich vor allem an die *Kirchenvorstände*, die das viel zu selten wahrnehmen: oft, weil sie gar nicht wissen, dass das zu ihrem Aufgabenprofil gehört, manchmal, weil sie das gar nicht wollen und allzu oft auch, weil sie sich das nicht zutrauen. Hier gilt es, alles daran zu setzen, ihnen Lust und Mut dazu zu machen, und ihnen nach und nach auch die Kompetenz dazu zu vermitteln. Die Evangelische Kirche in Hessen und Nassau (EKHN) hat hier ein wichtiges Zeichen gesetzt, indem sie allen Kirchenvorständen einen eigens für sie entwickelten Grundkurs zur Verfügung gestellt hat (www.sehnsucht-nach-mehr.de). Das ist kein Allheilmittel, aber ein hilfreiches Werkzeug, das dort, wo es eingesetzt wird, tatsächlich oft Horizonte aufreißt und „Sehnsucht nach mehr" weckt.

Schließlich gilt es, die anderen kirchlichen Berufe deutlich aufzuwerten. Wenn wir heute schon nicht mehr die Leitungsämter haben, die der Epheserbrief aufzählt, und sie auch nicht kurzerhand aus dem Boden stampfen können, so gibt es vielleicht doch die genannten *Charismen*. Den meisten Gemeinden täten sie mit Sicherheit gut. Und vor allem gibt es neue Berufe, die der Epheserbrief zwar in seiner Liste nicht aufführt, die es aber in ihrer geistlichen Kompetenz zu würdigen gilt: Neben dem Pfarrberuf sind das vor allem die *Gemeindepädagog/innen* und *Diakon/innen*. Sie haben unterschiedliche Kompetenzen: Die einen verstehen sich auf biblische Sprachen und Texte, die anderen auf Pädagogik und Bildung, die dritten auf menschliche Zuwendung und soziale Belange. Das alles mit fließenden Grenzen, aber doch klar unterscheidbar. Im Prinzip gehören auch *Kantor/innen* in den Kreis geistlicher Leitung, wenn sie sich nicht – wie so oft – primär als Musiker/innen, sondern als Anleiterinnen und Anleiter der Anbetung verstehen, wenn es ihnen darum geht, Menschen mit dem Evangelium in Berührung zu bringen und wenn es ihnen mehr um „Gemeindemusik" als um „Kirchenmusik" zu tun ist. – All die genannten Berufe hätten nach dem Epheser-4-Modell in Absprache mit dem jeweiligen Kirchenvorstand einen geistlichen Leitungsauftrag in ihren Gemeinden. In der Evangelischen Kirche im Rheinland gibt es seit einiger Zeit das Modell eines „Geteilten Amtes", das die genannten Berufe als ein Ensemble pastoral in der Gemeinde Tätiger versteht. Das scheint mir ein richtungsweisender Versuch zu sein. Der Pfarrer oder die Pfarrerin könnte innerhalb dieses Ensembles so etwas wie ein *primus* bzw. eine *prima inter pares* (erste/r unter Gleichen) sein.

Multiplikation als Leitungsaufgabe

Wenn wir eins von den Reformatorinnen und Reformatoren gelernt haben, dann dies, dass wir über kirchliche Bekenntnisse und Ordnungen hinaus immer zurück fragen müssen: „Was sagt die Bibel dazu?" Das gilt auch für *evangelische* Bekenntnisse und Ordnungen. Es ist *nicht* reformatorisch, das, was die lutherischen Bekenntnisse über die Funktion des Pfarramtes sagen, ein für allemal als „gesetzt" anzusehen. Reformatorisch ist vielmehr, auch das, was Luther und die anderen Reformator/innen von ihrem damaligen Horizont aus für richtig hielten, von der Heiligen Schrift her immer wieder neu zu hinterfragen.

Martin Luther sah das Pfarramt wesentlich als Predigtamt. Freilich haben *alle* in Epheser 4 genannten Gaben etwas mit „predigen" zu tun: Es gibt Lehrpredigten, evangelistische Predigten, prophetische Predigten, apostolische Predigten und die Verkündigung der Hirtinnen und Hirten in ihrer jeweiligen Kleingruppe. Es gibt vom Neuen Testament her also einen *geteilten* Predigtauftrag. Das muss der reformatorischen Zuordnung des Pfarrers oder der Pfarrerin zum Gottesdienst nicht unbedingt widersprechen, aber es sollte neben dem Pfarrer und der Pfarrerin immer auch andere Menschen geben, die auf die eine oder andere Weise „predigen“: nicht nur im Gottesdienst, sondern auch in anderen Versammlungen, am Markt und auf den Plätzen, in Seminaren und in den Häusern.

Eine andere Engführung, die wir in Hinblick auf Epheser 4 konstatieren müssen, ist die, dass zwar alle dort genannten Leitungsgaben etwas mit „predigen“ zu tun haben, dass aber keine von ihnen sich auf das Predigen beschränkt. Vielmehr wird hier – und das wird durch viele andere neutestamentliche Texte bestätigt – ein von den Reformatorinnen und Reformatoren nicht in Blick genommener und darum auch in der evangelischen Kirche weithin vernachlässigter gemeinsamer Auftrag für alle genannten Leitungscharismen formuliert: Sie sollen dafür Sorge tragen, dass „die Heiligen zugerüstet werden zum Werk des Dienstes.“ Unser Text macht es unmissverständlich deutlich: *Dafür* sind sie von Gott eingesetzt. Die „Heiligen“, also die Menschen, die durch Taufe und Glauben zu Gott gehören, sind nach neutestamentlichem Verständnis keine passiven Gemeindeglieder. Vielmehr sind sie berufen, sich ihren Gaben entsprechend im Reich Gottes einzusetzen. Gemeindeleitung besteht unserem Text zufolge ganz wesentlich darin, die Gemeindeglieder dazu in die Lage zu versetzen: sie an ihre Berufung zu erinnern, sie zu fördern und zu befähigen und zu begleiten. Geistliche Leitung heißt: anderen dienen, damit sie ebenfalls dienen. Das beinhaltet durchaus, mit gutem Beispiel voranzugehen. Aber es bedeutet nicht, diesen Dienst stellvertretend für sie zu tun. Leiten im biblischen Sinn bedeutet An-Leiten.

Volker Lehnert, der Leiter der Personalabteilung der Rheinischen Kirche, leitet aus Epheser 4 drei Aufgaben für alle Hauptamtlichen ab:

Erstens geht es in allen Leitungspositionen in der Gemeinde wesentlich darum, die eigenen Kompetenzen zu multiplizieren, indem man sie Stück für Stück an geeignete ehrenamtlich Mitarbeitende in der Gemeinde weitergibt.

Zweitens müssen hauptamtlich in der Gemeinde Mitarbeitende gezielt nach Menschen Ausschau halten, die Gaben besitzen, die die Hauptamtlichen selbst *nicht* haben, und sie für den Dienst am Reich Gottes gewinnen, fördern und sie dabei begleiten.

Drittens haben beruflich in der Gemeinde Mitarbeitende die Aufgabe, ihre Gemeindeglieder darin zu fördern, dass sie ihre gottgegebenen Gaben auch außerhalb der Gemeinde einsetzen. Der „Dienst der Heiligen" erschöpft sich keineswegs in der Kerngemeinde.

Praktisch bedeutet das für alle leitend Tätigen in der Gemeinde – insbesondere für Hauptamtliche –, *dass die Investition in das allgemeine Priestertum bzw. die Qualifikation anderer zum wesentlichen Bestandteil ihrer Tätigkeit werden muss.* Auf Dauer sollten mindestens 20 Prozent der Arbeitszeit eines oder einer Hauptamtlichen in die Anleitung und Begleitung von Menschen fließen.

Natürlich müssen Hauptamtliche auch „Basisarbeit" machen. Sie sind den anderen ja nicht übergeordnet. Sie stehen dem allgemeinen Priestertum nicht gegenüber, sondern sind Teil desselben. Und jeder und jede von ihnen hat ein eigenes Charisma und Dinge, die ihm oder ihr auf dem Herzen brennen und denen sie in der Gemeinde nachkommen wollen und auch sollen. Und natürlich sollen Pfarrerinnen und Pfarrer auch regelmäßig predigen. Aber sie müssen sich eben in erster Linie als Anleitende verstehen. Das ist keine zusätzliche Aufgabe zu den bereits vorhandenen, sondern vor allem eine Haltung: sich so oft wie nur möglich beim Ausüben der eigenen Kompetenz über die Schulter schauen lassen. So wenig Dinge wie möglich alleine machen. Immer jemanden dabei haben, den man anleitet. Als jemand, der das selbst in der Gemeinde viele Jahre praktiziert hat, kann ich Ihnen sagen, dass es nie zu einem Punkt kommen wird, an dem man selbst „überflüssig" wird (falls das Ihre Angst ist). Was stattdessen passieren wird, ist, dass mit der Anzahl ausgebildeter „Priesterinnen und Priester" in der Gemeinde nicht nur die Qualität, sondern auch der Umfang der Gemeindearbeit enorm ansteigt und die Gemeinde sehr viel mehr Nöten und Bedürfnissen begegnen kann. Außerdem steigt der „Sauerteigeffekt": Die wachsende Anzahl von Christinnen und Christen, die aktiv auf ihr persönliches und berufliches Umfeld und die Gesellschaft einwirken, hat einen positiven Effekt weit über die Kerngemeinde hinaus.

NACH-DENKEN

Geistliche Leitung heißt: anderen dienen, damit sie ebenfalls dienen. Das beinhaltet durchaus, mit gutem Beispiel voranzugehen. Aber es bedeutet nicht, diesen Dienst stellvertretend für sie zu tun. Leiten im biblischen Sinn bedeutet An-Leiten.

FRAGEN

» Welche der genannten Leitungsgaben – Apostel/innen, Prophet/innen, Evangelist/innen, Hirt/innen und Lehrer/innen – kennen Sie aus der Gemeinde?
» Woran liegt es, dass in der evangelischen Kirche trotz der Lehre vom allgemeinen Priestertum eine so starke Pfarrerinnen- und Pfarrerzentrierung herrscht?
» Wer leitet Ihre Gemeinde in geistlicher Hinsicht – und wer sollte sie Ihrer Meinung nach leiten?
» Was halten Sie von dem Gedanken, dass der Dienst in der Gemeinde in erster Linie durch die Gemeindeglieder (die „Heiligen") zu tun ist und nicht durch die Hauptamtlichen?
» Wenn es die primäre Aufgabe von geistlicher Leitung ist, in einzelne Menschen zu investieren, was müsste sich in Ihrer Gemeinde – und vielleicht auch bei Ihnen selbst – ändern?

ANREGUNG ZUM GEBET

Geistliche Anleitung
Gibt es Menschen, die Sie (aktiv) geistlich anleiten? Und: Gibt es Menschen, von denen Sie sich geistlich anleiten lassen? – Beten Sie erst für die einen, dann für die anderen. Und wenn Ihre Antwort „nein" lautet, fragen Sie Gott, ob sich daran vielleicht etwas ändern sollte.

MERKVERS

Und er (Christus) selbst gab den Heiligen die einen als Apostel, andere als Propheten, andere als Evangelisten, andere als Hirten und Lehrer, damit die Heiligen zugerüstet werden zum Werk des Dienstes.
Epheser 4, 11

Tag 32 / **Das persönliche Ziel**

EPHESER 4, 13-14

... bis wir alle hingelangen zur Einheit des Glaubens und der Erkenntnis des Sohnes Gottes, zum vollendeten Menschen, zum vollen Maß der Fülle Christi, damit wir nicht mehr unmündig seien und uns von jedem Wind einer Lehre bewegen und umhertreiben lassen durch das trügerische Würfeln der Menschen, mit dem sie uns arglistig verführen.

Geistliche Mündigkeit entsteht an der Bibel

Die primäre Aufgabe aller geistlichen Leistungsdienste in der Gemeinde ist es, das allgemeine Priestertum wachzurufen, zu fördern und zu stärken. Der spezielle Beitrag des Pfarrers und der Pfarrerin ist hierbei, dass sie ihre theologische Kompetenz einbringen. Sie haben gelernt, die Aussagen der Heiligen Schrift systematisch zu erfassen und zueinander in Beziehung zu setzen. Sie sind umfassend „bibelstudiert". Das ist ihre besondere Gabe – und darum auch ihre besondere Aufgabe. Wer wäre besser in der Lage als sie, Menschen das biblische Wort lieb zu machen, sie vertraut zu machen mit der Bibel als einem Buch, mit dem man leben und mit dem man sterben kann?

Auf eine griffige Formel gebracht: Pfarrerinnen und Pfarrer sollen ihre theologische Kompetenz dazu nutzen, die Gemeinde „bibelfest" zu machen. Geistliche Mündigkeit entsteht nun mal an der Heiligen Schrift. Keine Predigt, kein Seminar, kein noch so gutes Buch kann einen Christen oder eine Christin auch nur annähernd so stärken, wie wenn er oder sie es lernt, selbst in der Heiligen Schrift zu lesen, darüber in Kontakt mit Gott zu kommen und daraus praktische Konsequenzen für das eigene Leben zu ziehen. Geistliche Reife steht in direkt proportionalem Verhältnis zum eigenen Umgang mit der Heiligen Schrift. Darum übersetzte Martin Luther die Bibel ins Deutsche: damit möglichst viele Menschen die Möglichkeit hätten, aus dieser Quelle zu schöpfen und Leben zu empfangen.

So steuerte er einer Entwicklung entgegen, die sich zuvor mehr als 1000 Jahre hingezogen hatte. Das gemeinsame Lesen und der Austausch über die Schriften der Apostel und Propheten waren in den ersten drei Jahrhunderten nämlich zentraler Bestandteil der christlichen Zusammenkünfte gewesen. Doch auf einmal wurde das Christentum zur Staatsreligion. Große Kirchen wurden gebaut und die Menschen versammelten sich nicht mehr in Häusern. Predigten *über* die Bibel ersetzten mehr und mehr das gemeinsame Lesen *in* der Bibel. Natürlich hatte es Predigten im Christentum schon vorher gegeben, aber nie waren sie dazu gedacht, das eigene Studium der Bibel zu ersetzen. Ganz im Gegenteil: Sie sollten dazu anleiten, sich selbst mit dem Wort Gottes auseinanderzusetzen. In Apostelgeschichte 17,11f heißt es: „Sie (= die Leute aus Beröa) nahmen das Wort bereitwillig auf und forschten täglich in der Schrift, ob sich's so verhielte." An diesem Text kann man sehr schön sehen, wie die apostolische Predigt und das eigene Schriftstudium Hand in Hand gehen. Das heißt: Die Auslegung soll in die Schrift hineinführen: Sie soll Lust machen, selber in der Bibel zu lesen.

„Um erwachsene Christen zu werden, müsst ihr euch mit der Schrift vertraut machen", sagte der Kirchenlehrer Johannes Chrysostomos (344-407). Nach und nach durfte aber nur noch der Klerus – der geweihte Stand – die Bibel lesen. Die, die Paulus noch als „Heilige" bezeichnet hatte, wurden jetzt „Laien" genannt. Und wo es vorher ein reges, mündiges Christentum gegeben hatte, herrschte jetzt auf breiter Basis ein geistliches Analphabetentum. Im Mittelalter verbot die Kirche phasenweise Nicht-Klerikern sogar bei Strafandrohung, in der Bibel zu lesen! In diese Situation hinein hat Luther seine Bibelübersetzung vorgenommen. Er war dabei getrieben von dem Gedanken, dass jeder Zugang zum Wort der Heiligen Schrift haben sollte. Andernfalls macht sich die Christenheit abhängig von einigen wenigen „Eingeweihten". Die Zeiten dafür waren günstig: Wenige Jahre zuvor hatte Johannes Gutenberg den Buchdruck erfunden. Erstmalig in der Weltgeschichte gab es also die Möglichkeit, dass wirklich alle Zugang zum Wort der Bibel erhalten konnten. In der Tat verbreitete sich die Bibel schnell und ist bis heute das meistverkaufte Buch der Weltgeschichte. Doch immer noch liest der überwältigende Teil der Christenheit die Bibel nicht selbst, sondern „lässt" lieber lesen. Und bleibt damit – anders können wir es nicht sagen – geistlich unmündig und in einer oft selbstverschuldeten Abhängigkeit von denen, denen man das Bibellesen überlässt.

In dem Moment, in dem sich Pfarrerinnen und Pfarrer darauf beschränken, stellvertretend für die Gemeinde die Bibel auszulegen, verhalten sie sich wie Eltern, die ihren Kindern alles abnehmen und ihnen alle Hindernisse aus dem Weg räumen. Die werden sich schnell an diese Bequemlichkeit gewöhnen, ja, sie sogar vehement einfordern, wenn der gewohnte „Service" mal ausbleibt. Aber wirklich befriedigend ist das für niemanden: weder für die Eltern, die sich kaputtarbeiten, noch für die Kinder, die nicht lernen, Herausforderungen aus eigener Kraft zu überwinden. Es muss also immer um Hilfe zur Selbsthilfe gehen. Nur aus einem solchen Verständnis heraus erwachsen gesunde, kräftige Gemeinden, in denen mündige Christinnen und Christen einander und anderen als Priesterinnen und Priester dienen.

Inneres Wachstum durch Einsatz der Gaben

Die „Stärkung des Ehrenamtes" gehört heute zum Standardvokabular jeder gemeinnützigen Organisation und natürlich auch der Kirche. Dass das gerade neu entdeckt wird, hat allerdings oft mehr mit knapper werdenden Ressourcen zu tun als mit einer echten Vision fürs Ehrenamt. Doch die Leute merken, wenn sie als Lückenbüßer herhalten müssen, wo hauptamtliche Kräfte die Arbeit nicht mehr schultern können. Dabei wäre niemand besser gerüstet als die evangelische Kirche, eine Sicht fürs Ehrenamt zu entwickeln, das in guter Ergänzung der gottgegebenen Gaben und gegenseitiger Hilfe zugunsten eines gemeinsamen größeren Ganzen zusammenarbeitet. Ehrenamtliche Mitarbeit ist nicht Gottes „Plan B" in finanzschwachen Zeiten, sondern war von Anfang an Gottes „Plan A". Es ist ein großes Geschenk, wenn wir uns Hauptamtliche leisten können. Diese sind aber nicht dazu da, die ehrenamtliche Mitarbeit zu ersetzen, sondern um sie zu ergänzen, vor allem aber, um sie freizusetzen und zu fördern.

„Jedem ... von uns ist Gnade gegeben nach dem Maß der Gabe Christi." Der Zuschnitt und das Maß unserer Begabungen sind offensichtlich kein Zufall. Und sie sind auch nicht nur für uns selber da. „Unsere Gaben", sagt Gustav Heinemann, „sind unsere Berufungen." In 1. Korinther 12 benutzt Paulus das Bild vom Leib, der sich aus verschiedenen Gliedern zusammensetzt. So stellt er sich die Gemeinde vor: als Zusammenspiel vieler unterschiedlicher Menschen mit ihren ureigenen Fähigkeiten, aber auch Schwächen. Das Auge kann gut sehen, aber schlecht zupacken. Die Hand kann zupacken, aber nicht hören. Dass auch Schwächen zu unserem jeweiligen Gabenprofil gehören, ist ein wichtiger Hinweis. Denn es geht in unserem Dienst für Gott weniger darum, „an unseren Schwächen zu arbeiten" – also gleichsam die Hörfähigkeit des Fußes zu verbessern –, sondern vor allem das zu tun, was wir besonders gut können. „Dient einander ein jeder mit der Gabe, die er empfangen hat, als die guten Haushalter der mancherlei Gnade Gottes", heißt es in 1. Petrus 4,10. Das heißt auch: Es geht nicht darum, Menschen dort einzusetzen, wo gerade ein besonderer Bedarf besteht, sondern eingehend danach zu fragen, welches Gabenprofil ein Mensch besitzt und wo deshalb sein Platz innerhalb des allgemeinen Priestertums sein könnte. Freilich macht die Suche nach einem passenden Ort an den Grenzen der Gemeinde nicht Halt, sondern wirkt auch über sie hinaus in eine Welt hinein, die Christus noch nicht kennt.

Es gibt kaum etwas Befriedigenderes und Erfüllenderes, als wenn ein Mensch seine eigenen Gaben entdeckt und im Rahmen eines allgemeinen Priesterdienstes einsetzt und dabei die Erfahrung macht, dass Gott ihn gebrauchen kann und möchte und dass er mit seinem speziellen Gabenprofil Menschen zum Segen werden kann. Menschen zur Mitarbeit aufzurufen ist deshalb Seelsorge pur! Menschen nicht zu dem Platz zu verhelfen, an dem sie ihre Gaben ausüben können, ist hingegen unterlassene Hilfeleistung.

In Römer 12,6-8 sowie 1. Korinther 12,8-10 und 28-30 finden sich drei verschiedene Auflistungen von Charismen, das heißt von Gaben, die Gott Menschen gibt, damit sie sie in den priesterlichen Dienst stellen. Dazu gehören die Fähigkeit zu trösten, zu lehren, zu dienen, barmherzig zu sein u.a. Die Tatsache, dass diese Listen nicht deckungsgleich sind, ist ein Indiz dafür, dass sie keinen Anspruch auf Vollständigkeit erheben – sie sind nach oben hin offen. Die Charismen können (wie im Fall der Wunderheilung) einen „übernatürlichen" Charakter haben, es können aber auch ganz natürliche Begabungen oder im Laufe des Lebens erworbene Fähigkeiten sein, die jemand in den Dienst des allgemeinen Priestertums stellt. Sogar eine Schwäche, die wir Gott zur Verfügung stellen, kann faktisch zum Charisma werden: zu etwas, was Gott gebrauchen kann und in den Dienst des Reiches Gottes stellen will. Paulus beispielsweise hätte seinen Dienst niemals so verrichten können, wenn er – wie damals fast alle – Familie gehabt hätte.

Wenn wir also am heutigen Tag unserer Expedition darüber nachdenken, wie Menschen zu reifen, mündigen Christinnen und Christen werden, wird ein wichtiger Teil der Antwort lauten: „Indem wir sie behutsam, aber beharrlich an ihre gottgegebenen Gaben heranführen und sie dafür gewinnen, sie im Rahmen eines gemeindlichen oder außergemeindlichen Dienstes für Gott einzusetzen." Letztlich kommt es allen Beteiligten zugute, wenn ein Mensch seine Gaben im Sinne des allgemeinen Priestertums einsetzt: Gott wird dadurch verherrlicht, die Gemeinde wird aufgebaut, Menschen erfahren Heil und Segen und die betreffende Person selber erfährt Sinn und Erfüllung.

Martin Luther hat an dieser Stelle in seiner Theologie eine Lücke hinterlassen. In seiner Auseinandersetzung mit den so genannten „Schwärmern" versäumte er es, das, was das Neue Testament über die Charismen sagt, in seine Lehre vom allgemeinen Priestertum zu integrieren. Lediglich der reformierte Heidelberger Katechismus von 1563 greift diese Thematik auf, wenn er auf die Frage: „Was verstehst du unter der ‚Gemeinschaft der Heiligen'?", folgende Antworten gibt: „Erstens: Alle Glaubenden haben als Glieder Gemeinschaft an dem Herrn Christus und an allen seinen Schätzen und Gaben. Zweitens: Darum soll auch jeder seine Gaben willig und mit Freuden zum Wohl und Heil der anderen gebrauchen". Wenn die evangelische Kirche diesen Ansatz beherzigt hätte, stünde sie heute anders da.

Die Wiederentdeckung des Jüngerschaftsprinzips

Die evangelische Kirche versteht sich in besonderer Weise als „Kirche des Wortes". Damit meint sie zum einen natürlich das Bibelwort, zum anderen aber auch in ganz starkem Maß die Predigt. Dass Jesus ein großer Prediger war, steht außer Frage. Und dass sich das Evangelium durch die Predigt der Apostel verbreitete, ist ebenso unbestritten. Freilich kann Predigt nie das einzige sein, wenn es darum geht, Menschen in die Nachfolge Jesu Christi zu rufen. Denn die enorme Breitenwirkung, die Jesus erreichte, erzielte er vor allem dadurch, dass er neben seinen Predigten den Großteil seiner Zeit in einzelne Personen oder kleine Gruppen von Menschen investierte. Es waren vor allem die zwölf bzw. siebzig Leute, die er um sich geschart hatte, die die Welt veränderten. In der Apostelgeschichte ist das nicht anders. Auch dort wird uns immer wieder von Predigten berichtet, die eine große Wirkung erzielten, nicht selten sogar eine Gemeindegründung. Doch auch dort findet das Eigentliche „hinter der Bühne" statt. Die Predigt kann bei den Menschen Interesse hervorrufen, dann aber braucht es Glaubende, die helfen, die entstandenen Fragen zu beantworten, das Ganze zu vertiefen und das Evangelium in die Lebenspraxis zu integrieren.

Im neutestamentlichen Griechisch gibt es zwei Worte für predigen: *keryssein* (verkündigen) und *didaskein* (lehren). Die *Verkündigung* zielt in erster Linie auf Menschen, die das Evangelium noch nicht kennen. Sie weckt Interesse, wirft Fragen auf und bewirkt im Idealfall den Wunsch nach einer Lebensveränderung. Die andere Art von Predigt, die das Neue Testament kennt, ist die *Lehre*. Diese zielt in erster Linie auf Menschen, die das Evangelium bereits kennen. Sie dient dazu, dass die „Erkenntnis des Sohnes Gottes an uns zur Wirkung" kommt und wir „hineinwachsen in die ganze Fülle, die Christus in sich umfasst", wie es in der Gute-Nachricht-Übersetzung unseres Textes heißt. Der Punkt ist allerdings der: Sowohl Verkündigung als auch Lehre wirken nicht allein durch sich selbst. Überlegen Sie mal, in wie vielen Predigten Sie bereits gesessen haben und wie wenig davon Sie tatsächlich in ihr Leben integriert haben. (Oder geht es Ihnen anders als mir?) Predigten können noch so gut sein, aber erst, wenn wir mit anderen darüber sprechen, wird das Ganze für uns persönlich, konkret und verbindlich.

Verkündigung ist Beziehungsarbeit. Darum reißt die heute gern vertretene These, der Pfarrer oder die Pfarrerin seien für die „öffentliche Verkündigung" in der Kirche, die anderen Mitarbeitenden für die „Geselligkeit" in der Gemeinde zuständig, auseinander, was wesensmäßig zusammengehört. Es geht nicht um „Geselligkeit", sondern um die Gemeinschaft des Leibes Christi, in der wir alle zu mündigen Gliedern und Organen heranreifen sollen und in der Christus das Haupt ist. Dieses Beziehungsnetz ist nicht etwas, was zur Verkündigung hinzukommt, sondern wesentlicher Bestandteil dieser Verkündigung. Einen Pfarrer oder eine Pfarrerin, die nicht predigen können, kann die Gemeinde verkraften. Wenn sie hingegen keine Beziehungen im Namen Jesu Christi aufbauen können, hat die Gemeinde ein Problem.

Jesus sammelte als Rabbi Jüngerinnen und Jünger um sich. Paulus leitete eine Vielzahl von Menschen an, und auch der Epheserbrief geht von einem derartigen Anleitungsprinzip – man könnte auch sagen: Jüngerschaftsmodell – aus. Es gibt nämlich kaum ein geeigneteres Mittel, in einem Bereich des eigenen Lebens Fortschritte zu machen, als wenn man sich für eine gewisse Zeit einen persönlichen Coach oder eine Mentorin sucht. Das gilt auch für das geistliche Leben. Natürlich muss eine solche Begleitung sehr verantwortlich gestaltet werden, dass es nicht zu Abhängigkeiten kommt. Doch in kaum einem Bereich unseres Lebens können wir Meisterschaft auf autodidaktischem Wege erreichen. Es ist darum kein Zeichen besonderer Mündigkeit, wenn jemand keine Anleitung in Anspruch nimmt. Im Gegenteil: Wer sich niemals anleiten lässt, wird große Mühe haben, jemals geistliche Reife zu erlangen. Anleitung darf niemals in Abhängigkeit führen. Das ist wichtig. Am abhängigsten allerdings bleiben die, die sich nichts beibringen lassen. Das neutestamentliche Wort für „Jünger/in" (mathetes) bedeutet so viel wie „Schüler/in". Gemeinden sollten so etwas wie „Jüngerschaftsschulen" sein, in denen Menschen sich gegenseitig helfen, das Evangelium mehr und mehr zu erkennen und in die eigene Lebenspraxis umzusetzen. Hauptberuflich Tätige spielen eine Schlüsselrolle, wenn es darum geht, in der Gemeinde ein System wechselseitiger geistlicher Begleitung aufzubauen, in dem Menschen einander im Bereich ihrer jeweiligen Kompetenz anleiten und begleiten, bis diese selbst mehr oder minder zu „Fachleuten" auf diesem Gebiet geworden und im Idealfall sogar selbst in der Lage sind, andere Menschen anzuleiten und zu begleiten.

NACH-DENKEN

Ehrenamtliche Mitarbeit ist nicht Gottes „Plan B" in finanzschwachen Zeiten, sondern war von Anfang an Gottes „Plan A". Menschen zur Mitarbeit aufzurufen ist Seelsorge pur! Menschen nicht zu dem Platz zu verhelfen, an dem sie ihre Gaben ausüben können, ist hingegen unterlassene Hilfeleistung.

FRAGEN

» Wie sind Sie zum Glauben gekommen: durch Predigt, durch „Beziehungsarbeit" oder durch beides?
» Ist „geistliche Reife" für Sie ein erstrebenswertes Ziel?
» Wieso ist der aktive Umgang mit der Bibel für einen Christen oder eine Christin so wichtig?
» Was haben Sie selbst davon, wenn Sie Ihre Gaben im Rahmen des allgemeinen Priestertums in die Gemeinde und darüber hinaus einbringen?
» Leiten Sie jemanden auf geistlichem Gebiet an? Lassen Sie sich anleiten? Wenn nein: Wäre beides eine Option für Sie?

ANREGUNG ZUM GEBET

Geistliche Reife
Gehen Sie im Gebet noch einmal die genannten drei Vorschläge durch, geistliche Reife zu erlangen: (1.) Den regelmäßigen Umgang mit der Heiligen Schrift, (2.) die aktive Mitarbeit am Reich Gottes und (3.) das Sich-Anleiten-Lassen durch andere Christinnen und Christen. Fragen Sie Gott, welchen der drei Punkte Sie vielleicht stärker in Ihr Leben integrieren könnten. Nehmen Sie sich etwas Zeit, auf Antwort zu lauschen.

MERKVERS

Dienet einander, ein jeder mit der Gabe, die er empfangen hat, als die guten Haushalter der mancherlei Gnade Gottes.
1. Petrusbrief 4, 10

Tag 33 / **Das gemeindliche Ziel**

MUSIK

Wer fühlen will, muss hören. Wie wir uns das mit der Kirche vorstellen können, wird im ersten Petrusbrief sehr anschaulich beschrieben. Da erklärt der Autor nämlich, Gott baue sein Haus aus „lebendigen Steinen“ – also aus den Menschen. Dieses großartige Bild hat uns zum Lied dieser Woche inspiriert. Mit dem Titel „Du baust dein Haus aus lebendigen Steinen“ (Track 5) können Sie diese Vorstellung beschwingt weiterträumen.

Du baust dein Haus aus lebendigen Steinen,
das ist die Kirche, wie sie dir gefällt:
Wenn sich Menschen im Glauben vereinen –
als Zeichen der Hoffnung für uns're Welt.

EPHESER 4, 15-16

Lasst uns aber wahrhaftig sein in der Liebe und wachsen in allen Stücken zu dem hin, der das Haupt ist, Christus. Von ihm aus gestaltet der ganze Leib sein Wachstum, der zusammengefügt und gefestigt ist durch jede Verbindung, die mit der Kraft nährt, die jedem Glied zugemessen ist.

Die Reformation liegt nicht hinter, sondern vor uns

Martin Luther und die Seinen waren davon überzeugt, dass die Reformation ein niemals abgeschlossenes Projekt ist. *„Ecclesia semper reformanda"* heißt das auf Latein: die Kirche ist *immer* zu reformieren. Das heißt: Die Reformation hat nicht im sechzehnten Jahrhundert stattgefunden, sondern ist eine Daueraufgabe der evangelischen Kirche. Für viele bedeutet „Kirche der Reformation" leider, an den Formen und Strukturen festzuhalten, die Martin Luther und die Seinen damals eingeführt haben. Entsprechend sehen unsere „Reformationsfeste" aus: sehr traditionell, sehr vergangenheitsbewusst, sehr rückwärtsgewandt. Eigentlich ist das eine Ironie. Statt das *Gleiche* zu tun, was die Reformatorinnen und Reformatoren damals taten: nämlich eine neue Sprache zu finden, neue Formen zu entwickeln, eine neue Musik zu schaffen etc., tun wir *dasselbe* wie sie: Wir konservieren die Luthersprache, singen Lieder aus vergangenen Jahrhunderten und halten an äußeren Formen fest, die heute nur noch einen kleinen Insiderkreis erreichen. Doch reformatorisch sind wir nicht dann, wenn wir die Werke der Reformatoren beibehalten, sondern nur, wenn wir sie weiter vorantreiben.

Die evangelische Kirche ist in einem unablässigen Prozess der Selbsthinterfragung befangen: Erreichen wir die Menschen heute noch? Das Evangelium verändert sich nicht, wohl aber die Art und Weise, wie Menschen es verstehen und darum auch die Art, wie wir als Kirche darauf eingehen und welche äußere Gestalt wir dem geben: welche Sprache wir verwenden, wie unsere Gottesdienste aussehen, welche Struktur wir unseren Gemeinden geben etc. Das Haus der Kirche ist in einem ständigen Umbau begriffen. Die doppelte Blickrichtung ist dabei wichtig. Erstens: Ist das, was wir tun, biblisch fundiert? Und zweitens: Ist es auf der Höhe der Zeit? Denn Stillstand ist auch auf geistlichem Gebiet Rückschritt. Wir leben in einer sich ständig wandelnden Welt. Wenn wir als Kirche da einfach stehen bleiben, entfernen wir uns von all jenen Menschen, die den Wandel der Zeit mitmachen. Zurück bleiben dann nur die, die sich der neuen Zeit gegenüber verschließen. Auch um die muss man sich kümmern. Aber wir haben auch einen Auftrag an den vielen anderen. Die Tatsache, dass das Evangelium ewig ist, bedeutet nicht, dass es immer nur im gleichen, alten Gewand daherkommen darf. Die Zeit ist im Fluss. Die Menschen verändern sich. Und weil uns diese Menschen wichtig sind, ist in der evangelischen Kirche nichts so beständig wie der Wandel.

Freilich habe ich in den letzten 20 Jahren eine erstaunliche Erfahrung gemacht. Immer dann, wenn man mit Leuten darüber nachdenken will, wie sie ihre Gemeindearbeit sinnvoll planen und umgestalten könnten, ist auf einmal die Rede vom „Heiligen Geist". Reformation damals war ja prima. Aber Reformation heute – das ist verpönt! „Das sollten wir doch lieber dem Heiligen Geist überlassen", ertönt es dann reflexhaft. Hat uns nicht gerade die Reformation gelehrt, dass die „Werke" des Menschen geradezu schädlich sind, wenn es darum geht, Gott wirken zu lassen? Doch genau hier stimmen die Dinge theologisch nicht mehr. Denn das Heil wird uns geschenkt, aber was wir darauf aufbauen, liegt ein gehöriges Stück an uns selbst (vgl. 1. Korinther 3,11-15). Wir können sehr wohl etwas dazu beitragen, wie viel Platz wir Gott in unserem Leben einräumen. Wir können ethisch handeln oder es bleiben lassen. Wir können ein geistliches Leben kultivieren – oder eben auch nicht. „Der Heilige Geist ist ein Gentleman", sagt C.S. Lewis. Er drängt sich uns nicht auf, sondern wirkt nur dort, wo man ihn einlässt. Der Heilige Geist ist ein Geist der Synergie: ein Geist des Zusammenwirkens zwischen Gott und Mensch, das es in der Frage des Heils tatsächlich nicht gibt. Wohl aber in Fragen der Gestaltung des eigenen und auch des gemeindlichen Lebens.

Gemeinden entwickeln sich nicht von selbst. Es ist schlicht und ergreifend frommer Trug, wenn wir meinen, man müsse nur Sonntag für Sonntag die vorgeschlagenen Predigttexte auslegen, dann ergebe sich in der Gemeinde daraus alles andere von selbst. Genauso gut kann man auf einen Acker schauen, die Hände in den Schoß legen und fromm darauf warten, was der Heilige Geist da wachsen lässt. Einen Bauern oder Kleingärtner, der das täte, würden wir wahrscheinlich nicht „fromm" nennen, sondern eher „töricht". Jeder Bauer weiß, dass er nicht eine einzige Pflanze oder Frucht herstellen oder machen kann. Er *baut* keine Kartoffeln, aber er baut einen Kartoffelacker *an*. Dieser Unterschied ist wichtig. Da ist etwas, was er nicht in der eigenen Hand hat: nämlich die Frucht. Auf der anderen Seite gibt es viele Dinge, die sehr wohl in seiner Hand liegen und die davon abhängig sind, wie fleißig und geschickt er ist, wie gut er die Regeln der Kunst beherrscht etc. Eine gute Ernte ist Gnade und Arbeit zugleich.

Das Gleiche gilt auch für die „Ernte" einer Gemeinde. Wir sollten es in dieser Hinsicht mit dem berühmten Satz Martin Luthers halten: *„Bete so, als ob alles Handeln nichts nützt. Handle so, als ob alles Beten nichts nützt."* Es gibt bei der Entwicklung einer Gemeinde Dinge, die Gott tut, und es gibt Dinge, die wir tun müssen. Eine Gemeinde ist kein Fertighaus, das man nach einer Mustervorlage aufbauen kann. Dennoch tun wir gut daran, nach Gesetzmäßigkeiten und Erfahrungswerten zu fragen, die beim Aufbau einer Gemeinde förderlich sind. Wir würden ja auch kein Haus bauen, ohne uns über Statik, geeignete Materialien u.ä. zu informieren. Wenn es um das Haus Gottes geht, sollten wir genauso gewissenhaft sein.

Die Urgestalt der christlichen Gemeinde neu beleben

Wenn man die Struktur der heutigen Gemeinden mit der der Gemeinden des Neuen Testaments vergleicht, fällt einem der signifikante Bedeutungsverlust auf, den die Hausgemeinschaften seither erfahren haben. Wir identifizieren das Wort „Kirche" heute meist mit großen Gebäuden. Dabei vergessen wir oft, dass solche Kirchen erst ab dem vierten Jahrhundert gebaut wurden. Salopp gesagt: Die Kirche gab es schon lange, bevor irgendjemand auf die Idee kam, Kirchen zu bauen. Vorher traf man sich in Privathäusern. Und wenn eine Gemeinde sehr groß war, trafen sich die Mitglieder der verschiedenen Hausgemeinden zu gemeinsamen Feiern und Versammlungen auf öffentlichen Plätzen. Aber die entscheidende Sozialform der Gemeinde war die Hausgemeinschaft. Hier tauschte man sich aus, unterstützte sich gegenseitig, lud Freunde und Bekannte ein, teilte Glauben und Leben miteinander.

Die Urgemeinde war also wie eine Ellipse aufgebaut, die nicht nur einen, sondern zwei Mittelpunkte besitzt: die Hausgemeinschaft und die gottesdienstliche Versammlung. Die Hausgemeinschaft war dabei die Urform. Eine, die auch eine enorme missionarische Kraft entwickelte. Wir sollten deshalb niemals vergessen, dass der Gottesdienst aus der Hausgemeinschaft heraus erwuchs und nicht umgekehrt. Erst als im vierten Jahrhundert große Kirchen gebaut wurden, galt plötzlich nur noch der dortige Gottesdienst als Mittelpunkt des gemeindlichen Lebens. Aus der vormaligen Ellipse mit zwei Brennpunkten war ein Kreis mit einem Zentrum geworden. Und so ist es bis heute geblieben: Nahezu jede Gemeinde hat heute eine Kirche, in der Gottesdienst gefeiert wird. Hausgemeinschaften hingegen sind eine Ausnahme und wirken inmitten des volkskirchlichen Gefüges eher exotisch als integriert.

Dabei ist die Sozialform der Hausgemeinschaft eigentlich unersetzlich. Ein altes Sprichwort sagt: „Es braucht ein Dorf, um ein Kind zu erziehen." In Abwandlung dieses Satzes könnte man sagen: „Es braucht eine Hausgemeinschaft, damit Menschen ihr volles Potenzial als Christinnen und Christen entfalten können." Selbst wenn in einer Gemeinde Sonntag für Sonntag die bestmöglichen aller Gottesdienste gefeiert werden, lässt sich dadurch nicht ansatzweise ersetzen, was in kleinen Gruppen passiert, die sich regelmäßig zum Bibellesen, Beten und Leben teilen treffen. Dort nämlich können Menschen ihre ureigenen Fragen stellen und ihre persönlichen Anliegen einbringen. Sie lernen, die großen Gedanken der christlichen Lehre in die kleine Münze des Alltagslebens umzusetzen, sie werden zusehends sprachfähig in Belangen des Glaubens, sie lernen zu beten (was man sich schlechterdings nicht selbst beibringen kann), und vor allem sind sie integriert in eine Gemeinschaft, die sie in guten wie in schlechten Zeiten trägt. All das kann und will der Gottesdienst so nicht leisten. Gerade in Zeiten, in denen der soziale Zusammenhalt immer brüchiger wird, sind derartige Hausgemeinschaften so notwendig wie nie. Wer meint, er könne für sich alleine nachhaltig glauben, lieben und hoffen, sitzt einer frommen Illusion auf, die sich spätestens dann in Luft auflösen wird, wenn die Stürme des Lebens über ihn herein brechen.

Mir geht es nicht darum, unsere Gottesdienste durch Hauskreise oder ähnliche Kleingruppen zu ersetzen. Ich glaube, dass beides miteinander Hand in Hand geht. Und dass unser gottesdienstliches Leben in Deutschland auch deswegen stagniert, weil wir kein korrespondierendes System an Kleingruppen haben. Ich habe in den letzten 25 Jahren die Beobachtung gemacht: Die meisten Gemeinden mit einem hohen Gottesdienstbesuch haben auch ein florierendes System von Hauskreisen. Beides befruchtet sich offensichtlich gegenseitig. Deshalb glaube ich an das elliptische Modell der christlichen Gemeinde: die gemeinsame Feier der Liebe Gottes im Gottesdienst und das Reifen zu mündigen Christen und Christinnen in kleinen Gemeinschaften. Das müssen nicht unbedingt Hauskreise sein. Jede Gruppe in der Gemeinde, die ein Miteinander von Lieben, Lernen und Leben ermöglicht, hat das Potenzial, solch eine tragende Gemeinschaft zu werden: der Kindergottesdienstvorbereitungskreis, die Frauenhilfe, der Kirchenvorstand, der Gospelchor, das Organisationskomitee der Obdachlosentafel. Die Frage ist, ob sie das wollen: eine derart *ganzheitliche* Gemeinschaft sein. Mir ist völlig klar, dass es nie gelingen wird, in unserer volkskirchlichen Situation die komplette Gemeinde in Kleingruppen zu unterteilen. Auf der anderen Seite gelingt es uns ja auch nicht, mit unseren Gottesdiensten „alle" in der Gemeinde zu erreichen. Entscheidend ist: Es geht weniger darum, dass eine Gemeinde eine oder mehrere solcher Kleingruppen *hat*, sondern dass sie sich in ihrem Kern aus einem Netzwerk solcher Gruppen *zusammensetzt*. Dann wären wir dem, was das Neue Testament unter Gemeinde versteht, einen deutlichen Schritt näher gekommen.

Die drei Formen des Gottesdienstes

Im Jahr 1526 legte Martin Luther erstmals eine eigene deutsche Gottesdienstordnung vor: seine berühmte Deutsche Messe. In seiner Vorrede dazu unterscheidet er drei grundlegende Arten des Gottesdienstes. *Erstens* nennt Luther die Lateinische Messe, die er ausdrücklich beibehalten will. Freilich könne man nicht erwarten, dass alle Welt Latein lernte, um die Gottesdienste zu verstehen. Darum macht Luther den Vorschlag für eine *zweite* Form des Gottesdienstes: die „Deutsche Messe", ein nach damaligen Kategorien sprachlich, musikalisch und liturgisch einfach und verständlich gehaltenes Gottesdienstformat. Es solle „eine öffentliche Anreizung zum Glauben und zum Christentum" sein, denn es gäbe unter den Leuten viele, „die noch nicht glauben oder Christen sind." Die *dritte* Form des Gottesdienstes, die Luther anregt, ist aber die revolutionärste. Während die ersten beiden Formen des Gottesdienstes öffentlichen Charakter haben, läuft die dritte Form auf nichts anderes als auf die Feier von Gottesdiensten in kleinen, verbindlichen Gemeinschaften hinaus. Wir behaupten nicht zu viel, wenn wir sagen, dass Martin Luther damit eben jene Hausgemeinschaften im Blick hatte, die wir eben als „Urgestalt" der christlichen Gemeinde bezeichnet haben. In solchen Gottesdiensten sollten sich *„diejenigen, die mit Ernst Christen sein wollen ... etwa in einem Hause für sich allein versammeln zum Gebet, (die Schrift) zu lesen, zu taufen, das Sakrament zu empfangen und andere christliche Werke zu üben."* Leider hat Martin Luther es bei diesen wenigen Andeutungen belassen. *„Ich kann und mag eine solche Gemeinde oder Versammlung noch nicht ordnen oder anrichten. Denn ich habe noch nicht die Menschen und Personen dazu, ebenso sehe ich auch nicht viele, die sich dazu drängen."* Sollte es aber so weit kommen, würde er gerne eine Ordnung auch für diese Art des Gottesdienstes erstellen.

Aus der kurzen Vorrede Luthers zur Deutschen Messe wird deutlich: Luther bejaht eine Pluralität der Gottesdienstformate. Das heute in der Kirche so gerne hochgehaltene Ideal, dass es nur *einen* Gottesdienst für alle geben dürfe, ist ihm völlig fremd. Ausdrücklich verwehrt sich Luther auch gegen den Gedanken, die von ihm entwickelte Deutsche Messe auch für andere Orte verpflichtend vorzuschreiben: *„Es ist nicht meine Meinung, dass das ganze deutsche Land gleichmäßig unsere Wittenbergische Ordnung annehmen müsse."* Überhaupt ist Luther sehr zurückhaltend, was die Verbindlichkeit von Gottesdienstordnungen betrifft. Schon gar nicht darf man die Gottesdienstordnung zu etwas so Heiligem erheben, dass bei jeder Änderung gleich die evangelische Identität auf dem Spiel steht: *„Deshalb sind die katholischen*

Gottesdienste so verdammenswert, dass sie Gesetze, Werk und Verdienst draus gemacht und damit den Glauben unterdrückt haben. ... Sie kleben selbst dran und halten sie als ... nötig zur Seligkeit. Das ist der Teufel. Auf diese Weise haben die Alten die Gottesdienste nicht geordnet noch eingesetzt.“

Was Luther mit der zweiten Art von Gottesdienst vorschwebte, würde man heute als „alternativen“ Gottesdienst bezeichnen, insofern er eine neue Form neben den klassischen Gottesdienst stellte. Dieser Gottesdienst war „missionarisch“, weil er Menschen „zum Glauben reizen“ sollte. Er war „zielgruppenorientiert“, indem er sich an „die Einfältigen und die Jugend“ richtete, also an Menschen, denen der christliche Glaube und die herkömmlichen Formen, den Glauben im Gottesdienst zu vermitteln, eher fern lagen. Und er war zweifellos „modern“, insofern er in der Sprache der Menschen damals gehalten wurde und Luther eigens Lieder dafür komponierte, die dem aktuellen Musikgeschmack entsprachen. Wenn man bedenkt, mit wie viel Mühe in den letzten 20 Jahren derartige alternative Gottesdienste in einzelnen Gemeinden etabliert wurden und wie stark sie teilweise immer noch unter Rechtfertigungsdruck stehen, ist es schon erstaunlich, so etwas ausgerechnet bei dem Mann zu lesen, in dessen Namen man sich heute oft gegen solche neuen Gottesdienstformen wehrt.

Heute haben sich die Verhältnisse im Vergleich zu den Zeiten Martin Luthers dergestalt verschoben, dass das, was damals die „Lateinische Messe“ war, heute der hochliturgische, „lutherische“ Gottesdienst ist: ein Gottesdienst für gebildete Menschen, die mit dieser Art von Liturgie und Formen vertraut sind. Der Anteil solcher Menschen an unserer Bevölkerung ist heute allerdings nur noch klein, und allen soziologischen Studien zufolge wird er weiter abnehmen. Längst wäre es an der Zeit, für die breite Masse eine neue „zweite Form des Gottesdienstes“ zu entwickeln. Diese Gottesdienste müssten in der Tat von Ort zu Ort unterschiedlich aussehen: je nachdem, was für Menschen dort wohnen, welche Fragen sie bewegen und welche kulturellen Präferenzen sie aufweisen. All dies können wir als Kirche nicht einfach ignorieren, wenn wir uns wirklich als „Volkskirche“ begreifen und nicht nur für einige liturgische „Kennerinnen und Kenner“ da sein wollen. Unterschiedliche Gottesdienstformate sind das Gebot der Stunde.

Zu guter Letzt: Wenn man Luther oder das Neue Testament ernst nimmt, kommt man nicht darum herum, Hauskreisen und ähnlichen Kleingruppen auch das *Gottesdienstrecht* zuzusprechen. Und zwar inklusive der Sakramentsverwaltung, insbesondere der Feier des Abendmahls. So sinnvoll es ist, dass es in Bezug auf Taufe und Abendmahl Ordnungen und Regelungen in der Gemeinde gibt, kann das nicht bedeuten, dass die Sakramente nur noch von Pfarrerinnen und Pfarrern ausgeteilt werden dürfen. Die Gemeinde sollte regeln, wer das darüber hinaus noch darf. Aber: Im Neuen Testament hat alles in den Häusern begonnen, und wir sollten es nicht verhindern, sondern fördern, wenn die Gemeinde dorthin zurückkehren will.

NACH-DENKEN

Der Gottesdienst der ersten Christenheit erwuchs aus der Hausgemeinschaft und nicht umgekehrt.

FRAGEN

- Welchen Begriff bevorzugen Sie für sich selbst: „Gemeindeaufbau" oder „Gemeindeentwicklung"?
- Wieso ist „Reformation" eine Daueraufgabe der evangelischen Kirche?
- Was ist der Vorteil einer Kleingruppe bzw. Hausgemeinschaft gegenüber dem Gottesdienst?
- Was hingegen kann ein Gottesdienst bieten, was in einer Kleingruppe nicht möglich ist?
- Welche Ihnen bekannte Form von „alternativem" Gottesdienst würden Sie gerne gefördert sehen?

ANREGUNG ZUM GEBET

Beten und Handeln

„Bete so, als ob alles Handeln nichts nützt. Handle so, als ob alles Beten nichts nützt." Haben Sie vor, heute kräftig zu handeln? – Dann nehmen Sie sich jetzt etwas Zeit, dafür ebenso kräftig zu beten. Oder hatten Sie vor, für etwas nachdrücklich zu beten? – Super! Aber bitte überlegen Sie, wie Sie in dieser Sache wenigstens zu einem Teil der Antwort Gottes auf Ihr Gebet werden können.

MERKVERS

Und sie waren täglich einmütig beieinander im Tempel und brachen das Brot hier und dort in den Häusern, hielten die Mahlzeiten mit Freude und lauterem Herzen und lobten Gott und fanden Wohlwollen beim ganzen Volk. Der Herr aber fügte täglich zur Gemeinde hinzu, die gerettet wurden.

Apostelgeschichte 2, 46-47

Tag 34 / **Das globale Ziel: Wachstum nach außen**

WOHLFÜHLINSPIRATION

„Geteiltes Leid ist halbes Leid, geteilte Freude ist doppelte Freude."

Unsere letzte Anregung mag auf den ersten Blick etwas ungewöhnlich daher kommen – eher wie ein Anspruch, denn wie eine „Wohlfühlinspiration". Aber seien Sie versichert, Sie werden sich am Schluss wohlfühlen, wenn Sie sich auf das Abenteuer einer Begegnung mit Menschen einlassen, die Sie in dieser Form bisher noch nie gewagt haben – auch wenn Sie zu Beginn manches Unbehagen und manche Unsicherheit begleiten.

Teilen Sie Ihre Freude: Laden Sie einen Menschen ein, z.B. auf eine Tasse Kaffee und ein Stück Kuchen, zu sich nach Hause oder wenn Ihnen das zu persönlich erscheint, in ein Cafe in Ihrer Stadt. Und machen Sie das ganz klassisch, mit einer handgeschriebenen Karte oder einem kleinen Brief. Wählen Sie eine Person in Ihrer Kirchengemeinde, die Sie bisher noch gar nicht näher kennen und freuen Sie sich auf ein interessantes Gespräch, über Gott und die Welt.

Teilen Sie Leid: Nehmen Sie sich einmal einen Tag Zeit, um Menschen in Not zu helfen oder, falls Sie das schon tun, um einen ganz neuen Bereich kennen zu lernen, der Ihnen bisher verborgen war. Fragen Sie z.B. in einer Obdachlosen- oder Flüchtlingsinitiative in Ihrer Nähe, wo und wie Sie ganz persönlich einen Beitrag dazu leisten können, das Leid anderer Menschen zu teilen. Erleben Sie, wie Sie eine solche Begegnung verändert und es Sie ganz neu inspiriert, wenn Sie sich „im Namen Gottes schützend zwischen die Menschen und das Böse in der Welt stellen".

EPHESER 4, 16

… sodass er sich selbst aufbaut in der Liebe.

Ist „Gemeindewachstum" ein sinnvolles Ziel?

Kann eine Gemeinde oder Kirche „wachsen", wie es unser Text sagt? Nun, der weit überwiegende Teil der protestantischen Kirchen weltweit würde sofort antworten: „Ja!". Weil die meisten evangelischen Gemeinden nicht parochial – also nach festen Bezirken – aufgebaut sind, sondern sich nach dem Prinzip von Personalgemeinden organisieren. Das heißt: Man sucht sich die Gemeinde aus, zu der man gehören möchte. Innerhalb solcher Strukturen lässt sich gut bestimmen, ob eine Gemeinde wächst, schrumpft oder stagniert. Entsprechend gibt es weltweit eine ausgeprägte Gemeindewachstumsforschung, die zu erfassen versucht, welche Rahmenbedingungen das Wachstum einer Gemeinde in besonderer Weise begünstigen – und welche es „erfolgreich" verhindern.

Als jemand, der sich mit diesen Forschungen intensiv auseinandergesetzt hat, spürte ich schon recht bald die Irritation, die von dem Begriff „Gemeindewachstum" hierzulande ausgeht. Die Kirche in Deutschland ist nun mal parochial aufgestellt. Zudem gehören bei uns immer noch fast zwei Drittel der Bevölkerung einer der beiden Großkirchen an. Welchen Sinn hat da die Rede von „Gemeindewachstum"? Die Erfahrung zeigt auch, dass bei uns das „Wachstum" einer Gemeinde oftmals auf Kosten anderer Gemeinden erfolgt. Doch selbst wenn aufgrund von missionarischen Aktivitäten neue, vorher kirchenferne Menschen zu einer Gemeinde hinzustoßen, fällt das anlässlich von Gemeindegrößen von mehreren tausend Mitgliedern statistisch kaum ins Gewicht.

Freilich arbeiten zwei starke Trends gegen jede Wachstumsbemühung. Da ist zum einen die *demographische Entwicklung*: Wir haben schon seit Jahrzehnten deutlich mehr Beerdigungen als Taufen zu verzeichnen. Das andere ist der *gesamtgesellschaftliche Trend der Säkularisierung* (Entkirchlichung). Dieser führt dazu, dass seit langem jährlich rund 200.000 Menschen aus der evangelischen Kirche austreten. Hier ernsthaft ein Wachstum der evangelischen Kirche als Ganzes zu erwarten, scheint schlicht eine fromme Illusion zu sein. Darum wirkt das Wort „wachsen" hierzulande wie ein Reizwort, das gleichzeitig einen ungeheuren Druck auf Gemeinden wie auf Pfarrpersonen und andere Hauptamtliche ausübt.

Die Herausforderung der evangelischen Kirche in Deutschland ist eine ganz andere. Wir müssen lernen, gelassen zu schrumpfen. Wobei „gelassen" nicht bedeutet, dass einem die Kirchenaustritte egal sind. Hinter jedem dieser Austritte steht ein Mensch, bei dem es der Kirche nicht gelungen ist, ihn nachhaltig in ihre Gemeinschaft einzubinden. Wir tun gut daran, um jeden dieser Menschen zu trauern. Gelassen sein sollten wir trotzdem, was das Schicksal unserer Kirche angeht. Die ist in Gottes Hand – ganz gleich, ob sie wächst oder schrumpft. Um die Kirche brauchen wir keine Angst zu haben. Unsere Sorge sollte allerdings den vielen Menschen gelten, die wir nicht mehr erreichen, wir sollten viel Liebe, Fantasie und Mühe darauf verwenden, sie zurückzugewinnen. Selbst wenn sich das statistisch nicht groß niederschlagen wird. Statt der häufig gestellten Frage: „Was wird aus uns?“, sollten wir lieber die andere stellen: „Was wird aus den Menschen um uns herum?“ Ich bin davon überzeugt: Wenn wir uns um die Menschen um uns herum liebevoll kümmern, wird Gott uns auch als Kirche nicht verkümmern lassen.

Bleibt die Frage, wie wir mit unserem heutigen Text umgehen, der ja eindeutig vom Wachstum der christlichen Gemeinde redet. Auch an anderen Stellen geht das Neue Testament immer wieder davon aus, dass die Gemeinde Jesu Christi wächst. Nicht immer und überall – von Misserfolgen und Rückschlägen weiß die Bibel durchaus auch zu berichten –, aber doch signifikant häufig und unaufhaltsam. Vielleicht hilft hier eine Unterscheidung, die Martin Luther damals vorgenommen hat.

Sichtbare und verborgene Kirche

In seiner Schrift „Vom Papsttum zu Rom“ von 1520 differenziert Martin Luther zwischen zwei Kirchen, nämlich der „geistlichen, innerlichen“ und der „leiblichen, äußerlichen“ Christenheit. Beides ist zwar nicht voneinander zu trennen, wohl aber zu unterscheiden. Wir denken bei dem Wort „Kirche“ ja meist an Gebäude, Gottesdienste, Amtsträger/innen, Gemeinden, Synoden, Sozialdienste und öffentliche Verlautbarungen. So sehr all das dazugehört, es „ist“ nicht die Kirche. Es gibt einen deutlichen Unterschied zwischen dem, was man äußerlich wahrnehmen kann und allseits „Kirche“ nennt, und dem, was die Kirche in ihrem innersten Wesen ausmacht. Das eine ist sozusagen eingehüllt in das andere. *„Gott will die Welt nicht wissen lassen, wenn er bei seiner Braut schläft“* (Martin Luther, eigene Übertragung). Die äußere Sozialgestalt der Kirche ist nicht identisch mit ihrem inneren Kern.

Im 16. Jahrhundert drängte sich diese Erkenntnis noch viel mehr auf als heute: Die sichtbare römische Kirche mit ihrem Glanz und Prunk auf der einen und ihrer brutalen Ausübung von Macht und Gewalt auf der anderen

Seite ließ Luther nur aussprechen, was damals alle dachten: „Das ist nicht die wahre Kirche!" Auch wenn die Dinge heute bei Weitem nicht mehr so schlimm sind wie damals, ist Kirche im eigentlichen Sinne auch weiterhin Glaubensgegenstand. Nicht umsonst heißt es im Credo: „Ich glaube an die heilige christliche Kirche." Das, was Kirche im Tiefsten und Letzten ausmacht, ist nicht mit bloßem Auge zu erkennen. Freilich ist diese eigentliche Kirche nicht „unsichtbar". An diesem Punkt hat Martin Luther im Lauf der Zeit seinen Sprachgebrauch korrigiert und redete später lieber von der „verborgenen" statt von der „unsichtbaren" Kirche. Denn es ist sehr wohl sichtbar, wenn Christinnen und Christen sich treffen, um miteinander Gottes Wort zu hören, zu beten oder Abendmahl zu feiern. Und doch ist dieser innere Kern der Kirche verwoben mit allerlei Menschlichem, oftmals allzu Menschlichem. Es wird nie eine vollkommene Kirche geben, die nicht eingehüllt wäre in solch eine äußere, fehlbare Gestalt. Diese Unterscheidung zwischen der sichtbaren und der verborgenen Kirche ist eminent wichtig. Sie bewahrt die Kirche nämlich davor, sich selbst zu überschätzen, und macht so etwas wie Selbstkritik theologisch überhaupt erst möglich.

Kirche ist nicht gleich Kirche. Und weil dem so ist, kann es durchaus sein, dass die eine – nämlich die äußere – Kirche kränkelt, während die andere, innere Kirche gesundet. Um hier nicht missverstanden zu werden: Der fortschreitende Rückgang von Mitgliederzahlen und Gottesdienstbesuch ist keineswegs automatisch ein „Gesundschrumpfen". Zunächst einmal ist er ein Krankheitssymptom: Die Volkskirche erreicht ihre Mitglieder nicht mehr. Und doch kann genau dieser Prozess dazu führen, dass die Kirche beginnt, sich auf das zu konzentrieren, was ihr wesentlich ist. Er könnte tatsächlich bewirken, dass die „innere Kirche" wieder beginnt zu wachsen, obwohl die äußere Kirche weiterhin schrumpft. Es wäre allerdings ein Selbstbetrug, sich über zurückgehende Mitgliederzahlen mit den Worten hinwegzutrösten: „Aber die innere Kirche wächst!" Dann müsste man schon belegen, woran man das festmachen möchte.

Ich weiß, dass ich mich mit diesen Zeilen auf dünnem Eis bewege. Die Rede davon, dass manche Gemeinden eine „gesunde" oder „vitale" Entwicklung durchlaufen, impliziert, dass es Gemeinden gibt, die dies nicht tun. Dass dies manche als massive Abwertung ihrer Arbeit empfinden, ist verständlich. Letztlich kann niemand außer Gott beurteilen, wie es um die geistliche Qualität einer Gemeinde bestellt ist. Doch irgendetwas in mir weigert sich zu glauben, dass unsere Kirchen von kaum mehr zwei Prozent unserer Mitglieder besucht werden, weil die Qualität unserer Angebote so hoch ist. Ich will gar nicht infrage stellen, dass viele unserer Angebote oft sehr hochwertig sind. Aber offensichtlich planen wir unsere gemeindlichen Aktivitäten oft völlig an unseren Mitgliedern vorbei. Mir ist durchaus bewusst, dass lebendiges Christsein sich keineswegs nur in kerngemeindlichen Angeboten erschöpft. Aber davon auszugehen, dass Menschen, die niemals im Gottesdienst auftauchen und die sich nirgends am Gemeindeleben beteiligen, stattdessen ihre eigene Form von Christentum gefunden hätten, halte ich für Selbsttäuschung. Für sehr viel wahrscheinlicher halte ich es, dass sie von dem, was Christsein ausmacht und was Jesus Christus für ihr Leben bedeuten könnte, keine Ahnung haben und in der Gemeinde nicht viel Aufregendes passiert, was sie darauf neugierig machen könnte.

Faktoren für gemeindliche Qualität

Mir begegnet häufig der Satz: „Qualität kann man ohnehin nicht messen – schon gar nicht in der Kirche." Ich persönlich glaube das nicht. Wahr ist, dass man Qualitäten anders misst als Quantitäten. Zweifellos geht es in der Kirche um immaterielle Dinge, die man nicht einfach zählen oder wiegen kann. Doch es gibt viele Bereiche im Leben, bei denen es um derartige Ziele geht und bei denen man trotzdem Qualitätsmessungen vornimmt. In der *Medizin* geht es beispielsweise um „Gesundheit". Kein Mensch kann diesen Begriff erschöpfend definieren. Trotzdem kann man die Qualität eines Krankenhauses anhand ganz bestimmter Faktoren wie Hygiene, Krankheitsdauer, Heilungserfolge etc. messen. Auch das große Ziel *Bildung* ist nicht greifbar. Dennoch hat beispielsweise die Pisa-Studie gezeigt, dass es an der Qualität des Bildungswesens in Deutschland noch viel zu verbessern gibt. Die Kirche steht also keineswegs alleine da mit ihrem immateriellen Anliegen, Glaube, Liebe und Hoffnung in den Menschen zur Blüte zu bringen. Und auch wir können durchaus prüfen, ob wir uns unserem Ziel annähern oder uns sogar davon entfernen.

Qualitäten misst man anhand von sogenannten *Indikatoren*: Anzeichen, an denen wir bestimmte Zustände ablesen können. Dabei ist ein einziger Indikator nur wenig aussagefähig. In der Praxis genügen aber meist vier gut ausgesuchte Faktoren, um ordentliche Aussagen über die qualitative Entwicklung des zu beobachtenden Gegenstands zu ermöglichen. Man nennt solch ein Messsystem, das die Qualität einer Sache anhand von mehreren Indikatoren misst, eine „Balanced Scorecard" (= ausbalancierte Wertetafel). Wichtig ist in der Qualitätsentwicklung, dass Fortschritte nicht nur auf *einem* Gebiet erzielt werden, weil das oft zulasten anderer Indikatoren geht. Was nützt es zum Beispiel, wenn der Gottesdienstbesuch in einer Gemeinde steigt, die Mitarbeitenden aber ausbrennen? Darum ist es wichtig, bei der Qualitätsmessung immer mehrere Werte gleichzeitig im Blick zu behalten. Ich schlage vor, für die Qualität der Gemeindearbeit folgende vier Qualitätsmerkmale zugrunde zu legen. (Wenn Sie diese nicht überzeugen, können Sie gerne andere Faktoren zugrundelegen, die Idee bleibt die gleiche):

Leidenschaftliche Spiritualität: In jeder Gemeinde sprechen Menschen Gebete, singen Loblieder, lesen in der Bibel, feiern das Abendmahl usw. Doch geschieht das mit einem sehr unterschiedlichen Grad an innerem Engagement. Und manchmal ist das „Feiern" so trocken, dass man das Gefühl hat: Dem Sonntagsgottesdienst korrespondiert kein Alltagsgottesdienst. Daran könnte man leidenschaftliche Spiritualität in einer Gemeinde messen: Ob die Menschen auch für sich zuhause beten und in der Bibel lesen. Ob die Lieder, die sie im Gottesdienst singen, auch in den Gruppen gesungen werden. Und ob die Menschen auch über das Abendmahl im Gottesdienst hinaus Tischgemeinschaft miteinander pflegen etc.

Liebevoller Umgang untereinander: Der Vers, den wir über unseren heutigen Tag gestellt haben, lässt keinen Zweifel daran, dass sich der Leib Christi – also die christliche Gemeinde – „in Liebe" aufbaut. Das sollte sich nicht nur in unserer Verkündigung niederschlagen, sondern auch in dem, wie wir in der Gemeinde miteinander umgehen. Und auch wenn man Liebe nicht mit einem einzigen Faktor messen kann, lassen sich doch ebenfalls Indikatoren benennen: etwa die Gastfreundschaft, die in der Gemeinde gepflegt wird, ob Menschen den Eindruck haben, dass sie wertgeschätzt werden, ob die Leute sich aufeinander freuen, ob Sachdifferenzen in wertschätzender Atmosphäre ausgetragen werden können, ob herzlich gelacht wird und ob die Menschen dort offen für Neue sind etc.

Engagement in Gemeinde und Gesellschaft: Hier sei an das erinnert, was wir am 30. Tag dieser Expedition gesagt haben: Wir alle sind durch unsere Taufe dazu berufen, uns bei den Menschen für Gott und bei Gott für die Menschen einzusetzen und uns im Namen Gottes schützend zwischen die Menschen und das Böse in der Welt zu stellen. Gottes Gnade will nicht nur bewirken, dass wir „in den Himmel kommen", sondern auch, dass wir diese Erde positiv verändern. Indikatoren dafür könnten sein, ob Christinnen und Christen ihren Glauben fröhlich und sachkundig bekennen, ob sie für andere Menschen beten, sich für sie aufopfern, ob sie sich innerhalb der Gemeinde engagieren bzw. sich in der Gesellschaft für Friede, Gerechtigkeit und Bewahrung der Schöpfung einsetzen etc.

Missionarische Ausstrahlung: Toleranz ist ein hohes Gut, und niemand sollte das Recht haben, anderen seinen Glauben überzustülpen. Doch auch wenn es in der Geschichte der Kirche solcherlei Verfehlungen leider immer wieder gegeben hat: Das ist nicht Mission. Mission bedeutet Fulbert Steffensky zufolge „zu zeigen, was man liebt". Oder, um es mit Jesus auszudrücken: „Wovon das Herz voll ist, davon redet der Mund" (Lukas 6,45 – Gute Nachricht Übersetzung). Wenn Menschen von ihrem Gott begeistert sind, erzählen sie ganz automatisch davon. Sie werden andere einladen in die Gemeinde, in der sie Gott erfahren haben. Sie werden davon Zeugnis ablegen, was ihnen selbst wichtig geworden ist. Sie werden ihnen nicht vorenthalten, was sie als Hilfe und Bereicherung im eigenen Leben erfahren haben.

Das Christentum hat als eine missionarische Bewegung begonnen, und das sollten wir auch heute sein. Wir brauchen den Menschen aber kein Defizit einzureden nach dem Motto: „Du bist Sünder, bei dir ist etwas nicht in Ordnung." Vielmehr sollten wir sie auf ihre Würde als Kinder Gottes ansprechen, auf die Gnade und Erfüllung, die sie bei Gott finden können, und auf das priesterliche Leben, zu dem sie berufen sind. Sehr wahrscheinlich wird es in einem solchen Dialog dazu kommen, dass auch wir selbst merken, dass uns noch einiges an diesem gotterfüllten Leben fehlt. Mission ist keine Einbahnstraße, und schon gar nicht geschieht sie von oben nach unten. Wir sind nicht die Besserwissenden, sondern ebenfalls Suchende und Tastende: Menschen, die unterwegs sind. Wir bezeugen, was wir von Christus erfahren haben, sind in diesem Prozess aber lernbereit und dankbar, etwas von unseren Gesprächspartnerinnen und -partnern annehmen zu können. Die Menschen haben die Kirche in Scharen verlassen. Zurückgewinnen lassen sie sich nur als Einzelne. Der gute Teil der Nachricht ist: Die Menschen sind auch heute durchaus bereit, sich auf Christus einzulassen, wenn sie spüren, dass wir bereit sind, uns auf sie einzulassen. Nur durch einen solchen, auf jede Persönlichkeit individuell eingehenden Prozess kann und wird die Kirche wachsen – innerlich wie äußerlich.

NACH-DENKEN

Statt der häufig gestellten Frage: „Was wird aus uns?", sollten wir lieber die andere stellen: „Was wird aus den Menschen um uns herum?"

FRAGEN

» Beunruhigt oder inspiriert Sie der Gedanke einer wachsenden Kirche?
» Was hätte es für Folgen, wenn wir statt der Frage „Was wird aus uns?", eher die andere stellen würden: „Was wird aus den Menschen um uns herum?"
» Wieso war es Luther so wichtig, einen Unterschied zwischen der äußerlich sichtbaren und der nicht unsichtbaren, wohl aber „verborgenen" Kirche zu machen?
» Wie würden Sie Qualität in einer Gemeinde messen?
» Wie kann ein missionarisches Handeln aussehen, das den Menschen Christus als den Sohn Gottes bezeugt und dennoch auf Augenhöhe mit ihnen bleibt?

ANREGUNG ZUM GEBET

Die „Balanced Scorecard" Ihrer Gemeinde
Fertigen Sie eine „Balanced Scorecard" Ihrer Gemeinde mit den vier Indikatoren an: „Leidenschaftliche Spiritualität" / „Liebevoller Umgang untereinander" / „Engagement in Gemeinde und Gesellschaft" / „Missionarische Ausstrahlung". Listen Sie für jeden Indikator konkrete Beispiele auf, wo Ihre Gemeinde stark ist und wo Sie sie schwach sehen. Wichtig ist, dass die vier Indikatoren sich einigermaßen im Gleichschritt entwickeln. Also schauen Sie sich am Schluss das Gesamtbild an: Wofür wollen Sie Gott danken? Und worum wollen Sie bitten?

MERKVERS

Es ist wie mit einem Senfkorn: Wenn das gesät wird aufs Land, so ist's das kleinste unter allen Samenkörnern auf Erden; und wenn es gesät ist, so geht es auf und wird größer als alle Kräuter und treibt große Zweige, sodass die Vögel unter dem Himmel unter seinem Schatten wohnen können.
Markus 4,31-32

Woche 6 / **Freiheit**

Angebot und Verpflichtung

Tag 35 / **Zur Freiheit befreit**

Wittenberg, 14. Juni 1525

An
Lucas Cranach

Lieber Lucas,

jetzt bin ich verheiratet. Unfassbar. Heute Morgen ... da wachte ich auf ... und auf einmal lag neben mir ... ja, neben mir ... ein Paar blonder Zöpfe auf dem Kissen. Zum ersten Mal in meinem Leben. Eine ziemlich ungewöhnliche Erfahrung. Zum Glück schläft Katharina noch ... und ich nutze die Zeit, um dir diese besorgten Zeilen zu schreiben.

Lucas, du bist nicht nur mein Freund, sondern seit gestern auch mein Trauzeuge – und ich bin der Patenonkel deiner Tochter Anna. Deshalb bitte ich dich ganz offen um deinen Rat. Wieder einmal. Denn ... ich weiß gar nicht, wie ich es ausdrücken soll ... als ich heute morgen dieses verschlafene Gesicht neben mir betrachtete, diese friedliche und sanfte Antlitz meiner Frau ... wie das klingt: meine Frau ... da durchfuhr es mich mit einem Mal: „Habe ich das Richtige getan?“

Ich habe dir ja schon mehrfach angedeutet, dass es keine inbrünstige Liebe war, die mich zu diesem gewagten Schritt getrieben hat. Um aufrichtig zu sein: Ich hatte ihn nicht einmal geplant. Jedenfalls nicht langfristig. Ganz plötzlich und unvermutet hat mich der Herr, während mir ganz andere Dinge im Sinn lagen, ins Ehejoch gespannt.

Und dann auch noch ausgerechnet diese Frau. Katharina von Bora. Eine entlaufene Nonne, die mir von Anfang an zu aufmüpfig erschien, zu unbändig, zu herb, zu zügellos. Vermutlich habe ich darum die Heirat auch in aller Heimlichkeit vollzogen. Hätte ich sie vorher bekannt gegeben, dann hätten vermutlich selbst meine besten Freunde gesagt: „Nur nicht die, nimm eine andere!“

Lucas, was habe ich getan?

Nun, du begnadeter Künstler, du warst ja gestern dabei, als Katharina und ich im Beisein der kleinen Schar von Hochzeitsgästen das eheliche Beilager vollzogen haben. Also, was das angeht ... da ist die Ehe wahrlich nicht zu verachten. Im Gegenteil. Jetzt verstehe ich auch endlich, warum du deiner Barbara so gerne zärtlich über den Arm fährst. Und warum sie gelegentlich errötet, wenn du sie in dein Atelier rufst.

Aber mich erschreckt diese ganze Körperlichkeit auch. Wird jetzt etwa das wahr, was meine Kritiker schon immer herumgeplärrt haben: „Wenn der Luther heiratet, dann zeigt er aller Welt, dass er die Reformation ausschließlich wegen seiner verderbten Triebe angefangen hat." Ist es so, Lucas? Bin ich am Ende ein Opfer meiner männlichen Gelüste geworden? Geht es mir nur um das Vergnügen?

Nein, ich denke nicht. Und gerade deshalb darf ich nicht übersehen, welche politische Bedeutung meine Hochzeit hat. Ich fürchte nämlich, dass jetzt jedermann über mich herfallen wird. Die Papisten, die Schwärmer ... und was weiß ich, wer noch alles. Spotten werden sie, höhnen, mit dem Finger auf mich zeigen. „Da, seht den ehemaligen Mönch, wie er sich im Lotterbett wälzt." Und dann? Was mache ich, wenn meine Reformation zugrunde geht, nur weil ich mich auf diese unsägliche Hochzeit eingelassen habe?

Das Schlimmste an diesen Zweifeln des Brautmorgens ist aber, dass ich mich schuldig fühle. Ja: schuldig. Eben weil ich diese Ehe nicht aus reinem Liebesdrang eingegangen bin. Dir kann ich es ja sagen: Es steckte zumindest ein wenig Kalkül dahinter. Oder anders ausgedrückt: eine geistliche Hoffnung.

Du hast ja mitbekommen, wie sehr mein Ruf unter den unsäglichen Bauernaufständen gelitten hat. Die kleinen Leute fühlten sich von meiner reformatorischen Schrift „Von der Freiheit eines Christenmenschen" darin bestätigt, dass sie mehr Rechte fordern dürften. Notfalls auch mit bewaffneten Aufständen. Und als ich mich dann gegen jede Form von Gewalt gewandt habe, da hielt mich auf einmal halb Deutschland für einen Volksverräter.

Mehrere Jahre lang beherrschte der Bauernkrieg jetzt alle Gespräche und Gedanken. Und nun, da er vorüber ist, schien es mir klug, ein Zeichen zu setzen. Verstehst du: Der Schwärmer Thomas Müntzer und seine mörderischen Bauern haben das Evangelium verwüstet – und ich wollte einfach wieder mal die Aufmerksamkeit der Menschen darauf lenken, dass die Heilige Schrift, so wie wir sie verstehen, das Leben zum Blühen bringen möchte. Und was wäre in diesem Sinne passender als eine Hochzeit? Ein Bündnis zweier einander zugeneigter Menschen?

Ich merke selbst, dass meine Gedanken ein wenig durcheinander zu sein scheinen. Tja, ich habe leider mit dem Heiraten noch wenig Erfahrung. Und so kämpfen die widerstreitenden Gefühle in mir: Einerseits habe ich Angst, dass diese Hochzeit der Reformation schadet, andererseits hoffe ich voller Sehnsucht, dass sie ihr nutzt. Sag mir: Was denkst du? Wird meine Entscheidung den Menschen ein besseres Thema geben als das Gemetzel der Bauern bei Frankenhausen oder nicht? Und ist Katharina die Richtige?

Also, es ist nicht so, dass sie mir unsympathisch wäre. O nein. Ich merke nur, wie sehr ihre Vergangenheit mein Verhältnis ihr gegenüber geprägt hat. Ja, ich fühle mich für sie verantwortlich. Schließlich war ich es, der damals ihre Flucht aus dem Kloster mit organisiert hat. Dann habe ich – leider erfolglos – versucht, die Eltern ihres Verlobten Hieronymus davon zu überzeugen, dass es keine Schande ist, wenn ein Kaufmannssohn eine ehemalige Nonne ehelicht, und mich anschließend bemüht, sie mit Kaspar Glatz zu verkuppeln.

Aber da habe ich bei ihr auf Granit gebissen. Natürlich. Sie hat sich schlichtweg geweigert, einen Mann zu heiraten, der als geizig und missmutig gilt – und mehr als 30 Jahre älter ist. Dabei hätte sie froh sein dürfen, dass sie mit 26 Jahren überhaupt noch einen abbekommt.

Außerdem ... das gebe ich freimütig zu ... macht es mir viel Freude, mit ihr zu diskutieren. Sie ist ja sehr klug, wie du weißt – und wie du sicherlich selbst erlebt hast, als sie bei dir als Hausangestellte gearbeitet hat. Auch wenn sie öfter widerspricht, als es für eine Frau statthaft ist. Fast scheint es mir, als wolle sie die Regentschaft in meinem Haus übernehmen. Das überfordert mich. Denn ... das habe ich noch keinem erzählt: Sie selbst hat mir nachdrücklich nahegelegt, sie zu heiraten. Das war beinah ein Heiratsantrag ihrerseits.

Doch jetzt zum eigentlichen Anliegen meines Briefes: Hast du einen guten Rat, was ich tun kann, damit meine Liebe zu Katharina wächst? Es wäre mir nämlich ein Gräuel, wenn ich fortan, so wie Philipp Melanchthon, mit meiner Frau nur in einer reinen Zweckgemeinschaft verbunden wäre. Dazu ist sie mir zu kostbar.

Ja, Lucas, vielleicht können wir uns ja demnächst mal bei einem Humpen Bier zusammen setzen, und du erzählst mir, wie das genau funktioniert ... also mit Mann und Frau. Mit den Gefühlen. Und dem Beieinander-Sein. Mit der Herrschaft im Haus und was man als Gatte macht, wenn die Frau zu energisch daherkommt. Wenn sie alles bestimmen möchte.

So, jetzt ist es raus. Und schon, dass ich dir meine Ängste anvertrauen konnte, mindert meine Furcht. Und zwar gewaltig. Das wird schon werden. So mancher Mann hat erst im Laufe der Jahre erkannt, welch einen Schatz er an seiner Seite hat. Ich vermute mal, dass mir mit deiner Unterstützung ähnlich ergehen wird.

Und weißt du, wie sie da so liegt, so friedlich, mit einem leichten Lächeln auf den Lippen, so lebendig, da denke ich: Es ist doch schön, verheiratet zu sein. Möglicherweise sollte ich mich einfach noch mal unter die Decke zu ihr legen. Nur für ein paar Minuten. Oder etwas länger.

Und wer weiß: Es war doch ein wenig seltsam gestern, als ihr uns alle beobachtet habt. Möglicherweise sollte wir unsere Eheversprechen noch einmal in trauter Zweisamkeit besiegeln ... Katharina und ich. Meine Ehefrau ... ich lege mich dann mal zu ihr.

Bis bald, Dein Martin

Tag 36 / **Der Gott der Freiheit**

WOCHENÜBERBLICK
WOCHE 6

WOCHENÜBERBLICK

Wir sind in der letzten Woche unserer Expedition angekommen. Und nun wollen wir natürlich alle wissen, was Sache ist. Wenn wir die vier Solae und die Träume von einer sich verändernden Kirche ernst nehmen: Was heißt das denn konkret? Und wie sieht sie aus, die Freiheit, die den reformatorischen Idealen entspringt? Viele Ideen dazu haben wir schon angesprochen, doch erst, wenn sich auch unsere Einstellungen und unser Verhalten ändern, sind sie in der Realität angekommen.

Deshalb ist es kein Zufall, dass wir uns dem Gesamtthema „Freiheit" über die Zehn Gebote nähern. Zugegeben: Viele halten die Zehn Gebote eher für etwas Beengendes, Einschränkendes. Doch Luther sah das ganz anders: Da der Mensch durch das Halten von Geboten ohnehin nichts für sein Seelenheil tun kann, müssen diese göttlichen Regeln offensichtlich ganz neu gedeutet werden. Und so entdeckte der Wittenberger Professor sie für sich in der Schrift „Von den guten Werken" als Maximen eines guten Lebens.

Was sich dahinter verbirgt, werden wir in den kommenden Tagen Schritt für Schritt erforschen und dabei klären, ob die garstig „Gebote" genannten Anleitungen tatsächlich als logischer Ausdruck eines von Liebe, Vertrauen und Freiheit geleiteten Lebens gedeutet werden können. Denn dann hält man sie nicht ein, weil man muss, sondern weil man will.

Martin Luther war den Geboten gegenüber ohnehin ziemlich entspannt, weil er ja davon ausging, dass der Mensch seine Triebe nie ganz in den Griff bekommt und allezeit auf die Gnade Gottes angewiesen ist. Er nannte das „Simul justus et peccator" (Gleichzeitig gerecht und Sünder). Wer das aber verstanden hat, der kann anfangen, lustvoll und leidenschaftlich zu leben. Nicht in der Absicht, Böses zu tun, sondern im Vertrauen, dass auch unsere Sünden bei Gott gut aufgehoben sind. Das alles brachte ihn dazu, den wunderbaren Satz zu formulieren: „Sündige tapfer. Aber glaube tapferer." Großartig, oder? Lass dich vom Glauben leiten. Dann kannst du deinen Weg mutig – oder eben tapfer – vorangehen, weil du nicht dauernd von der Angst beherrscht wirst, du könntest Fehler machen.

Luther selbst hat mit den Herausforderungen des Daseins immer wieder gehadert. Trotzdem konnte er das Leben genießen. Weil er trotz aller irdischer Begrenzungen eine innere, von Gott geschenkte Freiheit empfand. Eine Freiheit, die der unfassbaren Zuneigung Gottes entspringt. Wer diese innere Freiheit erlebt, der ist ein Reformator. Und was für einer!

DIE ZEHN GEBOTE (2. MOSE 20,1-1)

Und Gott redete alle diese Worte:

Ich bin der Herr, dein Gott, der ich dich aus Ägyptenland, aus der Knechtschaft, geführt habe. Du sollst keine anderen Götter haben neben mir.

Du sollst dir kein Bildnis noch irgendein Gleichnis machen, weder von dem, was oben im Himmel, noch von dem, was unten auf Erden, noch von dem, was im Wasser unter der Erde ist: Bete sie nicht an und diene ihnen nicht! Denn ich, der Herr, dein Gott, bin ein eifernder Gott, der die Missetat der Väter heimsucht bis ins dritte und vierte Glied an den Kindern derer, die mich hassen, aber Barmherzigkeit erweist an vielen Tausenden, die mich lieben und meine Gebote halten.

Du sollst den Namen des Herrn, deines Gottes, nicht missbrauchen; denn der Herr wird den nicht ungestraft lassen, der seinen Namen missbraucht.

Gedenke des Sabbattages, dass du ihn heiligst. Sechs Tage sollst du arbeiten und alle deine Werke tun. Aber am siebenten Tage ist der Sabbat des Herrn, deines Gottes. Da sollst du keine Arbeit tun, auch nicht dein Sohn, deine Tochter, dein Knecht, deine Magd, dein Vieh, auch nicht dein Fremdling, der in deiner Stadt lebt. Denn in sechs Tagen hat der Herr Himmel und Erde gemacht und das Meer und alles, was darinnen ist, und ruhte am siebenten Tage. Darum segnete der Herr den Sabbattag und heiligte ihn.

Du sollst deinen Vater und deine Mutter ehren, auf dass du lange lebest in dem Lande, das dir der Herr, dein Gott, geben wird.

Du sollst nicht töten.
Du sollst nicht ehebrechen.
Du sollst nicht stehlen.
Du sollst nicht falsch Zeugnis reden wider deinen Nächsten.

Du sollst nicht begehren deines Nächsten Haus. Du sollst nicht begehren deines Nächsten Frau, Knecht, Magd, Rind, Esel noch alles, was dein Nächster hat.

2. MOSE 20, 1-2

Ich bin der Herr, dein Gott, der ich dich aus Ägyptenland, aus der Knechtschaft, geführt habe.

DER GOTT DER FREIHEIT

Die „Visitenkarte" Gottes

„Die Zehn Gebote" gibt es nicht. Jedes dieser drei Worte ist schon ein Missverständnis. *Die* zehn Gebote gibt es nicht, denn in der Bibel finden sich zwei unterschiedliche Fassungen, die im Grundbestand zwar ähnlich sind, aber auch deutliche Unterschiede aufweisen. Der Grund dafür ist, dass die Texte zu verschiedenen Zeiten aufgeschrieben wurden.

Der biblischen Tradition zufolge verdanken wir die Zehn Gebote Mose. Der lebte um das Jahr 1250 vor Christus. Die älteste schriftliche Fassung der Gebote findet sich in 2. Mose 20. Sie stammt frühestens aus dem achten Jahrhundert vor Christus – und ist damit mindestens 500 Jahre jünger. Die andere Version der Gebote steht in 5. Mose 5 und ist wahrscheinlich noch einmal 250 Jahre später entstanden. Auch wenn die Juden ihre Texte von Generation zu Generation sehr treu weitergaben, so änderte sich doch manches am überlieferten Wortlaut. Was anfangs kurz und knapp formuliert war, wurde mit Ergänzungen und Erläuterungen angereichert. Lebensverhältnisse änderten sich, und dadurch mussten die Gebote modifiziert werden. Aus Menschen, die gerade der Sklaverei entronnen waren, wurden welche, die selbst Knechte und Mägde besaßen. Der Sabbat, der anfangs nur ein schlichter Ruhetag gewesen war, gewann in der Zeit der Unterjochung durch andere Völker zunehmend an religiöser wie auch nationaler Bedeutung. Das heißt: Schon in der Bibel selbst blieben die Gebote nicht die gleichen.

Zehn Gebote sind es aber auch nicht. Die Zehnzahl war ursprünglich eine Merkhilfe, sodass man die Gebote anhand der zehn Finger abzählen konnte. Bei genauer Betrachtung handelt es sich aber um *vierzehn* Befehle, von denen sich einige zwar thematisch zusammenfassen lassen, aber die „Zehn" ist eben nicht eindeutig abgrenzbar. So zählen Juden, Orthodoxe, Katholiken, Lutheraner und Reformierte die Gebote alle ein wenig unterschiedlich. Das fängt schon beim ersten Gebot an (das wir uns gleich näher anschauen werden) – und die Unklarheiten ziehen sich durch, bis hin zum letzten Gebot. Denn der Befehl „Du sollst nicht begehren" kommt zweimal vor. Anders als 2. Mose 20 verwendet 5. Mose 5 dabei unterschiedliche Verben. Handelt es sich also um ein einziges oder um zwei verschiedene Gebote? Und wenn es tatsächlich zwei unterschiedliche Gebote sind, nimmt man die Fassung aus 2. Mose 20 (so Luther) oder die aus 5. Mose 5 (so die Katholiken)?

Komplikationen über Komplikationen. Dass der Begriff *Gebote* als Überschrift auch nicht taugt, sei hier nur der Vollständigkeit halber erwähnt. Nur zwei der vierzehn Befehle sind wirklich *Gebote*, die anderen zwölf sind *Verbote*. Die Bibel selbst redet auch nirgends von „Zehn Geboten", außer in den später von Übersetzern hinzugefügten Überschriften. Dreimal (2. Mose 34,13; 5. Mose 4,13; 10,4) ist lediglich von den „Zehn Worten" die Rede – auf Griechisch „Dekalog" genannt.

Doch kommen wir auf das erste Gebot zu sprechen. Für das Judentum besteht dieses schlicht in der Selbstvorstellung Jahwes: „Ich bin der HERR, dein Gott, der ich dich aus Ägyptenland, aus der Knechtschaft, geführt habe." Dieser Satz ist für die Juden insofern ein Gebot, als er den Anspruch Gottes auf sein Volk Israel begründet. Der Satz: „Du sollst keine anderen Götter haben neben mir" gehört für sie zusammen mit dem Bilderverbot zum zweiten Gebot. Anglikaner und Reformierte sehen in dem Satz „Ich bin der Herr, dein Gott" eine Art „Präambel" zu allen Geboten. Für sie lautet das erste Gebot: „Du sollst keine anderen Götter haben neben mir". Und das Verbot, sich Bilder von Gott zu machen, gilt für sie als das zweite Gebot. Luther schloss sich – ebenso wie die Katholische Kirche – der Zählung des Kirchenvaters Augustin aus dem vierten Jahrhundert an und fasste die Selbstvorstellung Gottes in Kombination mit dem Fremdgötter- und Bilderverbot als erstes Gebot auf. Dabei erwähnte er in seiner Textfassung das Bilderverbot ebenso wenig wie die Befreiung aus Ägypten. Dafür sprachen vor allem didaktische Gründe: Je kürzer und knapper die Gebote formuliert werden, desto leichter sind sie merkbar.

Was also genau das erste Gebot ist, ist alles andere als eindeutig. Fest steht, dass der Satz „Ich bin der HERR, dein Gott, der ich dich aus Ägyptenland, aus der Knechtschaft, geführt habe" von zentraler Bedeutung für das Verständnis *aller* anderen Gebote ist. Die Selbstvorstellung Jahwes als eines Gottes der Befreiung – quasi seine „Visitenkarte" – steht wie ein großes Vorzeichen vor jedem einzelnen Gebot. Es ist der *Gott der Freiheit*, der hier spricht. Es ist derselbe Gott, der sein Volk aus der Sklaverei in Ägypten geführt hat, der nun in den Zehn Geboten sein Werk der Befreiung fortsetzt. Gott möchte durch die Zehn Gebote dafür Sorge tragen, dass sein Volk die gewonnene Freiheit nicht wieder verliert. Der erste Satz des Dekalogs ist darum sein entscheidender Schlüssel: Freiheit ist die Seele der Gebote, so sehr der Gott der Gebote seinem Wesen nach ein Befreier ist. Die Gebote sind also so etwas wie die „Befreiung aus Ägypten, Teil 2".

Die Sklaverei in Ägypten

„...der ich dich aus Ägyptenland, aus der Knechtschaft, geführt habe" – kann man diesen Satz als Christ oder Christin so ohne weiteres übernehmen? Der Respekt vor dem Judentum gebietet uns, die Gebote nicht gleich für uns zu annektieren. Zunächst einmal sind die Zehn Worte dem Volk Israel gesagt. Allerdings fällt man auf der anderen Seite vom Pferd, wenn man diese Passage einfach weglässt. Dann löst man die Zehn Worte aus ihrem geschichtlichen Kontext und macht sie zu einer Art allgemeiner Charta der Humanität bzw. zum „Grundgesetz des Menschenanstandes" (Thomas Mann). Doch das geht schon allein aufgrund der Tatsache nicht gut, dass der Dekalog bei weitem nicht alle für das menschliche Leben relevanten Gebiete abdeckt. Die Zehn Gebote sind streng auf das Individuum bezogen, daher fehlt ihnen jeglicher Blick für sozialethische Fragestellungen. Es finden sich in ihnen keinerlei Bestimmungen für Staat und Gesellschaft. Moderne Fragestellungen wie Umweltschutz, Globalisierung etc. spielen naturgemäß noch keine Rolle. Und viele andere biblische Gebote lassen sich nicht so ohne weiteres unter die Zehn Worte subsumieren, obwohl sie dennoch wichtig und sinnvoll sind.

Auch Martin Luther sah in den Zehn Geboten so etwas wie die Zusammenfassung aller ethischen Anweisungen des Alten Testaments. Das stellte ihn freilich vor das Problem, alle denkbaren Bereiche des Lebens irgendwie in den Zehn Geboten unterbringen zu müssen, egal, ob das passt oder nicht. So verortete er beispielsweise den Umgang mit dem Staat in dem Gebot, Vater und Mutter zu ehren. Der Staat wurde auf diese Weise zu einer Art „Übervater" bzw. „Übermutter", die man zu ehren habe. Man mag darüber lächeln oder sich auch die Haare raufen: Wenn man der Meinung ist, dass alle ethisch relevanten Themen in den Zehn Geboten angesprochen sind, muss man diese Gebote so lange dehnen, bis diese Themen darin ihren Platz gefunden haben. Dann muss das Gebot „Du sollst nicht ehebrechen" als Grundlage für eine allgemeine Sexualmoral herhalten. Der Umweltschutz wird notdürftig beim Gebot „Du sollst nicht töten" untergebracht. Und den komplizierten weltwirtschaftlichen Verflechtungen versucht man mit der simplen Formel „Du sollst nicht stehlen" zu Leibe zu rücken. Aber mit derartigen Vereinfachungen wird man komplexen Fragestellungen nicht gerecht. Abgesehen davon, dass der Sinn dessen, was die Gebote ursprünglich einmal aussagen wollten, dabei völlig verloren geht.

Johann Wolfgang von Goethe hat in einer seiner Frühschriften sein Bedauern ausgedrückt, dass sich Gott in den Zehn Geboten als „Gott Israels" und nicht als allgemeiner Menschheitsgott vorgestellt hat. Und doch verfälschen wir den Sinn der Gebote, wenn wir sie aus ihrem ursprünglichen Kontext herauslösen. Der erste Satz des Dekalogs erinnert uns: In den Zehn Geboten spricht nicht der Unterdrücker, sondern der Befreier. Darum ist es wichtig, dass wir die Passage mit der Befreiung aus der Knechtschaft in Ägypten auch als Christinnen und Christen mitlesen und mit zitieren. In dem Sinne, dass wir uns in der Selbstvorstellung Gottes als eines Befreiers mit angesprochen wissen.

Israel bzw. das Judentum hat in der Befreiung aus Ägypten ein konkretes historisches Datum, an dem es das festmachen kann. Doch von welcher Befreiung wollen wir als Christinnen und Christen reden? Es wäre eine Missachtung der realen Versklavung der Israeliten zur Zeit des Mose, wenn wir unsere im Verhältnis dazu doch oft trivialen persönlichen Befreiungserfahrungen an ihre Stelle setzen würden – nach dem Motto: „Haben wir nicht alle unser kleines ‚Ägypten'?" Der Auszug aus Ägypten war eine derart massive Erfahrung, dass die Juden noch heute – fast 3300 Jahre später – ihr Gottvertrauen daraus ziehen. Die Frage ist, was wir als Christinnen und Christen an ihre Stelle setzen können, ohne das, was Israel damals erlebt hat, zu bagatellisieren.

Vom Neuen Testament her bietet sich nur eine einzige christliche Parallele zum Auszug Israels aus Ägypten an, die diesen nicht entwertet: der Kreuzestod Jesu. Es ist kein Zufall, dass Jesus am Rüsttag des Passafestes gestorben ist: eben jenes Festes, an dem Israel seine Befreiung aus Ägypten feiert. Das letzte Mahl, das er mit seinen Jüngern feiert, ist ein vorgezogenes Passamahl, freilich ohne das dafür notwendige Lamm. Stattdessen wird er am Tag darauf selbst wie ein Passalamm geschlachtet. Wie beim Passamahl der Juden die Befreiung aus der ägyptischen Sklaverei gegenwärtig wird, so wird im Abendmahl der Christen die Befreiung aus der Sklaverei der Sünde und des Todes durch Jesu Kreuz und Auferstehung gegenwärtig. In 1. Korinther 12,1f verweist Paulus außerdem auf die Parallele zwischen der Taufe und dem Durchzug der Israeliten durch das Schilfmeer: So wie dieses die Israeliten von ihren Verfolgern trennte, trennt uns die Taufe von den Mächten der Sünde und des Todes. Paulus sah im Kreuz und in der Auferstehung Jesu eine Befreiungstat, die alles andere überragt: selbst die Befreiung aus Ägypten. Denn diese Befreiung hat nicht nur zeitliche, sondern ewige Bedeutung. Sie gilt allen Menschen und nicht nur einem besonderen Volk. Sie hebt die besondere Bedeutung der Befreiung Israels aus Ägypten nicht auf, führt sie aber weiter und lässt uns alle daran teilhaben: Juden, Christen und Heiden.

Negative und positive Freiheit

Wie? Kann es so etwas geben: negative Freiheit? Ist Freiheit denn nicht immer positiv? Nein, nicht immer. Wenn jemand seine Meinungsfreiheit dazu nutzt, andere Menschen zu beleidigen und zu beschimpfen, ist das nicht positiv. Und wenn jemand in seiner Freizeit auf keine andere Idee kommt, als den ganzen Tag vor dem Fernseher zu sitzen und sich mit Alkohol zuzuschütten, muss man auch hier konstatieren: diese Person hat ihre Freiheit nicht positiv genutzt. „Negative Freiheit" bedeutet nicht, dass diese Freiheit schlecht wäre, sondern dass man sie nicht für sich zu nutzen weiß. Negative Freiheit bedeutet, frei von irgendwelchen äußeren Zwängen zu sein. Positive Freiheit bedeutet, aus dieser Freiheit etwas für sich und andere zu machen.

Ein Bekannter von mir, der pensioniert wurde, sagte: „Jetzt habe ich endlich die Zeit, das zu tun, was ich schon immer mal machen wollte. Leider habe ich nicht die leiseste Idee, was das sein könnte." Das ist das Problem vieler Menschen: Sie wissen zwar ziemlich genau, *wovon* sie frei sein wollen, aber nicht *wozu*. Freiheit *von* etwas ist lediglich negative Freiheit. Entscheidend aber ist, wie und ob wir diese Freiheit nutzen. Positive Freiheit ist Freiheit *zu* etwas. Vielleicht kann man es tatsächlich so verstehen: Die Befreiung aus Ägypten und die Gebote Gottes verhalten sich zueinander wie negative und positive Freiheit. Der Gott der Befreiung holt sein Volk aus der Sklaverei heraus. Freilich wird es jetzt erst interessant: Was wird das Volk Gottes mit dieser Freiheit machen? Noch ist die Freiheit nur „negativ". Die große Frage ist, ob die Israeliten etwas für sich wählen, was besser für sie und ihre Mitmenschen ist als das vorige. Erst dann können wir von *positiver* Freiheit reden. Die Gebote Gottes sollen dafür Sorge tragen, dass aus der negativen Freiheit eine positive wird. Dass auf das Leben in Sklaverei ein Leben in Frieden, Freiheit und Gerechtigkeit folgt.

Wenn wir als Christinnen und Christen sagen, dass Jesus uns von der Sklaverei von Sünde und Tod befreit hat, stellt sich auch hier die Frage, was wir daraus machen. Denn auch die Freiheit von Sünde und Tod ist, formal gesehen, lediglich „negative Freiheit". Was bauen wir darauf auf? Martin Luther entfaltet in seiner Schrift „Von der Freiheit eines Christenmenschen" eine Doppelthese: „Ein Christenmensch ist ein freier Herr über alle Dinge und niemand untertan." Und: „Ein Christenmensch ist ein dienstbarer Knecht aller Dinge und jedermann untertan." Der Gegensatz dieser beiden Thesen war von Luther natürlich bewusst gewollt. Er setzte sich einerseits vehement für die Freiheit von äußeren Bindungen ein: vor allem von einer Kirche, die den

Menschen detailgenau vorschrieb, wie sie zu glauben und zu leben hätten. Das, so sagte er, entspricht nicht dem Evangelium. Ein Christenmensch ist durch Christus befreit und darum niemandem untertan. Freilich ist diese „negative Freiheit" nicht das Ende, sondern allererst der Anfang der Wege Gottes mit uns. Jetzt geht es darum, mit der durch Jesus Christus bewirkten Freiheit verantwortlich umzugehen.

Für Luther war klar, wozu wir unsere christliche Freiheit nutzen sollen: nämlich dazu, andere Menschen zu lieben. Sich für sie einzusetzen, ihnen zu dienen, den eigenen Willen unter Umständen hintanzustellen, damit dem oder der anderen geholfen werde. Genau wie Christus es uns vorgemacht hat. Obwohl Jesus der Sohn Gottes war, kam er nicht auf die Erde, um sich bedienen zu lassen. Stattdessen nutzte er seine Freiheit, um den Menschen zu dienen (vgl. Markus 10,45). Er heilte Kranke, befreite Besessene, richtete Mühselige und Beladene auf. Seine Hingabe an die Menschen gipfelte schließlich darin, dass er in aufopfernder Liebe ans Kreuz ging und sein Leben für uns gab. Jemand, der das von außen betrachtet, wird vielleicht Probleme haben, ein solches Leben als „frei" zu bezeichnen. Ob wir den Menschen freiwillig aus Liebe dienen oder ob wir das aus Zwang tun, sieht von außen betrachtet manchmal ganz ähnlich aus. Aber zwischen dem einen und dem anderen besteht ein gewaltiger Unterschied. Das eine macht uns zu Befehlsempfängern, das andere lässt uns zu Trägerinnen und Trägern des Segens Gottes werden. Das eine ist Kadavergehorsam, das andere ruft uns in die Verantwortung. Das eine führt in Resignation und Depression, das andere hilft uns, ein erfülltes Leben zu leben. Wir dürfen uns nicht mit negativer Freiheit begnügen. Weder politisch noch individuell noch religiös. Ob wir wirklich frei geworden sind, erkennen wir daran, dass wir anderen Menschen in Liebe begegnen können.

NACH-DENKEN

Es ist derselbe Gott, der sein Volk aus der Sklaverei in Ägypten geführt hat, der in den Zehn Geboten sein Werk der Befreiung fortsetzt.

FRAGEN

- Was meinen Sie: Reichen die Zehn Gebote aus, um das menschliche Leben und Zusammenleben hinreichend zu regeln?
- Sehen Sie das auch so, dass die Zehn Gebote Freiheit ermöglichen, oder erleben Sie sie eher als Einschränkung der menschlichen Freiheit?
- Können / dürfen / sollen Christinnen und Christen die Passage „... der dich aus der Knechtschaft in Ägyptenland geführt hat“ einfach mitsprechen?
- Glauben Sie, dass Jesus von Nazareth ein freier Mensch war?
- Wovon wären Sie gerne frei? Und was würden Sie mit Ihrer gewonnenen Freiheit konkret anfangen?

ANREGUNG ZUM GEBET

Freiheit wozu?

Unsere heutige Gebetsübung besteht aus zwei Teilen. Im ersten Teil schütten Sie bitte Gott Ihr Herz aus über die Frage: „Wovon möchte ich frei werden?“ Lassen Sie sich etwas Zeit, schildern Sie Gott, was Sie bedrückt und beengt und was es für Sie bedeuten würde, an diesem Punkt frei zu werden. Im zweiten Teil des Gebets werden Sie bitte still und geben Gott Raum, dass er sein Herz bei Ihnen ausschüttet zu dem Thema: „Wozu ich dich gerne befreien würde“. Nehmen Sie sich für dieses hörende Gebet genauso viel Zeit wie für den ersten Teil. Vielleicht legen Sie sich für diesen Teil des Gebets auch eine Bibel parat.

MERKVERS

Wenn euch nun der Sohn frei macht,
so seid ihr wirklich frei.
Johannes 8, 36

Tag 37 / **Religiöse Gebote**

LUCAS CRANACH D.Ä.

2. MOSE 20, 4-7

Ich bin der Herr, dein Gott, der ich dich aus Ägyptenland, aus der Knechtschaft, geführt habe. Du sollst keine anderen Götter haben neben mir.

Du sollst dir kein Bildnis noch irgendein Gleichnis machen, weder von dem, was oben im Himmel, noch von dem, was unten auf Erden, noch von dem, was im Wasser unter der Erde ist: Bete sie nicht an und diene ihnen nicht! Denn ich, der Herr, dein Gott, bin ein eifernder Gott, der die Missetat der Väter heimsucht bis ins dritte und vierte Glied an den Kindern derer, die mich hassen, aber Barmherzigkeit erweist an vielen Tausenden, die mich lieben und meine Gebote halten.

Du sollst den Namen des Herrn, deines Gottes, nicht missbrauchen; denn der Herr wird den nicht ungestraft lassen, der seinen Namen missbraucht.

Was heißt es, einen Gott zu haben?

Das Wort „Gott" ist verwandt mit dem Wort „gut". Es bezeichnet – rein funktional betrachtet – also das „höchste Gut" im Leben eines Menschen. Schon in der zweiten Woche dieser Expedition hatten wir festgestellt: Der Gott der Bibel hat den Namen „Jahwe – Ich bin für dich da". Schon allein dadurch unterscheidet er sich grundlegend von den vielen anderen Göttern und Götzen, die stattdessen von uns erwarten, dass wir für sie da sind: und zwar mit Haut und Haar.

In seinem Großen Katechismus hat Martin Luther eine grandiose Definition des Wortes „Gott" gegeben: *„Was heißt, ‚einen Gott haben', oder was ist Gott? Antwort: ein Gott heißet das, dazu man sich versehen soll alles Guten und Zuflucht haben in allen Nöten. Also dass ‚einen Gott haben' nichts anders ist, als ihm von Herzen trauen und glauben; wie ich oft gesagt habe, dass alleine das Vertrauen und Glauben des Herzens beide macht: Gott und Abgott ... Denn die zwei gehören zu Haufe (zusammen), Glaube und Gott. Worauf du nun (sage ich) dein Herz hängest und verlässest, das ist eigentlich dein Gott."*

Was mein Gott ist, zeigt sich daran, worauf ich meine Hoffnung und mein Vertrauen setze bzw. woran mein Herz hängt. So gesehen hat jeder Mensch einen Gott. Jeder Mensch hat etwas, was er „anbetet". Der so genannte „Atheismus" ist deshalb eine Chimäre. Einem berühmten Wort Augustins zufolge sind wir alle auf Gott hin geschaffen und unser Herz bleibt unruhig, bis es Friede in ihm gefunden hat. Wir sind alle in einer Suchbewegung nach einem göttlichen Gegenüber und strecken uns innerlich aus nach dem großen „Du", auf das hin wir geschaffen wurden. Wenn wir Gott nicht gefunden haben, wendet sich unser Herz eben anderen Dingen zu, die an seine Stelle treten. Anbetung ist ein Grundbedürfnis des Menschen. Wir können nicht *nicht* anbeten. Praktisch haben alle Menschen einen Gott, dem sie huldigen und an den sie ihr Herz hängen. Auch wenn diese „Götter" nicht lebendig sind, haben sie sehr wohl Macht über uns.

In seiner Auslegung zum ersten Gebot bezeichnet Luther den „Mammon" als den „allgemeinsten Abgott auf Erden." Mammon ist nicht das Geld an sich, sondern das zum Gott erhobene Geld. Das Geld, das zum Lebenszweck geworden ist. Doch: Geld mag ein guter Diener sein, aber es ist ein schlechter Herr. Mammon ist der Gott der meisten Menschen. Ständig drehen sich ihre Gedanken ums Geld: die der einen um das, das sie haben und gerne vermehren wollen, die der anderen um das, das sie nicht haben und das ihnen angeblich fehlt zum Lebensglück. Neben dem Geld nennt Luther freilich auch andere Abgötter: „große Gelehrsamkeit, Klugheit, Gewalt, Gunst, Verwandtschaft und Ehre“. Bemerkenswert dabei ist, dass das alles Dinge sind, gegen die eigentlich überhaupt nichts spricht. Jedenfalls solange man sie nicht an die Stelle Gottes setzt. Sobald man es aber tut, ergreifen sie das Regiment und üben im Lauf der Zeit eine immer deutlichere Schreckensherrschaft aus. Da wandelt sich Begeisterung zu Fanatismus, Tugend zu Hochmut, Wohlwollen zur Ungerechtigkeit, Macht zur Unterdrückung, Wissen zur Herzlosigkeit, Liebe zur Tyrannei und Hingabe zur Selbstzerstörung.

Wenn wir Geld anbeten, werden wir immer den Eindruck haben, nicht genug zu haben. Wenn unser Gott Jugend und Schönheit heißt, werden wir uns bald hässlich und alt finden. Wer einen anderen Menschen zu seinem Abgott macht, wird in ständiger Sorge um diesen Menschen vergehen (mal abgesehen davon, dass er ihm vermutlich die Luft zum Atmen nimmt). Wer der Macht huldigt, wird immer mehr davon brauchen, weil er Angst vor der eigenen Schwäche hat. Und je klüger wir sein wollen, desto unwissender werden wir uns vorkommen. – Das ist das Problem mit den falschen Göttern. Solange wir ihnen diesen Status noch nicht einräumen, sind sie oft sogar honorig. In dem Moment aber, in dem wir sie an die höchste Stelle setzen, beginnen sie, unsere Freiheit mehr und mehr einzuschränken. Nach und nach mutieren sie zum Moloch und geben keine Ruhe, bis sie uns bei lebendigem Leib verschlungen haben. Der Grund dafür ist, dass sie uns an unserer schwächsten Stelle packen: bei unserem Bedürfnis nach Anbetung. Weil wir auf Gott hin geschaffen sind, sind wir anfällig für falsche Götter. Wir möchten unser Herz nicht für uns behalten, wir wollen es hingeben. Doch wehe, wenn wir es einem falschen Gott in den Rachen werfen!

Wenn Gott uns in seinem ersten Gebot einerseits daran erinnert, dass er ein Gott der Befreiung ist, um uns gleich im nächsten Atemzug aufzufordern: „Du sollst keine anderen Götter haben neben mir“, dann geht es um die gleiche Sache: nämlich um unsere Freiheit. Gott sagt das nicht, weil er Angst hätte, andere Götter würden neben ihm groß herauskommen. Wenn es Gott nur um sich selbst zu tun wäre, würde es reichen, Psalm 2,4 zu zitieren: „Der im Himmel wohnt, lachet ihrer, und der Herr spottet ihrer.“ Gott braucht keinen Monopolschutz. Aber es geht Gott um uns. Unsere Götzen nehmen uns gefangen und versklaven uns – und allzu oft auch die Menschen um uns herum.

Das Bilderverbot

Luther hat in seinen Katechismen das Verbot, sich Bilder von Gott zu machen, weggelassen. Er war der Meinung, das beträfe nur die Götzenstatuen des Altertums und sei außerdem in dem Fremdgötterverbot inbegriffen. Außerdem wollte er den Bilderstürmern seiner Zeit nicht in die Hände spielen, die damals die Kirchen ausräumten und alle dort befindlichen Statuen und Gemälde zerstörten. Die Reformierten hingegen nahmen das Bilderverbot sehr ernst. Für sie ist es das zweite der Zehn Gebote Gottes. Dieser Zählung schließen wir uns an.

Dass wir uns keine Götter machen sollen, um sie anzubeten und ihnen zu dienen, liegt zunächst ganz auf der Linie des vorhin Gesagten: Alles, was wir zu Gott erheben, gewinnt zunehmend Macht über uns. Darum wacht letzten Endes auch das Bilderverbot über unsere Freiheit. Wir sollen uns keine Bilder machen – weder von dem, was oben im Himmel, noch von dem, was unten auf Erden, noch von dem, was im Wasser unter der Erde ist. Keine Götterfiguren, keine Sternbilder, keine Naturgottheiten, keine abgründigen Philosophien, so klug sie auch daherkommen mögen. Der Philosoph Immanuel Kant schrieb über das Bilderverbot: „Vielleicht gibt es keine erhabenere Stelle im Gesetzbuche der Juden als das Gebot: Du sollst dir kein Bildnis machen." Ihm, dem klugen Denker, schien ein von allen menschlichen Vorstellungen gereinigter Gottesbegriff die angemessenste Art und Weise, von Gott zu reden. Wahrscheinlich würden sich dem heute viele Menschen anschließen. Freilich müssen wir uns fragen, ob das nicht auch wieder ein Gottesbild ist: die Vorstellung, dass Gott ein „rein geistiges" Wesen sei. Und ob nicht Kant gerade in seiner vermeintlichen Hochschätzung des Bilderverbotes sich wiederum ein eigenes Bild von Gott machte.

Niemand kommt ohne Gottesbilder aus. Wenn wir glauben, werden wir immer auch eine Vorstellung davon haben, an was wir da glauben. Und wenn wir *nicht* glauben, haben wir ebenfalls ein Bild von dem, was wir da gedanklich ablehnen. Es ist gar nicht möglich, über Gott zu reden, ohne dabei ein Bild vor Augen zu haben. Das Bilderverbot richtet sich nicht gegen die Tatsache, dass unser Glaube Bilder und Vorstellungen braucht. Es wendet sich vielmehr dagegen, dass wir uns diese Bilder selber *machen*. Gott hat uns in der Bibel mit genügend Bildern versorgt, dem brauchen wir keine eigenen hinzufügen. Das Verbot, sich eigene Bilder zu machen, ist darum zunächst einmal gleichbedeutend mit dem Gebot, sich an *den* Bildern zu orientieren, die wir in der Bibel vorfinden: sie vorsichtig nachzubuchstabieren, sie auf unser Inneres wirken zu lassen, uns an ihnen entlangzutasten. Zwar gab es damals noch keine Bibel, aber es gab *Offenbarung*: etwa durch Feuerschein und Wolke, durch Mose, den großen Propheten u.v.m. Die Bibel ist das schriftliche Zeugnis von dieser Selbstoffenbarung Jahwes. In ihr finden wir vielerlei Bilder von Gott: Mal erscheint er als Vater, dann wieder als Mutter. Dem einen offenbart er sich im Feuer, dem anderen im Sturm und wieder einem anderen in einem „sanften Sausen". Mal ist er König, ein andermal ein Weingärtner, dann ein betrogener Ehemann.

Die Bilder, die uns die Bibel von Gott malt, sind mit gutem Grund so vielfältig, ja manchmal sogar widersprüchlich. Gott lässt sich nicht in einem einzigen Bild einfangen. Wir kommen nicht ohne Bilder von ihm aus, wenn wir an ihn glauben oder von ihm reden wollen. Aber jedes Bild, das wir von ihm haben, zeigt immer nur einen *Teilaspekt* des Wesens und Handelns Gottes. Deshalb müssen wir bei jedem Bild, das die Bibel uns vorgibt, sagen: „Ja, so ist Gott *auch*. Freilich ist das nicht das einzige, was die Bibel uns über Gott zu sagen hat." Um dem Bilderverbot gerecht zu werden, müssen wir zulassen, dass die verschiedenen biblischen Bilder von Gott sich gegenseitig ergänzen, korrigieren und in der Schwebe halten. Der Gott, der mir heute als Löwe begegnet, erscheint mir morgen vielleicht als Lamm. Darauf muss ich vorbereitet sein, und das tue ich am besten, indem ich die ganze Fülle der biblischen Bilder von Gott auf mich wirken lasse und nicht das Bild anbete – selbst wenn es mir noch so hilfreich erscheint –, sondern den Gott dahinter.

Von Jesus Christus heißt es im Neuen Testament, er sei „das Ebenbild des unsichtbaren Gottes" (Kolosserbrief 1,15) bzw. der „Abglanz seiner Herrlichkeit und das Ebenbild seines Wesens" (Hebräerbrief 1,3). Dass Jesus *das* Bild Gottes schlechthin ist, bedeutet nicht, dass alle anderen Bilder, die die Bibel aufführt, ihre Berechtigung verlieren. Sie sind und bleiben notwendige Verstehenshilfen, Illustrationen und Ergänzungen. Vieles von dem, was wir in der Bibel über Gott lesen, können wir nicht so ohne weiteres in der Person Jesu Christi wiederfinden. Vor allem jene biblischen Bilder, die mit Macht, Ehre und Herrlichkeit zu tun haben. Und trotzdem ist das Bild, das Christus uns von Gott vor Augen malt, das entscheidende Kriterium für alle anderen Bilder, weil er – Jesus – das Wesen und den Charakter Gottes widerspiegelt. Ja, Gott *ist* ein König, aber die Art und Weise, wie er seine Herrschaft ausübt, können wir an Jesus ablesen. Gott *ist* und bleibt Richter, aber Jesus zeigt uns, dass es Gott darum geht, uns aufzurichten und nicht hinzurichten. Jesus *ist* das Bild Gottes schlechthin, weil er uns sein Wesen zeigt. In ihm sind alle anderen Bilder zusammengefasst und gebündelt wie die verschiedenen Farben in einem Prisma. Die Bilder der Bibel von Gott sind bunt und vielfältig und dürfen das auch bleiben. Wenn wir aber das *Herz* Gottes sehen wollen, müssen wir auf Jesus schauen.

Die Sünde der Frommen

Zu dem Gebot, Gottes Namen nicht zu missbrauchen, schreibt Martin Luther in seinem Kleinen Katechismus: *„Wir sollen Gott fürchten und lieben, dass wir bei seinem Namen nicht fluchen, schwören, zaubern, lügen oder trügen, sondern ihn in allen Nöten anrufen, beten, loben und danken.“* Es geht also darum, Gottes Namen nicht in den Schmutz, ins Banale oder gar ins Widergöttliche zu ziehen. Dass das für einen Menschen, der Gott liebt, ein absolutes „No go“ ist, versteht sich eigentlich von selbst. Ich denke aber, dass die Bedeutung des Gebotes noch viel tiefer liegt. Das Verbot, den Namen Gottes zu missbrauchen, wendet sich vor allem gegen den Versuch, Gott vor den Karren unserer eigenen Interessen zu spannen. Das dritte Gebot (nach reformierter Zählung) wendet sich nicht so sehr an gottlose, sondern an fromme Menschen. Für die ist die Versuchung nämlich riesengroß, unter Zuhilfenahme des Gottesnamens ihr ganz eigenes „Ding“ zu machen. So wird Gottes Name beispielsweise eindeutig missbraucht, ...

» wenn Menschen sich in vorgeblicher Verteidigung des „christlichen Abendlandes“ feindselig gegenüber Schutz suchenden Flüchtlingen verhalten;
» wenn „Gott“ bei vielen Menschen nur noch bei der Begleitung der Übergänge – Geburt, Pubertät, Hochzeit und Tod – assistieren darf, statt die prägende Kraft ihres ganzen Lebens zu sein;
» wenn wir nur noch beten: „Herr, segne, was wir tun“ statt „Lass uns tun, was du segnest“;
» wenn Kirche nur noch trösten und beruhigen, nicht aber aufwühlen und berufen darf bzw. wenn sie zwar diakonisch sein soll, aber auf keinen Fall missionarisch;
» wenn unsere so genannte „Spiritualität“ vornehmlich der eigenen „Wellness“ dient;
» wenn unser Gebetsleben sich nur noch um unsere eigenen statt um Gottes oder anderer Menschen Anliegen dreht;
» wenn Gott nur noch erbaulich sein und nicht mehr Herr sein darf.

Gottes Namen in solcher Art „fromm" zu missbrauchen, wiegt deutlich schlimmer, als wenn ein Gottloser flucht oder ein Atheist eine geschmacklose Karikatur veröffentlicht. Der große Schweizer Prediger Walter Lüthi sagt in seiner Auslegung zu diesem Gebot: *„Der Priester kann den Namen Gottes schlimmer missbrauchen als der Zauberer. Durch «Dienst am Wort» kann Gott tiefer beleidigt werden als durch Meineid. Dort, wo die Frommen sitzen, kann der Name Gottes schlimmer entheiligt werden als dort, wo die Spötter sitzen. Wir können mit Beten den Namen Gottes ärger missbrauchen als durch Fluchen."*

Zwei der Zehn Gebote sind in der Bibel ausdrücklich mit Sanktionen versehen: das Bilderverbot und der Missbrauch des Namens Gottes. *„Der HERR wird den nicht ungestraft lassen, der seinen Namen missbraucht"*, heißt es hier. Ich persönlich glaube, dass Gott nicht dergestalt straft, dass wir irgendetwas Unschönes tun und anschließend passiert etwas ganz Furchtbares: ein Blitz trifft uns vom Himmel, wir werden von Pech und Unheil verfolgt und nach dem Tod steckt uns Gott in einen großen, unterirdischen Grill. Die Art und Weise, wie der Gott der Bibel Menschen „straft", ist vielmehr, dass er sie den Folgen ihres Handelns überlässt. Bei Mord, Diebstahl, Ehebruch etc. ist das ganz offensichtlich. Kein Mensch möchte in einer Gesellschaft leben, in der so etwas gang und gäbe ist.

Vielleicht verbindet Gott das zweite und das dritte Gebot deswegen so ausdrücklich mit einer Warnung, weil uns die Folgen der Übertretung dieser beiden Gebote nicht so ohne weiteres vor Augen stehen. Aber es bleibt nicht ohne massive Folgen, wenn Menschen den Namen Gottes in einer solchen Weise missbrauchen, wie wir es oben beschrieben haben. Und es wirkt sich über Generationen hinweg aus, wenn eine Gesellschaft falschen Göttern anhängt. Wann immer wir uns die „Freiheit" nehmen, dergestalt zu sündigen, tun wir das auf Kosten der Freiheit der Menschen um uns und nach uns. Darum wacht Gott eifrig, ja „eifersüchtig" darüber, dass wir diese Gebote einhalten. Diese Eifersucht bedeutet, dass Gott mit Eifer sucht, was uns Menschen dienlich ist. Falsche Religion richtet einen unermesslichen Schaden an, weil sie Freiheit, Glaube und Liebe untergräbt und auf Dauer zerstört. Gott möchte, dass wir ihn alleine anbeten. Nicht nur, weil er der einzige ist, dem das gebührt, sondern weil falsche Anbetung die Wurzel aller anderen Sünden und damit unendlichen Leides in der Welt ist.

NACH-DENKEN

Wir können nicht *nicht* anbeten. Praktisch haben alle Menschen einen Gott, dem sie huldigen und an den sie ihr Herz hängen.

FRAGEN

» Wie stehen Sie zu der These, dass es für einen Menschen unmöglich ist, nichts und niemanden anzubeten?
» Halten Sie es eher für hilfreich oder für irritierend, dass uns die Bibel so viele unterschiedliche Bilder von Gott vor Augen führt?
» Was bedeutet es, dass Jesus Christus dem Neuen Testament zufolge der „Abglanz seiner (= Gottes) Herrlichkeit und das Ebenbild seines Wesens" ist?
» Inwiefern richtet sich das Gebot, Gottes Namen nicht zu missbrauchen, eher an Fromme als an Gottlose?
» Wie kann man Gottes Namen im eigenen Leben am besten heilig halten?

ANREGUNG ZUM GEBET

Biblische Gottesbilder

Schreiben Sie spontan so viele biblische Bilder von Gott auf eine Liste, wie Ihnen in drei Minuten einfallen. Umzirkeln Sie zwei bis drei dieser Bilder, die Sie besonders positiv ansprechen. Markieren Sie außerdem mindestens eines, das Sie irritiert oder sogar ärgert. Versuchen Sie, mit Gott darüber ins Gespräch zu kommen: Was ist hilfreich an dem jeweiligen Bild? Was sagt es uns über Gott? Wo liegen aber auch die Grenzen dieses Bildes? Wenn Sie „bibelfest" sind oder eine Konkordanz zur Hand haben: Schlagen Sie vielleicht die eine oder andere Stelle nach, wo das Bild, über das Sie gerade nachdenken, in der Bibel auftaucht.

MERKVERS

Höre, Israel, der Herr ist unser Gott, der Herr ist einer. Und du sollst den Herrn, deinen Gott, lieb haben von ganzem Herzen, von ganzer Seele und mit all deiner Kraft.

5. Mose 6, 4-5

Tag 38 / **Der Sabbat – Die Freiheit gönn' ich mir!**

MEDITATION

Was,
wenn es gar keine Gebote sind,
sondern An-Gebote:
Kluge Wegweiser
für ein Leben,
in dem sich die Schönheit
des Himmels spiegelt?

Was,
wenn es gar keine Regeln sind,
sondern Freiheiten:
Sanfte Ermutigungen,
sich nicht
vom Unschönen
beherrschen zu lassen?

Was,
wenn es gar keine Pflichten sind,
sondern die Kür:
Weise Konsequenzen
grenzenloser Liebe,
weil es keinen Grund mehr gibt,
anders zu handeln?

Was,
wenn es gar keine Ansprüche sind,
sondern Zusprüche:
Starke Perspektiven
für eine Welt,
in der das Lieblose
überwunden wird?

Ich habe immer
mehr das Gefühl:
Genau das ist gemeint!
Und dann werden
die oft so sperrigen
Gebote
zu einer Tür,
durch die ich gerne gehe.

2. MOSE 20, 8-11

Gedenke des Sabbattages, dass du ihn heiligst. Sechs Tage sollst du arbeiten und alle deine Werke tun. Aber am siebenten Tage ist der Sabbat des Herrn, deines Gottes. Da sollst du keine Arbeit tun, auch nicht dein Sohn, deine Tochter, dein Knecht, deine Magd, dein Vieh, auch nicht dein Fremdling, der in deiner Stadt lebt. Denn in sechs Tagen hat der Herr Himmel und Erde gemacht und das Meer und alles, was darinnen ist, und ruhte am siebenten Tage. Darum segnete der Herr den Sabbattag und heiligte ihn.

DER SABBAT – DIE FREIHEIT GÖNN' ICH MIR!

Das Gebot zwischen den Tafeln

Dass uns die Zehn Gebote auf zwei Tafeln überliefert sind, wird erstmals in 2. Mose 31,18 erwähnt. Historisch ist das zweifelhaft. Zur Zeit des Mose gab es die hebräische Schrift noch gar nicht. Als ägyptischer Halbprinz beherrschte Mose auch eher die ägyptische Schrift. Aber ob die Urfassung der Zehn Gebote wirklich in Hieroglyphen geschrieben wurde? Das wäre, gelinde gesagt, eine Sensation. Irgendwann gab es die beiden Tafeln aber, und sie wurden zum zentralen Bestandteil der so genannten Bundeslade. Klassischerweise werden die beiden Tafeln so unterschieden, dass auf der ersten die religiösen Gebote standen und auf der zweiten die zwischenmenschlichen. Freilich sind die religiösen Gebote des Dekalogs sehr viel breiter ausgeführt als die sozialen. Die „erste Tafel" wäre somit ziemlich eng beschrieben gewesen und die zweite deutlich kürzer. Trotzdem ist die Aufteilung der Zehn Worte in religiöse und soziale Gebote natürlich sinnvoll, und man kann in diesem Zusammenhang gerne bildlich von der „ersten" und der „zweiten" Tafel reden.

Spannend ist freilich die Frage, wozu das Sabbatgebot zählt: Es hat nämlich sowohl religiöse wie auch soziale Implikationen. Es ist das auffälligste der Zehn Gebote: schon allein, weil es rund 30 Prozent der gesamten Textmasse ausmacht. Von unserer christlichen Tradition her zählen wir es meist zu den religiösen Geboten. Wir feiern zwar keinen Sabbat mehr, sondern den Sonntag, weil dies der Tag der Auferstehung Jesu Christi ist. Martin Luther schreibt in seinem „Sermon von den guten Werken": *„Die ersten Werke dieses Gebotes sind grob und sinnlich, die wir für gewöhnlich Gottesdienst nennen ... Zum zweiten: In der Messe ist es nötig, dass wir auch mit dem Herzen dabei sind"*. Danach beschreibt Luther in 24 (!) weiteren Schritten, wie dieses Gebot befolgt werden soll: von der Art und Weise, das Wort Gottes auf uns wirken zu lassen über das rechte Gebet bis hin zu den aus all dem resultierenden guten Werken.

Das Sabbatgebot weiß in seinem Ursprung freilich nichts von einer religiösen Deutung. Das hebräische Wort „schabbat" heißt einfach „aufhören" oder „ruhen". Nichts wäre falscher, als diesen Tag durch neue Pflichten zu einer Art „religiösem Arbeitstag" zu machen. Im Sabbatgebot geht es nicht um das Tun, sondern um das gesegnete Unterlassen. Es wird daran erinnert, dass selbst Gott nach sechs Tagen der Arbeit einen Tag der Ruhe einlegte. Daran sollen wir denken und nicht meinen, wir könnten unentwegt weiterarbeiten, ohne an Leib und Seele Schaden zu nehmen. Und ohne dass unser *Werk* Schaden nimmt.

Gott selbst ruhte aus. Man muss sich fragen, warum. Sicherlich nicht, weil er erschöpft war. „Der HERR, der ewige Gott, der die Enden der Erde geschaffen hat, wird nicht müde noch matt" (Jesaja 40,28). Wenn Gott hier eine „Pause" einlegt, dann, um sich an seiner Schöpfung zu freuen. Denn wann ist ein Werk zu Ende? An einem Buch kann man unendlich lange schreiben, ein Werk immer weiter perfektionieren – bis man irgendwann bewusst einen Punkt macht und die Arbeit für beendet erklärt. Am Sabbat segnet Gott das Aufhören und das Aufhören können. Der Sabbat dient Gott dazu, die getane Arbeit krönend und sinngebend abzuschließen und sich daran zu erfreuen. Denn was nützt es, wenn man immer nur schafft und arbeitet, sich aber nie die Zeit nimmt, das Bewerkstelligte zu genießen? Es ist wie bei einem geizigen Menschen, der sein Lebtag nur Geld anhäuft, ohne je auch nur einen Cent davon auszugeben: ziemlich sinn- und freudlos. Für uns Menschen gehören sicherlich beide Aspekte dazu: die Freude am Erreichten und die Möglichkeit der Regeneration. Für uns ist es lebensnotwendig, dass wir immer wieder unsere „Batterien" aufladen. Gott brauchte das nicht, *wir* brauchen es sehr wohl.

Auf die Frage, zu welcher der beiden „Tafeln" das Sabbatgebot gehört – zu den religiösen oder den sozialen Geboten – wird man darum antworten müssen, dass es tatsächlich zwischen diesen beiden angesiedelt ist. Das Sabbatgebot hat zwar religiöse und soziale Implikationen. Aber es ist in erster Linie für uns selbst da. Vielleicht braucht es deshalb eine so ausführliche Begründung: Die verordnete Ruhe von der Arbeit ist tatsächlich kein Mittel zu einem höheren Zweck, sondern sie ist selbst Zweck des Gebotes. Alle Zehn Gebote dienen unserer Freiheit. Aber an keinem anderen Gebot wird das so deutlich wie am Sabbatgebot. Darum sagt Jesus: „Der Sabbat ist um des Menschen willen gemacht und nicht der Mensch um des Sabbats willen" (Markus 2,27).

Arbeit und Freizeit

Das Gebot des Ruhetages ist gleichzeitig ein Gebot zur Arbeit – also im Grunde ein Doppelgebot: *Sechs Tage sollst du arbeiten und alle deine Werke tun. Aber am siebenten Tage ist der Sabbat des HERRN, deines Gottes. Da sollst du keine Arbeit tun.* Es geht an dieser Stelle nicht darum, unsere Fünf-Tage-Woche wieder auf sechs Tage auszuweiten. Das Sabbatgebot ist in eine Zeit hinein gesprochen, in der ein freier Tag pro Woche das äußerst Denkbare in dieser Hinsicht war. Eine gesetzliche Sonntagsruhe gibt es selbst in Deutschland erst seit 1891. Noch wenige Jahre zuvor hatte Bismarck räsoniert, dass die Sonntagsruhe sowohl den Arbeiter wie auch den Unternehmer um ein Siebtel ihres Einkommens brächte. Daran sieht man, wie weit das Sabbatgebot seiner Zeit voraus war. Es ist auch nicht Sinn des Gebotes, Menschen, die in Arbeitslosigkeit geraten sind, ein schlechtes Gewissen zu machen. Allerdings müssen wir konstatieren, dass es hier eindeutig heißt: Du sollst arbeiten. Die Bibel hält nicht viel davon, dass Menschen sich auf die faule Haut legen. „Wer nicht arbeiten will (!)", heißt es in 2. Thessalonicher 3,10, „der soll auch nicht essen".

Die im Sabbatgebot verordnete Ruhe soll also nicht *an die Stelle* der Arbeit treten, sondern diese lediglich immer wieder unterbrechen. Es geht um ein ausgewogenes Verhältnis von Arbeit und Freizeit. Arbeit an sich ist nichts Schlechtes. Selbst im Paradies hieß Gott die Menschen den Garten bebauen und bewahren (vgl. 1. Mose 2,15). Die Tatsache, dass Arbeit eine oftmals mühselige Angelegenheit geworden ist, ist eine Folge unserer Loslösung von Gott (vgl. 1. Mose 3,19). Doch Arbeit gehört von Schöpfung an zu unserem Leben dazu. Damit der Mensch aber nicht in eine Mühle grenzenloser Maloche, Ausbeutung und Selbstausbeutung gerät, hat Gott uns den Sabbat verordnet. Arbeit ohne Ruhe ist ebenso sinnentleert wie Ruhe ohne Arbeit. Das eine ist ohne das andere nicht vollständig. Wir können auf beiden Seiten vom Pferd fallen: Es gibt ein Zuviel an Arbeit, aber auch ein Zuviel an Muße. Beides macht uns unfrei. Schauen wir uns die Phänomene mal etwas genauer an.

Da ist zum einen die Unfreiheit durch *zu viel Arbeit*. Unser Verstand sagt uns: „An sieben Arbeitstagen können wir mehr bewerkstelligen als an sechs." Doch damit berauben wir uns nicht nur der Freude an unserer Arbeit, sondern wir nehmen auch einen Kredit auf unsere eigene Zukunft auf, den das Leben sich mit hohen Zinsen zurückzahlen lässt. Schätzungsweise zwei Drittel aller Krankheiten des modernen Menschen sind stressbedingt. Herzprobleme stehen bei den Todesursachen in Deutschland auf Platz 1. Burn-out ist heute ein Riesenthema. Jeder vierte Arbeitnehmer in Deutschland hat innerlich gekündigt, fand kürzlich das Umfrageunternehmen Gallup heraus. Und nicht nur Schüler und Studierende, sondern Millionen Berufstätige in Deutschland nehmen Psychopharmaka, um am Arbeitsplatz leistungsfähiger zu sein. Sie geraten damit in eine unentrinnbare Spirale aus Leistungsdruck und Abhängigkeit, von den psychischen, körperlichen und sozialen Schäden ganz zu schweigen.

Es gibt aber auch eine Unfreiheit, die durch *zu viel Freizeit* hervorgerufen wird. Zwar sehnen sich die meisten Menschen nach mehr Freizeit. Doch erstaunlicherweise sind Menschen nachweislich glücklicher, wenn sie arbeiten, als wenn sie „frei" haben. Für viele ist gerade die so genannte Freizeit ein ganz besonderer Stress. Die einen wissen nichts damit anzufangen und hängen gelangweilt herum. Andere machen es genau umgekehrt: Sie planen ihr Wochenende minutiös durch, um ja kein Vakuum aufkommen zu lassen. Dabei absolvieren sie ein derart vollgestopftes Programm, dass sie kaum zu Atem kommen. Sie verspüren einen inneren Drang zur Betriebsamkeit, der sich in punkto Stress in nichts von ihrer beruflichen Arbeit unterscheidet. Doch ob wir uns zuballern mit Aktivitäten oder nichts mit uns anzufangen wissen: Das, was wir brauchen, ist nicht nur „Freizeit", sondern freie Zeit, die weise genutzt wird. Sonst bleibt der Sabbattag eine „negative" Freiheit, die uns nicht wirklich nützt.

Der Mensch braucht sinnvolle Arbeit – und er braucht Ruhephasen, die seiner Arbeit die Krone aufsetzen und ihr allererst Sinn verleihen. Der moderne Begriff der Work-Life-Balance zielt in eine ähnliche Richtung, reißt aber einen unglücklichen Gegensatz zwischen Arbeit und Leben auf. Arbeit aber gehört zu einem sinnerfüllten Leben hinzu. Es geht im Sabbatgebot lediglich darum, sie nicht zum alles beherrschenden Faktor unseres Lebens, sprich: zum Abgott zu machen, der uns erst Belohnung verspricht, um uns anschließend zu verschlingen. Wenn hier von „Arbeit" die Rede ist, meine ich selbstverständlich nicht nur bezahlte, an einen Beruf gebundene Arbeit. Auch Kindererziehung, soziales Engagement, ehrenamtliche Betätigung etc. sind in diesem Sinne Arbeit. Freiheit bedeutet nicht, *nichts* zu tun, sondern etwas Sinnvolles zu tun und sich immer wieder die Zeit zu nehmen, zurückzutreten und sich an dem Erreichten zu freuen.

Der Kuss Gottes

Neben der klassischen Unterscheidung zwischen religiösen und sozialen Geboten wird man also noch eine dritte Kategorie aufführen müssen: Gebote, die uns sagen, wie wir mit uns selbst umgehen sollen, damit wir gesund bleiben. Zu dieser oft übersehenen dritten Kategorie gehören neben dem Sabbatgebot beispielsweise die biblischen Ermutigungen zu Freude und Hoffnung, Ermahnungen zur Geduld, Anweisungen, den eigenen Körper nicht zu vernachlässigen etc.

Dass man diese drei Ebenen unterscheiden kann, bedeutet nicht, dass man sie trennen darf. Weil wir in allem, was wir tun, immer gleichzeitig in der dreifachen Beziehung zu Gott, unserem Nächsten und uns selbst stehen, sind alle Gebote in gewisser Weise „dreidimensional“. Wenn wir zum Beispiel morden oder stehlen, betrifft dies nie nur die zwischenmenschliche Ebene. Es macht auch etwas mit unserer Beziehung zu Gott, denn wer andere Menschen antastet, tastet Gottes Augapfel an. Weil jeder Mensch ein Bild Gottes ist, haben soziale Gebote immer auch eine religiöse Dimension. Und es hat auch Rückwirkungen auf unser Inneres, wenn wir die zwischenmenschlichen Regeln brechen. Es korrumpiert unsere Seele. Nicht nur unsere Mitmenschen, auch wir selbst nehmen Schaden. Alles, was wir auf zwischenmenschlicher Ebene tun, hat sozusagen diesen doppelten Durchschlag: Es wirkt sich im gleichen Atemzug auf unsere Beziehung zu Gott aus und „beschriftet“ gleichzeitig unsere eigene Seele. Das gleiche ließe sich auch für die religiösen Gebote der Bibel zeigen: Sie haben immer auch soziale Folgen: „Sage mir, an welchen Gott du glaubst, und ich sage dir, wie du mit den Menschen umgehst.“ Das gilt natürlich auch für das Sabbatgebot. Dieses sollte zunächst einmal nur Körper und Seele gut tun. Aber natürlich hat es auch eine religiöse und eine soziale Dimension.

Die *soziale* Dimension des Sabbatgebots ergibt sich allein schon aus der Tatsache, dass dieses wahrscheinlich älteste Arbeitszeitgesetz der Welt bis heute keineswegs weltweit durchgesetzt ist. Und in Deutschland ist man gerade auf dem „besten“ Weg, diese Errungenschaft nach und nach wieder abzubauen. Wir hatten aber eben die gesundheitlichen und gesellschaftlichen Folgen bedacht, die es hat, wenn die Menschen zu viel arbeiten. Das „Heilighalten“ eines freien Tages in der Woche wird diese Probleme sicherlich nicht alle lösen, aber es wäre ein Symbol, ein Vorgriff auf eine neue Lebenshaltung. Es geht darum, nicht das Letzte herauszuholen aus unserer Arbeitszeit und Arbeitskraft – ein radikales Gegenprogramm zu unserer heutigen Leistungs- und Optimierungsgesellschaft. Wenn man diesen Grundgedanken einmal verinnerlicht hat, breitet er sich von dort weiter aus. Im Sabbatgebot werden zunächst diejenigen einbezogen, die von einem abhängig sind: Söhne und Töchter, Arbeiter und Angestellte, Flüchtlinge, ja sogar Tiere. Aber damit nicht genug. Auch die Erde selbst wird in diese „sabbatliche“ Haltung einbezogen: So sollen 3. Mose 25 zufolge die Felder alle sieben Jahre brach liegen (Sabbatjahr). Und alle sieben mal sieben Jahre soll es einen allgemeinen Schuldenerlass geben (Erlassjahr). Wer Gottes Großzügigkeit in Anspruch nimmt, tut gut daran, sie auch anderen zu gewähren.

Die *religiöse* Dimension des Sabbatgebots ist schon mit dessen Begründung gegeben. In 2. Mose 20 wird der Sabbat mit der Ruhe Gottes am siebten

Tage der Schöpfung begründet, in 5. Mose 5 mit der Befreiung Israels aus der Sklaverei durch Gottes Handeln. Insofern ist der Sabbat mehr als eine Wellnessmaßnahme. Er ist eine Erinnerung an Gott, den Schöpfer und Befreier. Insofern wurde schon früh am Sabbat Gottesdienst gefeiert: „Sechs Tage sollst du arbeiten; der siebente Tag aber ist ein feierlicher Sabbat, heilige Versammlung“ (3. Mose 23,3). Auch Jesus ging „nach seiner Gewohnheit am Sabbat in die Synagoge“ zum Gottesdienst (Lukas 4,16). Auch wenn es verkehrt wäre, die werktäglichen Pflichten am Sonntag durch vergleichbar stressige religiöse Pflichten zu ersetzen, stellt sich doch die Frage, wie wir den besonderen Charakter dieses Tages würdigen wollen. Der freie Tag soll dazu dienen, Dinge zu tun, zu denen wir im Wochenverlauf oft nicht kommen, die aber für unsere Seele wichtig sind: zu uns selbst zu finden, Beziehungen zu pflegen, das Leben zu genießen und Gott zu erleben. Und da das alles doch ein bisschen viel ist für 24 Stunden, können wir froh sein, dass hierzulande weithin nicht die Sechs-, sondern die Fünftagewoche gilt.

Der Sonntag – oder doch ein Teil davon – könnte deshalb tatsächlich der bewussten Pflege unserer Beziehung zu Gott dienen: durch Bibellese, Gebet, christliche Gemeinschaft und Gottesdienst. Darin hatte Martin Luther völlig recht. Freilich sollte das nicht als Pflicht, sondern als Befreiung daherkommen. Dazu bräuchte es allerdings Gottesdienste und geistliche Übungen, die tatsächlich als Oasen und spirituelle Kraftquellen erlebt werden. Als Orte, an denen man durchatmen kann, mit seinem Schöpfer in Kontakt kommen und Befreiung feiern. Ich bin überzeugt: Das Interesse an solchen Oasen wäre da. Aber die Menschen erleben sie bei uns oft nicht (mehr). Sie suchen zwar spirituelle Kraftquellen, fahren dafür aber lieber ins Grüne, statt in die Kirche zu gehen. Wir sollten ihnen kein schlechtes Gewissen machen, sondern lieber überlegen, wie wir unsere Gottesdienste und Versammlungen wieder so gestalten, dass Menschen dabei den „Kuss Gottes“ spüren.

NACH-DENKEN

Der Sonntag soll dazu dienen, Dinge zu tun, die für unsere Seele wichtig sind: zu uns selbst zu finden, Beziehungen zu pflegen, das Leben zu genießen und Gott zu erleben.

FRAGEN

» Was bereitet Ihnen mehr Stress: zu viel Arbeit oder zu viel Freizeit?
» Wie sähe für Sie die optimale Sonntagsgestaltung aus, um Ihren „inneren Tank" wieder für die Woche zu füllen?
» Stimmen Sie der These zu, dass „Arbeit" zu einem sinnvollen Leben mit dazugehört?
» Würden Sie von sich sagen, dass Sie eine „sabbatliche" Lebenshaltung haben und Ruhe und Gelassenheit einen angemessenen Platz in Ihrem Leben bekommen?
» Was müsste sich an unseren Gottesdiensten ändern, dass sie für die Menschen wieder zur Oase werden bzw. dass sie darin den „Kuss Gottes" spüren?

ANREGUNG ZUM GEBET

Sabbat für die Seele
Vier Dinge sind es, zu denen der Sabbat bzw. Sonntag dienen kann: (1.) zu sich selbst zu finden, (2.) Beziehungen zu pflegen, (3.) das Leben zu genießen und (4.) Gott zu erleben. Machen Sie sich heute einen Plan für das nächstmögliche Wochenende, in dem alle vier Aspekte zu ihrem Recht kommen. Lassen Sie sich bei Ihren Planungen im Gebet von Gott beraten bzw. inspirieren.

MERKVERS

Der Sabbat ist um des Menschen willen gemacht und nicht der Mensch um des Sabbats willen.
Markus 2,27

Tag 39 / **Das Ende des Gesetzes**

sonderlich feinfühlig. Und man muss sagen: Gott hat mit uns in Jesus Christus einen *Neuen* Bund geschlossen. Das lässt uns mit den Weisungen, die Gott den Israeliten gab, respektvoll umgehen. Aber sie sind tatsächlich *ihnen* gesagt und nicht uns.

„Die Heiden sind nicht schuldig, dem Mose gehorsam zu sein. Mose ist der Juden Sachsenspiegel. Wenn aber auf diese Weise ein fein Exempel zum Regiment daraus genommen würde, möchte man das ungezwungen halten, solange man wollte." Der Sachsenspiegel war das wichtigste Rechtsbuch des deutschen Mittelalters. Ein bedeutendes Werk, aber es gibt gute Gründe, warum es heute nicht mehr in Kraft ist. Recht verändert sich, weil Verhältnisse sich verändern. Luther war der Überzeugung, die Gebote des Mose hätten ihren Sinn gehabt im alten Israel, seien für uns aber nicht mehr bindend. Zweifellos enthielten die Bücher Mose viele Richtlinien, an denen wir auch heute noch unser Handeln orientieren können und sollen. Mose könne uns wohl inspirieren, zu befehlen aber habe er uns nichts. Luther bringt das auf eine sehr schöne Formel: *„Mose wollen wir für einen Lehrer halten, aber für unseren Gesetzgeber wollen wir ihn nicht halten."*

„Wer ein Gebot annimmt, muss sie alle nehmen"

Die Zehn Gebote sind – wie wir bereits gesehen hatten – kein *universales Menschheitsgesetz*. Sie setzen den Glauben an den Befreier Israels voraus und machen – zumindest was die so genannte „erste Tafel" betrifft – losgelöst von diesem Glauben wenig Sinn. Die Zehn Gebote sind aber auch keine *Zusammenfassung des Willens Gottes*, wie oftmals behauptet wird. In der Bibel finden wir diese Auffassung nicht, und sie lässt sich auch nur aufrechterhalten, wenn man die Interpretation der Gebote immer weiter ausdehnt. Die Zehn Gebote sind nicht die Zusammenfassung, sondern der *Anfang* der Gebote Gottes. Sie *ersetzen* nicht, sondern *begründen* die weitere Gesetzgebung. Als „Prolog" zu allen anderen Geboten haben sie wegweisende Bedeutung. Für sich allein genommen freilich reichen sie nicht aus, das Ganze des Willens Gottes widerzuspiegeln. Darum hat sich das rabbinische Judentum immer dagegen gewehrt, die Weisungen Gottes auf die Zehn Gebote zu reduzieren. Trotz ihrer besonderen Stellung sind es für sie lediglich zehn von 613 ebenso verbindlichen Geboten und Verboten des Mose.

Auch Martin Luther sieht keinen Grund, warum die Zehn Gebote „gültiger" sein sollen als die anderen Gesetze des Mose. Allerdings folgert er daraus, dass *keines* der Gebote für uns heute noch Gültigkeit hat: *„Wenn ich*

Mose in einem Gebot annehme, so muss ich den ganzen Mose annehmen. Also würde daraus folgen: wenn ich Mose zum Meister und Gesetzgeber annehme, so müsste ich mich beschneiden lassen, die Kleider nach jüdischer Weise waschen und so essen und trinken, mich kleiden und solches Wesen alles halten, wie den Juden im Gesetz geboten war. So wollen wir Mose nicht halten noch annehmen. Mose ist tot. Sein Regiment ist aus gewesen, da Christus kam." Entweder gelten alle mosaischen Gebote oder keines. Wie auch immer wir uns in dieser Frage entscheiden wollen, *eins* ist jedenfalls nicht möglich: zu sagen, die Zehn Gebote seien zwar für uns auch weiterhin verbindlich, die 603 anderen Ge- und Verbote des Mose hingegen nicht. Dafür lässt sich weder ein biblischer noch irgendein anderer Grund anführen.

Luther beruft sich dabei in besonderer Weise auf den Apostel Paulus. Dieser war einerseits in der Schule der Rabbiner erzogen worden. Auf der anderen Seite aber sah er es als seine Lebensaufgabe an, das Christentum zu den Völkern zu bringen, und wollte ihnen den Zugang zum christlichen Glauben nicht dadurch verbauen, dass er sie dazu zwang, die Gebote des Mose zu befolgen. Darum wirken seine Aussagen zum Gesetz mitunter recht widersprüchlich. Zum einen kann er sagen: „So ist also das Gesetz heilig, und das Gebot ist heilig, gerecht und gut" (Römer 7,12). Wenig später aber formuliert er den fundamentalen Satz: „Christus ist des Gesetzes Ende" (Römer 10,4). Paulus kann diese beiden Aussagen zusammenbringen, weil er im mosaischen Gesetz einen Kern ausmacht, in dem sich das ganze Gesetz bündelt: „Die Liebe ist des Gesetzes Erfüllung" (Römer 13,10). Wer das Gebot der Liebe einhält, erfüllt nicht nur das, was Christus will, sondern auch das, was Mose in seinen Geboten fordert. Wer liebt, tut das, was das Gesetz im Tiefsten will. Er tut es unter Umständen sogar besser als jemand, der sich streng an den Wortlaut einiger Gebote hält, ohne sich dabei vom Geist der Liebe leiten zu lassen.

Hat Paulus damit das Gesetz „abgeschafft", wie manchmal behauptet wird? Nein, aber statt am Gesetz des Mose orientiert er sich an dem, was er das „Gesetz Christi" nennt: Liebe Gott über alles und deinen Nächsten wie dich selbst. Bei Lukas begegnet uns diese Formel im Mund eines Schriftgelehrten, und Jesus stimmt ihm zu (Lukas 10,27). Bei Markus ist es Jesus selbst, der diesen Satz formuliert, und der Schriftgelehrte stimmt ihm zu. Beides zeigt, wie nah sich Christen- und Judentum in dieser Frage berührten. Das Christentum zog daraus freilich die Konsequenz: Was sich nicht unter die Liebe subsumieren lässt, muss man nicht befolgen. – Was bedeutet das nun für unseren Umgang mit den Zehn Geboten?

Erstens: Christinnen und Christen sind frei vom Gesetz des Mose. Es gehört in den Alten Bund. Seitdem Gott einen Neuen Bund geschlossen hat, gilt für uns das „Gesetz Christi": die Liebe.

Zweitens: Auch Christinnen und Christen brauchen Gebote. Wir können nicht in jeder Situation die Moral neu schultern und uns bei allem, was wir tun, grundsätzlich überlegen, wie ein Handeln aus Liebe aussehen könnte. Wir brauchen für unseren Alltag praktikable Handlungsanweisungen. Die mosaischen Gebote können hierbei wichtige Hilfestellung leisten.

Drittens: Die Zehn Gebote bringen in kurzer, gut merkbarer Form auf den Punkt, wie es konkret aussehen kann, Gott und die Menschen zu lieben. Sie decken nicht alle ethischen Fragen ab, aber doch viele. Das ist der Grund, warum Martin Luther bei allem kritischen Abstand zu den Gesetzen des Mose die Zehn Gebote dennoch zum ersten Hauptstück seiner beiden Katechismen macht.

Viertens: Wir dürfen die Zehn Gebote nicht von den anderen Geboten des Mose isolieren. Darin finden wir vieles, was gut und beachtenswert und was in den Zehn Geboten nicht enthalten ist. Auch diese anderen Gebote des Mose gilt es, am Kriterium der Liebe zu prüfen.

Fünftens: Wir dürfen bei allen biblischen Weisungen nicht nur fragen: „Was steht da?", sondern auch: „*Warum* steht es da? Inwiefern ist das Ausdruck der Liebe? Welche Freiheit soll dadurch bewahrt werden?" Es geht nicht darum, stur am Wortlaut des Gesetzes festzuhalten, sondern wir müssen uns immer wieder vor Augen halten, dass es darum geht, Gott über alles zu lieben und unseren Nächsten wie uns selbst. Paulus bringt es auf die Formel: „Der Buchstabe tötet, aber der Geist macht lebendig" (2. Korinther 3,6). Dabei hätte Paulus ganz sicher gewollt, dass wir diese Regel auch auf jene Buchstaben anwenden, die er selbst zu Papyrus gebracht hat.

Und ein Letztes noch: Gott hat seit den Tagen der Bibel nicht aufgehört zu reden. Durch seinen Heiligen Geist spricht er auch heute noch zu uns: und zwar nicht nur durch die biblischen Gebote. Die Zehn Gebote waren auch im Alten Testament nur der *Anfang* der Offenbarung des heiligen Gotteswillens. Dieser Wille entfaltet sich in neue Zeiten und Räume hinein immer wieder neu. Dabei kann man auf das Alte und Bewährte zurückgreifen und sich davon inspirieren lassen. Manchmal ist es aber auch notwendig, dies gerade *nicht* zu tun. Oder etwas völlig Neues zu sagen.

„Neue Zehn Gebote"

Die Zehn Gebote haben sich bereits im Lauf der biblischen Geschichte verändert. 2. Mose 20 hat eine andere Gestalt als 5. Mose 5. Die älteste bislang ausgegrabene Bibelhandschrift, der „Papyrus Nash" aus dem 2. Jahrhundert vor Christus, enthält eine Mischform aus beiden Texten – also eine weitere Version. Und wir können definitiv davon ausgehen, dass die ursprüngliche Fassung des Mose noch einmal anders ausgesehen hat. Die Gebote sind nicht gleich geblieben. Die Zeiten und Umstände ändern sich, darum verschiebt sich auch, was für die Menschen gut ist und was nicht. Biblisch ist darum nicht, wenn wir an „den" Zehn Geboten festhalten, sondern wenn wir zur Kenntnis nehmen, dass diese sich bereits innerhalb der Bibel weiterentwickelt haben – und auch heute noch weiter entwickelt werden müssen.

Wenn wir die Zehn Gebote zu universalen Menschheitsregeln hochstilisieren, die zu allen Zeiten und unter allen Umständen Gültigkeit beanspruchen, berauben wir sie ihres freiheitsfördernden Charakters. Sie waren nie an alle Menschen gerichtet, das hatten wir bereits gesehen. Wenn wir uns ihren Wortlaut genauer anschauen, sehen wir sogar, dass sie nicht einmal an alle *Israeliten* gerichtet waren. Die Personen, die angesprochen werden, haben teilweise Mägde und Knechte, vielleicht sogar Sklaven, sie besitzen Häuser und können Frauen begehren. Geregelt werden in den Zehn Geboten zumindest auf der „zweiten Tafel" die Grundkonflikte der freien Männer Israels untereinander. Um es ganz deutlich zu sagen: NICHT angesprochen sind Frauen, Sklaven, Arme, Abhängige und Kinder. Und hier sieht man, wie sehr wir den Text der Zehn Gebote gegen ihre ursprüngliche Absicht bürsten, wenn wir daraus allgemeine Menschheitsregeln machen:

Das vierte Gebot (lutherischer Zählung) richtet sich eindeutig an Erwachsene: „Du sollst Vater und Mutter ehren" ist keine Anweisung an Kinder, ihren Eltern gehorsam zu sein, sondern an erwachsene Männer, ihre Eltern auch im Alter zu versorgen.

Das fünfte Gebot – „Du sollst nicht töten" – heißt wörtlich übersetzt: „Du sollst nicht morden". Es handelt in seinem Ursprung weder vom Kriegsdienst noch von Abtreibung noch von der Todesstrafe usw.

Das sechste Gebot – „Du sollst nicht ehebrechen" war im alten Israel sehr eng definiert. Als Ehebruch galt der Geschlechtsverkehr eines Mannes mit der Ehefrau oder Verlobten eines anderen. Ein Mann durfte aber mehrere Frauen, Nebenfrauen und Sklavinnen haben.

Auch das siebte Gebot – „Du sollst nicht stehlen" – richtet sich an freie, einigermaßen vermögende Männer. Es wendet sich gegen die Gier, immer mehr haben zu wollen, und begründet auch den Grundsatz, dass Eigentum verpflichtet (vgl. 3. Mose 19,9-11).

Das achte Gebot – „Du sollst nicht falsch Zeugnis reden" – redet nicht allgemein von Lüge und Wahrheit, sondern von der Zeugenaussage vor Gericht. Und natürlich waren nur Männer bei Gericht zugelassen.

Das neunte und zehnte Gebot – „Du sollst nicht begehren" – meint nicht eine Empfindung (wie wollte man die auch verbieten?), sondern zielt vom Wortlaut her auf die reale Aneignung einer Sache, die einem anderen gehört. Dass bei all diesen „Eigentumsdelikten" auch die Frau mit aufgezählt wird, zeigt, wie sehr sich in den Geboten die patriarchalische Gesellschaft jener Zeit widerspiegelt.

Diese Andeutungen mögen genügen, um ein Bild davon zu vermitteln, wie sehr sich unser Verständnis der Zehn Gebote seit den Tagen der Bibel verändert hat. Wenn wir die Zehn Gebote heute immer noch hoch halten, dann deshalb, weil wir die Worte heute anders *interpretieren* als damals. Und das ist auch durchaus legitim so. Nur sollen wir nicht meinen, wir würden auf diese Weise „den" Zehn Geboten die Treue halten, sondern es ist ein durchaus weiter entwickeltes Verständnis dieser Gebote, eine menschliche *Interpretation* und keineswegs „das Wort Gottes, so wie es dasteht".

Nicht alles, was damals gut war, ist es auch noch heute. Für die Menschen des Alten Israel waren die Gebote eine Hilfe, ihre Freiheit zu bewahren und weiterzugeben. Vieles davon ist auch heute noch gut und beherzigenswert. Für die Menschen des Neuen Bundes – also für uns Christinnen und Christen – werden die Gebote des Mose zu An-Geboten der Freiheit. Wenn wir aber stur an ihrem Wortlaut oder gar an ihrer ursprünglichen Intention festhalten, wird aus dem, was früher mal ein Fortschritt war, heute vielleicht ein Rückschritt: Dann schreiben wir nämlich die patriarchalische Kultur der damaligen Zeit fest, in der es noch Sklavinnen und Sklaven gab, wo die Frau als Eigentum des Mannes galt etc. Luther sagt, im Grunde müssten Christinnen und Christen in der Lage sein, neue Zehn Gebote zu formulieren. Das klingt vermessen, und die Messlatte hängt zweifellos hoch. Aber der Prozess der Veränderung der Gebote lässt sich schon im Alten Testament beobachten. Und es ist nicht einzusehen, warum wir das nicht weiterführen sollten.

NACH-DENKEN

Biblisch ist nicht, wenn wir an „den“ Zehn Geboten festhalten, sondern wenn wir zur Kenntnis nehmen, dass diese sich bereits innerhalb der Bibel weiterentwickelt haben – und auch heute noch weiter entwickelt werden müssen.

FRAGEN

» Lässt sich Ihrer Meinung nach der gesamte Wille Gottes in den Zehn Geboten zusammenfassen?
» Gibt es stichhaltige Gründe, die Zehn Gebote für verbindlich zu halten, die anderen 603 Gebote des Mose aber nicht?
» Hat Paulus das mosaische Gesetz abgeschafft?
» Welche Bedeutung messen Sie dem bei, dass sich die Gebote bereits innerhalb der Bibel verändert und verschoben haben?
» Wenn Sie, Luthers Vorschlag folgend, „neue“ Zehn Gebote schreiben dürften, wie würden die lauten (bzw. einige davon)?

ANREGUNG ZUM GEBET

Die Zehn Gebote als An-Gebote der Freiheit
Gehen Sie heute nacheinander alle Zehn Gebote (egal nach welcher Zählung) durch, und schreiben Sie sich auf, welches Freiheits-Angebot jedes einzelne dieser Gebote für Sie bereithält. Beenden Sie Ihre Übung mit einem ausführlichen Dank für das Geschenk der Gebote.

MERKVERS

Die Liebe ist des Gesetzes Erfüllung.
Römer 13, 10

Tag 40 / **Die Freiheit der Kinder Gottes**

MUSIK

Wer fühlen will, muss hören. Dass Gebote eigentlich Anregungen für ein gutes Leben sind, hat Martin Luther in seiner Schrift „Von den guten Werken" ausführlich vor Augen geführt. Dabei zeigt er bei jedem Gebot, welche lebensfördernde Kraft es in sich trägt. Diesen Gedanken haben wir aufgenommen und unter dem Titel „Schlüssel zur Freiheit" (Track 6) tatsächlich ein Lied mit 10 Strophen komponiert. Viel Vergnügen.

Zehn Schlüssel zur Freiheit
hast du uns geschenkt.
Zehn Schlüssel zur Freiheit,
dass uns nichts beengt.
Gebote der Liebe,
wer denen vertraut,
hat nicht auf Sand gebaut.

Und weil es beim Glauben immer wieder auf den Segen ankommt, gibt es in dieser sechsten Woche auch noch das Segenslied „Mit all seinem Segen" (Track7) dazu.

Ja, mit all seinem Segen
Will Gott dich begleiten,
er bleibe dir stets zu gewandt.
Und bei Tag
und bei Nacht
halte er über dir seine Hand.

LUKAS 10, 27

Du sollst den Herrn, deinen Gott, lieben von ganzem Herzen, von ganzer Seele und mit all deiner Kraft und deinem ganzen Gemüt, und deinen Nächsten wie dich selbst.

Freiheit und Unfreiheit des Menschen

Zwei der bekanntesten Schriften Luthers beschäftigen sich mit der Freiheit. Da ist zum einen die Reformationsschrift „Von der Freiheit eines Christenmenschen" aus dem Jahr 1520. Fünf Jahre später erschien seine Abhandlung „Vom unfreien Willen", die er später als eines seiner drei wichtigsten Werke bezeichnete. Der scheinbare Widerspruch der Titel ist nicht auf eine Meinungsänderung Luthers zurückzuführen, sondern auf unterschiedliche Ebenen, von denen hier die Rede ist:

In Hinblick auf die Welt (*coram mundo*) haben wir Freiheit, zumindest in bedingtem Maße. Wir können zwischen verschiedenen Optionen wählen – etwa, ob wir heute lieber Reis oder Nudeln essen wollen (Wahlfreiheit), und wir können entscheiden, wie wir uns in bestimmten Situationen verhalten wollen – zum Beispiel, ob wir Sport machen oder lieber im Bett liegen bleiben (Handlungsfreiheit). Nur krasse Deterministen bezweifeln, dass es solche Wahl- und Handlungsfreiheit gibt, und Luther gehörte jedenfalls nicht dazu. Im Gegenteil: Er sah durch das Evangelium den Wahl- und Handlungsspielraum eines Menschen deutlich vergrößert, weil sich jemand, der an Christus glaubt, nicht von anderen vorschreiben lassen muss, was er zu tun und zu lassen hat.

In Hinblick auf Gott (*coram deo*) aber sah Luther den Menschen in einer tiefen Unfreiheit verstrickt. Darum hat er Zeit seines Lebens den Gedanken an eine Freiheit des menschlichen Willens abgelehnt. Ein „freier Wille" ist ein Widerspruch in sich selbst. Denn der Wille ist ja gerade dadurch definiert, dass er etwas ganz stark möchte und entsprechend festgelegt ist. Luther war davon überzeugt: Der Mensch kann zwar mitunter *tun*, was er will, aber er kann nicht *wollen*, was er will. Er kann sich zum Beispiel nicht entscheiden, zu vertrauen, zu lieben oder zu hoffen. All das ist keine Wahl, die wir nach Gutdünken treffen oder nicht treffen können. Luther hatte außerdem bereits im Kloster erfahren, dass wir eine Ablehnung Gottes und des Guten in uns tragen, die wir nicht einfach durch einen Willensakt abstreifen können. Mit dem Kirchenvater Augustin zu sprechen: Der Mensch kann nicht *nicht* sündigen. Gerade wenn der Mensch „tun kann, was er will", zeigt er sich oft am allermeisten als dienstbarer Knecht der Sünde. Das ist auch bei Christinnen und Christen nicht anders. Sie sind und bleiben Wesen, die zu allererst ihren eigenen Vorteil suchen, und höchstens in zweiter Linie danach trachten, was in Gottes Augen gut ist.

Als Beleg für diese Aussage führte Martin Luther gerade die Zehn Gebote ins Feld. Denn er war davon überzeugt, kein Mensch sei in der Lage, diese auch nur einen einzigen Tag einzuhalten. Für Luther waren die Zehn Gebote darum auch so etwas wie ein Beichtspiegel, in dem wir uns selbst und unser Gottes Willen widerstrebendes Wesen erkennen: *„So sind die Zehn Gebote ein Spiegel unsers Lebens, darinnen wir sehen, woran es uns fehlet."* Die Zehn Gebote zeigen uns, dass wir innerlich meilenweit von Gott entfernt sind. So schreibt es auch Paulus: „Durch das Gesetz kommt Erkenntnis der Sünde" (Römer 3,20). Eine geradezu paradox wirkende Funktion des Gesetzes ist es also, dass es uns zeigt, dass wir es nicht einhalten können. Dass wir Vergebung brauchen. Dass wir auf Gnade angewiesen sind. Das klingt ziemlich niederschmetternd. Aber für Martin Luther war gerade diese Erkenntnis der Ausgangspunkt zu jenem „Evangelium", nach dem er seine Kirche benannte. Denn gerade in der Erkenntnis der eigenen Verstrickung in die Sünde bricht sich das Evangelium von Jesus Christus in besonderer Weise Bahn, weil es uns für die Gnade öffnet. Insofern ist das Gesetz ein „Zuchtmeister auf Christus hin, damit wir durch den Glauben gerecht würden" (Galater 3,24). Der Mensch ist von sich aus nicht frei. Erst wer das erkennt, ist empfänglich für die Freiheit, die Christus schenken möchte.

Wir sind nicht gut und werden es nie sein. Das ist die große Unfreiheit des Menschen. Wer diese grundlegende Unfreiheit abstreitet, hat nicht verstanden, worum es Luther im Tiefsten gegangen ist. Denn genau hier – am Nullpunkt aller menschlichen Möglichkeiten – machte er seine zentrale Botschaft von der Rechtfertigung des Sünders allein aus Gnaden fest: Nicht unser guter Wille, nicht irgendeine „Entscheidung für Gott" und schon gar nicht unsere Taten lassen uns zu Kindern Gottes werden, die des Heils teilhaftig sind, sondern allein Gottes Wille, uns zu lieben und zu vergeben, allein Gottes Entscheidung für uns und sein Heilshandeln in Jesus Christus. So radikal Martin Luther die menschliche Sünde auch sah: Noch radikaler verstand er die göttliche Gnade. Die Unfreiheit des Menschen hat nur das vorletzte Wort über uns. Das letzte Wort hat die herrliche Freiheit, zu der Christus uns befreit hat.

Innere und äußere Freiheit

Freiheit im jüdisch-christlichen Verständnis ist immer das Resultat eines Befreiungsgeschehens. Für die Juden macht sich dies vor allem an dem Auszug aus Ägypten fest. Für das Christentum liegt das zentrale Befreiungsgeschehen in der Kreuzigung und Auferstehung Jesu Christi. Juden und Christen sind sich darin einig, dass Freiheit im Vollsinn des Wortes nicht aus uns selbst heraus, sondern von Gott kommt. Hierin liegt einer der größten Unterschiede zu fast allen „weltlichen" Freiheitsvorstellungen. Für die Philosophie ist Freiheit etwas, was man sich nimmt. Für die Theologie ist Freiheit etwas, was einem geschenkt wird, ja, nur geschenkt werden *kann*.

Vielleicht wundert es Sie, aber das Alte Testament kennt eigentlich keinen eigenen Begriff für „Freiheit", obwohl sich Gott in ihm immer wieder als Befreier erweist. Freiheit im theologischen Sinn ist keine Möglichkeit des Menschen. Er kann sie weder erreichen noch verwirklichen, ja, zu seiner grundlegenden Unfreiheit gehört, dass er dies meist nicht einmal *will*. Paulus nennt in seinem Römerbrief vor allem vier Mächte, von denen wir befreit werden müssen: vom Zorn und der Strafe Gottes (Römer 5), von der Sünde und ihren Folgen (Römer 6), vom Zwang des Gesetzes (Römer 7) und vom Tod (Römer 8). Das ist eine erstaunliche Auswahl. Unter tausend möglichen Unfreiheiten des Menschen wählt er ausgerechnet diese aus. Er redet nicht von politischer Unfreiheit, nicht von der Unfreiheit, in die Armut und Ungerechtigkeit einen Menschen stürzt, ja, er stellt nicht einmal die im damaligen Kulturraum allgegenwärtige Sklaverei in Frage. Für ihn gibt es größere, schlimmere Gebundenheiten: eben die genannten vier. Die schlimmsten Unfreiheiten des Menschen, davon war Paulus überzeugt, liegen nicht außerhalb von uns, sondern in uns.

Vielleicht liegt hier ein wichtiger Unterschied zwischen dem Alten und dem Neuen Testament. Im Alten Testament geht es häufig um äußere Befreiung: Befreiung aus Knechtschaft, Befreiung von Armut, Befreiung von Unterdrückung. Im Neuen Testament geht es hingegen primär um innere Befreiung. Äußere Freiheit ist zweifellos wichtig. Aber die innere Freiheit ist wichtiger. Um es ganz klar zu sagen: Äußere Freiheit – politische Freiheit, Meinungsfreiheit, Reisefreiheit, Wahlfreiheit, Berufsfreiheit etc. – ist ein hohes Gut und durchaus erstrebenswert.

Das Alte Testament, das uns dies bezeugt, wird durch das Neue ja keineswegs *ad acta* gelegt oder gar ersetzt. Aber wichtiger noch als alle äußere Freiheit ist die innere Unabhängigkeit von den äußeren Umständen, die oft nur bedingt veränderbar sind. Und oft ist es gerade die innere Freiheit, die uns in die Lage versetzt, die äußeren Umstände zu verändern. Nehmen wir Menschen wie Mahatma Gandhi, Nelson Mandela oder Martin Luther

King: Äußerlich lebten sie in äußerst bedrängenden Umständen, aber ihre innere Freiheit versetzte sie in die Lage, Freiheit auch im äußeren Sinne zu erwirken.

„Innere Freiheit ist wichtiger als äußere Freiheit." Das klingt provokant, aber es gibt viele Menschen, die in äußerer Freiheit leben, innerlich aber so gebunden sind, dass wir sagen müssen: Es ist nicht viel gewonnen, wenn wir zwar äußere Freiheit erlangen, aber keine innere Freiheit haben. Das soll uns nicht verleiten, uns mit innerer Freiheit zufriedenzugeben und nicht gegen Ungerechtigkeit etc. anzugehen, aber ohne innere Freiheit bleibt alle äußere Freiheit eine leere Hülle. Das Neue Testament sagt nicht: „Kümmere dich nicht um äußere Freiheit", wohl aber sagt es: „Kümmere dich zuerst um deine innere Freiheit."

Luther hat sich dem angeschlossen. Wir hatten im Lauf dieser Expedition gesehen, wie die Angst vor Gottes Zorn, das Leiden an der eigenen Verstrickung in Sünde, die Auseinandersetzung mit den biblischen und kirchlichen Vorgaben und Gesetzen sowie auch die Angst vor dem Tod seine Biografie geprägt haben. Dass er ausgerechnet bei seinen Studien zum Römerbrief seinen großen Durchbruch erlebte, ist kein Wunder. Er fühlte sich in seinen Ängsten von Paulus total verstanden – und griff begierig die Antworten auf, die ihm der Apostel auf seine inneren Kämpfe anbot. Die Befreiung, die Luther dabei erfuhr, wurde für ihn derart prägend, dass er wegen ihr sogar seinen Namen wechselte. Irgendwann in den Jahren zwischen Turmerlebnis und Reformation änderte Martin Luder seinen Namen in „Luther" ab. „Eleutheros" ist Griechisch und bedeutet so viel wie: der Befreite.

Allerdings hat Luther es versäumt, daraus die Konsequenz zu ziehen und nach der inneren Befreiung auch äußere Freiheit für die Menschen einzufordern. Er blieb in dieser Hinsicht rein „neutestamentlich" und ließ das, was das Alte Testament zur Freiheitsfrage zu sagen hat, außen vor. So blieb es in seinen Schriften bei einigen allgemeinen Andeutungen, die Kirche solle doch bitte die Mächtigen auf ihre Grenzen hinweisen. Doch diese Worte hatten nur geringe Auswirkung. Luther hätte, wenn er das Ganze der Bibel in den Blick genommen hätte, nicht nur in innerer, sondern auch in äußerer Hinsicht ein neuer „Mose" sein können, der die Menschen aus der Knechtschaft führt. So befreite er zwar die Gewissen (was ihm wirklich zu danken ist), das Volk aber blieb unfrei und musste noch lange auf Demokratie und Gerechtigkeit warten.

„Gott dienen ist Freiheit"

In seinem 1936 erschienenen Roman „Castellio gegen Calvin" schreibt Stefan Zweig: „Freiheit ist nicht möglich ohne Autorität (sonst wird sie zum Chaos) und Autorität nicht ohne Freiheit (sonst wird sie zur Tyrannei)." Diese Dialektik ist bei Zweig in erster Linie auf die Kirche gemünzt, gilt aber letzten Endes auch für unsere Beziehung zu Gott. Gott ist kein Tyrann, darum schenkt er uns Freiheit. Gott gibt uns aber auch Regeln, sonst würde unsere Freiheit ins Chaos führen. Gott befreit uns von den Mächten des Zorns, der Sünde, des Gesetzes und des Todes. Gleichzeitig trägt er uns auf, diese Freiheit dazu zu nutzen, Glaube, Hoffnung und Liebe in dieser Welt zu verbreiten.

Die meisten Menschen verstehen unter Freiheit die größtmögliche Steigerung des Individuums: möglichst viele Wahlmöglichkeiten, möglichst wenige Bindungen im eigenen Handeln. Es ist eine maximale „Freiheit von" unter nahezu völliger Ausblendung des „Wozu". Doch diese Art von Ungebundenheit ist eine Illusion. Jede Wahl, die wir treffen, ist gleichzeitig eine Abwahl anderer Möglichkeiten und damit eine Festlegung. Jede Freiheit auf einem Gebiet unseres Lebens erkaufen wir mit einer Unfreiheit in einem anderen Gebiet. Freiheit ist immer relativ, wir können ihr ein Leben lang nachjagen und drehen uns doch immer nur um uns selbst wie ein Hund, der seinen eigenen Schwanz jagt. Er wird erst dann aufhören, sich im Kreis zu drehen, wenn er etwas anderes verfolgt als sich selbst. Echte Freiheit erreichen wir nur in der Bindung an etwas, was außerhalb von uns selbst liegt.

Archimedes, der bedeutendste Mathematiker der Antike, sagte einmal: „Gebt mir einen festen Punkt und ich werde die Welt aus ihren Angeln heben." Er meinte dies ganz wörtlich: Mittels der Hebelgesetze wollte er buchstäblich die ganze Erde in Bewegung setzen – alles, was er dazu bräuchte, sagte er, sei ein fester Punkt im Weltall und einen entsprechend langen Hebel. In übertragenem Sinn gilt das für das ganze Leben. Wenn wir den richtigen Ansatzpunkt haben, können wir unglaublich viel bewegen. Ich las vor einiger Zeit von einer Mutter, die ein Auto mit bloßen Händen anhob, um ihr darunter eingeklemmtes Kind zu befreien. Was verlieh ihr diese Bärenkräfte? Die Liebe zu ihrem Kind wurde zum „archimedischen Punkt", der sie in die Lage versetzte, sogar ein Auto anzuheben.

So haben Paulus und Luther die christliche Freiheit verstanden: in Christus einen Punkt gefunden zu haben, an dem man sich fest machen kann. Ein festes Ufer, das einem hilft, nicht im Moor der Sünde und des Todes zu versinken. Freiheit ist keine Ungebundenheit, sondern eine ganz bestimmte

Art der Bindung. Die Bindung an Jesus Christus ist so etwas wie ein archimedischer Punkt, von dem aus wir das ganze Leben anpacken und stemmen können. Es war der römische Philosoph Seneca, der den Satz prägte: Gott dienen ist Freiheit (Deo servire libertas est). An welchen Gott er dabei auch immer dachte, eines hatte er erkannt: Wenn wir wirklich frei werden wollen, müssen wir erst einmal aufhören, uns um uns selbst zu drehen. Wir brauchen eine Macht im Leben, die uns aus unseren vielfältigen Gebundenheiten rausholt, ohne uns ihrerseits zu versklaven. In einem Wort: Um frei zu werden, brauchen wir Gott.

Gott, so wie die Bibel ihn uns vorstellt, ist die einzige Macht im Leben, die uns nicht versklavt, wenn wir sie an die erste Stelle setzen. Vielmehr will er das Beste für uns. Ja, Gott erwartet, dass wir ihm dienen. Aber indem wir das tun, werden wir mehr und mehr inne, dass es eigentlich Er ist, der *uns* in alledem dient. Wer beginnt, Gott zu dienen, macht die erstaunliche Feststellung, dass er dabei letztlich nichts verliert, sondern alles, was er hingibt, in neuer und besserer Form zurückbekommt. Dass er tatsächlich zum „Herrn über alle Dinge" wird, wie Luther das in seiner Freiheitsschrift sagt. Und dass ihm die Befolgung der Weisungen Gottes auf lange Frist eine größtmögliche Freiheit gewährt.

Haben wir uns mit dem Begriff des „Dienens" nun doch wieder durch die Hintertür ein System voller Regeln und Verbote ins Haus geholt? Nein! Denn in diesem „Dienen" geht es um Liebe. Und Liebe ist keine Einschränkung, sondern das Ziel der Freiheit. Wie weit die christliche Freiheit geht, zeigt sich an einem Satz des Paulus, der sich im 1. Korintherbrief gleich viermal findet: „Alles ist (mir) erlaubt" (vgl. 1. Korinther 6,12; 10,23). Wahrscheinlich greift er damit ein Schlagwort auf, das damals die Runde machte. Das Erstaunliche ist, dass Paulus diesen Satz nicht verwirft, sondern im Grundsatz bejaht. Allerdings schränkt er ihn in charakteristischer Weise ein, wenn er sagt: „aber nicht alles dient zum Guten", „es soll mich nichts gefangen nehmen" und: „nicht alles baut (die anderen) auf". Vielleicht können wir uns tatsächlich von diesen drei Fragen leiten lassen, wenn wir vor einer wichtigen Entscheidung stehen: Dient es dem Guten? Nimmt es uns selbst gefangen? Und dient es den anderen?" Knapp 400 Jahre nach Paulus bringt der Kirchenvater Augustin die christliche Freiheit in dem berühmten Satz auf den Punkt: „Liebe – und dann tu, was du willst." Man kann diesen Satz auch umdrehen: „Tu, was du willst – aber liebe!"

NACH-DENKEN

Liebe ist keine Einschränkung, sondern das Ziel der Freiheit.

FRAGEN

- » In welcher Hinsicht halten Sie den Menschen für frei, in welcher für unfrei?
- » Was ist Ihrer Meinung nach die größte Unfreiheit des Menschen?
- » Wieso ist äußere Freiheit wichtig, innere Freiheit aber noch wichtiger?
- » Was löst der Satz Senecas bei Ihnen aus: „Gott dienen ist Freiheit“?
- » Was würde sich in Ihrem Leben ändern, wenn Sie fortan konsequent nach der Devise handeln würden: „Tu, was du willst, aber liebe!“?

ANREGUNG ZUM GEBET

Die vier großen Freiheiten
Paulus zufolge befreit uns Christus von dem Zorn und der Strafe Gottes, von der Sünde und ihren Folgen, vom Zwang des Gesetzes und vom Tod. Nehmen Sie sich für alle vier Bereiche ein wenig Zeit, zu überlegen, was das für Sie bedeutet – und Christus dafür zu danken, dass er Sie da rausholt. Selbst wenn Sie es noch nicht ganz ergriffen haben, sollten Sie das tun: Manches begreifen wir erst, wenn wir danke sagen.

MERKVERS

Zur Freiheit hat uns Christus befreit! So steht nun fest und lasst euch nicht wieder das Joch der Knechtschaft auflegen!

Galater 5, 1

Abschluss / **Zur Freiheit befreit**

Mansfeld, 16. Februar 1546

An
Katharina von Bora, die Lutherin

Mein geliebter „Herr" Käthe,

mir ist kalt. Nicht nur in den Gliedern, sondern auch im Herzen. Obwohl draußen im Schnee fröhlich die Glocken der Schlitten läuten. Ja, die gräfliche Familie zu Mansfeld feiert. Sie hat nach endlosen Disputen endlich ihre Streitigkeiten um das Erbe beigelegt und so etwas wie einen Friedensschluss erreicht. Gott sei Dank.

Allerdings kam es dazu erst, als ich drohte, meine Schlichterrolle zu beenden, sofort abzureisen und sie mit ihrem Zwist allein zu lassen. Nun ... jetzt findet da draußen im herrlichsten Winterwetter ein großes Versöhnungsfest statt, und ich liege krank darnieder.

Ich will dich nicht erschrecken, aber ich fühle mich so matt, dass ich nicht weiß, ob ich mich noch einmal von diesem Lager erheben werde. Darum rufe ich, bevor es zu spät ist, der ganzen Welt zu: „Ich wollte meine Käthe weder für Frankreich, noch für Venedig hergeben. Zum einen, weil Gott sie mir geschenkt hat und mich ihr gegeben hat; zum anderen, weil ich oft erfahre, dass in andern Frauen mehr Mängel sind als in meiner Käthe; obschon sie auch etliche hat, so sind doch viel größere Tugenden dagegen, zum dritten, weil sie das eheliche Vertrauen bewahrt, das sind Treue und Ehre."

Mein Morgenstern! Weil ich nicht weiß, wie viele Worte mir noch bleiben, sage ich dir in aller Kürze: Du hast mich erfahren lassen, was Freiheit bedeutet. Die Freiheit, nach der ich ein Leben lang gesucht habe. Weil du mich geliebt hast. Weil du mich liebst ... durch dich habe ich am eigenen Leib erfahren, was es bedeutet, geliebt zu sein. Und das heißt: In deiner Liebe hat sich mir die Liebe Gottes erschlossen. Ganz und gar.

Denn all unser Suchen nach Freiheit findet seine Erlösung in der Liebe Gottes. Der Mensch an sich kann gar nicht frei sein. Aber er kann sich von der Freiheit Gottes ergreifen lassen. Unser Streben zum Himmel bleibt immer ungenügend. Gottes Streben zu uns genügt. Er ist der gnädige Herr, der unsere leeren Hände mit Leben füllt. Ja, wir sind Bettler, das ist wahr. Doch wenn wir darauf vertrauen, dass der Schöpfer des Himmels und der Erde uns beschenkt, dann gibt es nichts Heiligeres und Erhabeneres, als ein Bettler Gottes zu sein.

Dass ich das erfahren durfte, tröstet mich. Und du hast tagtäglich miterlebt, wie sehr ich immer wieder um den Himmel gerungen habe. Mit mir – und mit all den Leuten, die sich vor der Freiheit fürchten. Die sich ängstlich ... mehr noch: krampfhaft ... an ihre Ketten klammern, weil sie lieber gefangene Könige als befreite Bettler sein wollen. Lieber verlorene Herren als gefundene Knechte.

Doch es werden immer mehr, die ihre Fesseln lösen, tief einatmen und sich von der Woge der Freiheit in den Himmel tragen lassen. Sanft und unaufhaltsam. Liebste Käthe: Wenn ich nur einen von ihnen sehe, dann erkenne ich, dass sich mein oftmals so ermüdender Kampf gelohnt hat. Fürwahr: Die Freiheit war es wert, dafür mein Leben zu investieren. Und wer einmal von ihr gekostet hat, der wird sie weitergeben. Darum bin ich guter Dinge. Trotz der Schmerzen, die mir einige unfeine Flüche über die Lippen treiben.

Wie gerne wäre ich jetzt bei dir. Ein letztes Mal. Bei dir und den Kindern. In deiner Wärme. Aber wenn es nicht sein soll, dann weißt du, dass ich als ein freier Mann gestorben bin. Ein befreiter Mensch. Und meine Freiheit ist so umfassend, dass selbst die Pforten der Hölle sie nicht überwinden können. Mit diesem Wissen kann ich getrost gehen.

Dein Martin

Anhang / **Expedition zur Freiheit**

DIE EXPEDITIONSLEITER

Dr. Klaus Douglass,
geboren 1958 in Lausanne/Schweiz, studierte Theologie und Philosophie und arbeitet seit 2010 als theologischer Referent im Zentrum Verkündigung der Evangelischen Kirche in Hessen und Nassau in Frankfurt am Main. Vorher war er viele Jahre Pfarrer in Niederhöchstadt. Als erfolgreicher Autor vieler Bücher (Glaube hat Gründe; Die neue Reformation; Gottes Liebe feiern; Motivieren, Beten - ein Selbstversuch u.a.) und viel gefragter Redner auf Seminaren und Kongressen gilt er als einer der führenden deutschen Experten in Fragen des Gemeindeaufbaus. Im säkularen Bereich hat er sich in den letzten Jahren überdies einen exzellenten Ruf als Trainer und Coach aufgebaut. Zur „Expedition" steuerte er nicht nur die täglichen Auslegungen bei, sondern auch die Denk-Sprüche, die Fragen für das persönliche Nachdenken bzw. für die Gruppenarbeit sowie die Anregungen zum Gebet.

www.douglass.de

Dr. Fabian Vogt,

geboren 1967 in Frankfurt am Main, hat Theologie, Germanistik, Gesang und Theaterwissenschaften studiert und arbeitet als Künstler und Theologe. Wenn er nicht gerade in der evangelischen Kirche mit halber Stelle kreative „Kommunikationsprojekte“ entwickelt, schreibt er Romane und unterhaltsame Sachbücher (z. B. „Luther für Neugierige“; „Luther für Eilige“) oder tourt als Kabarettist („Duo Camillo“) durch die Lande. Für sein Buch „Zurück“ wurde er mit dem Deutschen Science Fiction Preis ausgezeichnet, zudem ist er Träger mehrerer Kleinkunstpreise. Der leidenschaftliche Geschichtenerzähler lebt mit seiner Familie im schönen Vordertaunus. Zu dieser Expedition hat er nicht nur die „Luther-Briefe“, sondern auch die Meditationen, die Überblicke und die Lieder beigesteuert.

www.fabianvogt.de

ARBEITSHEFT FÜR KLEINGRUPPEN

UMFANG	96 Seiten, Softcover
FORMAT	14,8 × 21 cm
PREIS	8,95 Euro (D)
ISBN DBG	978-3-438-06086-0
ISBN C & P	978-3-86770-284-3

Die beste Voraussetzung für eine erfolgreiche „Expedition" ist ein gutes Team.

Darum finden Sie in diesem Heft alles, was Sie brauchen, um mit anderen Teilnehmerinnen und Teilnehmern zu einer starken Gemeinschaft zusammenzuwachsen: fröhliche und auflockernde Einstiege für gemeinsame Treffen, anregende Materialien für die Gestaltung der Kleingruppen, kluge Leitfragen für intensive Gespräche und Platz, um den wöchentlichen Entwicklungsprozess festzuhalten. Reiseproviant und Grundausrüstung in einem!

REISETAGEBUCH

UMFANG	96 Seiten, Hardcover
FORMAT	14 × 21,5 cm
PREIS	8,95 Euro (D)
ISBN DBG	978-3-438-06087-7
ISBN C & P	978-3-86770-286-7

„Die besten Entdeckungsreisen macht man nicht in fernen Ländern, sondern indem man die Welt mit neuen Augen betrachtet."

Marcel Proust

Ein treuer Reisebegleiter für die „Expedition zur FREIHEIT": Dieses Tagebuch hilft Ihnen, während der 40 Tage die Gedanken zu sortieren, alle schönen, bewegenden und vielleicht auch herausfordernden Erlebnisse festzuhalten und den eigenen Entwicklungsprozess immer wieder nachzuvollziehen. Zugleich halten Sie damit eine wertvolle Erinnerung in den Händen. Gute Reise!

Informationen zu den Materialien, zu den Möglichkeiten mit der „Expedition zur FREIHEIT" in Ihrer Gemeinde oder Gruppe zu arbeiten und zu den weiteren „Expeditionen" finden Sie im Internet: **WWW.ANDREASNETZ.DE**